中央编译局文库编辑委员会

主　　任：贾高建
副 主 任：魏海生　柴方国　季正聚　崔友平
委　　员（按姓氏笔画排序）：
　　　　　冯　雷　牟建君　杨雪冬　沈红文　张凤宝
　　　　　陈家刚　胡长栓　郄卫东　葛海彦

马克思主义研究资料

第5卷

主　编　杨金海
副主编　冯　雷（常务）　薛晓源

《1857—1858年经济学手稿》研究

本卷主编　黄晓武

中央编译出版社

《马克思主义研究资料》顾问委员会

  贾高建 俞可平 宋书声 殷叙彝 詹汝琮 张钟朴
  李洙泗 冯文光 赵家祥 梁树发 郭建宁

《马克思主义研究资料》编辑委员会

  主 编：杨金海

  副主编：冯 雷（常务） 薛晓源

  编 委（按姓名拼音排序）

  陈喜贵 冯 章 黄晓武 江 洋 李百玲 李义天
  李媛媛 林进平 刘仁胜 刘 英 刘元琪 吕增奎
  马 瑞 苗永姝 盛菊艳 史清竹 武锡申 姚 颖
  苑 洁 郑 锦 郑天喆 周艳辉

参加本卷编辑出版工作的有

  盛菊艳 邓 彤 薛晓源

总　序

呈献给读者的这套《马克思主义研究资料》丛书，旨在服务于我国正在实施的马克思主义理论研究和建设工程，积极吸收和借鉴国外马克思主义研究成果，对改革开放以来中央编译局编译的有关国外学者研究马克思主义的成果，以及少量相关的国内学者的研究成果整理出版，为我国马克思主义研究提供基础性的参考资料。本丛书计划出版37卷，三年内陆续完成编辑和出版工作。

编译国外学者关于马克思主义的研究成果，并对相关问题展开深入探讨，是马克思主义经典著作编译研究的基础性工作。中央编译局作为马克思主义经典著作编译研究的专门机构，历来十分重视这项工作。20世纪50年代以来，特别是改革开放以来，中央编译局的同志们编译了大量国外学者关于马克思主义的研究文献，也发表了不少自己的相关研究成果。这些成果曾经在中央编译局编辑的《马列著作编译资料》、《马列主义研究资料》、《马克思主义与现实》等刊物公开发表，或在内部刊物《马克思恩格斯研究》、《列宁研究》等刊载。这些成果对于推进马克思主义经典著作的编译和研究工作发挥了重要作用，时至今日，一些学者仍然把它们当做研究马克思主义的珍贵资料。

然而，随着近年来中央实施马克思主义理论研究和建设工程的深入推进以及马克思主义学科建设的快速发展，这些研究资料的留存情况已经远远不能适应形势发展的需要了。《马列著作编译资料》和《马列主义研究资料》早已停止出版，很多人难以找到原有资料；《马克思恩格斯研究》等内部刊物刊载的文章没有公开面世，也难以为人们广泛使用；而新编译的文献资料又很零散。因而，希望中央编译局提供马克思主义研究资料的呼声越来越高。

为了继承前辈的事业，适应学界的需要，尽可能全面系统地收集整理中央编译局近几十年来编译的国外学者关于马克思主义的研究成果以及相关的国内学者的研究成果，中央编译局专门成立了《马克思主义研究资料》丛书课题组，并对该项工作提供了基金资助。课题组不仅在局内组织力量进行工作，而且争取到社会力量的支持。经过课题组同仁两年多努力，已经形成一批编辑成果，还将继续补充、完善并陆续推出。这套《马克思主义研究资料》丛书就是这些成果的集中体现。

本丛书力求体现如下四个特点，这也是丛书编辑工作所力求遵循的四条原则：第一，保证文献性。本丛书主要收集改革开放以来中央编译局刊物发表的有关马克思主义理论编译和研究方面的成果，这些刊物包括公开出版的《马列著作编译资料》、《马列主义研究资料》、《马克思主义与现实》、《当代世界与社会主义》、《经济社会体制比较》、《国外理论动态》等，也包括内部刊物《马克思恩格斯研究》、《列宁研究》、《斯大林研究》、《马克思恩格斯列宁斯大林研究》等；少量收集其他杂志发表的中央编译局学者编译或撰写的有关文章；个别收集与中央编译局长期合作的其他学者的相关文章；对所收商榷性文章涉及的其他学者的成果，也作为附文收入，以示对相关学者的尊重，也便于读者在阅读正文时参考。收集整理这些学术成果的目的主要是为学界研究马克思主义提供参考资料，同时帮助人们了解马克思主义研究的历史进程和思想脉络。因此，本丛书所收文献力求保持其历史原貌，包括其中的人名、地名、术语、引文等，都不作改动，以便读者进行文献考证之用，只对个别错漏文字等进行校正，对于文中可能产生歧义的地方，以"本丛书编者注"的方式加以说明。其中读者特别应当留意的是译名、术语的不统一问题，例如关于《马克思恩格斯全集》历史考证版，就有多种表达方式：原文版、国际版和MEGA版，其中，往往又以"老"、"新"、"MEGA¹"、"MEGA²"、"MEGA1"、"MEGA2"等来区分历史考证版第1版和第2版。第二，突出编译性。本丛书所收文献中，以国外学者的成果为主，包括国外学者关于马克思主义经典作家的著作、思想、生平事业，乃至书信往来、工作生活等方面的研究文献，凡比较有资料价值的，均在收集之列。如上所述，国内学者的相关考证性成果，包括经典著作翻译、版本、传播、重要术语考据等文献，凡具有资料价值的，也一并收入，但这部分内容所占比例较小。第三，力求系统性。上述几十年来形成的这些编译研究资料繁茂芜杂，十分零散，使用起来很不方便，编辑整理就更为困难。为把这些宝贵文献整理面世，使之更好地发挥作用，编辑人员下了很大功夫。在收集整理中，我们力图分门别类，尽可能将同类资料按照一定逻辑顺序编排，使之呈现一定的系统性，以便读者全面掌握有关资料。第四，力争权威性。本丛书力争选编国内外在相关研究领域具有一定权威性的专家学者的具有代表性和影响力的文献。为保证文献的权威性和准确性，我们对文献的引文进行了校订，特别是对有关马克思主义经典著作的引文进行了原版原文核对，并对注释尽可能地作了规范化处理，以便读者更准确地了解引文及其出处。

基于上述考虑，本丛书的编排体系大体分四个部分。第一部分是经典著作研究，包括关于《共产党宣言》、《资本论》等手稿、创作、版本、传播诸方面的研究文献；第二部分是基本理论研究，包括哲学、政治经济学、科学社会主义以及政治学、法学等方面的研究文献；第三部分是版本和传播、编译以及生平事业研究；第四部分是国外马克思主义研究。每一部分包括若干卷。每一卷都有本卷编辑说明，对本卷编辑的思路、内容和有关技术问题作简要交代。各卷内容按照逻辑顺序进行编排，在此基础上再按照时间顺序编排。各卷内容一般要作分类，并加分类标题，以便读者阅读研究。

需要说明的是，由于本丛书是整理编辑已有的文献，而且主要限于整理编辑中央编译局学者编译和研究的部分成果，这就决定了本丛书不可避免地存在一些缺憾。一是这些文献中有的观点不一定正确。选编这些文献并不意味着编者赞同其中的观点，我们的目的仅仅在于为人们研究马克思主义提供参考资料，其中正确的思想成果可以作为我们研究借鉴的思想资源，而错误的观点可以作为我们研究批评的对象。例如，对有关马恩对立论的观点，我们是不赞成的，但为了让研究者了解、研究和批评这种观点，也收入了相关文章。所以，谨请读者在使用这些文献时注意辨别是非。二是这些文献存在质量参差不齐的情况。由于这些文章的作者、译者水平不同，写作时间、背景、针对的问题、产生的影响以及发表的刊物等不同，其质量也就有一定差别。例如，有的概念和译文在今天看来不一定科学、准确，有的文献曾经很有价值而在今天看来最多只有学术史的价值。在选编过程中，我们尽量收入那些分量较重、影响较大的文献，但为了比较全面地反映学术史的原貌并提供尽可能详细的研究参考资料，也收入了一些篇幅较短、影响不大但有一定资料或史料价值的文献。另外，有少量比较重要的文献，由于作者或译者不同意收入，也不得不忍痛割爱。三是这些文献的系统性、规范性不太强。尽管我们努力按照上述编辑原则工作，对这些文献进行了分类整理，力求全面系统地提供给读者相关方面的文献资料，但由于这些资料十分繁杂，彼此之间的关联性不强，有的方面资料较多，有的较少，且发表的刊物、时间等不同，体例也很不统一，整理起来难度极大，加之各位编者的研究角度不同，水平各异，所以，每一卷书的结构、篇章、内容、观点等都不尽相同，其规范程度也不尽一致。对本丛书存在的以上不足或缺憾，谨请读者鉴谅；对其中可能存在的疏漏和错误之处，谨请读者批评指正。

本丛书在编写和出版过程中，得到了各个方面的大力支持。中央编译局对此项工作高度重视，始终给予鼎力支持。国家出版基金将本丛书列入2013年度资助项目。中央编译出版社为本丛书申报国家出版基金项目并最终立项，以及为丛书出版做了大量工作。本丛书所收文献的译者、作者和出版者，凡已联系上的，均给予我们大力支持，同意使用这些文献；对尚未联系上的，我们将尽力联系，也请相关同仁主动联系我们。丛书顾问委员会的专家对丛书的编写工作给予热情指导，编委会成员和课题组同仁为丛书的编写付出了辛勤劳动。在此一并致以衷心的谢意！

《马克思主义研究资料》

编辑委员会

2013年12月10日

编辑说明

本卷收录的是与马克思的《1857—1858年经济学手稿》相关的翻译和研究资料,包括"文本研究"、"结构与方法"、"理论研究"三部分。

第一部分"文本研究"收录了《1857—1858年经济学手稿》的一些重要版本的前言和说明,主要包括《马克思恩格斯全集》历史考证版(MEGA2)第2部分第1卷和第2卷的前言与附属资料卷中对该手稿产生和传播的阐述、《马克思恩格斯全集》英文版第28卷和第29卷前言、《政治经济学批判大纲》1973年英文版前言,还包括对手稿文本本身及其在世界各地传播情况的研究性文章。第二部分"结构与方法"收录了从方法论上对《1857—1858年经济学手稿》进行研究的一些成果,主要包括马克思创作方法中关于研究方法和叙述方法的区别、《手稿》的结构、从具体到抽象和从抽象到具体的方法、马克思的中介概念等内容。第三部分"理论研究"包括《手稿》对工人阶级斗争的影响、《手稿》中有关马克思货币理论的现实意义、异化问题、危机理论等。其中,米夏埃尔·亨利希的《存在马克思的危机理论吗?》一文涉及《资本论》的三大手稿:《1857—1858年经济学手稿》、《1861—1863年经济学手稿》和《1863—1865年经济学手稿》,但因为本卷收录的米夏埃尔·克赖特克主要从《1857—1858年经济学手稿》出发论述马克思危机理论的《资本主义和危机》一文,是以对亨利希的文章的回应出现的,所以我们也把亨利希的文章一并收录在这里。

  为了保持文献性,本丛书的注释基本保持原貌,不作改动;但对原注释有错误或有遗漏的,我们尽可能查阅了有关文献,作了必要的规范和完善;对有些查找不到的,保留原来的内容和格式。

目 录

文本研究 1

关于马克思1857—1858年经济学手稿
　　——《马克思恩格斯全集》历史考证版第2部分第1卷前言 …… 3

1858—1861年期间马克思和恩格斯的经济学论著
　　——《马克思恩格斯全集》历史考证版第2部分第2卷前言 …… 19

马克思1857—1858年八个笔记本的资料 ……………………………… 38

马克思1857年至1861年经济学手稿的科学意义
　　——《马克思恩格斯全集》英文版第28、29卷前言 …………… 61

从《政治经济学批判大纲》看马克思的研究方法和黑格尔的关系
　　〔英〕马丁·尼古拉斯 ……………………………………………… 91

走近马克思的创作室
　　张钟朴 ……………………………………………………………… 114

《资本论》第一部手稿（《1857—1858年经济学手稿》）
　　——《资本论》创作史研究之二
　　张钟朴 ……………………………………………………………… 122

《大纲》在世界上的传播与接受
　　〔意〕马塞罗·默斯托 …………………………………………… 141

结构与方法 ··· 155

《政治经济学批判大纲》中研究方法和叙述方法的交织

　　〔苏〕W. 维戈茨基 ································· 157

1857—1858 年手稿《大纲》的研究方法和结构

　　〔苏〕伊丽娜·安东诺娃 ·························· 171

从具体上升到抽象和从抽象上升到具体是唯物辩证法的

　　不可分割的统一过程

　　〔民主德国〕G. 法比翁克 ························· 177

关于马克思中介概念的几个方面

　　〔德〕伯恩德·福格尔 ···························· 188

试论"资本一般"与"许多资本"

　　——《1857—1858 年经济学手稿》研究

　　顾海良 ·· 202

理论研究 ·· 215

霍布斯鲍姆谈马克思的《大纲》诞生 150 年及其现实意义

　　〔英〕霍布斯鲍姆 ································· 217

阿尔都塞对《大纲》的曲解

　　〔美〕诺曼·莱文 ································ 229

马克思经济学手稿读解的新视域

　　——《马克思恩格斯文集》第 8 卷摘选评价

　　顾海良 ·· 240

关于马克思对资本主义社会经济运动规律的研究及其对
　　全面分析社会的意义
　　〔德〕乌尔里克·加兰德 …………………………… 256
《政治经济学批判大纲》及其在为创立工人阶级的经济
　　学说的斗争中的地位
　　〔苏〕W. 维戈茨基 …………………………………… 280
马克思在 1857—1858 年经济学手稿中对资产阶级货币
　　数量论和国际金银流动理论的批判
　　商德文 ………………………………………………… 313
马克思经济学语境中的历史现象学初探
　　——《1857—1858 年经济学手稿》"货币章"解读
　　张一兵 ………………………………………………… 325
论马克思的货币本质观
　　——基于《1857—1858 年经济学手稿》的文本学解读
　　杨兴业　邹广文 ……………………………………… 347
《政治经济学批判大纲》中马克思货币理论的具有现实意义的问题
　　〔俄〕阿·科甘 ……………………………………… 362
论《大纲》中的"资本和利润"
　　〔日〕内田弘 ………………………………………… 381
重新遭遇异化：马克思历史现象学的最后逻辑层面
　　——《1857—1858 年经济学手稿》"资本章"的哲学研究
　　张一兵 ………………………………………………… 398
马克思《大纲》中的异化概念
　　〔英〕特雷尔·卡弗 ………………………………… 415

存在马克思的危机理论吗?
　　——进一步理解马克思《政治经济学批判》手稿中的"危机"概念
　　〔德〕米夏埃尔·亨利希 ·················· 438
资本主义和危机
　　——马克思1857—1858年经济学研究中的周期性危机的历史和理论
　　〔德〕米夏埃尔·克赖特克 ·················· 473

文本研究

关于马克思1857—1858年经济学手稿

——《马克思恩格斯全集》历史考证版第2部分第1卷前言*

马克思主义的经济理论是在19世纪40年代开始形成的。在这个年代中马克思和恩格斯创立了唯物史观，在唯物史观的基础上，研究了资产阶级社会的"解剖学"。

马克思于1844年在巴黎开始从事经济学的研究，在布鲁塞尔继续进行这一工作。他在以后的岁月里制定他的经济理论时，经常引用他在学习英国和法国经济学家著作时所作的篇幅巨大的摘记。

还在1844年8月，在恩格斯的著作《政治经济学批判大纲》问世后不久，正如马克思在他的第一部经济学著作《经济学哲学手稿》的前言中所写的，马克思表示要对资产阶级的经济关系和资产阶级的政治经济学给以全面的批判。但这一著作没有完成，在马克思逝世后许多年才为人们所知。按1880年马克思自己的评价，在1847年上半年所写的《哲学的贫困。答蒲鲁东先生〈贫困的哲学〉》一书中已包含着未来的《资本论》的胚芽。1847年12月，马克思在布鲁塞尔德意志工人协会举行了数次关于政治经济学的讲演，这些讲演后来以《雇佣劳动与资本》为标题，发表在1849年4月的《新莱茵报》上。1847年底到1848年初，马克思和恩格斯最后共同写成了著名的《共产党宣言》，于1848

---

* 本文选自《马列著作编译资料》1979年第3辑。中译文作了删节，标题是原编者所加。

年2月发表了。其中包含着一系列无产阶级政治经济学的基本命题。

《资本论》直接产生的历史，是19世纪50年代开始的，那时马克思在1848—1849年的革命失败后定居于伦敦，并于1850年重新从事他对政治经济学的研究。关于这一重要阶段，马克思自己指出，"英国博物馆中堆积着政治经济学史的大量资料，伦敦对于考察资产阶级社会是一个方便的地点，最后，随着加利福尼亚和澳大利亚金矿的发现，资产阶级社会似乎踏进了新的发展阶段，这一切决定我再从头开始，用批判的精神来透彻地研究新的材料"。① 直到1857年7月，马克思的工作首先是搜集和批判地吸收各种不同的经济理论的材料，以及直接研究英国和其他国家经济生活中发生的一切重大事件和事实。

马克思从资产阶级经济学家和空想社会主义者的著作中，从官方文件和期刊中摘录写下的无数本笔记，证明他在50年代所进行的科学研究范围之广。马克思特别仔细地重新研究了资产阶级政治经济学的古典作家亚当·斯密和大卫·李嘉图的著作。从1850年至1857年，他写满了摘录和概要的笔记达数十本之多。除此之外，在这几年内，他用几个笔记本把那些摘录的引文以一定的题目（"完成的货币制度"，"货币本质"，"信用制度"，"危机"）综合在一起并加以简短的说明。这是对搜集的资料进行的最初一次加工。

马克思在这一研究过程中开始作出的关于新的理论思想的最初的论述，包含在他1851年1月7日和2月3日致恩格斯的信中。马克思在这两封信中，批判了李嘉图根据马尔萨斯的土地收益递减"规律"得出的地租理论，以及李嘉图的货币数量论。在摘录笔记第四本（1850年底）和第八本（1851年初）中可以看到独创的思想，例如对李嘉图的主要著作《政治经济学和赋税原理》所作的评语。

---

① 《马克思恩格斯全集》第1版第13卷第10页。

马克思在50年代中特别注意欧洲一些国家的经济危机，他把经济危机看作是日益发展的革命形势的重大因素。新的危机的迫近和因此而期望新的革命高潮早日到来的心情，促使马克思加紧了他的经济学研究。1855年2月13日，他告诉恩格斯说，他正在通读他的经济学笔记本，"想把材料整理出来，至少也是为了掌握材料，为整理材料作好准备。"

马克思对他在40年代，特别是在50年代所搜集的材料，创造性地加以概括和系统化，这一工作所留下来的最重要的结果，就是本卷所收的1857—1858年写成的三份草稿。这是马克思计划中的经济学巨著的初稿。其中包括表明马克思经济理论一些重要观点的两份简短的未完成手稿《巴师夏和凯里》和《导言》，还包括这一计划中的巨著的草稿，这一草稿，自从由莫斯科马克思恩格斯列宁研究院于1939年和1941年以《政治经济学批判大纲》为书名发表以来，已是人所共知的了。

手稿《巴师夏和凯里》产生于1857年7月。这一未完成的草稿证明，马克思在这个时期对资产阶级经济学家的批判已经进行到怎样的程度，并证明他已经认识到资本主义经济规律的本质。

马克思以他特有的彻底性，揭示了资产阶级社会的社会矛盾和对抗，并指出了"新大陆"（美国）的资本主义的一些特点，它们不同于当时英国所表现的资本主义的典型模样。在他以前的经济学著作中，只是极其一般地论及资产阶级经济学的两个主要流派，而在这里第一次指出了资产阶级古典政治经济学不同于庸俗经济学的非常明显的特征，因为庸俗经济学是资产阶级经济学的堕落和崩溃的证明。

有的庸俗经济学家们认为必须"在古典经济学家朴素地描绘生产关系的对抗的地方，证明生产关系是和谐的。"① 巴师夏和凯里就是这种

---

① 《马克思恩格斯全集》第1版第46卷上册第4页。

庸俗经济学家的典型例子。他们的理论表现了对工人运动的一定的危险，掩饰了资本世界中工人的实际状况，充当了投合资产阶级心意的种种社会幻想的支柱。马克思研究了作为这两个经济学家观点的基础的经济关系，并指出："他们两人是在完全不同的，甚至是在相反的民族环境中从事写作的，但是他们却产生了同样的意向。"① 这些经济学家认为资本主义生产是社会的和谐发展的典范；他们认为，资产阶级社会所以会发生动乱的灾害，或者是由于封建的残余和国家干涉经济生活，——这是巴师夏的看法；或者是由于"竭力追求工业垄断的英国对世界市场的破坏作用"②，——这是凯里的看法。马克思通过对资本主义经济、它的客观规律性和它内在的对抗性矛盾所进行的科学分析，驳斥了这些辩护论观点。

另一个未完成的草稿《导言》是1857年8月底写成的。马克思后来决定不把它发表出来，因为在他看来，"预先说出正要证明的结论总是有妨害的"③。

在《导言》中，马克思比在其他任何地方更为全面地阐明了他关于政治经济学的对象和方法的见解。

资产阶级经济学家把分配置于突出地位，不把资本主义看作是历史上的制度。马克思同资产阶级经济学家相反，他是从社会生产占优先地位这一点出发的。他分析了生产、分配、交换和消费之间辩证的相互作用，得出了这样的结论：生产不仅是出发点，而且是这个统一体中的决定性的要素，分配形式只是生产形式的另一种表现而已。他把生产看作一定社会性质的生产，并把它作为他研究的对象。

---

① 《马克思恩格斯全集》第1版第46卷上册第4页。
② 《马克思恩格斯全集》第1版第46卷上册第6页。
③ 《马克思恩格斯全集》第1版第13卷第7页。

马克思从社会发展的经济基础出发，又转而研究属于政治的和意识形态的上层建筑领域的过程，并探究这一领域与经济基础的相互作用。《导言》中未完成的最后一节专门论述了艺术作为社会意识的一种形式的特征，在这里马克思强调指出这样一个事实：物质生产在社会生活中的决定性作用，并不排斥人类活动的上层建筑的这样一些要素如艺术和文学的相对独立性。鉴于古希腊的艺术在简单的、未成熟的生产关系基础上却达到了高度的繁荣，马克思以莎士比亚的创作和人民史诗的古典形式作为例子指出，不能简单化地谈上层建筑对基础的依赖性。相反地，起着支配作用的是一种错综复杂的中介环节体系，而中介环节的最后决定因素是历史上具体的、不断发展着的社会生活条件。因此，古代的艺术和文学仍然能够给我们以最高的艺术享受，而且就某方面来说是规范和范本，虽然它们是社会生产关系处于低级发展阶段上的产物。

在《导言》中，阐明了从抽象上升到具体这一科学上正确的、唯物辩证的方法。这里所谓具体，就是多样化的统一，就是许多规定性的综合，即思维在这一综合过程中的产物。

马克思特别注意对研究的对象持逻辑的和历史的态度这个问题。他指出，必须逻辑一贯地考察经济范畴，并考虑到它们在一定的经济结构中的作用。然而经济范畴不仅表现为认识的枢纽点和手段，而且表现为社会历史发展的产物；因而逻辑分析不能是同真实的过程相脱离的一种任意的、纯思维的结构。科学的抽象在马克思的理论中是同作为它的前提的具体的现实不可分离地结合在一起的，所以从简单上升到复杂的抽象思维进程并不忽视客观的实在性，而且本质上是合乎实际的历史过程的。

马克思从他对政治经济学的对象和方法的见解出发，在《导言》中作出了关于他的经济学著作的结构的一个最初草案，这个草案包括了资产阶级社会的一切重要方面。他写道，"显然，应当这样来分篇：

(1) 一般的抽象的规定,因此它们或多或少属于一切社会形式……(2) 形成资产阶级社会内部结构并且成为基本阶级的依据的范畴。资本、雇佣劳动、土地所有制。它们的相互关系。城市和乡村。三大社会阶级。它们之间的交换。流通。信用事业(私人信用)。(3) 资产阶级社会在国家形式上的概括。就它本身来考察。'非生产'阶级。税。国债。公共信用。人口。殖民地。向外国移民。(4) 生产的国际关系。国际分工。国际交换。输出和输入。汇率。(5) 世界市场和危机。"①

从1857年10月至1858年5月,马克思写下了篇幅为50多印张的手稿《政治经济学批判大纲》,这是未来的《资本论》最初的草稿。这一手稿在马克思主义产生史上占有特殊的地位。在这里,马克思第一次制定了他的价值理论的根本要点和主要细节,并在此基础上制定了剩余价值理论这一"马克思经济理论的基石"②。唯物史观和剩余价值理论是两大发现,正如恩格斯所说,由于这两大发现,社会主义从空想变成了科学。

《大纲》既使人了解马克思的研究方法,同时又使人了解他进行创作的情况,使得有可能一步一步地去探索马克思创立他的经济学说基本要素的过程。自然,《大纲》中不仅有马克思称为"自己弄清问题"③的东西,而且还叙述了他研究的结果。但是,如果说在他的主要著作的以后的草稿中,主要是系统地阐述他的经济学说已经成熟的部分,那么,在1857—1858年的手稿中,我们能够直接地探索马克思是沿着什么途径达到他在政治经济学上的伟大发现的。

马克思在手稿上一开始就批判蒲鲁东主义者阿尔弗勒德·达里蒙的

---

① 《马克思恩格斯全集》第1版第46卷上册第46页。
② 《列宁全集》第2版第19卷第6页。
③ 《马克思恩格斯全集》第1版第13卷第7页。

经济观点，首先是批判蒲鲁东主义的货币理论。马克思认为，批判蒲鲁东主义，远远抛弃这个"假兄弟"①，这是科学社会主义的一项重要任务。1880年马克思在法国报纸《平等报》重新刊载他的著作《哲学的贫困》一文时所加的引言中写道：为了给力求阐明社会生产的真实历史发展的、批判的、唯物主义的社会主义扫清道路，必须断然同唯心主义政治经济学决裂，这个唯心主义政治经济学的最新的体现者，就是自己并没有意识到这一点的蒲鲁东。②

马克思于1847年在《哲学的贫困》中第一次对蒲鲁东的小资产阶级观点进行了深入的批判，不过当时他所根据的，在很大程度上还是李嘉图的经济学说。而在1857—1858年的手稿中，马克思是在已经大大成熟了的他自己的经济学说的立场上来继续批判蒲鲁东主义的。他驳斥了蒲鲁东主义者关于所谓的"劳动货币"或"小时券"是消除劳动群众的贫困和受剥削的一种有效手段的论调，并说明，资本主义社会中矛盾的对立性质"决不是通过平静的形态变化就能炸毁的"③，指出，蒲鲁东主义者提出要消除资本主义的一些"缺陷"，可是却不触动其经济基础，这是一种使工人阶级迷失方向的、使他们脱离完成其历史使命的道路的空想。

后来，马克思将手稿第一部分加了《货币章》的标题，显然半年以后才补加了数字Ⅱ。就在同一章中已表明，"论交换价值的一篇"④，或者"关于交换价值本身那一章"⑤ 必须置于这一章之前。实际上马克

---

① 《马克思恩格斯全集》第1版第29卷第554页。
② 《马克思恩格斯全集》第1版第19卷第248页。
③ 《马克思恩格斯全集》第1版第46卷上册第106页。
④ 《马克思恩格斯全集》第1版第46卷上册第142页。
⑤ 《马克思恩格斯全集》第1版第46卷上册第153页。

思在货币章中不仅研究了货币范畴，而且研究了价值范畴，而表现为价值的物质承担者的，不仅是货币，而且首先是商品。在批判蒲鲁东主义者的观点的过程中，马克思在《大纲》中奠定了他的价值理论的基础，包括资产阶级社会中劳动的二重性和商品的二重性以及商品转化为货币的必然性。

《大纲》中第一次制定的关于资本主义生产中劳动二重性的论点，是马克思思想的卓越成果。这个论点成了他的价值理论的基础，而最重要的是这个论点使他的价值理论不同于资产阶级政治经济学古典作家的劳动价值理论。这些经济学家不理解资产阶级社会中具体劳动和抽象劳动之间的对立，而只知道价值量单纯由劳动时间决定。与此相反，马克思强调指出，对劳动二重性的认识是"对事实的全部理解的基础"①。

马克思在《大纲》中制定他的价值理论时，发现商品是资本主义的经济细胞形式。而这意味着，对资产阶级社会经济结构进行分析的出发点，不能像李嘉图所认为的那样，是商品的价值，也不能是商品的价值关系，而相反地是商品本身，即这种关系的物质承担者。因此，马克思更改了他的著作第一章的标题。他把这一章不称作"价值"而称作"商品"。在《大纲》手稿的末尾这一章的草稿中，马克思就写道："第一个表达资产阶级财富的范畴就是**商品**"。

由于劳动具有二重性，由于劳动在生产资料私有制的条件下直接地是私人劳动，而它的社会性质必须在市场上才会表现出来，就产生了商品的使用价值和价值之间的矛盾——这个矛盾的外部运动形式就是商品二重化为商品和货币，即商品价值在一种特殊的商品即货币上获得了独立的存在。马克思回答了资产阶级经济学家从未想到的问题，即关于商品和货币必然的内在联系的问题。当货币在表面上解决了商品的使用价

---

① 《马克思恩格斯全集》第1版第31卷第331页。

值和价值之间的矛盾时,它同时也使以私人交换为基础的商品生产的一切矛盾尖锐化了,使资本主义不可避免地面临经济危机。

虽然对蒲鲁东主义的批判在《大纲》中占很大篇幅,但资产阶级古典政治经济学仍然是马克思批判的主要对象。1858年2月22日马克思在致斐迪南·拉萨尔的信中写道:"当然,我有时不能不对其他经济学家进行批判,特别是不能不反驳李嘉图,因为作为资产者,李嘉图本人也不能不犯即使从严格的经济学观点看来的错误。"① 马克思在货币章中阐述他的价值理论和货币理论时,也对李嘉图的货币数量论进行了批判。他指出,决定商品价格的不是流通的货币量,而是商品的价值(包括贵金属的价值)。

马克思一步一步地探索货币的逐渐发展,以及随着生产规模的日益扩大,货币在一切经济机制错综复杂的情况下,在分工和交换中所执行的日益广泛的职能。

马克思在考察商品和货币这些范畴时,分析了作为资产阶级社会特征的社会关系的物化,个人受他们的经济关系的支配而所处的被奴役地位,个人要摆脱这种关系,只能通过革命的途径。

马克思在货币章中所取得的最重要研究结果之一,就是他确证了,在生产资料私有制的条件下,商品生产的发达形式必然是以货币转化为资本为前提的。商品生产和交换价值的发展趋势必然导致"劳动和所有权的分离,而这样一来,劳动将创造他人的所有权,所有权将支配他人的劳动"。②

在《大纲》的下一个主要部分,资本章中,马克思解决了他研究的中心问题——研究资本主义剥削的本质和机制。

---

① 《马克思恩格斯全集》第1版第29卷第531页。
② 《马克思恩格斯全集》第1版第46卷上册第189页。

资产阶级经济学家曾徒劳无益地力图从价值直接过渡到资本；他们把资本看作简单的价值额，不理解货币转化为资本的本质。马克思断言，"在纯粹流通中进行的交换价值的简单运动，决不能实现资本"①。

资本主义生产关系的本质是由工人和资本家之间的关系、劳动和资本之间的关系决定的。对这种关系进行分析的困难在于证实，工人和资本家之间的交换是在价值规律的基础上，即在等价交换的基础上实现的。

如果说资产阶级经济学家也承认价值产品中存在着被资本家无偿地占为己有的那部分——按照马克思的定义，即剩余价值，那么，他们也只是分析了产品在雇佣工人和资本家之间进行分配的量的关系。空想社会主义者攻击这种分配的不合理性，并提出了许多消除这种不合理性的方法。斯密、李嘉图及其学派在阐明剩余价值的定义上被难住了，因为他们没法使劳动和资本之间的交换，即较多的活劳动和较少的物化劳动的交换同价值规律一致起来。

马克思在资本章中的分析，主要是以货币章中所研究过的商品的二重性为基础的，即把商品看作是使用价值和价值的对立统一。

在资本和劳动之间的交换中，马克思区分了两个性质不同的过程：1. 工人和资本家之间的特别的交换，交换的结果是资本家换来了生产力，"这种生产力使资本得以保存和增殖"②。2. 劳动过程本身，在这个过程中，资本的保存和增殖得以实现。马克思在分析第一个过程时阐明了下述认识：在资本和劳动的关系中，"一方（资本）首先作为交换价值同另一方相对立，而另一方（劳动）首先作为使用价值同资本相对

---

① 《马克思恩格斯全集》第 1 版第 46 卷上册第 207 页。
② 《马克思恩格斯全集》第 1 版第 46 卷上册第 231 页。

立"①。马克思在这里迈出了重要的一步,从资产阶级经济学家关于"劳动商品"和"出卖劳动"的通常的公式跨到了劳动力商品。在马克思看来,劳动已不再是商品,而是工人出卖给资本家的劳动力或劳动能力的使用价值。"工人要向资本提供的使用价值,并不是物化在产品中的,它根本不存在于工人之外,因此不是在实际上,而只是在可能性上,作为工人的能力存在。"② 在劳动和资本之间进行交换的第一个过程中,对工人活劳动即他的劳动力的支配权也转入资本家手中。这种交换的第二个过程就是劳动过程本身,同时也就是保存和增殖资本的过程。

马克思指出,非生产资料所有者的工人,也不可能是他自己劳动的产品的所有者,不可能是他在生产过程中所创造的价值的所有者。但是,这个由工人创造而属于资本家所有的价值中一定的、事先决定的一部分,资本家必须以工资形式还给工人,用以支付劳动力的价值,也就是说,支付为"生产"工人本身所消费的劳动量。工人所创造的价值大于他劳动力的价值,因而资本家就获得一个剩余价值,这个剩余价值的大小等于活劳动所创造的价值和劳动力价值之间的差额。

在《大纲》中,马克思第一次形成了不变资本和可变资本的概念,并阐明了它们的关系。把资本区分为这两个组成部分,对工人阶级政治经济学具有决定性的意义,因为它表明,利润在生产过程中不是由全部资本,而只是由为劳动力所支付的那部分资本创造的。不变资本的价值在生产过程中并不增长,而仅仅是被转移到产品上。

资产阶级古典政治经济学从未纯粹地研究过剩余价值本身,而只是研究它的特殊形式,利润、利息和地租。撇开剩余价值的特殊形式来研

---

① 《马克思恩格斯全集》第 1 版第 46 卷上册第 223 页。
② 《马克思恩格斯全集》第 1 版第 46 卷上册第 222 页。

究剩余价值,这是马克思经济学说的最重大成就之一。

在资本章中,马克思第一次大体上阐述了他关于两种剩余价值,即绝对剩余价值和相对剩余价值的学说,并在这一联系中揭示了资本的双重趋向:延长工作日作为增加绝对剩余价值的手段和通过提高劳动生产率来缩短必要劳动时间作为增加相对剩余价值的手段。

马克思在《大纲》中用这种方式在经济科学史上第一次阐明了资本主义的剥削机制;他指出,资本家阶级占有工人所创造的剩余价值,是资本主义生产方式的基础,这种占有是在完全与资本主义生产方式的内在规律,首先是价值规律相一致的情况下实现的。在马克思的理论中,剩余价值表现为资本主义生产关系的必然结果;剩余价值的生产和占有是这种关系的本质,是资本家的主要目的,它决定着资产阶级社会的其他范畴和其他关系,它是资本主义生产方式的运动规律的基础,并不可避免地决定着资本主义生产方式的日趋没落并被共产主义所取代。既然如马克思所证明的,资本主义的剥削是由资本主义生产方式的本质产生的,那么由此就得出结论,在资本主义制度的框子中,工人阶级是不可能摆脱这种社会的不公平的。

马克思还以他的剩余价值理论为基础,在《大纲》中已经开始阐明在资产阶级社会的表面上表现出来的剩余价值的各种特殊形式。他也接近于发现平均利润规律和生产价格的定义,从而接近于阐明资本主义条件下包含矛盾的价格形成机制,这个问题是李嘉图及其学派所不可能解决的。相等的资本,不管它们的有机构成如何,在同一时间内得到平均的相等利润,这个普遍承认的事实显然与下述论点相矛盾:剩余价值的从而利润的唯一源泉,是工人的劳动。这在过去和现在都被劳动价值论的反对者利用来攻击资产阶级古典作家的基本概念和李嘉图学派。上述矛盾被马克思首次解决了。他明确指出,整个资本家阶级的利润不可能大于全部剩余价值总额,并由此得出结论,各不同生产部门中必然存在的不同利润率，由于各生产部门之间竞争的结果，平均化为一般利润率。正如马克思所阐明的，一般利润率之所以形成，是由于所有资本主义生产部门中所创造的全部剩余价值都按照这一或那一部门中所投资本的大小重新进行分配的结果。因而商品是按一种与它的价值相偏离的生产价格出售的，这个生产价格在一些部门高于价值，而在另一些部门低于价值。诚然，在《大纲》中这个事实还只是作了大体上的阐述。平均利润和生产价格这个难题在稍后的1861—1863年的手稿中作了详细的叙述。

马克思在写作资本章时，一方面通过研究过去的社会形式，充实了对资本主义生产方式的分析，另一方面他瞩目于未来，瞩目于那种必然要代替资本主义的社会制度。马克思写道："我们的方法表明必然包含着历史考察之点，也就是说，表明仅仅作为生产过程的历史形式的资产阶级经济，包含着超越自己的、对早先的历史生产方式加以说明之点。……另一方面，这种正确的考察同样会得出预示着生产关系的现代形式被扬弃之点，从而预示着未来的先兆，变易的运动。一方面，如果说资产阶级前的阶段表现为**仅仅是历史的**，即已经被扬弃的前提，那么，现代的生产条件就表现为**正在扬弃自身**，从而正在为新社会制度创造**历史前提**的生产条件。"①

与此相联系，马克思在资本章中从历史上论述了资本主义生产以前的各种形式。他研究了所有制的发展，从原始公社制度直到资本主义占有方式的产生，从而在制定他关于社会经济形态的学说方面迈进了重大的一步。

马克思在分析资本主义以前的所有制形式时，强调指出生产力在社会发展过程中的积极作用，因为它必然要引起一种社会形态被下一种更

---

① 《马克思恩格斯全集》第1版第46卷上册第458页。

高级的社会形态所代替。

关于人类历史的最早阶段，马克思表述了深刻的思想。马克思强调说，在原始社会没有阶级存在，占统治地位的是氏族亲属关系和公社所有制。马克思在进一步阐明中，分析了资本主义以前的剥削形式，奴隶劳动的特殊性，农奴劳动的特殊性，以及它们同雇佣劳动的区别。马克思特别注意农业公社的发展，因为它的解体是产生资本主义生产方式的条件。

马克思在研究资本主义以前各种所有制形式时，深入研究了作为资本主义发展前提的那些历史条件的本质，并且指出，劳动者对自己生产条件的各种不同占有形式发生解体的历史过程，是资本主义产生的前提。他深刻地阐明了资本原始积累的过程，并指出资本原始积累的本质在于：在摆脱了传统的、封建的和行会的障碍的情况下；一方面形成了没有生产资料的雇佣工人阶级，另一方面，生产资料转化为资本。在这里，原始积累时期第一次被明确划为历史发展的特别的过渡时期，马克思指出，资本主义的根子不仅要从城市工业的发展中去寻找，而且要从农业的资本主义转变过程中去寻找，这个过程在一些国家（英国、荷兰）中，在资本主义的初期阶段就已开始了。

在《大纲》中，马克思又深入论述了他在40年代就已大致论述过的问题，即根据什么来科学地划分资本主义社会的历史时期。他论证了必须在资本主义的发展中区分出工场手工业阶段和机器阶段。他强调说，工场手工业还没有建立使资本主义关系普遍扩大和排挤资本主义以前的形态的物质基础。机器大生产才是最终确立资本主义制度的物质基础，它才是与资本的完全统治相一致的。

马克思通过研究资本主义的产生和揭示它的产生和发展的规律，指出了资本主义的历史地位，他论证了资本主义的必然没落，资本主义所特有的那种劳动和所有权相分离的必然扬弃。"为了使劳动重新把劳动的客观条件当作是自己的财产，就必须有另一种制度来取代私人交换制度"。① 与此有关，马克思对于将要取代资本主义的新的社会制度的一些本质特征所作的分析，值得特别注意。

在《大纲》中，马克思是这样说明共产主义社会的特征的："建立在个人全面发展和他们共同的社会生产能力成为他们的社会财富这一基础上的自由个性。"② 他强调指出向共产主义社会过渡的历史必然性，而共产主义社会的产生是以物质的和精神的条件发展到一定的程度为前提的。

马克思认为，在未来的共产主义社会中，劳动具有直接社会劳动的性质：在共同生产的条件下，单个人的劳动从一开始就是社会的劳动。不是交换使劳动具有一般的性质，而是生产资料的公有制和生产的集体性使劳动产品从一开始就成为一种公共的、一般的产品。

马克思这样论述共产主义社会中的生产："时间的节约，以及劳动时间在不同的生产部门之间有计划的分配，在共同生产的基础上仍然是首要的经济规律。"③ 任何真正的节约都表现为劳动时间的节省，表现为生产费用尽可能地降到最低限度，换言之，表现为劳动生产率的提高。这同发展生产力是一回事。劳动时间的节省意味着自由时间，也就是使劳动者得到充分全面的发展所需要的时间的扩大，这又对劳动生产力发生反作用。自由时间——作为闲暇时间，作为从事较高级的活动的时间——使社会的每一个成员得以充分发挥他的脑力和体力。

一些空想社会主义者幻想，在共产主义社会中，劳动将从资本主义社会中绝大多数劳动者的可厌的负担、苦难，转变为娱乐、单纯的消

---

① 《马克思恩格斯全集》第 1 版第 46 卷上册第 514 页。
② 《马克思恩格斯全集》第 1 版第 46 卷上册第 104 页。
③ 《马克思恩格斯全集》第 1 版第 46 卷上册第 120 页。

遭，而马克思与他们不同，他谈到共产主义社会中劳动的普遍性时，把劳动看作是生活的第一需要，看作是"非常严肃的事情"。共产主义劳动具有科学性，它是知识的实际应用，是"实验科学，物质创造和物化的科学"。科学转化为一种直接的生产力。

马克思在阐述他的经济理论的过程中，同时着手拟定他的经济著作的结构。上面已经提到过1857年8月底马克思在未完成的《导言》中所作的第一个计划草案。在货币章的末尾①，马克思几乎以同一形式重述了这一计划，按照这个计划，著作应由五部分构成，其中第一部分应包括一切社会制度以这种形式或那种形式所特有的一般抽象规定。

1857年11月，马克思在资本章的开头②更详细得多地谈到他著作的那一部分的计划，这一部分的直接对象就是资本的一切形式和一切方面，所以他在"一般性"那篇中（后来马克思对此篇所加的标题是《资本一般》）把材料整理分为三部分，这对以后《资本论》的结构起着巨大的作用。

在拟定的三部分中，最详细地研究资本一般的是《大纲》中关于资本生产和关于资本流通的那两篇。马克思对于考察的问题所作的阐述还不够系统化。而且常常被各种各样的插入部分所中断。后来《资本论》以四卷的形式所采用的这个如此巨大的基本手稿的原始草稿，有这种不足之处也是不可避免的。

(原载《马克思恩格斯全集》历史考证版 MEGA² 第2部分第1卷)

（沈渊 译　张钟朴 校）

---

① 《马克思恩格斯全集》第1版第46卷上册第178页。
② 《马克思恩格斯全集》第1版第46卷上册第219、232页。

1858—1861年期间马克思和恩格斯的经济学论著

——《马克思恩格斯全集》历史考证版第2部分第2卷前言*

《马克思恩格斯全集》历史考证版第2部分第2卷包括马克思1859年首次发表的《政治经济学批判。第一分册》和这部著作的初稿,还包括与这部著作密切相联的1858—1861年这几年间写的一些短篇手稿。这是一些草稿、提纲和马克思当时为撰写其主要著作而搜集和记录下来的材料的内容提要:本卷还发表了马克思自50年代末至60年代初在伦敦为德国工人所作的系列讲演的残篇。马克思作这些讲演,一方面是为介绍自己的经济学说理论,同时他也想以此方式向外界公布自己的著作《批判》。此外,本卷还包括恩格斯为马克思的著作写的书评。这个书评于1859年8月发表在伦敦的周报《人民报》上。

马克思的《批判》在无产阶级政治经济学形成过程中占有重要地位,而无产阶级政治经济学是在与资产阶级政治经济学进行持续不断的创造性的论辩中产生的。这一著作标志着马克思研究资本主义生产方式的重要进展和对这一社会形态的各项规律性的深入探究。列宁认为,这部著作是马克思使政治经济学发生了一场革命的经典著作之一。[1]

这部著作是马克思在《哲学的贫困》(1847年)、《共产党宣言》(1848年)和《雇佣劳动与资本》(1849年)之后对自己经济理论的重

---

* 本文选自《马克思恩格斯列宁斯大林研究》1997年第4辑。

[1] 《列宁选集》第3版第2卷第417页。

要组成部分，特别是对价值理论和货币理论所作的一次最重要的阐述。在这部著作里，马克思开始对他15年来的经济学研究成果进行总结。马克思是1843年底在巴黎编辑《德法年鉴》时开始研究经济学的，1848—1849年革命后，他又将这一研究在伦敦继续进行下去。在通向《资本论》的道路上，《批判》一书为马克思的经济学研究开启了一个新阶段。这部著作也是马克思开始系统阐述工人阶级政治经济学的第一部正式出版的、即第一部呈现在学术界面前的著作。马克思还计划在不久的将来在其他各分册中将这一系列研究继续下去。

马克思走过了多年作而不息的艰辛道路，才取得了这一科学成果。为了研究现代资本主义社会的经济结构，他埋头钻研资产阶级和小资产阶级的经济学，深入考察了最主要的资本主义国家，尤其是英国的经济问题和政治事件。在旅居巴黎、布鲁塞尔、曼彻斯特和伦敦的许多年里，他搜集了丰富的材料，现在，他把这些材料以对经济问题的摘录和评注的形式汇集在众多的笔记本里。此外，他还就当时资本主义国家的经济政策和经济生活写了大量的报刊文章，很多是他从自己的理论研究中得出的新的科学结论。有了这些准备工作，马克思才能从1857年开始整理他的研究成果，作出理论概括，于是就诞生了内容非常丰富的1857—1858年经济学手稿即《政治经济学批判大纲》。在这部手稿里，马克思第一次阐述了他的价值理论，并在其基础上阐述了剩余价值理论的基本特征和主要细节。这部草稿的完成，意味着马克思在制定经济理论和形成他日后主要著作的结构方面的第一个重要阶段已经结束。《政治经济学批判大纲》是马克思主要著作的第一稿即最初的草稿。

马克思当时面临的任务是为自己的著作寻找出版机会，并对其进行付印前的加工和定稿。这部著作是他为工人阶级而写的，他现在也要设法使工人们能读到它。关于自己主要著作的意义和使命，马克思在给一位朋友的信中写道:"我希望为我们的党取得科学上的胜利。"①

1858年3月马克思与出版商弗兰茨·敦克尔在柏林商定,将他的著作以分册的形式出版。此后不久他便开始写第一分册。这时马克思认为,以1857—1858年经济学手稿《大纲》作基础,足以在短时间内脱稿。1858年5月他前往曼彻斯特,与恩格斯商讨涉及出版计划中的著作的所有理论问题和实际问题。

回到伦敦后,马克思写成了《七个笔记本的索引》。在《索引》里,他把组成1857—1858年手稿的七个笔记本的材料按一定的、系统的观点进行了整理。本卷的开篇文章就是这个《索引》。马克思很早就有了写第一分册的计划,编制索引和整理上述庞大手稿的全部资料都是为了写第一分册。1857—1858年手稿中包含有未来伟大经济学著作的一些提纲草稿。在给拉萨尔的一封信里,马克思曾就第一分册计划解释说:"这一分册包括:(1)价值,(2)货币,(3)资本一般(资本的生产过程,资本的流通过程,两者的统一,或资本和利润、利息)。"②可见,当初第一分册的内容要比最后出版的《批判》多得多。

《七个笔记本的索引》由两部草稿组成。第一稿包括了计划中的第一分册的全部内容,第一分册将由上述三章组成。在这部草稿里,马克思首次拟出了《资本的生产过程》这一章的提纲,这个提纲实质上成为后来写作《资本论》第1卷的基础。《索引》的第二草稿是关于货币章的详细构想。

根据这个索引,马克思从1858年8月至10月写作《批判》的初稿;并且从1858年11月至1859年1月,又在这个初稿的基础上写作这部书的付印稿。初稿没有完整地流传下来,保留下来的只是货币章的

---

① 《马克思恩格斯全集》第1版第29卷第554页。
② 《马克思恩格斯全集》第1版第29卷第534页。

一部分和资本章的未完成稿。

将货币章的两种论述——即流传下来的一部分初稿中的货币章和第一分册本身中的货币章——加以比较就可以知道，马克思在为出版做准备的过程中，做了范围广泛的工作。正像初稿表明的，由于内容上的难题已经搞清，马克思便把注意力全部集中到选择最佳的和最令人信服的表述形式上。在这种情况下，他的确写过，"除了对已经写好的东西作修辞上的润色外"，"我没有什么东西好写了"，① 不过，这只是一种过谦之辞。

在初稿里，货币章还包括未收进后来发表的第一分册中的两小节，它们就是："（5）简单流通中占有规律的表现"和"（6）向资本过渡"。然而这两部分具有独立的科学价值。

马克思指出，资产阶级经济学家局限于对流通领域的分析，这是庸俗观点的基础。庸俗观点认为，既然生产者通过自己的劳动进行占有的规律是前提，那么在流通中"自然"会出现一个"建立在这一规律基础上的资产阶级自由和平等的王国"。② 流通过程正像它在资本主义社会表面上所表现的，在资产阶级经济学家的描述中，等于个人自由的实现，等于社会平等的完全实现。资产阶级政治经济学滋生出了一种幻象，认为资产阶级社会中生产者自己的劳动是私有制的根源和基础。与之相反，马克思证明，这一幻象在资产阶级社会里是建立在私人劳动和抽象一般劳动之间的矛盾基础上的。马克思写道，个人是通过下述方式来证实他的"私人劳动是一般劳动"的，即每一单个人的私人劳动要表现为社会劳动总体的一定部分。

对简单流通的考察，是马克思批判小资产阶级社会主义者，特别是

---

① 《马克思恩格斯全集》第 1 版第 29 卷第 341 页。
② 《马克思恩格斯全集》第 1 版第 46 卷下册第 465 页。

蒲鲁东的观点的起因。这些观点认为，资本主义制度的矛盾可以在这一制度的框架内自行消除。马克思揭露了这些错误观点对国际工人运动理论和政治发展有害的性质。马克思就自己的著作写道："同时，在这两章里从根本上打击了目前在法国流行的蒲鲁东社会主义。它要保存私人的生产，但是私人产品的交换要加以组织，它要商品，但是不要货币。"①

产生这些错误观点的理论根源，是小资产阶级社会主义者仅限于研究流通领域。这些观点就其本质而言是天生的乌托邦，但它们的滋生也是由于资本主义生产方式的相对不成熟性所致。这种部分地说尚未得到充分发展的制度的矛盾，没有被理解为这一社会的内在矛盾，相反地被认为是可以避免和绕开的。

马克思为此在初稿中写道："因此就产生了那些社会主义者的错误，特别是法国的社会主义者的错误，他们想要证明，社会主义就是实现不是由法国革命所发现的，而是由它在历史上加以传播的资产阶级的理想，并且要竭力证明，交换价值最初（在时间上）或者按其概念（在其最适当的形式上）是普遍自由和平等的制度，但是被货币、资本等等歪曲了。或者他们断言，历史迄今为止企图以适合自由和平等的真实性质的方式来实现自由和平等的一切尝试都失败了，而现在他们，例如蒲鲁东，却发现了用这些关系的真正历史来代替它们的虚假历史的灵丹妙药……在更深入的发展中所出现的矛盾，是这种所有权、自由和平等本身的内在矛盾、错乱。它们有时转变为自己的对立面。例如，认为交换价值不会从商品和货币形式发展为资本形式，或者说生产交换价值的劳动不会发展为雇佣劳动，这是一种虔诚而愚蠢的愿望。这些社会主义者不同于资产阶级辩护士的地方是：一方面他们觉察到这种制度的矛盾，

---

① 《马克思恩格斯全集》第 1 版第 29 卷第 554 页。

另一方面抱有空想主义,不理解资产阶级社会的现实的形态和理想的形态之间必然存在的差别,因而愿意做那种徒劳无益的事情,希望重新实现理想的表现本身,即神圣化的和由现实本身从自身投射出来的反思映象。"① 马克思关于这一问题的上述论述并非不具有现实意义,因为在今天,类似的小资产阶级幻象又在社会经济不发达或仅仅是单方面发展的国家找到了温床。

在《批判》的初稿里,马克思表述了政治经济学的专门任务,概略地谈了随着分析而必然要走的那段路程。他写道:"交换价值就是社会形式本身;因此,交换价值的继续发展,就是把商品抛到自己表面上来的社会过程的进一步发展或者说深入到这个社会过程中去。"② 对价值的分析不可能是研究的主要目的,这种分析只是把资本主义生产作为一个总体系来进行分析的开始和前提。有意义的是,马克思在这里已经非常接近于得出资本主义生产方式的基本规律了。他写道:"因此,发财致富就是目的本身。独立化的交换价值的合乎目的的活动只能是发财致富,也就是使自身增大;再生产,但不只是形式上的再生产,而是在再生产中价值得到增大。"③

马克思在这一部分里也跟踪考察了向资本的历史过渡。初稿中的《资本》章首次表达了马克思关于货币向资本转化的观点。但该章没写完,原因是马克思当时决定第一分册只包括两章。

马克思的著作《政治经济学批判。第一分册》在本卷占有中心地位。马克思在这部著作中,在考察正式内容即对商品和货币进行理论研究之前,写有一篇简短的序言。在这篇序言里,他集中阐述了唯物主义

---

① 《马克思恩格斯全集》第1版第46卷下册第478页。
② 《马克思恩格斯全集》第1版第46卷下册第495页。
③ 《马克思恩格斯全集》第1版第46卷下册第502页。

历史观及其本质和社会发展的最重要的普遍规律性。这些天才的思想是对新的无产阶级世界观15年来的发展所作的总结。这些新的无产阶级世界观是马克思与恩格斯在1845—1846年期间在他们默契合作的伟大著作《德意志意识形态》中共同创立、又在40—50年代的其他著作中反复检验、应用和不断发展而成的。正是在这个基础上,马克思"对推广运用于人类社会及其历史的唯物主义的基本原理,作了……完整的表述"①。

马克思在序言里还简短地谈到他作为工人阶级学者的发展道路,特别是他对政治经济学问题的研究。他强调指出,这一研究的最重要的成果,就是认识到"法的关系正像国家的形式一样,既不能从它们本身来理解,也不能从所谓人类精神的一般发展来理解,相反,它们根源于物质的生活关系",所以,"对市民社会的解剖应该到政治经济学中去寻求"②。马克思从社会生活各个不同领域抽出经济领域,从各种社会关系中抽出生产关系,认为这些是根本性的、决定性的。马克思得出结论说,生产关系的总和构成有政治上层建筑竖立其上、并有一定的社会意识形式与之相适应的现实社会基础。这样,马克思便为研究和认识不同社会经济形态的发生、发展和消逝,即它们有规律的次序性,提供了一把钥匙,同时指出了一条认识世界历史的意义、内容和进程,并"科学地研究历史这一极其复杂、充满矛盾而又是有规律的统一过程"③的唯一科学途径。由此,也就有可能"以自然科学的精确性去研究群众生活的社会条件以及这些条件的变更"④。

---

① 《列宁选集》第3版第2卷第423—424页。
② 《马克思恩格斯选集》第2版第2卷第32页。
③ 《列宁选集》第3版第2卷第425页。
④ 《列宁选集》第3版第2卷第425页。

在序言中，马克思自己总结出了从这一理论思维过程中产生出来的对于实践的革命结论。由于发现了一定的生产关系与生产力性质相适应的规律，马克思得出结论：持续和不间断发展着的生产力和阶级社会一定发展阶段上的一定生产关系之间不可避免地要爆发的矛盾，是革命的主要原因，由此也是一个社会经济形态被下一个更高级的社会经济形态所取代的主要原因。马克思写道："社会的物质生产力发展到一定阶段，便同它们一直在其中运动的现存生产关系或财产关系（这只是生产关系的法律用语）发生矛盾。于是这些关系便由生产力的发展形式变成生产力的桎梏。那时社会革命的时代就到来了。"[①] 资本主义社会的发展与该社会矛盾的展开相伴随，因此，它势必要超出自身，而朝向社会主义，朝向共产主义。

马克思把自己在序言中认识到的和加以表述的对整个世界史具有普遍意义的东西，现在在丰富的事实材料的基础上，通过对自己的科学前辈，尤其是对资产阶级古典政治经济学代表人物的批判性研究，具体地运用到对资本主义生产方式的分析上来。唯物史观为马克思主义政治经济学奠定了可靠的基础，并成为其不可或缺的理论上和方法上的指导。另一方面，马克思对资本主义经济运动规律的研究——这种研究马克思在《批判》中就已涉及，在后来直到《资本论》为止的经济学研究中越来越清楚地表现出来——证实了同时也在发展的唯物史观的正确性。这样，在马克思的著作《政治经济学批判》中，马克思主义哲学和经济学二者间相互关系的丰富成果及其密不可分的统一性，便令人信服地和明白无误地呈现在我们面前。

《政治经济学批判》一书由两章组成，马克思论述的是政治经济学的两个基本问题，即价值理论和货币理论。

[①] 《马克思恩格斯选集》第2版第2卷第32—33页。

资产阶级政治经济学的古典作家们,特别是亚当·斯密和大卫·李嘉图,把价值视作考察经济关系的关键范畴。因此,他们也就把自己的研究主要放在这一对象上。马克思起初也遵循着这一传统,也把价值看作分析资本主义生产方式的起始范畴。因此,马克思在写作《大纲》的最后,给第一章定下的标题为《价值》。在《七个笔记本的索引》和当时的信函中,马克思同样把第一章称为《价值》。写有第一章初稿的笔记本C可惜没有保留下来,因此不能确定这里用的是什么标题。

然而,1858年11月,马克思决定把第一章称为《商品》。这并不是术语上的形式改动,这一改动是有深刻原因作基础的。作为对资产阶级社会经济结构进行分析的出发点,马克思这时选择的不是价值,也不是商品的价值关系,而是商品,一种能够满足一定需求的东西,买卖的对象和这种社会关系的物质承担者。他写道:"最初一看,资产阶级的财富表现为一个惊人庞大的商品堆积,单个的商品则表现为这种财富的原素存在。"① 然而对商品的分析并不是目的本身,相反,是设置了一座通向从逻辑上对货币和资本进行分析的桥梁。马克思在单个商品中发现了资本主义生产的矛盾性质,从而为批判资产阶级社会的经济范畴创立了普遍的理论基础,证明了资产阶级财产关系特有的社会性质、历史性质,从而证明了它的暂时性质。

在《商品》章里,马克思考察了产品表现为商品时的所有形式规定性。使用价值和价值(在本部著作中价值和交换价值在术语上尚未分开)、具体劳动和抽象一般形式的劳动,即抽象一般的同等劳动的概念,得到了阐明。

马克思认为,商品是使用价值和交换价值的矛盾统一体。与此相应,生产商品的劳动也具有二重性质,它是具体劳动和抽象一般劳动的

---

① 《马克思恩格斯全集》第1版第13卷第15页。

统一体。商品二重性和生产商品的劳动二重性学说的创立是马克思的一个重大的科学贡献,是马克思在政治经济学中完成的最重要的变革之一。对资本主义经济学的全部理解正是建立在这个学说基础上的。这里是马克思和他的科学前人们,如斯密和李嘉图,在对待特别是价值实体、价格形成要素、利润的来源及其生产机制,以及国民收入等方面的明显的分界线。

马克思把劳动看作价值的唯一源泉,他是从资产阶级古典政治经济学的劳动价值理论出发的。但是通过劳动二重性学说,马克思在质上已大大超过了资产阶级古典作家。资产阶级政治经济学的古典作家们发现,劳动是交换价值的源泉,但没有认识到具体劳动和抽象劳动间的质的矛盾。因此,他们只顾及到由劳动时间决定的价值量。这些经济学家把资本主义社会中的商品、价值和劳动形式看作永恒的和天然的东西。马克思分析了包含在商品中并产生价值的劳动的性质,得出结论说:交换价值是"人和人之间的关系"①。但是,在资本主义社会的表面上,社会关系却是以颠倒了的形式、作为物的关系表现出来的。这正是下面这样一个独特的社会形式的结果:在这个社会形式中,单个人的具体劳动只有通过使某一商品等于另一商品才能作为"同等和一般的"劳动表现出来。马克思以此在政治经济学史上第一次回答了为什么为商品生产而支出的劳动必定要采取价值形式这样一个问题。

通过对商品和以发达的劳动分工为前提的商品世界的考察,马克思认识到,商品交换是一个在物的交换和在私人生产者特殊产品的交换外表遮掩下完成的、作为这些生产者相互间的连锁关系、作为一定的社会关系而进行的过程。

在商品章之末,马克思在《批判》中简略地概述了他的前人(配

---

① 《马克思恩格斯全集》第1版第13卷第22页。

第、布阿吉尔贝尔、富兰克林、西斯蒙第、斯密和李嘉图等人）关于商品和价值的观点。他正确评价了他们的功绩，也指出了他们观点的局限性，并特别强调："认识了劳动是物质财富的源泉，并不排斥不了解那种使劳动成为交换价值的源泉的特定社会形式。"①

具有根本性意义的是，马克思在这里联系到资产阶级经济学家与"古典政治经济学的完成者"② 李嘉图展开论战的主要之点，大体上描述了经济学研究的今后的方向。这里包括制定雇佣劳动学说和劳动工资理论，表明在交换价值的基础上怎么会是"劳动的交换价值小于这劳动的产品的交换价值"③，怎么会是劳动工资小于劳动的产品，还将证明，尽管商品的市场价格与商品的交换价值不同，交换价值的规律究竟是如何实现的，还将阐明纯粹自然产品的"交换价值"。

第二章《货币或简单流通》包含着对货币和货币流通的崭新理论的全面论述，也包含对资产阶级货币流通理论的历史概述。某些方面的论述比后来的《资本论》第 1 卷中的有关章节还要详尽。马克思在《资本论》第 1 卷中只是概括了这一章的材料，这样，其篇幅就缩减了一半多。关于这一章，马克思自己写道："总之我认为，撇开各种实际的考虑不谈，论货币的一章会引起专家们的兴趣。"④

马克思是创立货币和货币流通的科学理论的第一人。他所以能够达到这样的认识，是因为他在对商品货币关系的理论分析中彻底地使用了抽象的方法，以此方式探得了货币本质的秘密。他在自己的立论中，为简便起见，作为前提的，始终是把黄金当作唯一的货币商品。

---

① 《马克思恩格斯全集》第 1 版第 13 卷第 43 页。
② 《马克思恩格斯全集》第 1 版第 13 卷第 51 页。
③ 《马克思恩格斯全集》第 1 版第 13 卷第 52 页。
④ 《马克思恩格斯全集》第 1 版第 29 卷第 369 页。

随着商品关系和内外贸易的发展，历史地结晶出了一种商品，它成了物质财富的普遍的质料代表者、抽象的社会财富的质料存在形式、所有商品所有者垂涎热衷的对象、市场上其他"普遍"商品的一般等价物、协调者和评价者。在商品交换发展的进程中，曾有这种或那种特殊商品充当了中介者的角色。但它们都先后为货币所代替。货币是以贵金属的形式出现的。马克思指出，货币的社会规定在于它是价值尺度、流通手段、贮藏手段、支付手段和国际购买手段即世界货币。货币能够有这些职能，是因为它和其他商品一样，自身也是人类劳动的产品，因而也具有一个非假定或商定的、而是完全真实的价值，并作为对象化了的劳动的化身而出现。货币是价值的最高表现，它是从植根于商品中的具体劳动与抽象劳动之间、使用价值与价值之间矛盾的发展中产生出来的。

马克思指出："只要理解了货币的根源在于商品本身，货币分析上的主要困难就克服了。"[①] 尽管有许多人试图探明货币的起源和本质，搞清楚货币在社会生活中所起的作用，但资产阶级经济学家没有一个能够解决这一问题。所以，货币理论在马克思之前是经济学理论的最薄弱环节之一。就是在斯密和李嘉图那里，货币分析也是与经济过程总体的分析相脱离的。他们把货币仅仅视作物质范畴，并没有超出实物交换与商品交换的界限。关于李嘉图的观点，马克思认为："他从来没有像研究交换价值、利润、地租等等那样研究过货币的本质。"[②]

马克思认为，相对于生产而言，货币领域是从属性的。马克思在经济学文献中第一次描绘了货币对生产过程的多方面的反作用，描绘了经济中由货币引起的重大变化，以及商品生产和交换中的矛盾等的特征。

---

① 《马克思恩格斯全集》第 1 版第 13 卷第 54 页。
② 《马克思恩格斯全集》第 1 版第 13 卷第 160 页。

马克思在研究货币的本质及其职能时认识到了货币的流通规律。关于这个对于所有有商品生产的生产方式都适用的规律，他是这样表述的："在一定的货币流通速度下，——不论货币是作为流通手段或作为支付手段，——一定时期内流通中的货币总量决定于待实现的商品价格总额，加上同一时期中到期的支付总额，减去彼此抵消的支付。"①

特别是从马克思对货币的分析中可以得出下述结论：在资本主义社会，供给与有支付能力的需求间的比例失调是不可避免的，并且周期地表现为灾难性的经济危机。

这一章附有两个历史插论，即《关于货币计量单位的学说》和《关于流通手段和货币的学说》。马克思在此对不同的资产阶级经济学家关于货币和货币流通的观点给予了应有的评价，同时也批判了他们的缺陷。

马克思的货币理论驳斥了小资产阶级的乌托邦构想，他们意欲通过"改良"货币体制来消除资本主义的根本矛盾。马克思认为自己著作最出色的地方之一，就是它在理论上批驳了当时流行的蒲鲁东社会主义。随着资本主义社会的进一步发展，特别是随着自由竞争的资本主义向帝国主义的过渡，不仅在整个经济中，也在货币关系的不同现象形式内部，都发生了一系列变化。马克思对于货币理论的经典认识并未因此失去其意义。相反，它通过实践又得到了新的证明。

恩格斯就马克思的《政治经济学批判。第一分册》所写的书评，其理论内容特别丰富，值得重视。它是在马克思的建议下写成的，当时马克思请求恩格斯"简短地谈一下方法问题和内容上的新东西"②。这个书评分两部分发表在1859年8月伦敦的周报《人民报》上。

---

① 《马克思恩格斯全集》第1版第13卷第137页。
② 《马克思恩格斯全集》第1版第29卷第442页。

在第一部分，恩格斯把1848—1849年革命前德国经济科学的状况描绘成是可怜的，与英国和法国的高度发达的经济学完全相反。其原因是，同英法，尤其是同英国资本主义发展的长足进步水平相比，德国的经济落后，资本主义发展缓慢。而当40和50年代德国开始在经济领域奋起直追时，德国的经济学家却仅限于为适应德国资产阶级的需要而输入英国和法国的经济学，自己尚不具有独立的经济学研究的能力。这时，"德国无产阶级的政党出现了。它的全部理论内容来自对政治经济学的研究，它一出现，科学的、独立的、德国的经济学也就产生了。这种德国的经济学本质上是建立在唯物主义历史观的基础上的。"①

恩格斯说明了这一新的历史观和社会观已经产生并且今后会产生的结果。这是一种革命性的发现，不仅对理论而言是如此，而且一步步地思考下去，对实践而言更是如此。恩格斯写道："由此可见，只要进一步发挥我们的唯物主义论点，并且把它应用于现时代，一个强大的、一切时代中最强大的革命远景就会立即展现在我们的面前。"②

恩格斯向读者强调，取得这些发现，经过了许多年的科学准备工作。马克思之所以能够完成自己提出的任务，是因为他对全部经济学和哲学文献进行了批判性研究，还因为他对世界最重要国家正在进行的经济与政治发展有所了解。这一巨大工作是马克思自1848—1849年欧洲革命失败以后完成的。

在书评的第二部分，恩格斯论述了马克思政治经济学方法的特征。正像马克思在序言中所写的，他本人把给自己的著作写的一个一般性导言放弃了，也没有谈自己经济学研究的方法。作为弥补，恩格斯在自己的书评中对马克思的研究方法做了详细的评价，他概括说："这个方法

---

① 《马克思恩格斯选集》第2版第2卷第37页。
② 《马克思恩格斯选集》第2版第2卷第38页。

的制定，在我们看来是一个其意义不亚于唯物主义基本观点的成果。"①

在当时，科学中使用两种研究方法：一方面是黑格尔的抽象、"思辨"即唯心主义形式的辩证法，不过恩格斯强调指出，黑格尔思维方式的特点是有"巨大的历史感"②；另一方面是形而上学的思维方式重新盛行，它否认任何发展，其主要作为就是搜集事实材料。这两种方法就其现有的形式来说，都不适合马克思使用。恩格斯写道："马克思过去和现在都是唯一能够担当起这样一件工作的人，这就是从黑格尔逻辑学中把包含着黑格尔在这方面的真正发现的内核剥出来，使辩证方法摆脱它的唯心主义的外壳并把辩证方法在使它成为唯一正确的思想发展形式的简单形态上建立起来。"③

恩格斯接着指出，对政治经济学的批判，在唯物辩证法的基础上，还可采用两种方式，即历史的方式和逻辑的方式。他说，采用纯历史的方式，尽管有其表面上的好处，即在反映现实发展方面更加清晰，但实际上并不可行，因为无限的历史细节材料和决非直线的而是充满矛盾的历史发展将同样要求进行无限的工作，这是无法驾驭的。恩格斯的结论是："因此，逻辑的方式是唯一适用的方式。但是，实际上这种方式无非是历史的方式，不过摆脱了历史的形式以及起扰乱作用的偶然性而已"，它以抽象的、理论上前后一贯的形式反映了历史过程，"这种反映是经过修正的，然而是按照现实的历史过程本身的规律修正的"④。

在书评的末尾，恩格斯对作为科学的政治经济学的研究对象作了规定，指出了它的最重要特性。他写道，经济学研究的不是物，"而是人和人之间的关系，归根到底是阶级和阶级之间的关系；可是这些关系总

---

① 《马克思恩格斯选集》第 2 版第 2 卷第 43 页。
② 《马克思恩格斯选集》第 2 版第 2 卷第 42 页。
③ 《马克思恩格斯选集》第 2 版第 2 卷第 42—43 页。
④ 《马克思恩格斯选集》第 2 版第 2 卷第 43 页。

是同物结合着,并且作为物出现"①。揭开了这层关系,也就把无产阶级的政治经济学同所有资产阶级的经济理论区分开了。首先正因为如此,马克思得以简单而明了地把许多艰深的问题阐述清楚了。

把恩格斯书评中的最重要论点与马克思在1857年8月写的《导言》作一对比就可以看出,恩格斯的许多思想和论断与马克思的论述在内容上是一致的,这一书评从根本上看是对马克思著作的一个补充。由此也再次证实了,在两个朋友之间不断进行着观点的交流并且在绝大多数场合存在着理论的一致。马克思主义政治经济学是科学共产主义的两位缔造者理论思考的共同结果。

马克思的《政治经济学批判》意味着政治经济学中的一场革命。然而资产阶级的学者们不能也不愿意看到这部著作的意义。发表于当时德国报刊上的关于这部书的为数不多的评论,大多是一些信息介绍,几乎未触及到著作本身的内容,只是一些取自马克思序言中的关于该书作者情况的一般资料。没有一个资产阶级评论家能够对马克思为经济科学带来的新东西作出真实的正确评价。他们的表态总是充满着某种含混不清,而且怯于对该书作内容上的分析。马克思出版此书英文版的努力也未成功。马克思曾期待着该书会引起舆论界的热烈反响,但他失望了。对此他曾说,《批判》被"沉默的阴谋"所包围。

与此相对,这部著作在进步的科学家中间,特别是在许多无产阶级革命者中间引起了热烈反响。马克思最亲密的朋友和战友们都高度评价他的理论研究,并以极大的兴趣期待着他的书出版。伦敦的德国工人教育协会的机关报《人民报》编辑部发表了该书的序言,并写道:"这部著作是历时多年的多方面的诚实研究的结果"。

当得知自己的书在其他国家留下怎样的印象时,马克思非常高兴。

---

① 《马克思恩格斯选集》第2版第2卷第44页。

他在美国的朋友们,无论是纽约的共产主义俱乐部的成员,还是革命的德国流亡者,无不怀着极大兴趣期盼该书的出版,并提出了预订。发表于《人民报》上的被加上了编者按语的《序言》,还有发表于该报的恩格斯的书评,都曾被美国多家德文报刊转载。

《政治经济学批判》在俄国也得到了很广泛的传播。1860年1月,即该书出版半年后,《莫斯科新闻》就曾就巴布斯特教授关于马克思唯物史观思想的公开讲座发过消息。马克思的俄国朋友们和他的通讯友人们为他寄来俄国报刊杂志的摘录,证明他作为经济学家在俄国已广为人知。正如马克思后来所写的,他的经济学著作《哲学的贫困》和《批判》"在任何地方都不如在俄国销售得多"[①]。

受这本书鼓舞的还有一个人,就是当时在俄国居住和工作的约瑟夫·狄慈根。他仔细阅读了马克思的这部著作。当他后来与马克思建立书信往来时,他在第一封信中就写道:"在得到柏林出版的《政治经济学》第一分册后,我立刻用心研读,我承认,从未有过一本书,无论其篇幅多大,能够像这本小册子那样,给了我如此之多崭新而积极的知识和教诲"(《约瑟夫·狄慈根致马克思。1867年10月24日和11月7日》)。狄慈根自己也在俄国宣传这部著作,1866年他在彼得堡的德文报刊《棕榈报》上发表了多篇文章。

马克思在把第一分册手稿寄交出版商弗兰茨·敦克尔之后,紧接着开始写作第二分册。1859年2月21日,他就将此事告知了恩格斯。载有马克思关于资本问题摘录的笔记本注有"1859年2月28日开始"字样。第三章也就是计划中的第二分册的写作,在这个时期在三个方面进行。马克思首先通读了自己的1857—1858年手稿,这些手稿正如在写作第一分册时那样,也将成为下一分册的基础;其次,他从新问题的角

---

① 《马克思恩格斯全集》第1版第32卷第554页。

度对自己40和50年代的摘录笔记做了加工整理,最后,他研究了自那时以后新出版的文献,即重新搜集了材料。合同条件要求他尽快完成手稿。但由于病痛和许多其他难于推迟的事务造成的巨大负担,马克思用于第二分册写作的时间非常之少。尽管这样,本卷所发表的简短文献仍然证明,马克思在继续他的经济学手稿的写作。这也从他1859年和1860年的书信往来中得到了证实。

马克思每当在工作上开始一个新阶段,总要重新研究自己的摘录笔记,对材料分门别类作出系统归纳。50年代初期他就曾这样做过,当时他正为第二加工阶段整理一些摘录笔记,研究的问题是关于货币和信贷,现在也一样,由于写作《批判》的第二分册,他于是编了一个专门的《引文笔记》,从他40和50年代的摘录笔记中把不同资产阶级作者关于资本问题的论述转摘过来。第一次在本卷发表的《引文笔记索引》表明,马克思准备使用的文献的量是非常大的。他同时还在搜集新的材料。在《大纲》结束的第VII笔记本中还剩下了足够的空白页,马克思在这里就资本问题做了新的摘录。《引文笔记索引》就是对这些摘抄的提示。《引文笔记》后来为马克思在写作1861—1863年和1863—1865年经济学手稿时所采用。

《资本章提纲草稿》和《我自己的笔记本的提要》是对名为《大纲》的手稿所做的提要。但是同时,第二分册——这一分册将包括第三章《资本一般》——的提纲草稿,又是为1861—1863年经济学手稿而完成的第一个提纲。在这部提纲草稿中,马克思简略地描绘了资本主义生产发展的三个历史阶段,即协作、分工和机器。在这里我们还可以第一次发现关于资本写作分篇的三分法设想,它后来成为《资本论》三个理论卷次的最初基础。

除继续写作自己著作的第二分册外,马克思还特别关心在无产阶级革命者中传播和宣传此时已经出版的《批判》第一分册。因为他作为一个理论家所做的一切,都是在努力建立和完善无产阶级运动的科学基础。对资产阶级社会发展经济规律的认识,能够是也必然是工人阶级在阶级斗争中的一个有效武器。鉴于此,马克思为伦敦的德国工人共产主义教育协会举行系列讲座,宣讲自己经济学说的最重要论点。本卷发表了两篇唯一流传下来的这些讲稿的残篇。从中可以看到,马克思为自己以个人身份出现在工人面前作了非常认真的准备,他努力采用最易懂的方式来向工人们介绍自己的学说。

第一个片断,《关于劳动分工》谈的是第一分册中的问题。但是把这一草稿和第一分册的正文比较一下就可以看出,尽管讲义当初是作为第一分册的讲义而准备的,但从内容上看,讲义更为详细。马克思在这个片断中指明:恰恰是不同的使用价值,从而是产生这些使用价值的各种具体劳动,构成了社会上劳动分工的基础。每一单个人的劳动应同时满足社会其他成员的一定需要,即社会需要。

第二个片断是《关于地租》,它证明,马克思在工人教育协会的系列讲演并不仅限于第一分册的内容。这一片断论述的是地租的产生。马克思把地租定义为土地产品市场价格超过其生产价格的剩余。这一定义与《资本论》第3卷和《剩余价值理论》中的有关论述相近。

本卷中的所有资料生动地反映出马克思经济学说产生史中最饶有兴趣和决定性阶段中的一个阶段的特点,劳动价值理论、货币和货币流通理论都是在这个阶段完成的。当时所达到的这一理论高度,构成了马克思主义政治经济学的稳固基础,而在这个基础上,在以后的年代里才得以对资本的生产过程、资本的流通过程,以及最后对资本主义生产的总过程进行广泛的研究和论述。

(原载《马克思恩格斯全集》历史考证版 MEGA^2 第 2 部分第 2 卷)

(马艾丁 译 张钟朴 校)

马克思 1857—1858 年八个笔记本的资料*

巴师夏和凯里

1857 年 7 月

产生和流传过程

论巴师夏和凯里的未完成的草稿包含在马克思在封皮上注明"1857 年 7 月于伦敦"的一个笔记本中。马克思把《巴师夏〈经济的和谐〉1851 年巴黎第二版》作为这一草稿的标题。由此可以得出结论,他想给这本书写一个广泛的评论著作。后来他在《我自己的笔记本的提要》中给这一著作加上了《巴师夏和凯里》的标题。

正如马克思于 1857 年 11 月在《政治经济学批判大纲》中所写的那样,他把巴师夏看作是"堕落的最新经济学"的"典型代表"①。也许这就是他要对这位早已去世的巴师夏的最后一部著作进行极其尖锐的批判评论的原因。他在致恩格斯的一封信(1858 年 1 月 16 日)中把这部

---

* 本文选自《〈资本论〉研究资料和动态》,最初分(一)、(二)两部分分别发表于《〈资本论〉研究资料和动态》第 2 集和第 4 集,江苏人民出版社 1982、1984 年出版。

① 《马克思恩格斯全集》第 1 版第 46 卷上册第 202 页。

著作描述如下:"在所有的现代经济学家中,巴师夏先生的《经济的谐和》集庸俗之大成。只有癞蛤蟆才能搞出这种谐和的烂泥汤。"① 马克思在写作过程中很快就认识到,巴师夏的著作不值得详细评论,因此放弃了自己的想法,他指出:"**不能再谈这些毫无意义的东西了。因此,我们抛开巴师夏先生。**"②

马克思并没有打算发表草稿《巴师夏和凯里》。但是,在他的1857—1858年《政治经济学批判大纲》手稿中(笔记本Ⅶ的第18页),他谈到了这一草稿和这一草稿的可能的进一步的利用:"此处可以把笔记本Ⅲ中对比凯里和巴师夏的一些段落插进来。"③

《巴师夏和凯里》在马克思恩格斯生前没有发表。这部草稿由卡尔·考茨基在1904年3月以《凯里和巴师夏》为标题第一次刊登于他主编的《新时代》1904年斯图加特版,1903—1904年第22年度第2卷第27号第5—16页。这次刊印包含着比较多的辨认错误,刊出的正文在许多地方同手稿原文有出入。

联共(布)中央马克思恩格斯列宁研究院在卡尔·马克思的《政治经济学批判大纲》中以附录的形式重新刊出了手稿《巴师夏和凯里》,1941年莫斯科版第843—853页。

见证人的描述

亲笔原件:莫斯科苏共中央马克思列宁主义研究院中央档案馆,编号F.1,Op.1,d.1048。

---

① 《马克思恩格斯全集》第1版第29卷第250页。
② 《马克思恩格斯全集》第1版第46卷上册第17页。
③ 《马克思恩格斯全集》第1版第46卷下册第274页。

草稿《巴师夏和凯里》占马克思于 1857 年 11 月标明 "**笔记本Ⅲ**" 的那个笔记本的前七页。从这个笔记本的第 8 页开始，马克思接着写笔记本Ⅰ和Ⅱ包含着的《政治经济学批判大纲》开头部分的正文。

关于这本笔记本的详细描述见关于笔记本Ⅲ的描述。手稿每张纸的正反两面都用黑墨水写了字。正文占了各页的整个宽度，因此只留下一个很窄的空边。这本笔记中包含着草稿《巴师夏和凯里》的前七页，其中第 4 页和第 7 页只有三分之二写了字。

手稿中有相当多抹掉的、添加的和改正的词和术语（都是写作当时的改动）。许多词是缩写或者说经过了压缩（去掉了一些字母，主要是去掉了一些元音字母）。定冠词大部分缩写为 d. ，所有代词 sein 常常缩写为 S. 。双辅音 mm 和 nn 写成 $\bar{m}$ 和 $\bar{n}$ 。

手稿用德文写成，但其他外语词源的词大部分用拉丁文字母书写。原稿中有一系列明显的未改正的笔误。

（译自《马克思恩格斯全集》历史考证版
第 2 部分第 1 卷第 1 册副册第 9—10 页）

《〈政治经济学批判大纲〉导言》

写于 1857 年 8 月最后一星期

产生和流传过程

当时马克思尚未写作的经济学巨著的导言未完成草稿，包括在用字母 M 作标记的笔记本的前 24 页（包括第二封页）中。笔记本的第二封页上注明了日期 "**伦敦，57 年 8 月 23 日**"，其中 23 是从数目字 20 改成的。因此，8 月 23 日是开始写作导言的日期。导言正文约有两个印张，写作期间显然没有较长的间断。后来很快就开始写作的由七个笔记本组成的宏大的1857—1858年经济学手稿（《政治经济学批判大纲》），使我们有可能了解到写作的速度，因为有些部分注有马克思写的日期，例如笔记本 IV 的第24页上注明是1858年1月，笔记本 VII 的第5页上注明是1858年3月。由此可以看到，约有20印张的111页正文是在八个星期之内写成的。平均每星期写作 $2\frac{1}{2}$ 印张。因此，马克思写作导言没有超过一个星期。他从8月23日开始，但很明显在8月底就中断了写作。

在马克思恩格斯相互之间的通信中没有提到导言。马克思的唯一与此有关的提示，包含在注明日期为1859年1月的《政治经济学批判》第一分册的序言中。他在那里写道："我把已经起草好的一篇总的导言压下了，因为仔细想来，我觉得预先说出正要证明的结论总是有妨害的，读者如果真想跟着我走，就要下定决心，从个别上升到一般。"①

恩格斯在任何地方都没有谈到过这个导言。只是在1902年，考茨基才在马克思的亲笔遗著中发现了导言手稿，并于1903年3月把它刊登在他主编的《新时代》1903年斯图加特版1902—1903年第21年度第1卷第23—25号第710—718、741—745、772—781页上。从1907年起，导言在《政治经济学批判》的所有德文版本（以及在该著作的其他语种的许多版本）中被放在1859年1月的序言之前。

由考茨基出版的导言第1版包含某些辨认错误。他错误地把某些论述置于方括号内，还包含毫无根据的编辑上的分段。此外，考茨基在某些场合不是原原本本地再现手稿，而是代之以他自己对马克思正文的理解。

---

① 《马克思恩格斯选集》第1版第2卷第81页。

联共（布）中央马克思恩格斯列宁研究院于1939年出版了一个较为准确的导言手稿正文，载于卡尔·马克思《1857—1858年政治经济学批判大纲（草稿）》1939年莫斯科版。这一个大体上来说以十分细致的科学态度出版的版本也没有能够避免某些不确切的地方和辨认错误。

见证人的描述

亲笔原件：阿姆斯特丹国际社会史研究所，马克思恩格斯遗稿，A－15。

除了导言以外，笔记本M还包括马克思于1858年6月编写的"七个笔记本的索引（第一部分）"①。笔记本M（可能是马克思女儿劳拉的学习本）包括10张尺寸为322×204毫米的无水印的结实而呈灰青色条格纸和一张尺寸相同的灰色封皮，封面和封底印有大理石花纹图案。笔记本是把这11张纸折叠起来并用白线订在一起而成。笔记本M总计有22张（44页），其中无条格的四页是封皮。

第一封页和第二封页上没有写字。第三封页上有马克思的手迹"5先令2便士"以及数目字62和一个除号。稍下一点是劳拉·马克思的手迹："第四卷末"。

第二封页②上有马克思亲手书写的写母M，日期"伦敦，57年8月23日"，人名"吕耳"（德国工人，伦敦德意志工人教育协会会员，马克思在1849年8月中给约瑟夫·魏德迈的信中谈到要寻找一个马克思著作的出版商时曾提到过他）以及导言的目录。在日期和人名"吕耳"

---

① 见《马克思恩格斯全集》第1版第46卷下册第413—426页。
② 影印件见《马克思恩格斯全集》第1版第46卷上册第19页。

之间有马克思女儿的手笔——"劳拉·马克思"。

笔记本前12张中间有折痕,因此有条格的24页每页又分成两半。第1—39页马克思亲自标上了页码,而其中第9页之后的一页标上了9′的页码;因此马克思标上页码的有40页。第1—22页包括导言,第23—33页包括《政治经济学批判大纲》的"七个笔记本的索引",第34—38页空白。第39页上有马克思的数学计算。除马克思标的页码以外,还有别人用黑墨水标的页码,除了那些空白页以外,笔记本的所有各页都顺序地用1—35的数码标上了用黑墨水写的页码。第9′页标为10,因此所有以下各页的页码(包括第33页)都比马克思标的页码大一个页码。马克思的第39页被标为35。马克思没有标上页码的第二封页,被铅笔标上0,第三封页标为36。所有别人标的页码都有铅笔记号00(两个大写的00),可能是笔记本存放在德国社会民主党档案馆时期内标上的。某些字迹不清晰的地方,下面划有红蓝铅笔的线条(可能是考茨基划的)。

导言正文只写在每页的左半部分;但是,各节的标题在左边半部分写不下的时候,就利用该页的整个宽度来书写。导言的最后一页没有写满。

手稿用德文书写,使用黑墨水,字迹潦草,排列紧密,外语词大部分用拉丁文。有许多划掉的、修改过的以及补充插入的词句(都是写作当时的改动)。许多词是缩写或者说经过了压缩(去掉了一些字母,主要是去掉了一些元音字母)。定冠词和关系代词 der, die, das 在一切格和性中绝大部分都缩写为 d.。所有代词 sein 常常缩写为 s.,介词 für, mit, von 缩写为 f., m., v.。双辅音 mm 和 nn 写成 $\bar{m}$, $\bar{n}$。手稿中有一系列明显的未改正的笔误。另一些笔误作者在写作有关的句子时立即改正了。有时缺少联结意思所必需的整个词。所有这一切表明，马克思是非常迅速地写下手稿的，而后来也没有再通读一遍，以便消除错误。

（译自《马克思恩格斯全集》历史考证版
第 2 部分第 1 卷第 1 册副册第 16—18 页）

《政治经济学批判大纲》
约写于 1857 年 10 月中至 1858 年 5 月末

产生和流传过程

这部规模宏大的手稿是马克思在 1858 年底命名为《政治经济学批判》的主要著作的第一个草稿；1862 年它以《资本论》为标题，《政治经济学批判》为副标题。这部手稿由七个笔记本组成，马克思用罗马数字 I—VII 编了号。在第一个笔记本末（第 46 页上），马克思引了 1857 年 11 月 8 日伦敦《每周快讯》报的一段话，笔记本 III 的第 8—45 页，马克思标明的日期是"11 月 29、30 日和 12 月"。由此可以推论，第一个笔记本是 1857 年 10 月开始写作的。马克思在 1858 年 5 月 31 日致恩格斯的信中说，他要把这部规模很大的手稿从头到尾再读一遍，并且为这部手稿编一个目录。因此，手稿的写作工作当时已经停止，马克思在同一封信中告诉恩格斯，他"马上就着手整理［手稿］付印"①。

最初马克思没有给手稿确定标题。他只是在 1858 年 2 月开始写作的最后一本笔记即第 VII 本笔记的封面上才写明：《政治经济学批判（续）》。1857 年 12 月 8 日，马克思写信给恩格斯说："我现在发狂似地

---

① 《马克思恩格斯全集》第 1 版第 29 卷第 315 页。

通宵总结我的经济学研究,为的是在洪水之前至少把一些基本问题搞清楚。"① 从这两处说明的联系中产生了《政治经济学批判大纲》这一编辑标题。手稿以这个标题于1939年由联共(布)中央马克思恩格斯列宁研究院第一次出版,从那时起它以这一标题闻名于全世界。

在19世纪40年代,马克思就想到要写一部对政治经济学进行根本性批判的著作。但是,他只是在1857年下半年才能开始写作。在未完成的草稿《巴师夏和凯里》以及没有写完的未来经济学著作的《导言》之后,马克思终于开始写作这部著作本身的第一稿。作为他的出发点的,是他在1857年1月10日致恩格斯的信中就已经提到的蒲鲁东主义者阿尔弗勒德·达里蒙的著作《论银行改革》(1856年巴黎版),他对这部著作进行了尖锐的批判。马克思并没有只停留在批判蒲鲁东主义者关于货币和银行在资本主义社会中的作用的幻想上,而是在自己的研究过程中深刻地分析了作为产品的商品形式发展的必然结果——货币的产生和本质。马克思在这里第一次阐述了他关于商品和作为商品的社会关系的价值,关于商品的"经济上的质"② 的理论的原则基础。他揭示了资产阶级社会条件下具体劳动和抽象劳动之间的质的矛盾,并且指出,在生产资料私有制条件下社会劳动是私人劳动。

在《政治经济学批判大纲》中,《资本章》占有中心地位,篇幅最大。马克思在这里第一次研究了资本主义剥削的整个机制,这种剥削的条件、历史性质、发展趋势以及被革命加以铲除的不可避免性。马克思主义政治经济学的一些基本范畴,例如剩余价值(不同于它的派生形式)、作为商品(不同于作为劳动活动的劳动)的劳动力(或劳动能

---

① 《马克思恩格斯全集》第1版第29卷第219页。(其中"一些基本问题"在德文中是"Grundrisse"一词,意思是"大纲"。——译者注)

② 《马克思恩格斯全集》第1版第46卷上册第84页。

力)、必要劳动和剩余劳动、绝对剩余价值和相对剩余价值、不变资本和可变资本、资本主义生产过程和流通过程、剩余价值和利润之间的交替关系,在这部手稿中第一次得到了深刻而全面的分析,尽管这些问题的阐述还不系统,并且也还有某些缺陷。

手稿的结构划分不细。手稿不是按照预先想好的结构写作的,不如说手稿的结构是在写作的过程中逐渐地形成的。马克思曾在几处地方[①]考虑过他的著作的结构问题。《货币章》这个标题是他后来补加的,但最晚是在转到笔记本Ⅱ的时候,因为在笔记本Ⅱ的第一页上已经写上了《货币章(续)》的标题。马克思最初把《资本章》称为《作为资本的货币章》;后来他在笔记本Ⅲ中继续写作时写为《资本章(续笔记本Ⅱ)》。马克思直到笔记本Ⅶ都还没有给各章编号。只是在手稿的最末尾的地方,在笔记本Ⅶ的第63页上,马克思才起草——注明"这一篇应补充进去"——标明数目字Ⅰ的《价值章》的开头部分。也许只是在这时,马克思才在笔记本Ⅰ中的《货币章》前面加上数目字"Ⅱ"。《资本章》的分篇情况也是如此。该章分为三篇:《资本的生产过程》、《资本的流通过程》和《资本是结果实的东西。利息、利润(生产费用等等)》。只是在最后一篇马克思才标明为《第三篇》,前面各篇他既没有标明数目字,也没有写上标题。

尽管非常庞大的《资本章》在写作时没有明确分篇,但是对资本的整个研究在手稿中还是明显地分为如下三篇:1.资本的生产过程;2.资本的流通过程;3.结尾部分。马克思在1858年3月11日给拉萨尔的信中把这一部分称为资本的生产过程和流通过程的统一,或者"资本和利润、利息"。在资本流通过程篇以及资本和利润篇中,马克思有

---

① 见《马克思恩格斯全集》第1版第46卷上册第219—220、232—283、280—281页。

时论述到了与研究对象无直接关系的题目（在资本的生产过程篇中已经部分地出现了这种情况）。马克思没有结束资本和利润篇就开始写作《货币章》和《资本章》的各个补充部分，最后起草了《价值章》（不久他又命名为"商品"）的开头部分。

这就是手稿《政治经济学批判大纲》的主要内容。此外，在手稿中还有许多离题的论述，正如马克思于1858年5月31日致恩格斯的信中所说的那样，这些论述"只是以后的篇章才用得上"①。在以前写的一封信（1858年4月2日）中，马克思把他的经济学著作的进一步的结构告诉给他的最好的朋友和战友恩格斯，指出这部著作将分为六个分册："1. 资本；2. 地产；3. 雇佣劳动；4. 国家；5. 国际贸易；6. 世界市场"。资本这一册包括论价值和货币的前两章，是"整个叙述的基础"（1858年3月11日马克思致斐迪南·拉萨尔的信——译者注），这一册按照马克思当时的计划分为四篇。"（a）资本一般……；（b）竞争或许多资本的相互作用；（c）信用，在这里，整个资本对单个的资本来说，表现为一般的因素；（d）股份资本，作为最完善的形式（导向共产主义的），及其一切矛盾"（1858年4月2日马克思致恩格斯的信——译者注）。

《政治经济学批判大纲》主要是研究资本一般，但是它也包含着对这个计划中已经考虑到的许多其他论题的宝贵思想。

1857—1858年手稿并不是为了出版用的。马克思在1858年11月29日致恩格斯的信中自己把它称为"草稿"，即进一步加工或改写的基础。例如，马克思在写作1859年出版的《政治经济学批判》第一分册时，就是以《货币章》的草稿作为基础的。（在这二个手稿之间，从1858年8月至10月，出现了另一个手稿，这个手稿的一部分保存下来

---

① 《马克思恩格斯全集》第1版第29卷第317页。

了,并且还包含着《第三章。资本》的开头部分,而这一章按照当时的计划应该出现在第一分册。)① 正文中的改动很大,从1857年10月至11月写作的《货币章》中没有一个比较长的段落直接用在后来的草稿中。因此,在这一章中也没有消除记号,也就是说,没有消除正文部分的直线或斜线记号,而马克思对手稿中他已经利用过的段落就是用这些记号来标明的。相反,在《资本章》中消除记号相当多。在本书刊出的该章的第一部分中,在笔记本Ⅱ的第18和19页、笔记本Ⅲ的第13—17页以及笔记本Ⅳ的第1—13页上,都有这样的消除记号。这些段落多数在1861—1863年手稿中得到了采用,笔记本Ⅳ的第1—13页在某种程度上已经在1857—1858年手稿笔记本Ⅶ中得到了采用。把1857—1858年手稿和1861—1863年手稿加以比较就可以看到,除了1857—1858年手稿中那些带有消除记号的段落以外,1861—1863年手稿中还有一系列其他段落是逐字逐句或者几乎是逐字逐句地采自1857—1858年手稿。这一点表明,马克思在写作1861—1863年手稿时是经常利用他的1857—1858年手稿的。1857—1858年手稿和前面提到的为《政治经济学批判》第一分册而写的1858年手稿之间在内容和形式上存在着更紧密的联系,尽管后者的编排完全不同。

  尽管《政治经济学批判大纲》并不是直接为付印而写的,但是它包含的关于政治经济学的一切基本问题的十分丰富的思想已经如此成熟,以致马克思直接面临着要把已经写下的东西准备付印的问题。马克思在1858年2月22日给斐迪南·拉萨尔写的一封长信中,把自己的"经济学著作"的进行情况告诉了他,请他在柏林打听一下有没有可能"不定期地分册"出版这一著作。马克思写道:"应当首先出版的著作

---

① 参看《马克思恩格斯全集》第1版第46卷下册第427—515页。——译者注

是**对经济学范畴的批判**，或者，也可以说是对资产阶级经济学体系的批判。这同时也是对上述体系的叙述和在叙述过程中对它进行的批判"。

马克思在写作《政治经济学批判大纲》时利用了他的许多摘录笔记，其中有40年代的摘录笔记，特别是50年代的摘录笔记，而在50年代的摘录笔记中又常常利用所谓第二级摘录笔记，即从那些包含着直接摘自所研究的著作的引文的原始摘录笔记中摘出来的摘录笔记。马克思在他的第二级摘录笔记中把他已经收集到的引文按照一定的题目分了类："完成的货币体系"，"货币制度、信用制度、危机"。马克思在《政治经济学批判大纲》中引用的大部分引文，都是采自他的摘录笔记，并且注上了相应的摘录笔记的页码。

《政治经济学批判大纲》在马克思恩格斯生前并没有出版。这一巨大手稿中作为手稿开头部分的《货币章》，于1935年由联共（布）中央马克思恩格斯列宁研究院在莫斯科出版。整个手稿（连同马克思于1857年8月起草的《导言》）于1939年第一次印刷出版，标题是：卡尔·马克思《1857—1858年政治经济学批判大纲（草稿）》，外文出版社1939年莫斯科版，XVI，764页，由莫斯科马克思恩格斯列宁研究院编辑整理。两年以后出版了这一版的结尾部分，标题是：卡尔·马克思《政治经济学批判大纲。补卷，1850—1859年》，外文出版社1941年莫斯科版，IV，765—1104页。在这个补卷中，除了第一次刊印了马克思在1850—1859年（也许是1850—1861年）期间写作的经济学手稿以外，还收进了1857年7月写作的草稿《巴师夏和凯里》；除此以外，补卷还包括这两个分卷的科学资料。

柏林狄茨出版社于1953年第一次出版了1939—1941年莫斯科版的影印版。从此以后，《政治经济学批判大纲》就在许多国家成了争相研究的对象。捷克斯洛伐克、古巴、日本、法国、意大利、南斯拉夫、英国、罗马尼亚、匈牙利、阿根廷和其他国家翻译出版了这一著作。在

1968—1969年间，第一次出版了俄文的全译本（《马克思恩格斯全集》第二版第46卷第一册，1968年莫斯科版；第二册，1969年莫斯科版）。

见证人的描述

整个手稿由七个笔记本组成。所有七个笔记本的各张纸页正反面都用黑墨水书写。在有些纸页上墨水有些褪色了。正文书写时占据了整个横面，因此只留下了一条很窄的空边。

《货币章》包括笔记本 I 和笔记本 II 的前七页。以资本的生产过程为内容的《资本章》第一篇开始于笔记本 II，结束于笔记本 IV 的第15页中。本册 II/1.1① 包含《货币章》和《资本章》第一篇。

手稿很难辨认，因为字体十分潦草，而且写得很细（用德文书写，外语词大部分用拉丁文）。有许多划掉的、修改过的以及补充插入的词句（都是写作当时的改动）。许多词是缩写或者说经过了压缩（去掉了一些字母，主要是去掉了一些元音字母）。定冠词和关系代词 der，die，das 在一切格和性中绝大部分都缩写为 d.。所有代词 sein 常常缩写为 S.，介词 für，mit，von 缩写为 f.，m.，v.，双辅音 mm 和 nn 写成 $\bar{m}$，$\bar{n}$。有时马克思用数学符号来代替词。他用乘号 × 表示"乘以"或"倍"，用等号 = 表示"等于"，> 表示"多于、大于"，< 表示"少于、小于"，+ 表示"加"，- 表示"减"，± 表示"大于或小于"。

（译自《马克思恩格斯全集》历史考证版第2部分
第1卷第1册第26—38页）

---

① 指《马克思恩格斯全集》历史考证版（MEGA²）第2部分第1卷第1册。——译者注

笔记本 I（正文共 48 页）

约写于 1857 年 10 月中至 11 月中

亲笔原件：莫斯科苏共中央马克思列宁主义研究院中央档案馆，编号 F.1，OP.1，d.1001。

笔记本由 36 张尺寸为 158×200 毫米的结实平滑的蓝色无条格纸构成。它是用 18 张尺寸为 316×200 毫米的整幅纸张折叠起来做成的。有两张（它们在苏共中央马克思列宁主义研究院中央档案馆的编号是 15/22 和 16/21）带水印：在编号为 15/22 的一张上是 C 哈里斯，在编号为 16/22 的一张上是 $\overline{1855}$ 生产这种纸的工厂的商标。其他各张纸无水印。所有这 18 张纸页用线（线没有保存下来）订在一起。在莫斯科马克思列宁主义研究院中央档案馆修复手稿时，笔记本的所有各张纸都从折叠处展开成了原样并且是以这种形式存档的。

马克思在第一封页写着："笔记本 I"，"A"（由"C"改成 A），"笔记本 A"。这三个标记具有标题的性质。标记"笔记本 I"反映了同其余六个包含着《政治经济学批判大纲》手稿正文的笔记本的联系。后来写的标题"笔记本 A"是对包含着《政治经济学批判》第一分册手稿的两个笔记本即"笔记本 B′"和"笔记本 B″"而言的。除这些标记以外，马克思还在第一封页写上了他在 1857 年研究过的著作的两个作者的名字：**"维尔特，图克"**，以及雅科布·格林的《德意志语言史》（1853 年莱比锡第二版）的元音变化表，马克思在 1856 年 5 月曾经透彻地研究过该书并作过摘要。下面和旁边有算术计算式和一个几何图形（一个直角三角形）。

第二封页有一个在菲力浦·德·塞居尔的《俄国和彼得大帝史》（1829 年伦敦版）第 232 页上曾提到的书名《斯巴达：俄国》。这部四卷本的著作于 1816 年在彼得堡用法文出版，标题是：《俄国，政治、文学、历史和忌辰。

至1816年以前的……主要事件的概况》，作者斯巴达，1816年圣彼得堡版。除了这部著作的简写的英文书名以外，马克思在第二封页还写上了日期："1857年（1月）"。

马克思在第三封页起草了1857年2月16日他给恩格斯的信的一部分，该信的这一部分谈到了《纽约每日论坛报》编辑部退给马克思的马克思论多瑙河沿岸各公国和恩格斯论泛斯拉夫主义的文章。

在第四封页又出现了雅科布·格林的元音变化表和例子，以及算术计算。

封皮的所有四页马克思都没有标页码。笔记本的其他六十八页中有一页是空白，也没有页码。另外有两页没有写满。

笔记本没有从头到尾的通编页码。头六页包含马克思反驳布鲁诺·鲍威尔论"俄国冲突"的两本小册子［a）"俄国和英国"，1854年。b）"俄国的现状"，1854年］的文章草稿。马克思在1857年1月10日致恩格斯的信中谈到了对这两本小册子的看法。这一点以及在第二封页标明的日期"1857（1月）"表明，批判鲍威尔的文章草稿写于1857年1月。笔记本的前六页由别人用铅笔编了页码。紧接着的一页是空白，也没有页码。接着是同样由别人用铅笔编了页码的7—17页。它们包含着马克思从孔德·菲力浦·德·塞居尔将军所著的《俄国和彼得大帝史》（1829年伦敦版）一书中摘录的内容提要。这个提要的最后一页没有写满。

第18和19页又是由别人用铅笔编了页码。它们包含着雅科布·格林的著作《德意志语言史》（1853年莱比锡第二版）第XII—XIV章中的简短的内容提要。这部著作的详细提要包含在1856年5月的一本专门的笔记本中。第19页没有写满。

接着有四页原来是空白，第一页起初标上了页码1。马克思在原来留空的四页之后开始写他的主要经济学著作的正文。

马克思最初给他的手稿的这一部分加的标题是"**阿尔弗勒德·达里蒙**《论银行改革》1856年巴黎版"。后来他用较大的字体为这一部分写了一个范围显著扩大了的标题："Ⅱ.）**货币章**"，而且"**货币**"这个词是用特别大而粗的字体写的；Ⅱ）是后来补加的。马克思在这一页上开始用墨水进行新的页码编号（1—44），直到本笔记的末尾。在第44页的末尾马克思写道："（参见本笔记第1页及以下各页）"。

接着，正文在笔记本中原来留空的四页上继续写下去。马克思把数目字"1"改成"45"，并且在这一页的一开头写着："（**笔记本末尾的继续**）"。接着的三页他用墨水编的页码是"46"、"47"、"48"。

《货币章》的所有48页在德国社会民主党档案馆内都标上了铅笔记号"DO"。在用铅笔标为页码49和50的第3封页和第4封页，也有这样的记号。在第一封页和第二封页有用铅笔做的记号"DN"以及铅笔数目字"O"和"1a"。在批判布鲁诺·鲍威尔的文章草稿的第1—6页以及包含着摘自塞居尔和雅科布·格林著作的引文的第7—19页上，也有记号"DN"。第6页和第7页之间的空页上没有任何标记。

笔记本Ⅱ（正文共29页）

1857年11月

亲笔原件：莫斯科苏共中央马克思列宁主义研究院中央档案馆，编号F.1，OP.1，d.1083。

14张=28页，第29页缺。

笔记本由14张尺寸为160×204毫米的结实平滑的微黄色无条格纸构成。它是用7张尺寸为320×204毫米的整幅纸张折叠起来做成的。缺最外面那张做封皮的纸，因此也就缺少马克思在第三封页所写的正文第29页。这些纸张合订成本，用的线没有保存下来。纸张无任何水印。

马克思在笔记本第1页一开头写的是《货币章。（续）》。第8页上开始了《**作为资本的货币章**》，这一章从笔记Ⅲ开始用的标题是《**资本章**》。

笔记本Ⅱ的所有保存下来的28页，马克思从头到尾用墨水编了页码1—

28。某些页上有别人用铅笔写的页码,页数与马克思所写的相一致。笔记本的所有各页上都有铅笔标记"OL",笔迹出自同一个人之手,显然是在这本笔记保存在德国社会民主党档案馆时写上的。

笔记本Ⅲ(正文共45页)

1857年11月29日约至12月中

亲笔原件:莫斯科苏共中央马克思列宁主义研究院中央档案馆,编号F.1,OP.1,d.1048。

笔记本由24张尺寸为160×200毫米的结实平滑的蓝色无条格纸构成。它是用12张尺寸为320×200毫米的上述纸张折叠起来做成的。最外面的那张纸构成笔记本的封皮。它是用黑线装订起来的,但是封皮脱落,边缘有轻微损坏。所有12张纸都有水印:6张纸上的水印标记是$\frac{萨夫斯顿}{1854}$,另6张上是生产这种纸的工厂的商标。

在第一封页有马克思作的三种标记:"**笔记本Ⅲ**","伦敦。1857年7月","11月和12月(1857年)"以及某些较小的算式。第二封页没有写字。第三封页是属于《政治经济学批判大纲》《资本章》的正文的第45页。第四封页有马克思写的计算例子。

对笔记本Ⅲ中写有正文的45页,马克思从头到尾用数目字1到45编了页码。所有各页上都有铅笔标记"OM",这些标记显然是这个笔记本保存在德国社会民主党档案馆期间加上的。同一个人还用铅笔把笔记本的各页页码框上了边;此外,第一封页标上了"O",第四封页标上了页码数"46"(第二封页没有标页码)。

第1到7页上是草稿《巴师夏和凯里》。第8页上边写有日期"11月29、30日和12月";接着是标题《资本章。(续笔记本Ⅱ)》,然后是接着笔记本

II最后一页上开始的句子继续写作正文。

笔记本 IV（正文共 53 页）

约写于 1857 年 12 月中至 1858 年 1 月 22 日

亲笔原件：莫斯科苏共中央马克思列宁主义研究院中央档案馆，编号F.1，OP.1，d.1090。

笔记本由 27 张尺寸为 163×202 毫米的结实平滑的蓝色无条格纸构成。它是用 14 张尺寸为 326×202 毫米的整幅纸张折叠起来做成的，其中最外面一张是封皮。这些纸曾经装订在一起，用的线没有保存下来。缺封面，封底左边缘轻微损伤。做成这本笔记本的所有 14 张纸都有水印：7 张纸上的水印是萨夫斯顿，另 7 张上是生产这种纸的工厂的商标。
1854

这本笔记本保存下来的 54 页中前 53 页都编上了页码。第四封页没有编页码，上面只有单个的算术计算式。

马克思在第 1 页的上边写着"笔记本 4。57 年 12 月"，之下写着：《资本章。（续）》。

马克思在第 24 页的两段之间留了一行小的空白，在那里写着："1 月（1858 年）"。这表明，马克思在 1857 年底、1858 年初对资本的流通过程就研究到这个地方（资本的流通过程篇开始于笔记本Ⅳ的第 15 页）。

（译自《马克思恩格斯全集》历史考证版第 2 部分
第 1 卷第 1 册副册第 26—38 页）

七个笔记本的索引

1858年6月

产生和流传过程

马克思在结束了他的著作《政治经济学批判大纲》以后，编了一个索引。他自己认为《大纲》是一个草稿，打算在此基础上顺利地写出他的著作《政治经济学批判》。他还同弗兰茨·敦克尔出版社签订了合同（见1858年8月11日马克思致拉萨尔的信，以及1858年3月29日马克思致恩格斯的信——译者注）。第一分册按照马克思当时的计划应包括三章："价值"，"货币"和"资本"（见1858年4月2日马克思致恩格斯的信——译者注）。1858年5月31日，马克思写信给恩格斯说，"我把自己的手稿从头到尾看一遍差不多就要花一个星期。困难的是，这些手稿（印出来有很厚一大本）很乱，其中有许多东西只是以后的篇章才用得上。因此我得编一个目录，好很快地在某册某页上找到我工作中首先需要的东西。"由此可以得出结论说，索引写于1858年6月。

索引显然不是一下子就写成的。某些地方马克思只是为某些较大的段落写下了标题并且留下了许多间隔，以便在以后补充。索引中所用的罗马数字表示1857—1858年手稿稿本的编号，阿拉伯数字表示笔记本的页码。数目字以后的垂直线或者记号同七个笔记本中的页边记号相一致。个别地方马克思作的索引出自他的摘录笔记。

索引由两份草稿组成。第一份草稿体现了马克思当时起草的第一分册的计划（但是这个草稿编到"资本的流通过程"这一节就中断了），第二份草稿为《货币章》作了详细的准备。

这个索引在马克思恩格斯在世时并没有出版。它于1941年首次问世，载于1941年莫斯科出版的卡尔·马克思：《政治经济学批判大纲》1850—1859年附录部分第855—867页。

见证人的描述

亲笔原件：阿姆斯特丹国际社会史研究所，马克思恩格斯遗稿，编号A-15。

《七个笔记本的索引（第一部分）》写在笔记本 M 的第23—33页上。笔记本 M 共有22张（44页），其中无条格的4页是封皮。

笔记本的前12张在中间折叠过，因此有条格的24页每页又分为两个部分。1—39页是马克思亲自注上页码的，其中第9页以后的一页标为9′；因此，由马克思自己注明页码的有40页。第1—22页包括《大纲》的导言，第23—33页上是《七个笔记本的索引》；34—38页是空白。第39页写有马克思的数学演算式。

手稿《七个笔记本的索引》的各张的两面都有马克思用黑墨水写的字。在各个篇章标题之间留了足够多的空白位置以供以后进行补充。马克思后来用墨水划掉了个别字句，因为这些地方他在后来写作时已经利用（消除记号）。

(摘译自《马克思恩格斯全集》历史考证版第2部分第2卷副卷第303—304页。略去的部分和上面对《导言》的《见证人的描述》相同)

笔记本 V（正文共 33 页）
1858 年 1 月 22 日至 2 月

H 亲笔原件：莫斯科苏共中央马克思列宁主义研究院中央档案馆，编号 F.1，OP.1，d.1111。

笔记本由 18 张尺寸为 162×220 毫米的结实平滑的无条格白纸组成。笔记本由尺寸为 324×220 毫米的 9 张纸对折而成。最外面那张纸是封皮。这些纸曾装订在一起，线没有保存下来。封面和封底有轻微损坏。组成笔记本的全部 9 张纸都有水印：5 张纸上的水印是塔克丽·怀泽，4 张纸上的水印是英 1857 国的象征。

本笔记本 36 页中 34 页由马克思用墨水连续编了页码。第一封页和第二封页没有编页码。

马克思在第一封页上写了这样几个字："**笔记本 V。1858 年 1 月于伦敦。（从 1 月 22 日开始）**"。在这一页上还有几个较小的演算式。第二封页上没有写字。马克思在本笔记正文第一页开头写了这样几个字："**笔记本 V。资本章。续篇。**"第四封页（第 34 页）上只有个别的算术演算式。

笔记本 VI（正文共 44 页）
1858 年 2 月

H 亲笔原件：莫斯科苏共中央马克思列宁主义研究院中央档案馆，编号 F.1，OP.1，d.1126。

笔记本由 22 张尺寸为 182×226 毫米的结实平滑的无条格纸组成，其中部分纸轻微损坏，呈微黄色。笔记本由尺寸为364×226毫米的11张纸对折而成。这些纸曾装订在一起，线没有保存下来。纸无水印。

本笔记本全部44页都由马克思用墨水连续编了页码。无封皮。马克思在笔记本正文第1页开头写了这样几个字："**笔记本 VI·资本章。伦敦，1858年2月**"。

笔记本 VII（正文共64页）

1858年2月末至5月末

H　**亲笔原件**：阿姆斯特丹国际社会史研究所，马克思恩格斯遗稿 A-40/A-49。

前面64页正文是《大纲》的最后部分，除这64页外，笔记本Ⅶ还含有（在一个未编页码的空张之后）篇幅很大的摘录部分（第63a、64a和65—277页，其中缺18页，第277页为第三封页）。

整个笔记本Ⅶ由留下的编了页码的260页组成，纸张为结实的有条格的白纸，无水印，尺寸223×183毫米，笔记本还有一张同样尺寸的结实的封皮纸。第一封页和第四封页上带有棕色的大理石花纹图案，上面没有写字。

马克思在第二封页上写了这样几个字："**笔记本Ⅶ（政治经济学批判）（续篇）。伦敦。二月末三月初**"。此外，这一封页上还有马克思亲笔写的许多图书资料目录，还有劳拉·马克思写的两行字。

第三封页（页码编号为277）含有马克思列出的笔记本Ⅶ摘录部分的内容目录。该摘录部分从1859年2月28日开始，大约继续到1863年6月。

笔记本的所有各页（前面提到的把《大纲》正文同笔记本摘录部分分开的二页空页除外）都由马克思用墨水编了页码，并由另一个人用铅笔作了记号"DP"。

马克思在笔记本正文第 1 页一开头写了这样几个字:"**资本章。(续篇)。(本笔记从 1858 年 2 月末开始)**"。

正文第 5 页开头有一个日期"1858 年 3 月"。

正文第 62 页上有摘自 1858 年 5 月 15 日《经济学家》杂志的几段摘录。

(译自《马克思恩格斯全集》历史考证版第 2 部分第 1 卷第 2 册)

(冯文光 译)

马克思1857年至1861年经济学手稿的科学意义

——《马克思恩格斯全集》英文版第28、29卷前言*

《资本论》体现的马克思理论思想的最高成就,是为劳苦人类的智力解放和社会解放而完成的一项卓越的科学功绩。这部天才著作实际上是马克思毕生的产物。早在40年代初马克思刚着手研究经济问题并在稍后写的《1844年经济学哲学手稿》①中,他就草拟了一部较大的经济学著作的大纲。他后来在政治经济学方面的研究都服从于这个广泛的计划。他原先打算撰写一本名为《政治和政治经济学批判》的两卷本著作,来实现他的这个计划。

40年代是马克思经济学理论发展的一个重要阶段。马克思和恩格斯创立辩证唯物史观,使他们能够揭示资本主义经济的本质特征并理解它的矛盾的对抗性质。在他的40年代的著作——《哲学的贫困》、《关于自由贸易的演说》和《雇佣劳动与资本》②中,对他的经济学理论作了初步详细阐述。在这些著作中,他制定了未来的价值理论和剩余价值理论的某些方面。但还须作进一步的详尽阐明,才能成为一种全面的经济学说。

马克思的经济学研究的新阶段是从1848—1849年革命失败以后开

---

* 本文选自《马克思恩格斯研究》1992年总第10期。
① 《马克思恩格斯全集》第1版第42卷第43—181页。
② 《马克思恩格斯全集》第1版第6卷第473—506页。

始的，1949年秋，他移居英国，因为在那里他才能重新开始他的政治经济学的研究。马克思并不满足于已经取得的成果，以及他1844年在巴黎和1845—1847年在布鲁塞尔期间所收集到的材料，虽然这些材料已经扩充成摘采各种不同经济学著作的许多本笔记本，用马克思自己的话来说，他再从头开始。马克思念念不忘他为较大的经济学著作制定的长期计划，以持续不懈的努力，补充、详细说明在40年代所收集的经济资料。

直到1857年7月止，马克思的工作主要是收集和批判地评价大量的关于经济问题的材料，用列宁的话来说，"堆积如山的实际材料"①，还有就是直接研究当时英国和其他各国经济生活中整个的和每一个重要的发展。马克思再次对亚当·斯密和大卫·李嘉图的著作进行了最全面的研究。他也利用英国博物馆图书馆的大量藏书和当时的报刊上关于经济、政治的各种不同方面的长篇材料。在1850年至1853年期间，马克思写满了摘录的笔记本达24本，他给这些笔记本编上Ⅰ至ⅩⅩⅣ号（还有几本未编号）。他一而再地试图使材料系统化。可资证明这一点的是他的许多笔记本，在这些笔记本中，他从不同作者的著作中所作的摘录都是按论题归类的，并附有简短的评注。另一证明就是他的以《反思》②为标题的手稿，马克思在写作他的著作时广泛利用了这些笔记本。他经常按《大纲》中所作的编号和页码查阅这些笔记本。

马克思在1851年1月7日和2月3日致恩格斯的两封信中阐述了他从新近研究中首次得出的理论结论，他在信中批判了李嘉图以马尔萨斯的酬报递减规律为基础的地租理论，以及李嘉图的以货币的数量说为基础的货币流通理论。

---

① 《列宁全集》第2版第1卷第103页。
② 《马克思恩格斯全集》第1版第44卷第154—163页。

马克思期待着革命运动重新兴起，他加紧了他的经济学研究。在1857年夏，他曾两度着手阐明他的经济学理论：撰写论庸俗经济学家巴师夏和凯里的草稿，并开始写作总的《导言》，但他没有写完，这两次，他都是不得已而中断了他的工作。

1857年秋爆发的第一次世界经济危机，使马克思再次着手进行有系统地阐明他的政治经济学研究所取得的成果。他在1857年12月8日致恩格斯的信中写道："我现在发狂似地通宵总结我的经济学研究，为的是在洪水之前至少把一些基本问题搞清楚。"① 当时燕妮·马克思在致康拉德·施拉姆的信中写道："卡尔白天为糊口而工作，夜里则为完成他的政治经济学"② 而工作。由于肝病引起的身体不适，严重地影响了这一工作的进度，迫使马克思改变了他的计划。然而在1857年末至1858年5月，他还是完成了50多印张的大批手稿——不是为了出版，而是为了"自己弄清问题"。

第28卷开头的未完成的手稿《巴师夏和凯里》表明，马克思在那时已非常清楚地认识到古典资产阶级政治经济学与它的庸俗学派之间的区别，庸俗学派的出现说明了资产阶级经济思想在走下坡路。马克思准确地评价了古典学派的功绩，同时又指出了它的局限性。马克思利用他对巴师夏和凯里的观点作为实例所作的分析，找到了古典政治经济学家斯密和李嘉图的理论被他们的模仿者们庸俗化的那些方面。马克思指出，他们两人不同于古典经济学家，因古典经济学并不隐瞒资本主义生产关系的矛盾性质，并且"朴素地描绘生产关系的对抗"③，而巴师夏和凯里试图掩盖资本主义制度的对抗性，把资本主义制度描绘成和谐的

---

① 《马克思恩格斯全集》第1版第29卷第219页。
② 《马克思恩格斯全集》第1版第29卷第632页。
③ 《马克思恩格斯全集》第1版第46卷上册第4页。

社会发展的自然理想。

马克思的《导言》草稿虽然没有写完，但是它对他未来的经济学著作具有非常重要的科学价值。它表明，在1857年秋，马克思就已详细作出了他的经济理论的方法论原则，这一理论所依据的是从唯物史观得出的基本结论，首先是社会生产的占第一位这一观点。同时，马克思与资产阶级经济学家不同，资产阶级经济学家宣称资本主义生产是永恒的，并把生产看作是某种一般的抽象，而马克思在他的《导言》中把生产写成是由特定的社会条件形成的，把他那个时代的资产阶级的生产作为他研究的对象。

马克思阐明他对政治经济学的主体的理解，他就超出了资产阶级经济学家，其中包括古典经济学家的局限，因为他们把经济学的任务只局限于分配关系的研究。马克思分析了生产、分配、交换和消费的辩证的统一和相互作用，得出结论说，生产不仅是出发点，而且是这一统一的决定性因素，分配的形式只是生产形式的表现。因而人与人之间的生产关系，以及决定着一定的生产方式的发展的规律，构成了经济学的真正的主体内容。

马克思与革命的世界观的一般哲学问题紧密地联系起来，提出了他关于政治经济学各不同方面的思想。马克思把生产关系看作是社会发展的经济基础，接着又继续考察政治的和意识形态的上层建筑内部起着作用的过程，指出了这些过程对基础的依赖关系和它们对基础的反作用。例如，在《导言》中，我们可以发现有些说法反映了马克思关于某些意识形态现象的观点，特别是他的关于支配着艺术这一社会意识形式的发展的那些特定规律的思想。

马克思在《导言》中所得出的那些结论——艺术的创作是特定的历史社会关系决定的，虽然这些关系并不反映在以原始的、机械的方法创作的艺术作品中，但是与艺术所特有的发展的特殊规律相一致；作为上述规律的结果,艺术的兴盛时期并不必然与经济的和其他的社会领域的发展时期恰好相一致;艺术起着巨大的作用,因而对社会的进步产生强烈的影响;最后,不同时代和不同民族的艺术具有不能模仿的和永恒的普遍关联的价值——形成了马克思美学思想的全部遗产的基本部分。

马克思在《导言》中把政治经济学的方法彻底地具体化为一门科学,即他在以后的经济学研究中从所有可能的角度使用的一种方法。他把科学方法的辩证唯物主义解释同黑格尔的唯心主义辩证法相对立,而同时又利用了黑格尔的科学分析的逻辑学的所有合理成分。

马克思在《导言》中指出,研究应该从直接地明显的事物出发,并往下探索现象的真正实质,直到最后达到一些最简单的规定。只有在那以后,研究者才能继续前进,从抽象的规定达到"一个具有许多规定和关系的丰富的总体"①。实际上资产阶级经济学只完成了这条道路的第一部分——从具体到抽象。以后的研究的最重要的对象是"行程又得从那里回过头来",从抽象到具体。这种从抽象上升到具体的方法,马克思认为是"科学上正确的方法"。这是因为,虽然具体物为理论分析提供了出发点,但它在研究的结果中表现为多样性的统一,即许多规定的综合。在马克思的理论中,科学的抽象是与作为它们的前提的具体实物不可分割地相联系的,而从简单到复杂的思维过程,总的看来,是与现实的历史过程相一致的。

马克思指出,必须把逻辑方法和历史方法结合起来对问题进行从抽象上升到具体的研究,他认为逻辑方法和历史方法是辩证的统一,但不是同一。他强调指出,对独特的经济范畴的逻辑评价,不能被历史的评价所代替,因为在不同的历史阶段,各种不同的经济现象所起的作用,不同于它们在一定的经济结构中所起的作用。研究者必须记住,所研究

---

① 《马克思恩格斯全集》第1版第46卷上册第38页。

的经济范畴是历史发展的产物，它们是在一定的历史的来龙去脉内形成的，因而已经历了一定的历史的演变。为了掌握一种经济现象的本质，就得既研究它的发展了的形式，又研究它的萌芽状态，它的起源，这是极为重要的。逻辑的分析决不是脱离了实际的历史发展的一种任意的精神的解释。它必须与历史的分析有机地结合起来，因为这种结合是为更详细的研究和结论的证实作准备的。

《导言》包含着马克思未来的经济学著作的第一个结构纲要。马克思在1858年2月22日致拉萨尔的信中对此作了详述："全部著作分成六个分册：（1）资本（包括一些绪论性的章节）；（2）地产；（3）雇佣劳动；（4）国家；（5）国际贸易；（6）世界市场。"① 马克思在1858年4月2日致恩格斯的信中对他的计划作了更详细的叙述。② 在这一全面的计划的结构中，马克思进行了他在1857年至1861年间的经济学研究，但是后来他改变了他的经济学著作的结构。

《1857—1858年手稿》是马克思主义史上的里程碑。在这一手稿中，马克思第一次详细阐述了他的价值理论，并在此基础上阐明了剩余价值理论。这是他的第二个伟大的发现，这一发现连同他的唯物史观的发现一起，使社会主义从空想变为科学。

《1857—1858年手稿》引导读者直接进入马克思的思想活动，使他们能够逐步领会马克思经济理论的创造。马克思的研究逻辑以及在他的《导言》中所描述的科学方法的运用上的各具体方面，在这里表现得特别清楚。

《1857—1858年手稿》的开头是《货币章》，后来马克思给该章标

---

① 《马克思恩格斯全集》第1版第29卷第531页。
② 《马克思恩格斯全集》第1版第29卷第298—306页。

上了罗马数字Ⅱ，因为打算把《价值章》置于该章之前①。马克思这一章从批判蒲鲁东的经济观点，特别是他的货币理论开始。马克思后来在1880年4月7日发表在法国的《平等报》第12期上的《关于〈哲学的贫困〉》这篇文章中写道："为了给力求阐明社会生产的真实历史发展的、批判的、唯物主义的社会主义扫清道路，必须断然同唯心主义的政治经济学决裂，这个唯心主义政治经济学的最新的体现者，就是自己并没有意识到这一点的蒲鲁东。"②

马克思最初在《哲学的贫困》（1847年）这一著作中就已对蒲鲁东为克服资产阶级社会的矛盾而制定的空想的、改良主义的方案所依据的社会学概念和经济学概念进行了批判性的分析。然而马克思在这一著作中的论点，在很大程度上仍然以李嘉图的经济观点为基础。而现在他是从他所创立的经济理论的观点出发来批判蒲鲁东主义的，完全驳斥了蒲鲁东主义者关于通过银行改革有可能克服资本主义社会的矛盾的对抗性的论点。马克思写道，这些矛盾"决不是通过平静的形态变化就能炸毁的"③。马克思的研究非常清楚地表明，蒲鲁东及其追随者试图"改进"资本主义制度并消除它的缺点，而又保留它的经济基础，这在科学上是站不住脚的，而且在实践中只能使工人阶级迷失方向，从而分散了他们对无产阶级斗争的真正任务的注意力。

马克思在他的手稿中批判蒲鲁东主义者的幻想，又详细说明真正科学的价值理论的全部基本要点。他论证了在社会生产和社会分工的发展过程中，产品是如何转化为商品，商品又是如何转化为货币的。马克思指出："真正的问题是：资产阶级交换制度本身是否需要一个特别的交

---

① 《马克思恩格斯全集》第1版第46卷第53页。
② 《马克思恩格斯全集》第1版第19卷第248页。
③ 《马克思恩格斯全集》第1版第46卷上册第106页。

换工具？它是否必然会造成一个一切价值的特殊等价物？"① 马克思在这里提出了商品和货币之间的本质联系的问题，他最初在《哲学的贫困》中就已对这个问题作过有系统的阐述，然而只有在《1857—1858年手稿》中，他才解决了这个问题。问题得到解决的基础就是他对商品的两个方面的分析，即使用价值和价值，以及对创造商品的劳动的两重性的分析。马克思指出，商品作为价值而具有的同质性与它们作为使用价值而具有的自然差别之间的矛盾，在交换过程中，在商品分裂为商品和货币中，在商品的价值在一特殊商品即货币上得到了独立的存在这一事实中，找到了它外部的解决。货币给商品的使用价值与价值之间的矛盾提供外部的解决，但同时又加深了以私人交换为基础的商品生产的一切矛盾。发生经济危机的可能性是这些矛盾所固有的性质。

马克思关于商品生产中劳动的二重性的论点，是他的价值理论的基础。正是在这里，我们找到了把马克思的理论同古典的资产阶级经济学家所提出的劳动价值理论分开的界线。这些资产阶级经济学家不懂得具体劳动与抽象劳动之间的质的差别，把整个问题归结为按劳动时间计量的价值。实际上正如马克思后来要指出的，是否正确领会劳动的这种二重性是"对事实的全部理解的基础"②。

当马克思详细阐明他的价值理论时，他在商品中发现了资产阶级社会的"经济细胞"。他对社会结构进行分析的出发点，既不是商品的价值，也不是商品的价值关系，而是商品本身，即那些关系的物质承担者。正是这个理由，所以马克思后来把第1章的名称改为《商品》。马克思早在这一章的第一个草稿的末尾就已写道："表现资产阶级财富的

---

① 《马克思恩格斯全集》第1版第46卷上册第68—69页。
② 《马克思恩格斯全集》第1版第31卷第331页。

第一个范畴是商品的范畴。"①

马克思在《货币章》中得出的主要结论是：在生产资料私有制条件下，发达的商品生产形式的前提是资本主义关系。商品生产和交换价值的发展，不可避免地会导致"对自己劳动产品的私人所有权也就是劳动和所有权的分离，而这样一来，劳动将创造他人的所有权，所有权将支配他人的劳动"②。

《1857—1858年经济学手稿》的较大部分是《资本章》。

在第28卷中发表的有《资本章》的第1篇，考察资本的生产过程，以及第2篇的大部分，论述资本的流通过程。该章的末尾包含在第29卷中。就整体来说，《资本章》包括马克思打算在原先计划的6册的第1册中加以论述的那些主要问题，这一册也就是上面引用过的致拉萨尔的信中（1858年2月22日）计划以"资本"作标题的，而在别处，该册用的标题是"资本一般"。后来在马克思改变了他的著作的结构，并按三部分研究（资本的生产过程，资本的流通过程和作为整体的资本主义生产过程）开始进行思考后，本章中所包含的材料就为整个著作提供了出发点。

在《资本章》中，马克思所关心的是他的全部分析的中心问题，即阐明资本主义的剥削机制的问题。资产阶级经济学家把资本看作是简单的价值额，徒劳地试图直接从价值过渡到资本，不懂得货币转化为资本的实质。马克思指出，"在纯粹流通中进行的交换价值的简单运动，决不能实现资本。"③

资本主义生产关系的内容，就是工人与资本家之间，劳动与资本之

---

① 《马克思恩格斯全集》第1版第46卷下册第411页。
② 《马克思恩格斯全集》第1版第46卷上册第189页。
③ 《马克思恩格斯全集》第1版第46卷上册第207页。

间的关系,他们是彼此对立的,因而在他们之间就发生了交换。分析这些关系之所以困难,在于这样一个事实:工人与资本家之间实质上非等价的交换,是在等价交换的基础上进行的。

马克思一开始就把资本与劳动之间的交换分解为两个性质上不同的、完全相反的过程:(1)工人与资本家之间实际交换的结果是资本家"换来这样一种生产力,这种生产力使资本得以保存和增殖"①。(2)在实际的劳动过程中,发生资本的保存和增殖。马克思在对第一阶段的分析中阐述了下列论点:"在资本和劳动的关系中……一方(资本)首先作为交换价值同另一方相对立,而另一方(劳动)首先作为使用价值同资本相对立。"② 马克思第一次从资产阶级经济学家的传统的惯用语"商品劳动"和"劳动出售"转到了对"劳动力"商品(不过在这手稿中他大多还使用"劳动能力"这个词)的特殊性的研究上。劳动在马克思的分析中,不是被看作商品,而是被看作工人出售给资本家的商品的使用价值。这种使用价值的独特性存在于这样一个事实中:它"并不是物化在产品中的,它根本不存在于工人之外,因此不是在实际上,而只是在可能性上,作为工人的能力存在"③。劳动与资本之间交换的第一阶段的结果是,对工人活劳动的支配权转入了资本家手中。交换的第二阶段是交换价值的实际创造过程,其结果是资本被保存并增殖了。

马克思论证,既然工人不拥有生产资料,他就不可能是活劳动在生产过程中所创造的价值的所有者。工人所创造的并属于资本家的价值的一部分,资本家不得不以工资形式归还给工人,以支付劳动力的价值,

---

① 《马克思恩格斯全集》第 1 版第 46 卷上册第 231 页。
② 《马克思恩格斯全集》第 1 版第 46 卷上册第 222—223 页。
③ 《马克思恩格斯全集》第 1 版第 46 卷上册第 222 页。

即花费在工人本身的生产上的劳动量。如果劳动生产率的水平提高，致使活劳动创造的价值超过劳动力的价值，那么，剩余劳动就是完成了，因而资本家得到的剩余价值等于活劳动创造的价值与劳动力的价值之间的差额。

在《资本章》中，马克思也发展了他关于剩余价值的两种形式——绝对剩余价值和相对剩余价值——的学说并且从这一方面阐明了资本的矛盾的心理倾向：延长工作日作为增加绝对剩余价值的手段，减少必要劳动时间作为增加相对剩余价值的手段。

马克思揭示了剩余价值的真实本性，就在这个基础上继续考察出现在资产阶级社会表面上的它的转化形式——利润、利息和地租。

马克思根据第一次在这手稿中详细阐述的资本的两种形式即不变资本和可变资本的理论，提出了新的利润理论，它在性质上不同于资产阶级经济学家的利润理论，因为这些资产阶级经济学家始终把剩余价值的特殊形式同它的一般形式混淆了。马克思在1858年1月14日致恩格斯的信中谈到关于这一手稿的工作时写道：他已经"推翻了迄今存在的全部利润学说"①。

马克思现在已经非常接近于发现平均利润和生产价格的规律了，在证实了整个资本家阶级的利润不可能超过剩余价值总额之后，马克思作出论证：个别利润率必然从一个生产部门到另一生产部门发生变化，而这些利润率的变化是作为部门间竞争结果的再分配，从而形成了一般利润率。他继续论证，这一般利润率是通过对资本主义的一切生产部门所生产的剩余价值总额按所投资本数额的比例进行再分配而形成的。这一过程的一个特征是，商品出售时的价格与它们的价值不相一致，在某些部门高于它们的价值，而在另一些部门则低于它们的价值。马克思打算

---

① 《马克思恩格斯全集》第1版第29卷第250页。

以后在他的《1861—1863年手稿》中彻底解决平均利润和生产价格的问题。

马克思在《1857—1858年手稿》中批判地分析了资产阶级经济学家的理论，对各种不同的资产阶级概念加以比较，并把这些概念同他自己对主要的经济学问题的观点进行对照，《1857—1858年手稿》生动地表明，马克思对一种新经济理论的详细阐述，是同对当时经济思想中占优势的概念进行批判的反驳联系在一起的。马克思并没有忽略他的前辈在政治经济学中阐述的合理的思想。他常常为他们辩护，反对来自当代资产阶级政治经济学家的非正义的谴责和非难。

数量特别大的批判材料是在《资本章》第2篇的关于资产阶级的剩余价值理论和利润理论那一节中。虽然在这里马克思尚未提供资产阶级经济学历史发展的全面情况，然而在他对各不同学派的代表，其中包括斯密和李嘉图的古典学派所阐述的思想进行批判分析中，他还是特别注意到了在这个主要问题上资产阶级经济思想的许多特点。他指出资产阶级经济学不能深入理解劳动与资本之间关系的实质，从而不能了解资本家占有工人剩余劳动产品的性质；他表明，资产阶级经济学有只从资本的物质内容来看资本本身的倾向，而忽视了资本作为一种历史决定的社会关系的形式所具有的本质，并指出了许多其他的根本性缺点。马克思特别指出了这些问题，他也就揭示了资产阶级经济学家的视野所以狭隘的阶级原因。他强调指出，即使像李嘉图那样目光尖锐的思想家也没有能搞清楚资本主义生产过程。"他作为资产者也不可能弄清楚这个过程。"① 马克思尖锐批判了萨伊、西尼耳、麦克库洛赫以及其他经济学家著作中提出的资本和利润的理论是辩护著作的无耻例子，竟把资本主义剥削说成是美好的。马尔萨斯对"劳动的价值"和工资的解释，被

---

① 《马克思恩格斯全集》第1版第46卷下册第46页。

马克思描绘成"肤浅的诡辩",而他的人口理论则被描绘成是一种用"残酷的说法"表达"资本的残酷的观点"。①马克思指出,马尔萨斯的理论从头至尾都是错误的,它是以倾向性的前提作为基础的,完全忽视了生产条件的历史变化:"这样一来,马尔萨斯便把历史上不同的关系变成一种抽象的数字关系。这纯粹是凭空捏造,既没有自然规律作根据,也没有历史规律作根据。"②

与马尔萨斯形成对照的是,马克思揭示了资本主义以前时代和资本主义时期所以形成人口过剩的真正原因。他指出,这些原因决不可能在所谓的自然资源不足和人类增长速度超过自然资源中找到,而应在实际社会生产条件中,特别是在资本主义制度所产生的社会矛盾、失业等等中去寻找原因。

《1857—1858年手稿》证明了这样一个事实:马克思在那个时候就已在考虑,在他未来的著作中要分出专门的篇幅,对资产阶级政治经济学的历史从其主要问题的角度来作一批判性的概述。

当马克思继续写作《资本章》时,他得出结论(按照他对科学研究方法的逻辑方面与历史方面之间的辩证联系的解释),认为有必要对他的资本主义生产方式的分析加以补充,一方面对以前的社会形式,另一方面,对必将取代资本主义的社会形式都作一考察。

马克思在他的《资本章》中对资本主义生产以前的各种形式作了历史的描述,他追溯了所有制的各种形式的发展,从原始公社社会直到资本主义占有形式的出现。马克思在这里对资本主义以前的生产方式的考察,是对他在《德意志意识形态》中首次提出的关于历史过程的各主要阶段的观点的进一步详细阐述。

---

① 参看《马克思恩格斯全集》第1版第46卷下册第72、106页。
② 《马克思恩格斯全集》第1版第46卷下册第106页。

虽然马克思分析的是资本主义以前的各种所有制形式,但他还是探索到了各种不同类型的生产关系这个问题的真正中心,他强调指出生产力在社会发展中的能动作用,因为生产力决定着这些形式必然发生变化。在《1857—1858年手稿》中,马克思在发展他的"社会经济形态"理论上又迈进了重大一步。

这里表达的深刻思想涉及人类历史的最初阶段。马克思强调指出在原始社会没有阶级划分,因为统治这个社会的是宗族关系和公社原则。集体精神,以及在最初阶段,"共同体"是原始人的整个生活方式的主要特点。

马克思的手稿也对资本主义以前的剥削形式,特别是对奴隶劳动和农奴劳动,以及对使它们与雇佣劳动分开的那些特征进行了分析。

马克思在分析资本主义以前的形态时,把注意力集中在农业公社的发展的各种问题上。他强调指出,以各种不同形式保留在资本主义以前任何阶段中的公社的解体,是使资本主义生产方式有可能出现的条件之一。这在很大程度上足以说明马克思对农业公社的历史命运特别感兴趣。马克思在手稿中第一次提供的关于公社的历史和类型的描述,直到今天还使人清楚地了解古代和中世纪历史的许多基本问题。马克思关于公社作为最古代的社会制度的普遍性,关于它在古代和中世纪对社会政治结构的影响,关于它的历史发展和变更的方向及各主要阶段,以及关于它所以衰落并解体的原因的这些思想,在今天也仍然是有效的。

马克思对资本主义以前各所有制形式的发展的分析,使他能够揭示产生资本主义生产方式的历史条件,并阐明其主要先决条件是,劳动者对他们的生产条件的所有权的各种不同形式的瓦解,或者说,对劳动者作为客观生产条件的所有权各种不同形式的瓦解。马克思在《1857—1858年手稿》中,对资本的原始积累作了深刻的论述,阐明其实质一方面是被剥夺了生产工具或生产资料的雇佣工人阶级的形成,另一方面是以前的生产资料转化为"自由资金",即摆脱了传统封建的、行会的及其他束缚的资本。"正是这种使大众作为自由工人来同劳动的客观条件相对立的过程,也使这些条件作为资本同自由工人对立起来。"① 原始积累时期被特别提出来作为历史发展的特殊的过渡时期这还是第一次。在这里,马克思指出,资本主义的根源不仅应在城市工业的发展中去寻找,而且应在农业的资本主义改造中去寻找,因为这个改造过程在许多国家(英国、荷兰)正是在资本主义时代的萌芽时开始的。

在手稿中,马克思更详细地论述了资本主义社会历史的科学的分期问题,早在19世纪40年代,马克思就已在《德意志意识形态》和《哲学的贫困》两著作中,独创性地概述了这些原理。他论证必须对资本主义发展的工场手工业阶段和机器阶段加以区别,指出工场手工业尚不能为资本主义关系的普遍扩展,以及为取代资本主义以前的社会形式创造物质基础。只有大规模的机器生产才能为资本主义制度的最终确立提供基础,只有它才使资本的完全统治成为可能,同时为推翻资本主义制度,并为产生新的、更进步的制度创造物质条件。

马克思在研究了资本主义的起源并揭示它的产生和发展的规律后,接着说明了资本主义的实际历史地位,论证了它的崩溃和消灭资本主义社会所固有的劳动和所有权的分离的必然性。

剩余价值在马克思的理论中被看作是资本主义生产关系的必然结果及其本质和矛盾性质的表现,剩余价值形成资本主义生产方式的发展规律,不可避免地导致它的垮台并被共产主义所取代。既然资本主义的剥削,正如马克思所论证的,其根源正是资本主义生产关系的本质,所以由此得出结论,解放工人阶级,使他们不受剥削,这在资本主义制度的结构内也是不可能完成的。

---

① 《马克思恩格斯全集》第1版第46卷上册第506页。

马克思接着对注定要取代资本主义的新的社会制度进行的分析,包含着关于在共产主义条件下社会关系所特有的发展的主要特点和规律的敏锐思想。马克思强调指出向共产主义过渡的历史必然性,而共产主义出现的前提是,物质条件和文化条件的发展必须达到特定的阶段。按照马克思的观点,共产主义是这样一个社会:统治这个社会的将是"建立在个人全面发展和他们共同的社会生产能力成为他们的社会财富这一基础上的自由个性"①。

手稿中也包含着关于在未来共产主义社会中劳动的性质发生改变这样一种重要思想。马克思指出,在集体生产条件下,个人的劳动将一开始就表现为社会的劳动;劳动的社会性质与资本主义所固有的其产品的私人占有之间的矛盾将消失。马克思强调指出这样一个事实,每个工人将来关心保证生产的最方便、最合理和最有系统的组织,他阐明了共产主义社会中时间节约的规律:"正像单个人的情况一样,社会发展、社会享用和社会活动的全面性,都取决于时间的节省。一切节约归根到底都是时间的节约。正像单个人必须正确地分配自己的时间,才能以适当的比例获得知识或满足对他的活动所提出的各种要求,社会必须合理地分配自己的时间,才能实现符合社会全部需要的生产。因此,时间的节约,以及劳动时间在不同的生产部门之间有计划的分配,在共同生产的基础上仍然是首要的经济规律。这甚至在更加高得多的程度上成为规律。"②

空想社会主义者曾梦想,在共产主义条件下劳动将从资本主义下令绝大多数劳动人民厌恶的负担和诅咒变为一种游戏或单纯的消遣,马克思与他们不同,他把共产主义社会中的劳动描写成是生活的第一需要,

---

① 《马克思恩格斯全集》第1版第46卷上册第104页。
② 《马克思恩格斯全集》第1版第46卷上册第120页。

"同时也是非常严肃,极其紧张的事情"①。高水平的劳动组织和纪律,生产者的个人利益和全社会的利益之间的和谐平衡,广泛利用生产成果和社会财富以满足社会的物质和文化需要——这就是马克思对共产主义社会的远景的描绘。

第29卷一开头收入的手稿部分主要是论述资本流通的。同资产阶级经济学家对待这个问题所采取的方法相比,马克思所采取的是新颖的方法,这首先并主要表现在他把生产和资本的流通看作是辩证的统一。他强调指出,资本的发挥职能,表现为一种持续的运动,从一种状态到另一种状态的不断转变,形式的变化和变换。"这种形式变换和物质变换,就像有机体中发生的这种变换一样。"②

马克思在考察资本的周转时,探索了资本组成部分的形态变化:固定资本(生产工具的价值)和流动资本(原料和劳动力的价值)。他指出,前者把它的价值一部分一部分地转移到产品上,而后者的价值则全部再生产在产品中。马克思考虑到这些特点,就证实了流通所需的时间与生产商品所需的时间之间的比例,确定了这种比例对剩余价值率的影响,并揭示社会资本的运动的各不同阶段与各种形式之间受规律支配的联系的其他方面。

在资本周转中,马克思特别注意到资本与劳动力之间的交换,把它称之为"小流通"。正是在这个阶段上,资本的流通表现为一种"在形式上被设定为等价物的交换,但事实上是等价物交换的扬弃,只是在形式上表现为等价物的交换(价值转化为资本时,等价物的交换转化为它的对立物,在交换基础上交换变成纯粹的形式,而互助完全成了单方面

---

① 《马克思恩格斯全集》第1版第46卷下册第113页。
② 《马克思恩格斯全集》第1版第46卷下册第171页。

的了）。"① 马克思又强调指出，通过对工人生产的剩余价值的占有，正是资本的增长，它的增殖发生在资本与劳动力之间交换的领域中。交换在这里变成了"把他的劳动让渡出去"②。因此，马克思把资本流通看作是资本周转中的决定性环节，决定着其他一切的环节，看作是整个过程的实体，资本主义生产方式存在的基本条件。

资本周转的特点，决定着资本家收入的形成和分配的各种不同方式，而资本家所有各种收入的来源，正如马克思所证明的，就是剩余价值。在《资本章》第3篇中，马克思力图总结他对剩余价值转化为利润及其他各种非劳动收入形式（利息等等）的分析结果。他在这里阐述了"从剩余价值转化为利润形式这一过程中直接得出的两个规律"③。其中第一个规律是，利润率总是小于剩余价值率。第二个规律是，利润率有下降的趋势，马克思把它说成是：现代政治经济学的"最重要的规律"，"这一规律虽然十分简单，可是直到现在还没有人能理解，更没有被自觉地表述出来。"④ 马克思把这一规律同技术的进步和劳动生产率的增长，同资本有机构成的变化，同资本的不变部分（由生产资料及原料的价值构成）与可变部分（要支付给劳动力的报酬）相比增长较快联系起来。不变资本部分的相对增加，正如马克思所指出的，必然导致利润率的下降，虽然由于资本主义生产的扩大，剩余价值总额会不断增加。

马克思认为，利润率的下降趋势尤其会引起社会生产力的发展与资产阶级的生产关系之间的日益矛盾，而这种矛盾必然会导致经济危机。

---

① 《马克思恩格斯全集》第1版第46卷下册第185—186页。
② 《马克思恩格斯全集》第1版第46卷下册第187页。
③ 《马克思恩格斯全集》第1版第46卷下册第283页。
④ 《马克思恩格斯全集》第1版第46卷下册第267页。

马克思在这里对剩余价值转化为利润的分析，以及手稿中论述此问题的其他部分，使他得以理解平均利润规律，以及调节着剩余价值在具有不同资本有机构成的各生产部门之间的分配的生产价格的规律。然而对这一过程的研究，以及对剩余价值其他各种转化形式（商业利润、利息、地租）的来源和经济本性的考察，在《资本论》的这个第一稿中远远没有完成。马克思在他后来的著作中继续分析了这些问题，而在这方面他所面临的许多问题，是在他的《1861—1863年经济学手稿》中才得到科学的解决的。

马克思在他的手稿中对科学和技术的进步及其对生产的影响予以极大的注意。他指出资本主义固有的本性就是力图不仅不断扩大生产，而且促使生产的技术改进，生产机械化和自动化，并为此目的而利用科学的发现和发明。马克思瞻望未来，他指出，这一趋势导致加快"生产过程从简单的劳动过程向科学过程的转化，也就是向驱使自然力为自己服务并使它为人类的需要服务的过程的转化"①。同时，马克思揭示了在资本主义制度下在利用科学于生产中的那些矛盾的特征。他指出，在资本主义制度下，技术的进步从属于增加绝对剩余价值和相对剩余价值的利益。技术进步的结果常变得对直接生产者不利，从一种减轻劳动的技术进步的手段，变成一种强化劳动的工具，使活劳动进一步从属于资本从而把劳动者本身变成机器的附属品。"只限于一种单纯的抽象活动的工人活动，从一切方面来说都是由机器的运转来决定和调节的，而不是相反。"②

马克思强调指出，资本主义关系及其固有的对抗性矛盾，片面地刺激科学和技术的进步，在一定程度上限制了资本主义关系的和谐的多方

---

① 《马克思恩格斯全集》第1版第46卷下册第212页。
② 《马克思恩格斯全集》第1版第46卷下册第208页。

面的发展，以及为社会的全体成员而利用科学和技术的成就。马克思写道：从机器生产是资本主义的真正基础这一事实，"决不能……得出结论说，从属于资本的社会关系这样一种情况，是采用机器体系的最适当和最完善的社会生产关系"①。在另一处他写道："超过一定点，生产力的发展就变成对资本的一种限制；因此，超过一定点，资本关系就变成对劳动生产力发展的一种限制……"②

从这些论点可以得出的结论是很明显的：只有共产主义制度才会使科学技术的进步得到充分发挥的余地，只有在共产主义制度下，科学、知识才会转化为"直接的生产力"。这一趋势才会得到充分的发展。利用科学于生产将真正成为一种杠杆，以满足劳动人民的需要，并且不是为增加资本家的利润的目的，而是为全社会的利益而节约劳动时间。

马克思把消除阶级对抗的社会形态中所固有的现象，即消除他所称的劳动异化同建立共产主义联系起来。在他当时的各经济学著作中，尤其是在《政治经济学批判大纲》中，马克思继续使用"异化"这个概念（原文为"Entäusserung"、"Veräusserung"或"Entfremdung"），虽然在这里他在对经济关系的分析中，这一概念不再起着像在《1844年经济学哲学手稿》中那样的普遍作用。当马克思解决了经济概念的体系，揭示资本主义剥削机制的具体运转时，这一范畴的使用范围就变得较为狭隘了，因而更为明确了。然而，马克思认为，这个广泛的概念很适合于在哲学上概括资本主义制度的剥削本质及生产物质价值的那些人首先是贫困的雇佣工人，因而能准确地表示当前的现实。马克思把异化看作是一种历史范畴，他详细论述资本主义社会中异化的本质和特点。马克思在劳动的条件和产品转化为与工人相异化了从而相敌对的某种东

---

① 《马克思恩格斯全集》第1版第46卷下册第212页。
② 《马克思恩格斯全集》第1版第46卷下册第268页。

西中，看到了劳动的社会性质的严重歪曲，即在资本主义时期生产本身的社会性质与生产成果被财产所有者占有之间表现出来的明显矛盾。马克思强调指出，资本主义是这样一种制度，在这种制度下，"社会财富的越来越巨大的部分作为异己的和统治的权力同劳动相对立"①。强调的不是社会劳动的强大潜力，即它使自然资源物化或具体化的能力，而是它的"异化"，即这种"物的权力不归工人所有，而归人格化的生产条件即资本所有"② 这一事实。

马克思把资本主义下的异化劳动看作是异化一般的最后形式，他认为这是一种历史上易逝的、暂时的现象。他指出，当资本主义生产为集体生产所代替时，劳动的一切异化的来源将被消灭，它的社会性质的颠倒将被克服。在集体生产的基础上，将不仅为整个社会的生产力的有力增长，而且为每个工人的全面的多方面的发展创造物质的前提条件。这，不是剩余时间的增加，将是共产主义制度下节约劳动时间的目的。另一方面，闲暇时间又将是社会进步的最重要的因素。它将扩大人们的视野和知识，使他们能够接触世界文化的一切成就，而这又必定对他们在生产中的作用产生有利的影响。马克思写道："节约劳动时间等于增加自由时间，即增加使个人得到充分发展的时间，而个人的充分发展又作为最大的生产力反作用于劳动生产力。从直接生产过程的角度来看，节约劳动时间可以看作生产**固定资本**，这种固定资本就是人本身。"③

发表在第29卷中的另外一些材料是与马克思的著作《政治经济学批判》直接有关的，该著作的第1分册于1859年夏以书的形式出版。这是马克思主义历史的一个里程碑。就是在这一著作中马克思第一次发

---

① 《马克思恩格斯全集》第1版第46卷下册第360页。
② 《马克思恩格斯全集》第1版第46卷下册第360页。
③ 《马克思恩格斯全集》第1版第46卷下册第225页。

表了他的理论研究的一些成果。此书不只是对《1857—1858年手稿》的相应部分的详细加工。在此书中马克思丰富并加深了他对所分析的问题的理解,从而使解释更为简明和系统化。虽然大量增加的材料迫使他把他的分析只限于商品和货币,每个论题都用专门的一章来论述(《资本章》不包括在最后的文本中),但解释还是包括政治经济学的基本的、主要的问题,即作为政治经济学的基础的,并作为对它的一切范畴进行分析的出发点的那些要素。马克思用崭新的、完全不同于那些资产阶级经济学说的见解来阐明这些问题,他实质上使政治经济学作为一门科学的真正基础革命化了。

恩格斯在1859年8月的《人民报》上发表的对马克思该著作的评论中指出,这一著作的目的"绝不是对经济学的某些争论问题作孤立的研究。相反,它一开始就以系统地概括经济科学的全部复杂内容,并且在联系中阐述资产阶级生产和资产阶级交换的规律为目的。既然经济学家无非是这些规律的解释者和辩护人,那么,这种阐述同时也就是对全部经济学文献的批判"①。

马克思为《政治经济学批判》第1分册所写的《序言》具有特别的方法论的和理论的意义。他在《序言》中揭示了辩证唯物主义世界观的一般哲学基础,即对社会发展一般规律的理解,与分析经济现象的科学方法之间的深远联系。马克思对他的经济学研究的历史作了简单扼要的考察,指出这些研究代表他全部理论的和实践的革命活动的一个有机组成部分。革命学说的每个构成要素的发展,决定并刺激了所有其他学说的进步。

《序言》的最有价值的部分是对马克思所发现的唯物史观的实质的描述。马克思在这里对历史唯物主义实质所下的定义,反映了他的历史

---

① 《马克思恩格斯全集》第1版第13卷第529页。

过程理论发展的一个新的、更高的阶段,因为1845年在《德意志意识形态》中以和谐概念的形式第一次论述过这一理论。这种经典的系统的阐述,概括了马克思对世界历史所有各个时期,对1848—1849年欧洲革命的经验的研究和政治经济学领域中进行综合研究所取得的新的成果。历史唯物主义概念的术语和体系也完善了。特别是,把历史解释为各种社会形式的继续过程的说法,适当地作了系统的阐述。("社会形式"这一术语第一次出现在《1857—1858年经济学手稿》中。①)

在这里,马克思集中地就支配人类社会发展的主要规律,就形成社会经济结构、它决定着政治的和法律的上层建筑真正基础的,总之,社会意识的各种不同形式的那些生产关系的总和,就生产力和生产关系的辩证发展,就发展的生产力与落后的生产关系之间的矛盾必然引起社会革命而导致一种生产方式为另一种更进步的生产方式所代替,即新的社会形态对旧的社会形态的取代,一种到时会使整个巨大的上层建筑发生剧变的取代,对他的学说的原理进行了详细的阐述。马克思在这里抽象掉了人类发展的最初阶段,他写道:"大体说来,亚细亚的、古代的、封建的和现代资产阶级的生产方式可以看作是社会经济形态演进的几个时代。"② 马克思强调指出,资本主义是以阶级对抗为基础的最后的社会形态。然而在资本主义内也为消灭对抗,为向更高的制度进行革命的转变,使社会生产不再以对抗的形式进行创造了条件。"人类社会的史前时期就以这种社会形态而告终。"③

列宁说道,马克思在《政治经济学批判》序言中"对推广运用于

---

① 《马克思恩格斯全集》第1版第46卷下册第515页。
② 《马克思恩格斯全集》第1版第13卷第9页。
③ 《马克思恩格斯全集》第1版第13卷第9页。

人类社会及其历史的唯物主义的基本原理，作了……完整的表述。"①这样，他就"指出了科学地研究历史这一极其复杂、充满矛盾而又是有规律的统一过程的途径。"②

马克思在《政治经济学批判》第1分册中运用唯物主义的辩证方法来研究经济问题的所有各个方面，特别是用来分析商品、劳动、价值和货币。资产阶级经济学家把商品和价值看作是永久的和自然的范畴，马克思与他们不同，他指出了它们历史上的暂时性。他指出，产品只有在一定的社会关系上才采取商品的形式，商品生产是在一定的历史阶段上出现的，并在它的发展中经过了不同的阶段，从简单的商品生产到资本主义类型的商品生产。马克思把商品看作是资本主义社会的基本质点，是资产阶级财富的"要素"。他强调指出，为了阐明以更为复杂和发展的形式表现在资本中的矛盾的真正性质，就必须研究商品。

马克思以前的经济学家就已经注意到了商品作为使用价值和交换价值的两重性，但他们不可能搞清楚它们实际的相互关系。马克思在他们的分析中第一次证实了使用价值和交换价值形成一种矛盾的统一，这反映着商品生产者的私人劳动和社会劳动之间实际存在的矛盾。马克思在分析商品时发现，商品所固有的矛盾是由花费在商品生产上的劳动的矛盾性质所决定的。在这里马克思非常精确地表述了在《1857—1858年手稿》中他已经证实了的关于体现在商品中的劳动的二重性（具体劳动和抽象劳动即一般劳动）这一提法。用他自己的话来说，这一发现是个"出发点"，使得有可能来说明价值及其他一些最重要的政治经济学范畴的真实性质。

马克思根据他对商品和劳动的研究，并从他在1857—1858年所得

---

① 《列宁全集》第2版第26卷第58页。
② 《列宁全集》第2版第26卷第59—60页。

出的结论,继续发展了他的价值理论。马克思在关于劳动是价值的源泉这一点上与资产阶级政治经济学的古典作家具有共同的观点,但是他比他的先辈们更进了一步,他分析了价值的性质,弄清了创造价值的劳动的性质及其特征。他指出,价值是抽象的社会必要劳动的体现,而抽象的社会必要劳动又是价值的尺度。马克思以他的价值理论,为理解剩余价值如何在劳动与资本的交换过程中产生出来提供了前提。

马克思在这部著作中第一次明白地揭示了他后来在《资本论》中称之为"商品拜物教"的那种现象的意义。他强调指出,在商品生产者的世界中,特别是在资本主义阶段,各种经济规律的外部表现不同于它们的本质。商品交换在表面上表现为各种物品之间的交换,可以被交换的能量似乎是物本身的一种自然的固有的特征,而实际上商品交换是由历史决定的生产者之间生产关系的结果。"一种社会生产关系采取了一种物的形式,以致人和人在他们的劳动中的关系倒表现为物与物彼此之间的和物与人的关系,这种现象只是由于在日常生活中看惯了,才认为是平凡的、不言自明的事情。"① 马克思指出,由于这种错觉的现象,表现人与人之间关系的那些特性,被认为是物本身所具有的。这一即使像斯密和李嘉图那样聪明的经济学家也被迷惑了的现象是更加强烈了,因为人与人之间看不清楚的经济关系是更为复杂,而且被资本主义社会的表面现象更加隐蔽起来了。

马克思非常完备地详细地论述了货币理论。在《货币或简单流通》这一章中,马克思揭示了货币的经济本质,分析了它的历史来源及其在资产阶级社会中的作用。他论证了货币是商品交换发展的必然产物,并作为价值的完全的表现,是创造商品的特殊的个人劳动所表现的价值形式的体现,它通过转移的过程,"表现为它的对立物,表现为无个性的、

---

① 《马克思恩格斯全集》第1版第13卷第23页。

抽象一般的、并且只有在这种形式上才是社会的劳动"①。马克思详细阐明了决定贵金属金银所以执行货币职能的原因。在这一章中,他详细论述了货币作为价值尺度、流通手段、支付手段、贮藏手段,以及最后作为世界货币的各种职能。马克思在分析这些职能的基础上,证实了决定着流通中所需货币量的因素,并揭示了货币流通的其他规律。

马克思该著作的每一章最后都有一部分历史的和考证的考察:在分析商品的第1章中,在货币作为计量单位和流通手段的学说的第2章中。在这些考察和许多注释中,马克思对资产阶级经济学家的观点,以及对以幻想为基础,认为只要进行货币流通的改革,用"劳动货币"来代替现行的货币体系就能消除资本主义矛盾的那些空想主义者的学说等等进行了批判的分析。

《政治经济学批判》在马克思主义经典著作中占有卓越地位。马克思本人后来把《资本论》第1卷,在某种意义看作是《政治经济学批判》的续篇。他认为,在《资本论》第1卷的第1篇中,为了使解说前后一贯起见,有必要扼要地叙述一下《政治经济学批判》的内容,同时,对商品、价值和价格的理论的某些方面,即从他新的研究的观点来看,在《政治经济学批判》中已有充分揭示的那些方面,也要进行充分的补充。尽管如此,即使在《资本论》出版以后,这一著作也没有失去它独立的科学价值。在该著作中详细阐明的一些提法,特别是在《货币章》和在商品与货币流通理论领域的历史考察中的一些论题,在《资本论》中只作了粗略的论述,所以实际上读者须查阅较早期的专论,才能更详细地了解这些论题。直到现在,本著作仍然是世界经济学文献中论述货币的最好著作。它也是运用马克思主义的方法论来研究基本的经济学和社会学过程的重要典范。

---

① 《马克思恩格斯全集》第1版第13卷第59页。

第 29 卷也包括属于《政治经济学批判》准备材料的那些手稿。这些手稿包括以两个草稿的形式写成的《七个笔记本的索引》。这个《索引》表明,由于马克思的有计划的经济学研究工作转到一个新的阶段,即准备把它出版的阶段,他力图把他的基本的未加工的手稿的材料加以分类。当时他打算把它分为 6 册出版,他在这两个草稿之一中概述了第 1 册材料的分类,这一册是专门分析价值、货币和资本的。马克思 1858 年 4 月 2 日致恩格斯的信中和同年 3 月 11 日致拉萨尔的信中称这一篇为"资本一般"。在第二个草稿中,他把货币这一篇的材料更为详细地加以系统化。

《索引》是有趣的,因为它使人对马克思的科学工作的方法以及他已定的研究的第 1 册最初的提纲的特征有了一个概念。在其中的一个草稿中,马克思第一次拟定了《资本一般》这一篇的各细分部分,预先把未来的 3 卷《资本论》理论部分的材料初步进行了分类。

在准备材料中有篇幅很大的《政治经济学批判》第 2 章初稿和第 3 章开头部分,这是在《政治经济学批判》的完成稿之前写成的。它包含着并未包括在完成稿中的那几节,因为它是在马克思决定在本著作第 1 分册中只限于收入《商品章》和《货币章》,并把第 3 章作为其第 2 分册发表之前写成的。因此,《货币章》的最后两节,即"简单流通中占有规律的表现"和"向资本过渡",以及《资本章》的开头部分,以最初的原样大大补充了马克思所发表的最后版本。

在这些节中,马克思系统地和明白地指出了货币转化为资本,即从简单货币流通过渡到资本流通的条件,明确了研究资本增长的源泉的各个方面和范围,资本所以增长的源泉应在资本与生产者的劳动力之间的交换中才能寻找到,从而正是资本主义生产过程中才能得到实现。在这里,可以说读者认识了对资本主义社会经济基础的分析中的中间阶段,即揭示马克思的价值、交换价值和货币理论与他的剩余价值学说之间的有机联系的那个阶段。马克思对货币变形,即对它的转化为资本的研究,除了说明资本主义的历史来源外,还表明简单货币流通在资本的一般运动中作为资本周转中的一个附属环节所处的地位。他写道,对简单流通的考察向我们揭示了资本的一般概念,因为在资产阶级生产方式内部,简单流通本身只是作为资本的前提和以资本为前提而存在的。对资本的一般概念的这种揭示并没有使资本变成某种永恒观念的化身,而是表明,资本只是在现实中,只是作为必要形式,才必然要和创造交换价值的劳动,和以交换价值为基础的生产相汇合。①

准备材料中其他两份手稿是在《政治经济学批判》已经出版,马克思已着手写作第 2 分册时产生的,这时他已决定把第 2 分册完全用来专门论述"资本一般"的问题。

《资本章》的提纲草稿是一篇很详细的手稿,文中关于资本的那些理论问题被分为三个部分:"资本的生产过程","资本的流通过程",以及"资本和利润"。其中前两部分写得特别详细。最后的"其他问题"这一节包含《1857—1858 年手稿》中的一些单独的论述和有关材料的提要,显然是要补充上述三节的。其中一个论述特别能说明马克思对资本的理解:"资本决不是简单的关系,而是一种过程。"②

这份提纲作为一个整体,是马克思创作他的经济学著作的新的总的准则,在这一工作的进程中,马克思心中有一个思想成熟了,即不是在 1858 年新计划的 6 册书中,而是围绕着《资本一般》章的上述三节中他必须加以阐明的那些问题,来集中说明政治经济学的各种问题。以前打算作为某一章或某一分册的计划的内容,现在被作了修改进入整个著作的结构。马克思就此起草的《我自己的笔记本的提要》,反映了他打

---

① 《马克思恩格斯全集》第 1 版第 46 卷下册第 514 页。
② 《马克思恩格斯全集》第 1 版第 46 卷上册第 213 页。

算利用他早期手稿的材料的意图,包括与上述论题有关的《政治经济学批判》的原文,删掉了在第 1 分册中已经利用过的那些材料。所以这份《提要》表明,为解决"资本一般"问题所定的计划,比之马克思在 1858 年在《七个笔记本的索引》中所拟定的计划要更详细得多,因而是以更广泛的材料为基础的。

可见,属于 1857—1861 年时期的马克思的手稿和著作,在马克思主义思想发展中是以卓越成果而著称的。在这些年中出现了一整批马克思的经济学手稿,产生了他的《资本论》的第一个初稿,并出版了他的著作《政治经济学批判》(第 1 分册)。在这个时期,尚不能说马克思的主要发现——他的剩余价值理论已经彻底完成,正是这个理论使他在政治经济学中终于取得了革命的飞跃。然而,马克思以草稿的研究论文的形式,企图为自己弄清问题,他就已经把这个理论作为一个整体加以发展了;至少已经阐明了它的主要特征——剩余价值形成的经济前提、这个过程的基本方面,以及它在资产阶级生产关系的整个体系中的决定性地位。这些手稿和已发表的第 1 分册,包含着详细说明此理论所需的一切必要的条件。

然而马克思自己仍然不认为他对政治经济学的这个中心问题的研究已经是完备的。作为一个严格的科学家,马克思给自己决定了新的研究工作,特别是要充分阐明在他 1857—1861 年的著作中只提出过的那些问题,例如,关于剩余价值与其各种转化形式之间的相互关系的问题,这就是所以推迟发表《政治经济学批判》第 2 分册的主要原因,而他后来决定根本不发表,是因为他改变了他酝酿的著作的总的计划的缘故。许多年后,恩格斯就这方面在给一位俄国的社会主义者的信中写道:"马克思在 50 年代一个人埋头制定了剩余价值理论,在他没有完全弄清这一理论的所有结论以前,他坚决拒绝发表关于这一理论的任何材料。因此,《政治经济学批判》的第二分册及以下各分册都没有出版。"①

虽然如此,但在1857—1861年期间,马克思还是在到达新经济科学顶点的道路上行走了巨大的、可以说是决定性的一段路程。这是在理解资本主义社会发展的经济规律,及在经济上论证它的革命的共产主义改造的必然性方面取得巨大科学成就的一个时期。

(原载《马克思恩格斯全集》英文版第28、29卷)

(沈渊 摘译)

---

① 《马克思恩格斯全集》第1版第39卷第25页。

从《政治经济学批判大纲》看马克思的研究方法和黑格尔的关系*

〔英〕马丁·尼古拉斯

在任何科学中都有研究方法和叙述方式之间的差别。这是实验室和讲演厅之间在形式上的差别。比如说,关于物理世界的现象,如果只以显示科学工作的影片或日记的形式来"表述"结果,那是很少被广泛理解的。反过来说,如果关于科学的研究方法的知识的唯一来源是表示结果的书面的东西,那么,相对来说,关于科学的研究方法的问题就更少被人理解了。①

在这一方面,《大纲》是无与伦比的。从马克思一生的这一时期起,没有其他已发表的文章让人如此直接地去探究他最重要的成就和遗产,即他的研究方法。手稿"就像是一部十足的启示录";可以这么说,它把我们引入了马克思的经济实验室,并揭示了他的方法论的"一切精辟之处,一切复杂的僻径"。(罗斯多尔斯基语)《大纲》是马克思在进行工作,尽力解决基本理论问题时思想的记录。这就是手稿最有价值的显著特征。

---

* 本文选自《马列主义研究资料》1985年第5辑,原为《政治经济学批判大纲》1973年英文版《前言》的一部分,在一定程度上反映了西方对《大纲》的研究情况。标题为译者所加。

① 《马克思恩格斯全集》第1版第23卷第23页:"当然,在形式上,叙述方法必须与研究方法不同。"

当然，在这个《前言》的范围内，要找出《大纲》中所揭示的马克思方法的每个"精辟之处"和"僻径"，这是不可能的事。但是，对较重要的途径的最重要之处加以概括，却是完全必要的。

1858年1月14日，当马克思写至第四本笔记本中某处①的时候，向在曼彻斯特的恩格斯报告了它的进展情况："我取得了很好的进展。例如，我已经推翻了迄今存在的全部利润学说。完全由于偶然的机会……我又把黑格尔的《逻辑学》浏览了一遍，这在材料加工的方法上帮了我很大的忙。"②

《大纲》中所作出的、后来在《资本论》中所提出的新的利润理论③，是马克思在理论上和政治上的最重要突破。在它的基础上，马克思能够论证，并不像一般所理解的那样，认为利润率可以衡量工人受剥削的程度，相反地，可以衡量工人受剥削程度的，却是完全不同的剩余价值率。④ 马克思指出，利润率实际上歪曲了剥削率，而当资本主义发展时，它的歪曲达到了更高的程度。⑤ 这对马克思的工资理论，对工联主义和社会民主主义采取何种策略的理论等等来说，是十分重要的。

黑格尔《逻辑学》所提供的"服务"，也并不限于利润率这个特殊问题。整个《大纲》证明它们的存在。虽然列宁并不知道《大纲》，但他在重新研究《资本论》第1卷时，看出了黑格尔对马克思的政治经济学在总体上的影响。他在《哲学笔记》中写道："不钻研和不理解黑

---

① 《马克思恩格斯全集》第1版第46卷上册第344—480页。
② 《马克思恩格斯全集》第1版第29卷第250页。
③ 《马克思恩格斯全集》第1版第46卷上册第344—361页及下册第263—286页。
④ 《马克思恩格斯全集》第1版第46卷上册第345—346页。
⑤ 《马克思恩格斯全集》第1版第46卷下册第283页。

格尔的全部逻辑学,就不能完全理解马克思的《资本论》。"①

总之,在研究《大纲》时,黑格尔的问题几乎是不能回避的。黑格尔究竟是何许人,以及就马克思的研究方法来说,什么是黑格尔《逻辑学》的长处和弱点?这些是《大纲》的任何认真的读者都会遇到的问题,因此,至少需要作一个扼要的解答。

乔·威·弗·黑格尔(1770—1831)是当时伟大的思想家和学者之一。他在数学、自然科学、历史、法律、政治理论、哲学、美学和神学方面都有造诣,并被认为与当时这些领域中的第一流专家不相上下。他作为一个哲学家,也是一种极端矛盾的现象。

剧作家布莱希特的剧中人物之一曾这样谈论过黑格尔:"他如同具有类似方法的苏格拉底一样,具有成为哲学家中最伟大的幽默家之一的素质。但是,他很不幸,似乎变成了普鲁士的公务员,他就这样把自己卖给了国家。"② 这就是说,黑格尔的哲学,既是辩证的,颠覆性的,如同苏格拉底的哲学一样,又是唯心主义的,神秘的,像是一个教士的哲学。

他的哲学的唯心主义方面是,他否认感觉所觉察到的现实。他承认有感觉,而且它们确能觉察某种事物,他还正确地指出,这些知觉单独地只能抓住事物的现象,而不是它们的真相。只有通过逻辑推理对感性认识进行批判和改造,才能得出真相。从这个正确的原理,黑格尔引出了错误的结论:只有精神所建立起来的逻辑概念才有现实性。他论证感觉只能觉察现象,而现象是虚假的,于是立即得出结论:所以现象是不现实的。"只有真实才是现实的"。这是他的基本见解之一。然后,他更进了一步。他不希望给人一种印象,似乎只有他本人精神中的概念才

---

① 《列宁全集》第2版第55卷第151页。
② 布莱希特:《流亡者的谈话》,法兰克福1961年版,第108页。

是现实的,他把"精神"完全驱逐出它的肉体实验室,有力地赋予它大写字母,并断言,"精神"单独地存在于任何人的头脑之外,从而是独立于任何人的脑袋的,是绝对真理的总和及整体。因此,感性认识把在脑袋之外运动着的东西传达到脑子里的这一途径,对黑格尔来说,变成了无意义的迂回。这只是从那里到下面这样的观点的自然的一步:这一"客观的"、但非物质的"主体"支配着世界的发展,它一直是这样行事的,而且,数世纪以来,它始终是乐意这样表明和出现的。从这里到上帝,就连一步之遥也没有了;这就使黑格尔只有走向这样的结局:一个哲学家教皇必须像教皇那样,给世俗的皇帝祝福,只有在这里,在普鲁士军事官僚政治的容克专制国家中,绝对精神才充分地表现出来,不仅表现为哲学,而且表现为感觉。黑格尔唯恐对他虔诚的真挚产生任何怀疑,在他的经典中插进了无数极尽卑鄙谄媚之能事的段落;照此行事;因而得到了国葬的荣誉。

  黑格尔这个矛盾的另一个极端,是他的论述辩证法的著作。辩证法有很长的历史。(辩证法这个用语来自希腊字,是"用一分为二来进行推理"的意思。)希腊哲学家,也是早期的自然科学家中,有些人的特殊兴趣在于变化、运动、过程的现象。例如,看见一支飞行中的箭,或飞越江河的鸟,他们就以下面这样的方法进行推理:在物的运动中,它从这里改变到那里。既然"这里"和"那里"是互相排斥的,所以他们就推论出,运动是物的一种状态向对立状态的转化;或者说,既然运动包括开始及其对立面,即终点,所以运动是这两个对立面的统一;或者,简言之,运动就是矛盾。因为有其他一些哲学家断言,每个物都是运动,所以很容易理解,为什么辩证法很早以来就能成为哲学中的一个重要倾向,虽然不同学派中不断的论战,社会发展和科学发展的缓慢,政权对颠覆性思想影响的恐惧(比如就苏格拉底来说),以及商业上把辩证法曲解为诡辩术和模棱两可的欺人之谈等等,严重地限制了本来可以取得的成就。①

黑格尔的伟大功绩之一是，从世界各地区，如亚洲、中东，以及希腊和欧洲其他国家的许多文化中对以前的辩证法历史加以考察，并有系统地把它们搜集在一起。他指出，辩证法在他评价哲学中实际上所有的伟大人物，甚至——虽然是以单调的形式——在评价他的先辈和对手伊曼努尔·康德中起过作用。黑格尔的更大功绩是，通过把他的整个逻辑体系建立在他所理解的辩证法原理的基础上，使辩证法达到了新的、更高的水平。对这种逻辑学方法，在他以逻辑学命名的著作中作了非常广泛的阐述。

黑格尔问道，什么是获得事物的概念呢？获得事物的概念，首先意味着在精神上"掌握"或"紧夹"某物（如同以钳子、臂力一样），抓住它，使它保持静止状态。② 但是，如果事物是在运动中，而这种运动是它的真理的一部分或全部，又将怎样呢？马克思是用这样的方式来表达这一困难的："一切固定的前提本身在进一步分析的过程中都会成为变动的。但只要一开始就把它们固定下来，在进一步的分析中就可以避免把一切都弄乱。"③

这种困难不限于专门研究变化的特殊的独立的哲学分科，也不限于

---

① 《黑格尔全集》，德文版第18卷，第305、325页。也可见《列宁全集》第2版第38卷第278—286页。

② 黑格尔把"掌握"表征为占有（《黑格尔全集》，德文版第6卷，第255页）。见列宁的解释："如果不把不间断的东西割断，不使活生生的东西简单化、粗糙化，不加以割碎，不使之僵化，那么，我们就不能想象、表达、测量、描述运动。思维对运动的描述，总是粗糙化、僵化。不仅思维是这样，而且感觉也是这样，不仅对运动是这样，而且对任何概念也都是这样。这里也有辩证法的本质。对立面的统一、同一这个公式是表现着这个本质。"（《列宁全集》第2版第38卷第285页）

③ 《马克思恩格斯全集》第1版第46卷下册第344页。

致力研究发展问题的政治经济学的特殊分科。整体在运动，它的总体在发展，它全部都有一个开始，并包含着一个终结。

"如果从整体上来考察资产阶级社会，那么社会本身，即处于社会关系中的人本身，总是表现为社会生产过程的最终结果。具有固定形式的一切东西，例如产品等等，在这个运动中只是作为要素，作为转瞬即逝的要素出现。直接的生产过程本身在这里只是作为要素出现。生产过程的条件和物化本身也同样是它的要素，而作为它的主体出现的只是个人，不过是处于相互关系中的个人，他们既再生产这种相互关系，又新生产这种相互关系……他们在这个过程中更新他们所创造的财富世界，同样地也更新他们自身。"①

因为运动是唯一的不变因素，所以马克思像黑格尔一样，使用"Moment"② 这个词来指在静止时体系中可以称为"要素"或"因素"的东西。在马克思的著作中，这一用语有"一段时间"和"运动体的力量"的双重意义。他大大地改进了黑格尔的用法；黑格尔的用法是较机械的，它缺乏时间意义。③

"资本决不是简单的关系，而是一种过程，资本在这个过程的各种

---

① 《马克思恩格斯全集》第 1 版第 46 卷下册第 226 页。

② "Moment"有"瞬间"、"要素"双重意义。——译者注

③ 黑格尔是从牛顿那里采用"Moment"这个词的，尽管他一般蔑视"力学"，但是他还是从杠杆原理引出了这个相当重要的概念的意义。(《黑格尔全集》，德文版第 5 卷，第 114、301 页) 关于黑格尔著作中缺乏时间概念，可参看列宁关于逻辑学的论述。(《列宁全集》第 2 版第 38 卷第 246 页) 马克思努力进行对时间问题的研究（生产时间、流通时间等等），完全与黑格尔的方法相反，标志着两种方法之间最为分明的对照。这个对黑格尔来说根本不存在的要素，对马克思来说，却是"一切节约归根到底都是时间的节约"。(《马克思恩格斯全集》第 1 版第 46 卷上册第 120、225—226 页)

不同的要素上始终是资本。"① "货币……作为资本失掉了自己的僵硬性,从一个可以捉摸的东西变成了一个过程。"②

总之,对马克思和对黑格尔来说,理解某一事物这个问题,都首先是理解它是在运动中的问题。但是这一逻辑步骤变得比较困难,因为按事物的正常趋势,这样的问题决不是很显然的。只有当事物突然爆裂和粉碎时,事物内始终有一种动态这一点才变得明显起来;但是在平时,事物呈现的是静止的现象。这种在不断的不静止上面的平静的外表,黑格尔称之为定在;当感觉被带入关系时,这种外表就变成了事物的现象。黑格尔巧妙地把这种定在解释为在它外表底下的各对立面所具有的片面的、直接的统一体形式。

片面的、直接的统一体,即静止而且谐和的外表的这种"定在"或现象,对马克思在描绘出简单流通领域的主要路线,以及它对其他领域的关系方面是很有用处的。市场是资本主义社会关系最普遍的、最明显的、最现存的形态,而从市场抽象出来的意识形态,则是一种复合体,不仅包括这种现象,而且包括更进一步的东西,即假象和幻觉。市场就是出现自由和平等形式的地方;在那里,买者和卖者之间的差别化为他们的统一性。"他们之间看不出任何差别,更看不出对立,甚至连丝毫的差异也没有。"③

这种定在既不是偶然的,也不是不相干的。这只是表面,而且只表现底下过程的"片面的、直接的统一",但它是整体的一个客观"要素",因而必须包含在它的概念中。这种定在是一种有限的定在;它是某种东西,具有特殊的性质,而且可以加以定量和计量的。人们可能形

---

① 《马克思恩格斯全集》第 1 版第 46 卷上册第 213 页。
② 《马克思恩格斯全集》第 1 版第 46 卷上册第 219 页。
③ 《马克思恩格斯全集》第 1 版第 46 卷上册第 193 页。

成的关于这种定在的概念,可能是纯粹的错觉和幻想,因为这些概念没有超过这种定在同它自己的片面的统一。但是,作为表面,这种定在也是一种限制。因为它从一开始就反对事物的无限扩张。等价交换规律,即价值规律,就是这样一种对资本扩张的限制,这一限制形成资本主义表面过程的客观部分。这是作为数量的一种限制(货币形式的,最后,工资形式的交换价值量),作为尺度的一种限制(劳动时间作为价值的尺度);以及作为质量的一种限制(需要进行劳动完全是为了创造财富);《大纲》中有许多段落是论述这一问题的。① 因此,把这表面过程看作只是一种空洞的形式,只是在名义上是重要的,这就是没有掌握整体;例如,这就是李嘉图在货币问题上的错误。②

然而,停留在表面上,并被"它的存在的直接性"所迷惑,这就会陷入"纯粹的幻想"流通——表面——"是在流通背后进行的一种过程的表面现象"。③ 要掌握整体,就必须深入到它的本质;从货币到资本。在这里,在"非公莫入"的标牌后面,是铁丝网、武装巡逻兵和警犬,矛盾不再是一种纯粹的反思,因而可以在根源上加以研究。按黑格尔的观点,否定是创造性的力量。在这里,工人否定自己愈甚,或者被资本否定愈甚,他创造财富就愈多。④ 对黑格尔来说,否定创造它的对立面"肯定"(断定);所以,否定不仅使事物具有它的自在特性,而且,作为肯定,又使它具有它的为他的特性。⑤ 在这里,在资本的本

---

① 例如,《马克思恩格斯全集》第 1 版第 46 卷上册第 225—226、286—287、298—300、387—410 页。
② 《马克思恩格斯全集》第 1 版第 46 卷上册第 294—297 页。
③ 《马克思恩格斯全集》第 1 版第 46 卷上册第 209 页。
④ 《马克思恩格斯全集》第 1 版第 46 卷上册第 267—268 页。
⑤ 黑格尔:《逻辑学》,德文版第 1 卷,第 116、130—131 页。

质中,当工人否定自己时,他不仅为他人设定剩余价值,而且他也创造和再创造他们自己中的雇佣劳动的关系,创造和再创造作为雇佣奴隶的他自己以及作为资本的资本。至于工人和资本家,就个别来说,他们在过程中只表现为自为的"雇佣劳动"和自为的"资本"①,因为他们在其他方面可能具有的任何性质或关系,不是受到生产过程的抑制,就是与生产过程无关。生产过程在总体上倾向于本身的无限性,首先倾向于绝对否定工人,然后,使相对的矛盾无限尖锐化;它直冲一切界限。如果社会在总体上可以在运动中、在过程中加以掌握,那么,首先和最重要的是理解直接生产过程的动态,因为,正如黑格尔所说的,整体的能量和动力的来源是在它潜在的矛盾中。②

现在来看看,迄今为止包含在概念中的是什么。两个过程,一个是表面过程,它导致片面的直接的同一,并缺乏使它自己更生的动力。另一个在表面下面,是一个猛烈的矛盾的过程。一个过程是同一,另一个过程是同一的对立面;所以在黑格尔的最抽象的阐述中,整体是"同一和非同一的同一"③,在这个整体中,非同一,即矛盾,是压倒一切的要素;它在其他要素上打上它特有的烙印,并规定整体的性质。就是说,把整体命名为"市场体系"或"自由交换"或"自由企业"等等,这就是要求表面过程去规定整体的性质。事实上,表面是它的性质的障碍,所以在发展的过程中,这障碍变成了越来越麻烦的限制。在某一点上发生黑格尔和马克思所称的突变,即突然的、飞跃式的转化或推翻,在这一突变中,以前的障碍、同一性、等价规律等等被否定,潜在的矛盾被扬弃,从而整体转化为它的对立面,这种对立面具有同一性和不同

---

① 《马克思恩格斯全集》第1版第46卷上册第262页。
② 黑格尔:《逻辑学》,德文版第2卷,第275—276页。
③ 黑格尔:《逻辑学》,德文版第1卷,第74页;第2卷,第40—42页。

层次的矛盾，而且是在更高的水平上。至于说到扬弃，这是马克思自己用这个词翻译①黑格尔的用语 Aufhebung 的。黑格尔很喜欢用这个词，因为它在常用语中同时表示正好相反的意思："它的意义相当于保存、保持，而同时又相当于使之停止、终结的意思。"② 黑格尔特别费心地指出中断和消灭之间的差别；中断了的东西并未变成无，而是作为"从一种存在物产生的结果"在继续前进；"所以它本身仍然具有它所由产生的规定性……。"

如果有人不仅考虑《大纲》中广泛使用的黑格尔的术语，不仅考虑马克思自觉地思考黑格尔的方法并加以运用的许多段落，而且考虑《大纲》中论据的基本结构，那么很明显，马克思研究逻辑学所得到的帮助确实是很大的。术语是这些帮助中最小和最短暂的；马克思常常用黑格尔的用语来表达与黑格尔的用语正好相反的关系，而在《资本论》出版以前，马克思就把这些特殊词汇的大部分作为包袱扔掉了，因为包袱虽然曾对其旅途是有用的，但是它的盛时已经过去了。③ 黑格尔的用处就在于提供了准则，指明应该做什么才能用精神来掌握运动中的、发展中的整体："准确地阐明资本概念是必要的，因为它是现代经济学的

---

① 《马克思恩格斯全集》第1版第46卷下册第269页。马克思的包含了这个词的一句话是先用英文写的，接着基本上是用德文写的，重复了前一句话的意思。——译者注

② 黑格尔：《逻辑学》上册，商务印书馆1974年版，第98页。

③ "……正当我写《资本论》第一卷时，愤懑的、自负的、平庸的、今天在德国知识界发号施令的模仿者们，却已高兴地……对待黑格尔，即把他当作一条'死狗'了。因此，我要公开承认我是这位大思想家的学生，并且在关于价值理论的一章中，有些地方我甚至卖弄起黑格尔特有的表达方式。"（《马克思恩格斯全集》第1版第23卷第24页。但是在该著作的其余部分，表达方式是马克思自己特有的。）

基本概念，正如资本本身——它的抽象反映就是它的概念——是资产阶级社会的基础一样。明确地弄清楚［资本主义］关系的基本前提，就必然会揭示出资产阶级生产的一切矛盾，以及这种关系超出它本身的那个界限。"①

这种方法，其实质就是把那些整体作为许多矛盾来加以掌握，这是马克思向黑格尔学到的最大教训。

但是，黑格尔的方法同时又有它自己的局限性。这不可能不是这样，因为黑格尔是一个人，而不是两个人。就他来说，唯心主义和辩证法形成了一个统一体，彼此互相渗透；正如他对国家的最为绝对论的祝福似乎包含着在这些祝福的表面下的矛盾一样，在他的辩证法的活跃的精髓上面，也笼罩着一种神秘主义的气氛。

马克思对黑格尔的批判，是一个具有两个较大逻辑阶段的过程。其中第一个较大阶段要求掌握住"独立的客观精神"的整个领域，这种客观精神是黑格尔曾送入天国飘浮又使它回到它在世俗人体中的故居的。黑格尔的"主体"和他的"客体"是被颠倒了的，而现在又重新倒过来了。现在很清楚，世界的现实历史并不是一种特殊"精神"的产物，而是相反地，这种"精神"及其一切关系是人脑的产物；而且是定居在现实历史中的人脑的产物，两者都受特殊的、不断变化的社会经济的存在方式的推动和限制；最后，人脑并入一个感觉的、物质的和社会的物体，这个物体，通过它的行为，能够、而且的确改变着它的历史，因而也改变着思想的源泉和条件。这一大阶段，在推翻黑格尔哲学中，早在19世纪40年代就被费尔巴哈和马克思两人在不同程度上完成了；在《大纲》前面的导言中，对这一阶段作了卓越的概述②，而且在

---

① 《马克思恩格斯全集》第1版第46卷上册第295页。
② 《马克思恩格斯全集》第1版第46卷上册第38—40页。

马克思于1873年为《资本论》第2卷所写的第2版跋中，总结为把黑格尔重新"倒过来"。①

费尔巴哈曾把黑格尔的绝对"精神"中范畴和概念的冲突称之为"诸神的战争"②。这就产生一个问题：一旦天国的战场降到了地上，而且它的无形的敌手是一定的身体，那么，必须以什么方式使他们的作战规律、他们冲突的战术和战略变为真实呢？唯心主义辩证法的基本结构，它的运动的基本过程，无非是历史上发生的现实的冲突和转化的映入理念世界；但是，在那种映射中，在那种观念化中，基本上出现在物质历史的辩证法中的某种东西必然已经被掩盖起来，看不见了。在推翻黑格尔体系中，马克思把这第二个较大阶段说成是"发现神秘外壳中的合理内核"③。这是对黑格尔辩证方法的批判，因此，是对他的矛盾理论的批判，从而也是对黑格尔概念的基本过程，即黑格尔对运动的基本理解的批判。

当然，像马克思对黑格尔的辩证法的批判这样一个大而复杂的主题，是不可能在这前言的范围内得到全面地、充分地论述的。《大纲》反映了马克思对以前的辩证法逐一进行检验的过程。在这里只是想引起人们对特别显著的两种观点的注意，因为无论如何，这两种观点对适当评价马克思的导言及其对主要正文的关系来说是不可避免的。这两点特别鲜明地表明黑格尔的辩证方法概念和马克思的辩证方法概念之间的某

---

① 《马克思恩格斯全集》第1版第23卷第29页。
② 《马克思恩格斯全集》第1版第2卷118页。
③ "必须把它倒过来，以便发现神秘外壳中的合理内核。"（《马克思恩格斯全集》第1版第23卷第24页）请注意，马克思并未说把黑格尔的辩证法重新倒过来，这是充分具有唯物辩证法的，只有进行了这第一步，才有可能着手进行第二步（发现）。

些重要差别。这两点就是：首先是何处开始的问题；其次是，任何统一体内的矛盾是直接地和必然地同一的，还是间接地和有条件地同一的问题。

黑格尔是从哲学中最一般的和最普遍的抽象，即他断言是最基本现实的那种纯粹的、不定的存在，一般的存在，开始他的逻辑的。对唯物主义者马克思来说，这种"一般的存在"是哲学精神的一种虚构物，是只有在捏造者的幻想中才具有"现实性"的一种范畴。因此，马克思写《大纲》前面的导言是从物质生活范畴，从政治经济学范畴，即从"物质生产"开始的，并且赶忙补充说，当然，社会的物质生产是它存在的唯一实际形式。① 正如黑格尔所表明的，纯"存在"是与"无"同一的，没有它的对立面就不可能被表达出来，所以马克思在导言中也是这样进入对物质生产的对立面即消费的论述的，因为没有消费，生产就不可能被表达出来。然而，甚至在开始检验两个对立面（生产和消费）的同一性②以前，刚开始的开端就已受到了怀疑。"物质生产"被证明是一种范畴，它是对历史发展进行抽象，而不是对它进行解释。"生产一般是一个抽象，但是只要它真正把共同点提出来，定下来，免得我们重复，它就是一个合理的抽象。不过，这个一般，或者说，经过比较而抽出来的共同点，本身就是有许多组成部分的、分别有不同规定的东西……对生产一般适用的种种规定所以要抽出来，也正是为了不致因为有了统一……而忘记本质的差别"。③ 总之，"生产一般"是一个范畴，用这个范畴"不可能理解任何一个现实的历史的生产阶段"④。

---

① 《马克思恩格斯全集》第1版第46卷上册第18页。
② 《马克思恩格斯全集》第1版第46卷上册第27—32页。
③ 《马克思恩格斯全集》第1版第46卷上册第22页。
④ 《马克思恩格斯全集》第1版第46卷上册第25页。

换言之，仅仅以"唯物主义"范畴（即物质生产）来代替唯心主义范畴（即纯粹的、不确定的存在）仍然没有使马克思感到满意。其结果是，从社会生产一般开始，然后进入它的直接对立面，即消费一般，这并不像它看起来那样似乎是向前迈进了重大的一步。它把一种非历史的抽象用另一种抽象来代替，最终还是没有比那些"平庸的经济学家"更进一步，因为他们写作他们的著作时也是从列举这样一些一般性开始的。

在导言中有几页是论述"生产和消费之间的同一性"的，它们同时是对这标准教科书的开端的认真模仿，并且是对这种开端的带有嘲讽的模仿。开始的命题，"生产是直接与消费同一的"，同黑格尔的命题"存在是直接与无同一的"相呼应；而同通常从这一命题得出的推断相比，马克思的论述是永垂不朽的。但是，这基本上是唯心主义辩证法的表现，证明唯心主义辩证法比之机械唯物主义或经验唯物主义要优越得多。① 重要的是，不要忽视马克思在开端和以后关于这些"同一性"的带有嘲讽的评论，"……好象这里的问题是要对概念作辩证的平衡，而不是解释现实的关系"。② 马克思按黑格尔的方式，把这些同一性适当地延伸为三个方面③，他不加渲染地作出结论："这样看来，对于一个黑格尔主义者来说，把生产和消费等同起来，是最简单不过的事。不仅社会主义美文学家这样做过，而且平庸的经济学家也这样做过。"④

什么是适当的开端，这个问题是马克思在导言中"政治经济学方

---

① 《列宁全集》第2版第38卷第305页。
② 《马克思恩格斯全集》第1版第46卷上册第27页。
③ 《马克思恩格斯全集》第1版第46卷上册第30—31页。
④ 《马克思恩格斯全集》第1版第46卷上册第31页。

法"这整个一节中要进一步思考的问题。① 在这里，马克思一开始就描绘了政治经济学的探究所采取的两条路程或道路。第一条道路是以"生动的整体"作为出发点，例如，一定的民族、国家，法国、英国等等，最后是"从分析中找出一些有决定意义的抽象的一般的关系，如分工、货币、价值等等"②。另一条路程的方向相反，从简单的、抽象的、一般的关系开始，最后达到"生动的整体"。马克思作出结论认为，后一条道路显然是科学上正确的道路。③

在这里，似乎马克思在较早时期所遇到的疑问，即关于从"物质生产"这一范畴开始是否适当的问题——当然，是最简单、最一般和最抽象不过的关系——现在已经消除了。但是，从不同的方面又立即产生了一个新的疑问："但是，这些简单的范畴在比较具体的范畴以前是否也有一种独立的历史存在或自然存在呢?"④ 换言之，如果有人从比如"物质生产"这样的范畴开始，那么，他因此是否就必须从新石器时代的人和他的燧石工具开始，并循序渐进，费力地走迂回的道路，直至所要研究的主体本身，即资本主义社会形式的物质生产呢？马克思对这个问题的深刻看法——这些页包含着马克思主义的历史编纂法的基本原理——使他得出了结论：上述这样的看法是错误的。适当的开端不是从历史的黎明开始，相反，却是从所研究的特殊社会形式中占统治地位的

---

① 《马克思恩格斯全集》第 1 版第 46 卷上册第 37—46 页。

② 《马克思恩格斯全集》第 1 版第 46 卷上册第 38 页。

③ 某种意义上说，黑格尔《逻辑学》所关心的，除了两条路程这一问题外，没有别的什么了。隐喻、要点、甚至把具体的东西说成是许多抽象的集中，都是从那一著作来的，见《逻辑学》，德文版第 2 卷，第 276、296、326、360 页。就是黑格尔也坚持认为，后者是科学的正确方法。

④ 《马克思恩格斯全集》第 1 版第 46 卷上册第 39 页。

范畴开始。① 因此，似乎可以说——虽然马克思并不这样说——，对资产阶级经济范畴（和体系）的批判的适当开端，并不是"物质生产一般"，而是"资本"，或者至少是"为了交换价值而进行的生产"；因为这些经济范畴是统治着这个历史社会的范畴。

这适当的开端问题，在马克思的导言中仍然没有得到解决。他在一概括性的段落中关于这个问题所说的②是没有作出结论的话："显然，应当这样来分篇：（1）一般的抽象的规定，因此它们或多或少属于一切社会形成，不过是在上面所阐述的意义上。"但是，这显然是不可能的，因为"上面所阐述的意义"恰恰是，应当形成出发点的并非那些或多或少属于一切社会的范畴，而是统治着不同于其他社会的一个特殊社会的范畴。这种提法解决不了问题。《货币章》所作的犹豫的、临时的，而且在某种意义上说是纯粹偶然的开端——达里蒙的银行改革论——证明这个难题持久不得解决。

要找到适当的开端——出发点，在那里，神秘的黑格尔，"平庸的经济学家"和马克思自己的疑问都被丢下了——就必须翻到《大纲》的第七笔记本的最后一页③，即马克思用小标题"（1）价值"，并注明"这一篇应补充进去"字样的那一节。这短短的片断，是对全部手稿的内容进行有系统的、紧密结合在一起的概括的最初尝试。它的开头是："表现资产阶级财富的第一个范畴是商品的范畴。商品本身表现为两种规定（即使用价值和交换价值）的统一……"

形成马克思的《政治经济学批判》（1859年）和《资本论》第1卷（1867年）的出发点的，也是这个范畴，即商品。这个开端既是具

---

① 《马克思恩格斯全集》第1版第46卷上册第45—46页。
② 《马克思恩格斯全集》第1版第46卷上册第46页。
③ 《马克思恩格斯全集》第1版第46卷下册第411页。

体的、物质的、几乎可以触知的，又是在历史上（资本主义生产）所特有的；所以它包含着（它是对立面的统一）基本的对立面（使用价值和交换价值），这对立面的发展包含着这一生产方式的其他一切矛盾。这个开端不同于黑格尔的逻辑学，也不同于马克思自己较早时期最初的尝试，它不是从纯粹的、不确定的、永久的和一般的抽象开始，而是相反，从复合的、限定的、有确定界限的和具体的整体，即从"许多规定的综合，因而是多样性的统一"① 开始。总之，作为《大纲》结尾的这种"不纯的"开端，作为辩证法，比之以前的开端优越，因为它一开始，在萌芽时期就包含着矛盾；而"纯粹的"（不确定的、永久的、绝对的和一般的）开端，却是错误地，通过排斥对立面（否则它就不是纯粹的！）而开始的，因此，必须拉着头发用魔术把它的对立面从"无"中拉进来，而这个过程随后就变成了后来一切发展和转化的坏的先例。因此，只有唯物主义的开端，也就是，从具体的、有限的，因而（正如黑格尔自己所坚持的）从矛盾的东西本身开始的开端，才可能是真正辩证的开端，而且只有这样才能认清黑格尔使之完善并神秘化的方法中的潜在力量。

马克思在第二次重写《货币章》准备付印之后大约一年半，即1859年，承认《大纲》导言的开端是一个错误的开端。那种认为研究的途径必须从简单的、一般的、抽象的关系进到复杂的、特殊的整体这一概念，当时在他看来已不再是"显然合乎科学的正确过程"了。他在为替代《大纲》的导言而写的非常著名的《政治经济学批判》的序言中，写了如下一段话："我把已经起草好的一篇总的导言压下了，因为仔细想来，我觉得预先说出正要证明的结论总是有妨害的，读者如果

---

① 《马克思恩格斯全集》第1版第46卷上册第38页。

真想跟着我走，就要下定决心，从个别上升到一般。"①

现在来谈上述第二点，在这一点中出现了唯心主义者手中的辩证方法和唯物主义者手中的辩证方法之间的本质差别，即同一性的直接性问题。这里的问题是：假定每个统一体（同一性、总体、整体；这在这里都无关紧要）是由矛盾的两极或两个方面构成的，那么，是否我们应该理解为：这些对立面的统一是绝对的、直接的并且无条件的，还是相反，对立面必须由一个中介来形成一个统一体，而且这中介的有效性（从而整体的维护）取决于某些可能存在或可能不存在的条件？

我们可以用《大纲》导言中的某几段同正文中的另几段加以对照来证明这一问题的某种经济和政治意义，无需为弄清这个问题而进行冗长的哲学讨论。

如果有人把《导言》中所"论证"的生产和消费的"同一性"②，同《大纲》笔记本正文中相应的观点加以比较，他就会非常明显地看出，马克思在导言中关于直接的同一性"并不排斥它们直接是两个东西"③ 这一讽刺的评论的去向。对于进行比较来说，最有战略意义的时刻是当资本主义生产过程已经完成，而它的结果，即商品，为了消费的目的而即将重新进入流通的时候。在这里，它们作为两个对立面的同一性问题，不是"一般地"在整个历史上提出来的，而是特别针对资本主义提出来的。生产和消费（价值增殖）的统一是一种**直接的**统一吗？正好相反："这里，在考察资本的一般概念时，具有重要意义的是：资本并不**直接**是生产和价值增殖的统一，而只是和各种条件联结在一起的

---

① 《马克思恩格斯全集》第 1 版第 13 卷第 7 页。
② 《马克思恩格斯全集》第 1 版第 46 卷上册第 27—32 页。
③ 《马克思恩格斯全集》第 1 版第 46 卷上册第 28 页。

过程……"①

在正文里论述资本主义生产和资本主义消费的统一问题的那整个（逻辑的）小节中②，马克思明确地攻击"生产与消费是直接同一的"这种概念，并证明，这个概念，在极有才能的人手中，例如，李嘉图手中，可能导致深刻的洞察力，但不是导致理解过程中的总体，最后，在能力较差的人手中，则导致幼稚和荒谬。③ "**首先就会看到一个限制，这不是一般生产固有的限制，而是以资本为基础的生产固有的限制。**"④这是对对立面的同一性的唯物主义论述，它否认这种同一性的直接性和绝对性，即**必然性**，并且适当地断言，这种同一性是在空间和时间中发生的一个过程，需要一种物质手段，是生来就受限制的，而且在性质上是有条件的。

详细研究《大纲》中的唯物主义辩证法，必须是对马克思的那些中介的研究。⑤ 在《大纲》和数卷《资本论》中都有丰富的材料可供进行这样的研究。

说黑格尔也谈到中介，并且说黑格尔论述中的那一章同马克思论述货币那一章之间有许多连续线，这也许会引起黑格尔的辩护者的争辩。

---

① 《马克思恩格斯全集》第1版第46卷上册第390页。
② 《马克思恩格斯全集》第1版第46卷上册第383—456页。
③ 《马克思恩格斯全集》第1版第46卷上册第394—398页。
④ 《马克思恩格斯全集》第1版第46卷上册第399页。
⑤ 要理解黑格尔的辩证法和马克思的辩证法之间的差别的尝试已经很多了。最清晰、最明确而且被《大纲》充分证实的本质差别，就是列宁在他的未完成的论文《谈谈辩证法问题》中所说的，并散见于《哲学笔记》许多评注中的本质差别（《列宁全集》第2版第38卷第293、313—314、324、335—336、356—357、407—412页）。当然，当列宁写作《哲学笔记》的时候，《大纲》还没有被发现。

事实就是这样;而且那一章是黑格尔最唯物主义的一章。① 但是,在黑格尔论点的基本结构中,中介或者是主观的,或者是绝对的,或者通常是同时两者兼而有之。言归开端:黑格尔究竟在哪里指出,存在和无的同一性所取决的条件呢?它们的矛盾的什么要素包含着它们非同一性的可能性?究竟有何根据说形成变化过程的中介运动有可能发生停顿?什么也没有。没有这样的根据,没有这样的可能性;同一性和中介是无条件的和绝对的。现在试比较一下马克思在《政治经济学批判》或《资本论》中的出发点:商品。这是两个对立面,即使用价值和交换价值的统一(同一性)。能想象这种同一性会完结吗?难道有什么根据认为,中介运动(货币、交换)可能不发生吗?当然。整个著作正是论述这些决定这种最初的同一性的历史的、经济的、政治的等等条件的;而且其主要目的是要论证,这种同一性内的矛盾必然导致这些同样条件的中止,从而导致商品生产遭到破坏和以使用价值为基础的生产体系的产生。对马克思来说,对立面的同一性是有条件的;但它们的非同一性,它们的斗争、对抗和崩溃却是不可避免的。在黑格尔那里正好相反。这是调和的、谐和的"辩证法"(最终根本不是辩证法)与革命的、破坏性的方法之间的差别。

两者的结果也不一样。黑格尔是以简单的自我同一的存在、静止的存在、没有无的存在为结束的;而对马克思来说,结果就是新的变化过程的形成,它是以不存在社会的对抗为条件的。

我们回到开头提出的特殊问题作为结束,黑格尔的《逻辑学》以什么方式帮助了马克思推翻李嘉图的利润学说呢?有兴趣进一步探讨的

---

① 马克思货币理论的灵感,在黑格尔《逻辑学》上册(商务印书馆1974年版,第354—402页)和《目的论》那几页(《逻辑学》下册,第422—430页)中可以找到。

读者，将在《大纲》第 557 页[①]上找到必要的线索，那里表明，工资和利润两个对立面的同一性（或者，如现代人的说法，它们的伴随关系），正如李嘉图所认为的，既不是绝对的，也不是直接的；而是相反，取决于某种波动着的中介物和不断变化着的外在条件。

因而正文的形式在初次探讨时似乎显得障碍重重。经过第二次努力，障碍就会消除，而使人得到一种洞察力，而这种洞察力是任何已发表的马克思著作所给予人的洞察力都不能比拟的。

把《大纲》作为一种精神劳动的记录来阅读，就会认识到，马克思在当时必须进行一场反对古典政治经济学的战斗，并同时锻造他的武器；反过来说也是对的：他必须反对必然同一性的神秘方法，并必须理解资本的本质，作为进行这一战斗的手段。在《大纲》中，结构和方法的统一在表面上是显而易见的；而这是它极端重要的显著特征。

然而，方法和结构的统一，唯物主义辩证法和政治经济学论题的统一，在《大纲》中并不比世界其他任何地方更为直接。要理解这种统一，就得把这一著作作为对起源和结果的认识的一个过程，一种同飞跃和倒退的斗争来阅读。对马克思的导言来说，尤其是如此。这是一篇非常深远、非常重要的文章。它的每一行文字都反映着马克思对黑格尔、李嘉图和蒲鲁东的斗争。从斗争中，马克思达到了最重要的目的，即辩证地写作历史的基本原则；但是，他在当时当地并没有在一切细节上，甚至没有在某些很重要的细节上取得他的胜利。对黑格尔和李嘉图进行去粗取精，破除他们学说中形而上学的、神秘的东西，保持合理的核心，这是马克思在这七本著作中自始至终进行的斗争。所以，正如黑格尔所说，合理的核心仍然带有作为它的来源的存在物的某些方面。马克思在写作手稿的时候，就承认他手稿中的这些胎记。他对"唯心主义的

[①] 《马克思恩格斯全集》第 1 版第 46 卷下册第 50—51 页。

提法"，比如说"产品变成商品；商品变成交换价值；交换价值变成货币"，进行了明确的自我批判。这样的说法——而且在其他地方也有——来源于黑格尔的《逻辑学》，在那里，"变易"是永不衰退的"中介"；精神只须断定它，思考它，所以各种矛盾是一个整体。这些说法对马克思来说是一种速记，暗示他自己，对变换的实际条件和中介以后应详加考虑。对马克思来说，绝对的东西本身是有条件的。他说，只有当资本主义关系强加给人的生产率的障碍被打破并被抛弃的时候，才谈得上人类进入"变易的绝对运动之中"①。

在阅读《大纲》的时候，务必不要忘记它的变易的过程和条件，不然，它所开拓的视野将重新变为障碍。

除了这里所涉及的方法外，在《大纲》和黑格尔的《大逻辑》中还有许多的方法。黑格尔与马克思的非常复杂的关系的许多组成部分，为了简短起见，这里就略而不谈了。

在1857—1858年很早以前，马克思在他第一篇论述黑格尔的著名的手稿中，就曾宣告要对《逻辑学》作一批判的评论，并抽象地指出辩证方法在黑格尔提出和使用它时的不足之处。②

马克思在前面援引过的关于《逻辑学》写给恩格斯的信中说道，"如果以后再有功夫做这类工作的话"，他很愿意用明白易懂的语言"把黑格尔所发现、但同时又加以神秘化的方法中所存在的合理的东

---

① 《马克思恩格斯全集》第1版第46卷上册第486页。
② 参看《马克思恩格斯全集》第1版第7卷第247—404页，特别是354—358页。这里表现了马克思作为唯物主义者和辩证论者所具有的一切特征要素，但是，上面所宣告的意图，即用黑格尔的《逻辑学》把许多差别之点集中起来并加以系统化，却没有实现。

西"写成文章。① "这个时间"始终没有来到;因此,马克思根本没有对他关于神秘的外壳和合理的内核的评论作详细的说明。

自从写成《大纲》以来,尽管这个手稿长时间没有出现,但是唯物主义辩证法的知识还是发展了、传播了而且增长了。② 唯物主义辩证法不能免除它自己的规律。它并不是刻在碑匾上的。如果马克思关于发展进程的论述是对的,那么,在遥远的将来,有朝一日,唯物辩证法将成为人类非常普遍的一个法宝,普遍得不需要作特殊的努力,就能学习它,精通它,因而它在生活中的使用将如同呼吸一样平常。

(原载《政治经济学批判大纲》1973 年英文版)

(沈渊 译)

---

① 《马克思恩格斯全集》第 1 版第 29 卷第 250 页。
② 列宁的《哲学笔记》包含着所有后来的发展的精髓,因而是关于这个问题的不可不读的著作。布哈林的《历史唯物主义》包含着某些观念,但是,作为一个整体,是倒退到黑格尔以前的,近似于康德的辩证法水平。斯大林的《辩证唯物主义和历史唯物主义》把列宁的"十六个论点"精简为四个论点,因而是第一个有用的入门书,特别是对教学目的来说是如此。真正发展了列宁论点的是毛泽东的《矛盾论》和《实践论》。这两篇论文是严谨正统的马克思主义的,同时又是具有高度独创见解的。它们写作于 1937 年,今天仍然是对唯物主义辩证法作为一个整体的经典性解释,是其他的著作都必须用以衡量的标准,而且将在很长一段时间内可能仍是独一无二的。理解这两篇论文,是着手研究《大纲》极为有用的准备。

走近马克思的创作室[*]

张钟朴

在党的十二大政治报告中,谈到物质文明和精神文明的关系时,引用了马克思1857—1858年经济学手稿中的一段重要论述。这个手稿在1939年用原文(德文)在莫斯科发表时编者给加了一个标题《政治经济学批判大纲(草稿)》,从此便以《大纲》为标题闻名于世。这个手稿现在收入我国近年翻译出版的《马克思恩格斯全集》第46卷(上下册)中。

我们知道,马克思开始研究经济学,是因为从40年代初期主编《莱茵报》时遇到了要对物质利益问题发表意见的"难事"。在40年代,马克思和恩格斯一道共同研究和制定了辩证唯物主义和历史唯物主义理论,同时已着手认真研究经济学,写了一些著名的经济学著作。除《共产党宣言》以外,马克思还写了《哲学的贫困》和《雇佣劳动与资本》等书,此外,在研读各种经济学著作时写了大量的笔记。

1848年的革命打断了马克思的经济学研究。革命失败后,马克思流亡伦敦。这时他一方面亲自考察英国这个最发达的典型的资本主义国家的现实,一方面在英国博物馆里研读了大量的经济学文献,作了详细的摘录。他在研究中,逐步形成了自己的见解。当马克思已经积累起大量材料时,1857年各主要资本主义国家爆发了经济危机。马克思估计

---

[*] 本文选自《读书》1983年第3期。

到革命形势的到来，打算尽快把自己的理论制定出来，以满足工人阶级革命的需要。于是，他在贫病交加中夜以继日地从事这一经济学手稿的写作。

这部手稿是马克思对自己近十五年的经济学研究成果的第一次总概括，也是《资本论》的第一个纲要式的草稿。按照马克思自己的说法，这个手稿不是为了付印，而是为了自己弄清问题而写的。因此，我们研读这个手稿，就像被引进了马克思的"创作室"一样，可以看到马克思的一些著名经济原理是怎样逐步制定出来的。

找到了资产阶级财富的细胞形式

马克思自己说过："当然，在形式上，叙述方法必须与研究方法不同。研究必须充分地占有材料，分析它的各种发展形式，探寻这些形式的内在联系。只有这项工作完成以后，现实的运动才能适当地叙述出来。"① 可以说，1857—1858年经济学手稿更多地反映的是马克思的研究方法。

从这个手稿中可以看出，马克思并不是一开始就找到商品这个资产阶级财富的细胞形式的，而是经历了一个探寻过程。这个手稿总共写在八个笔记本上（标号为M，I—VII）。手稿的开始是一篇著名的《导言》，单独写在"M"笔记本上。这篇《导言》对于马克思将要写的经济学巨著的研究对象和方法作了精辟的说明。我国读者对这个《导言》比较熟悉，这里就不多说了。

《导言》后面，接着是《货币章》，写在第Ⅰ笔记本和第Ⅱ笔记本的前半部分。再往后是篇幅最大的《资本章》，是这个手稿的最主要部

---

① 《马克思恩格斯全集》第1版第23卷第23页。

分，从第Ⅱ笔记本的后半部分一直写到第Ⅶ笔记本。在手稿的最后一页上，马克思才写了第一章的开头。这一章的标题不是《商品》，而是《1. 价值》。到这时马克思才回过头去把前面的《货币章》和《资本章》分别标上Ⅱ和Ⅲ两个罗马数字。这说明，马克思让那两章变为第二章和第三章。这一手稿开始是从分析货币问题写起的。但货币所以存在，是商品矛盾发展的结果，所以马克思到后来补写了第一章，而把货币改为第二章。在标题为《价值》的第一章中，开头第一句话就是："表现资产阶级财富的第一个范畴是商品的范畴。"这就预示着，马克思将来的《资本论》要从分析商品开始。因此，这个手稿反映了马克思寻找这个细胞形式的过程。

最初的写作计划

从这个手稿中还可以看出，马克思后来写成的《资本论》，并不是马克思计划中的经济学巨著的全部内容，而只是一部分内容。马克思在写作这一手稿的过程中，不时地拟定他的未来著作的计划。如果把马克思这个时期前前后后写的各个计划归纳一下，可以看出马克思的经济学著作计划共包括六册，而第一册《资本》又包括四篇。这个计划大致如下：

第一册《资本》

［绪论性篇章：（1）商品；（2）货币］

第一篇《资本一般》

（①资本的生产过程，②资本的流通过程，③两者的统一，资本和利润）

第二篇《资本的竞争》

第三篇《信用》

第四篇《股份资本》

第二册《土地所有制》

第三册《雇佣劳动》

第四册《国家》

第五册《对外贸易》

第六册《世界市场》

由此可见，马克思本打算从细胞形式分析起，一直阐述到世界市场这个包罗万象的世界。而后来的三卷《资本论》只相当于上述计划的第一册第一篇的内容，即只相当于经济学中一般原理的部分。至于以后的各篇各册为什么没有写，一直是中外学者们争论的问题。有人主张马克思后来改变了计划，有人则主张马克思没有写完。这些问题至今没有得出结论。

在论战中揭示货币的本质

这个手稿的主要意义在于，马克思第一次制定了自己的科学的劳动价值理论和剩余价值理论。在《货币章》中，马克思是从批判蒲鲁东派的货币理论开始制定自己的科学理论的。蒲鲁东派的改良主义思想当时在工人运动中颇有影响。他们认为，资产阶级社会中所以发生经济危机，是由于金银货币占据特权地位，只要废除货币的特权地位，好象就能消除资本主义的"弊病"。所以他们主张实行银行改革，改用什么"劳动小时券"代替货币，以为这样不触动资本主义制度本身，就能变革社会。马克思批判了他们这套荒谬主张，指出货币的存在是由商品本身的矛盾造成的。而商品所以有二重性，又是由于资产阶级社会中劳动具有二重性造成的。商品生产者的劳动直接地是私人劳动，这种劳动的社会性必须在市场上才能表现出来，商品的价值必须在市场上才能得到实现。这样，商品使用价值和价值间的矛盾就必然要求产生出货币来。可见，蒲鲁东派想保留商品而废除货币的主张纯属无稽之谈。马克思第一次科学地回答了商品和货币之间的关系，制定了自己的劳动二重性的理论。这是马克思思想的卓越成果，正像马克思自己所说，商品中包含的劳动二重性的理论是"对事实的全部理解的基础"。①

马克思探索到了货币的本质和起源。在金钱万能的资本主义社会里，正像马克思很风趣地指出的，因为研究货币问题而发疯的人比因为恋爱而发疯的人还要多。很多人看不透金光闪闪的货币的本质是什么，只有马克思才科学地指出，货币无非是起一般等价物作用的商品而已。马克思一步一步地研究货币的逐渐发展，探索货币随着生产和交换的日益扩大而执行的各种职能。马克思还详细考察了从希腊罗马时代起直到近代为止的货币史。为了考察金银为什么适于充当货币，详细摘引了有关金银的物理和化学性质以及金银矿开采的大量科学资料。从这里也可以看到，在《资本论》中论述商品和货币的篇幅不大的章节，是建立在丰富的科学资料基础之上的。

剩余价值理论的初步制定

在《资本章》中，马克思解决了他研究的中心问题，即揭示资本主义剥削的本质和机制，初步制定了剩余价值理论。我们知道，资产阶级古典经济学李嘉图等人的理论后来破产的原因之一，就在于他们不能解释工人和资本家之间的交换为什么既符合等价交换的价值规律，又能够产生出剩余价值来。结果被他们的论敌逼得无路可走，使李嘉图学派解体。而马克思以商品二重性的理论为依据，科学地论证了工人和资本

---

① 《马克思恩格斯全集》第 1 版第 31 卷第 331 页。

家之间的交换关系，阐述了这种关系既符合价值规律，又会产生出剩余价值来。马克思把这种关系分为两个过程，首先在劳动市场上，资本家购买的是工人的劳动能力，劳动能力的价值就是工人生活和养育后代的费用。资本家购买劳动能力时是等价交换。然后进入资本主义的生产过程，在这个过程中，资本家使用劳动能力，让工人劳动，而工人在劳动中不仅创造出自身的等价，而且为资本家阶级创造出剩余价值来。可见，资本实际上是在等价交换的假象下不付等价物而无偿占有他人的劳动。这样，马克思就在经济学史上第一次创立了科学的剩余价值理论。这个剩余价值理论和唯物主义历史观一起，是马克思一生对人类的两大贡献，由此使社会主义从空想变成了科学。

马克思从揭示剩余价值的秘密开始，一步一步地探索了资本主义矛盾的多方面的发展，论证了资本主义必然灭亡，并必然为更高的社会所代替。

值得发掘的理论宝库

马克思在这个手稿中写下的许多思想，后来在《资本论》中并没有得到进一步的发挥。这个手稿是很值得我们认真发掘的理论宝库之一。例如，党的十二大政治报告中引用的那段有关物质文明和精神文明的关系的论述，就是马克思在《资本主义生产以前的各种形式》这一节中，考察从原始社会起到资本主义为止的各种社会形态下所有制的演变时写的。

这个手稿包括有科学是生产力的思想。其中写道："科学这种既是观念的财富同时又是实际的财富的发展，只不过是人的生产力的发展即财富的发展所表现的一个方面,一种形式。"① 又写道:"自然界没有制造出任何机器,没有制造出机车、铁路、电报、走锭精纺机等等。它们是人类劳动的产物,是变成了人类意志驾驭自然的器官……它们是人类的手创造出来的人类头脑的器官;是物化的知识力量。固定资本的发展表明,一般社会知识,已经在多么大的程度上变成了直接的生产力。"② 人类要想驾驭自然,征服自然,就要有知识、懂科学。而科学一旦运用于实际,就会变成"直接的生产力"。社会越往前发展就越是如此。

这个手稿中还论述了节约时间是首要的经济规律这一重要思想:"时间的节约,以及劳动时间在不同的生产部门之间有计划的分配,在共同生产的基础上仍然是首要的经济规律。"③ 这段话是极为精彩的论述。这虽然是针对共产主义社会而言的,但对于大干四化的我国人民来说,其精神是同样适用的。任何真正的节约,归根到底都表现为时间的节约。换句话说,等于劳动生产率的提高。劳动时间的节约,意味着自由时间的增加,人们可以利用这些自由时间更好地学习,提高自己的本领,反过来能够进一步提高生产率,社会的发展也就会更快。

手稿中关于共产主义下的劳动的论述也是很有教益的。空想社会主义者们曾经认为,共产主义社会中的劳动会是一种娱乐和消遣。而马克思依据大生产的发展趋势预见到,在将来的共产主义社会中,劳动将不再像阶级对立的社会中那样是"外在的强制",但同时,"这决不是说,劳动不过是一种娱乐,一种消遣,就像傅立叶完全以一个浪漫女郎的方式极其天真地理解的那样。真正自由的劳动,例如作曲,同时也是非常

---

① 《马克思恩格斯全集》第 1 版第 46 卷下册第 34—35 页。
② 《马克思恩格斯全集》第 1 版第 46 卷下册第 219—220 页。
③ 《马克思恩格斯全集》第 1 版第 46 卷上册第 120 页。

严肃，极其紧张的事情。"①

总之，这个手稿也像马克思的《资本论》一样，能使我们受到多方面的启发和教育。

---

① 《马克思恩格斯全集》第1版第46卷下册第113页。

《资本论》第一部手稿
（《1857—1858 年经济学手稿》）

——《资本论》创作史研究之二*

张钟朴

一、走进马克思的科学实验室

马克思的第一部经济学手稿是在 1857—1858 年期间写成的，人们通常称之为《政治经济学批判大纲》（以下简称《大纲》），它有什么特点呢？它首先展现了马克思理论制定过程的特点，即他的理论是通过与资产阶级经济学家的论战得出的。其次，他的理论是用辩证法为工具的，这种辩证法是马克思通过改造德国古典哲学的伟大成果——黑格尔的辩证法创立的。再次，是唯物史观，即以实践为标准来反驳那些纯粹的理论推理和空谈。这些特点在马克思的手稿里表现得非常清楚。

马克思从 40 年代开始研究经济学，做了大量的笔记。《伦敦笔记》写于 1851—1853 年期间。在这之后，马克思把这些笔记消化了几年，重新加工整理。1854 年写了《完成的货币体系》等笔记。当时正发生经济危机，马克思还写了 3 本危机笔记。这几年马克思身体非常不好。到了 1857 年，马克思一看经济危机又开始了，就赶紧把成果写出来，他怕"洪水"到来之前来不及把研究结果写出来，革命来了研究的东

---

* 本文选自《马克思主义与现实》2013 年第 5 期。

西再没有机会付诸文字。《1857—1858年经济学手稿》就是这时写出来的，它距马克思开始研究经济学已经过去15年了。这部手稿被认为是从1857年7月到1858年5月写成的。但据现在的考证，还有一种可能，是从1857年1月开始写的。为什么呢？《大纲》开始的时候没有注明日期，但从里面可以找到一些日期，一处是1857年7月，另一处是1857年8月，马克思在1857年1月的信中就提到了达里蒙，而且这部分引用了1857年1月、2月的材料，所以有人说，他有可能1857年1月就开始写了。究竟是哪一年写的，现在一般说是1857年7月到1858年5月，因为1858年5月马克思给恩格斯写了一封信，提到他写的手稿很乱，但整个"轮廓"（Grundrisse，即"大纲"）已经有了。《1857—1858年经济学手稿》有狭义和广义两种说法，广义的《1857—1858年经济学手稿》包括《巴师夏和凯里》、《导言》、《政治经济学批判（1857—1858年手稿）》、《金称量机》、《七个笔记本的索引（第一部分）》，还有人把1858年写的《政治经济学批判。第一分册》的手稿算在内。狭义的《1857—1858年经济学手稿》就是《政治经济批判（1857—1858年手稿）》，加上《导言》和《七个笔记本的索引》，人们通常所说的《大纲》一般是指狭义的《1857—1858年经济学手稿》。

《大纲》包括8个笔记本，笔记本 M 和 1—7 笔记本。笔记本 M 是《导言》，主要交代马克思经济学的对象、方法、结构等等，直到最后一段讲述经济基础和上层建筑，还用希腊神话和莎士比亚做例子论述文学艺术的独特规律等等，是很有名的；还介绍了马克思原来设想的《政治经济学批判》的6册结构计划，关于这个"六册计划"的来龙去脉我写了文章做过专门介绍，这里就不详细讲了。①

---

① 张钟朴：《马克思经济学著作六册计划的来龙去脉》，载《马克思恩格斯列宁斯大林研究》2000年第4辑。

手稿第1—7笔记本写的是《大纲》的主体部分,包括《货币章》和《资本章》。马克思自己加的标题是《政治经济学批判》。为了和《政治经济学批判》的其他手稿相区别,人们又加了一个圆括号,标明写作年代,这就是《政治经济学批判(1857—1858年手稿)》。手稿一开头写的是《二、货币章》。为什么是"二"呢?因为在手稿写作过程中,他逐渐认识到第一章应该论述价值,资本主义财富的第一个形式应当是商品。所以他写完《资本章》后就写了《一、价值》这一章的开头。《价值章》也就是未来的《商品章》,他写了个"一",然后回过来把原来的《货币章》加了个"二"字,所以现在《大纲》一开头就是《二、货币章》。这表明这时马克思形成了三层次的结构:第一章论述商品,第二章论述货币,第三章论述资本。在《大纲》中,首先是《货币章》取得了非常大的理论成果,关键是"劳动二重性"理论的制定,这在整个经济思想史上是具有突破性的、革命性的成就。在马克思以前的古典经济学中没有"劳动二重性"学说,所以很多问题解决不了。古典经济学主张劳动价值论,但是遇到了两大难题。一是如果劳动和资本的交换是等价的,那么剩余价值是怎么来的?二是既然各个不同的生产部门的资本有机构成各不相同,周转速度又不一样,等量资本怎么能得到大体相等的利润呢?古典经济学回答不上这些问题,最终导致了它的垮台。马克思科学地回答了这些问题,实现了政治经济学的革命。在《大纲》中可以看到马克思实现革命变革的过程。这是从"劳动二重性"理论开始的。

"劳动二重性"理论是怎么创造出来的呢?马克思总是在跟别人论战中创造自己的理论的,他这次论战的对象是蒲鲁东主义者阿·达里蒙。达里蒙写了《论银行改革》一书,他认为经济危机的根源是货币居于特殊地位,如果实行货币和银行改革,经济危机就能得到克服。他提议发行劳动货币,就是"小时券",印上几小时,然后到市场上像货币一样购买商品,这个商品花费了8小时的人类劳动,我给你一张8小时的券,这样就不会有经济危机了。这当然是不可能的。经济危机是资本主义固有的、必然的矛盾发展的产物,劳动货币不能解决这一问题。这说明达里蒙既不懂得经济危机的根源,更不知道货币的本质。马克思反驳了劳动货币主张,指出:首先,劳动生产率在不断提高,劳动生产率提高了以后,商品价值就降低了。原来生产这件商品需要的社会必要劳动时间是5小时,后来只需4小时,再后来就是3小时,小时券会不断贬值,因此是行不通的。其次,小时券到底是商品的价值还是价格呢?货币是商品的价格,价格跟价值是不相等的,价格围绕着价值波动。小时券表面上好像是价格,但你让它等同于价值,这就制造了混乱。这个商品花费了5小时的人类劳动,给它5小时的券,这当然是它的价值,但你又当价格来花,这样的话价值就完全等同于价格了,这恰恰是不行的。因为在商品经济中,价格围绕着价值波动,这是非常重要的调节机制。价值是商品的内在属性,是固化的劳动时间,价格受市场上供求关系的影响而上下波动,供大于求时,价格就降低,低于价值,生产就受到抑制;供不应求时,价格上涨,高于价值,就促进了生产。这是一个非常重要的调节机制,小时券实现不了这种调节。马克思说小时券只有在共产主义社会中才是可行的,因为生产什么都有计划,生产出来的东西全都是社会需要的,所以那时没有商品交换,也不需要货币。

在《资本论》中,在论述商品时,马克思一上来就讲商品二重性、劳动二重性,讲劳动二重性的根源是劳动的私人性和社会性之间的矛盾。但在本手稿中,马克思先反复揭示货币的本质,在揭示货币本质时,他的思路是这样的:产品变成商品,商品成为交换价值,交换价值的独立化成为货币。

我们知道,古典经济学家研究过商品的价值,但他们只注意价值量,却忽视了研究价值的质。马克思的重大贡献是,深刻揭示了价值的质的规定性，阐明了价值是商品的社会属性，体现着商品所有者之间的社会关系。在手稿中，马克思指出，商品价值首先表现为一种商品和另一种商品之间的比例关系，价值是看不见摸不着的，它只存在于交换关系中。价值是商品的一般交换能力，是商品交换的可能性，所以价值是一种社会关系。商品的价值反映的是一种普遍的关系，产品把自己看作是一定量的一般劳动即社会劳动的实现，每个商品在充当货币的时候就把它的价值表现出来了，每个商品都有价值的特点。商品为什么必须采取价值这种在别的社会当中没有的形式，这跟商品社会的特点有关，是由生产资料的私有制和社会的广泛分工造成的。由于社会分工和私有制，每个商品生产者都成了孤立的、彼此毫不相干的生产者，但他生产的东西又是社会性的，是为社会生产的，社会承认不承认这一点呢？这要通过商品交换来确定。交换成功就表明社会承认了，你的产品是社会需要的，交换不成功就等于白劳动了。在这样一种社会中，人与人之间的关系必须通过商品之间的关系表现出来，结果就造成了商品拜物教。

　　凡是在资产阶级眼中表现为物的关系的地方，马克思都揭示出隐藏在这背后的人与人的关系。"毫不相干的个人之间的互相的和全面的依赖，构成他们的社会联系。这种社会联系表现在交换价值上，因为对于每个个人来说，只有通过交换价值，他自己的活动或产品才成为他的活动或产品；他必须生产一般产品——交换价值，或本身孤立化的，个体化的交换价值，即货币。另一方面，每个人行使支配别人的活动或支配社会财富的权力，就在于他是交换价值的或货币的所有者。他在衣袋里装着自己的社会权力和自己同社会的联系。"① 这样，马克思阐明了价值的质的规定性。

---

① 《马克思恩格斯全集》第 2 版第 30 卷第 106 页。

马克思在揭示商品的价值的规定性之后，就把商品的价值与商品的自然属性即使用价值结合起来考察，从而阐明了商品的二重性以及生产商品的劳动的二重性，揭示了商品的内在矛盾。这是马克思对劳动价值论做出的具有决定意义的贡献。在手稿中，马克思还没有把价值和交换价值区分开，他指出，商品不仅具有交换价值，它本身是自然产物，也具有使用价值，所以商品具有二重性。他说："一方面商品作为一定的产品存在，而这个产品在自己的自然存在形式中观念地包含着……交换价值；另一方面商品作为表现出来的交换价值（货币）存在，而这个交换价值又抛弃了同产品的自然存在形式的一切联系，——这种二重的、不同的存在必然发展为差别，差别必然发展为对立和矛盾。"① 商品二重性注定商品要发生矛盾，商品正是作为自然属性的使用价值和作为社会属性的价值两方面的矛盾统一。商品二重性及其矛盾必然给商品交换造成极大的障碍，商品内部的一般性（即价值）和商品的特殊性（即使用价值）之间的矛盾在一定条件下公开化，使统一的商品分裂为商品和货币。货币是商品内部矛盾发展的必然产物，但货币出现以后，矛盾更尖锐化了，因为人们交换别的商品不成功才在手中持有货币，而货币不一定马上就能购买到别的商品。货币的性质就是通过使交换价值的矛盾普遍化来解决矛盾，越解决矛盾越深。马克思通过对商品二重性及其矛盾的分析，充分证明了达里蒙提出的用"劳动货币"代替贵金属货币的办法根本不能消除商品流通中固有的困难，只要使人们的劳动产品采取商品形式的那些经济条件存在，这些经济条件所造成的矛盾就不会消失。马克思告诫人们必须清楚这一点，才不至于给自己提出无法解决的任务，才能认识到我们无法用货币改革和流通改革来改变生产关系以及以生产关系为基础的社会关系。

---

① 《马克思恩格斯全集》第 2 版第 30 卷第 96 页。

马克思阐明商品二重性及其矛盾之后，接着进一步阐明了与这种二重性相适应的生产商品的劳动二重性及其矛盾，在政治经济学史上第一次提出了劳动二重性学说。马克思当时还没有把"抽象劳动"和"具体劳动"相对立，而是使用"抽象劳动"和"特殊劳动"这样的说法。他说，"劳动作为同表现为资本的货币相对立的使用价值，不是这种或那种劳动，而是劳动本身，抽象劳动；同自己的特殊规定性决不相干……当然，对于构成一定资本的特殊实体来说，必须有作为特殊劳动的劳动与之相适应。"① 抽象劳动是一般劳动、社会劳动，它不是逻辑推理出来的，而是一种历史的抽象，它是在一定社会经济发展基础上产生的一个特有的概念。这就是说，抽象劳动是人类社会物质生产方式发展到某一个特定阶段的产物，是社会生产力发展到某一个特定阶段的产物。所以，商品有使用价值，是具体劳动、特殊劳动创造的结果。商品除了使用价值，还有价值，这是商品特有的一种社会关系的表现。在商品生产社会中，劳动是特殊劳动和抽象劳动的统一，这就是劳动二重性。要读手稿的话，我们会发现马克思不断重复论述这一过程，他的思路是从商品二重性推导出劳动二重性的。劳动二重性理论是区分资产阶级经济学和马克思主义经济学的分水岭。马克思本人极端重视劳动二重性的发现，认为这是理解政治经济学的"枢纽"。他在1868年1月8日致恩格斯的信中说："经济学家们毫无例外地都忽略了这样一个简单的事实：既然商品是二重物——使用价值和交换价值，那么，体现在商品中的劳动也必然具有二重性，而像斯密、李嘉图等人那样只是单纯地分析劳动本身。就必然处处碰到不能解释的现象。实际上，对问题的批判性理解的全部秘密就在于此。"②

---

① 《马克思恩格斯全集》第2版第30卷第254页。
② 《马克思恩格斯文集》第10卷第276页。

马克思把商品社会和未来社会加以对比，进一步揭示了资本主义商品生产劳动的社会性和私人性之间的矛盾，从而揭示了资本主义矛盾的总根源。他指出，如果生产是公有的，个人的生产一开始就直接是社会生产的一部分。但在资本主义制度下，个人的生产不是直接的社会的生产，不是本身实行分工的联合体的产物。个人从属于像命运一样存在于他们之外的社会生产，但社会生产并不从属于把这种生产当作共同财富来对待的个人，这是资本主义社会特有的矛盾。资本主义生产劳动内部的这种劳动的社会性和私人性之间的矛盾，是资本主义社会一切矛盾的总根源，"在以交换价值为基础的资产阶级社会内部，产生出一些交往关系和生产关系，它们同时又是炸毁这个社会的地雷"。①

在手稿的《资本章》中，马克思在劳动二重性的基础上研究剩余价值是怎么生产的。如何在价值规律基础上阐明劳动与资本的交换，剩余价值是怎么产生的，古典经济学家亚当·斯密和李嘉图回答不了这些问题，这导致了古典经济学劳动价值论的破产。

马克思是怎么解决这些问题的？他把资本和工人之间的交换分成了两个阶段：第一个阶段是在流通领域，商品在流通领域是等价交换，工人在流通领域跟资本进行的交换也是等价交换，资本家要进行生产，就必须到市场上去购买各种商品，其中包括一种特殊的商品，那就是工人的劳动力。在原始积累的过程中，工人丧失了生产资料，除了自己的劳动力以外，他没有什么东西可以出卖。在市场上，工人跟资本家是等价交换，资本家给工人的工资等于工人的衣食住行和他延续后代所需要的价值。因此，在流通领域，资本跟工人的交换是平等的。但是，资本家购买了劳动力以后进入了生产过程，这一过程是剥削劳动的过程。在生产过程中，劳动力这种特殊商品生产出比自身更高的价值。这第二个过

---

① 《马克思恩格斯全集》第2版第30卷第109页。

程是不平等的,因此,资本家跟工人的交换形式上是平等的,但实际上是不平等的,是对工人的剥削。这就解决了剩余价值产生的问题。这是资本主义社会特有的现象。资本主义社会比以前的社会进步,因为无论是封建社会,还是奴隶制社会,存在的都是人身依附关系,而在资本主义社会,是商品所有者之间的"等价交换"。

货币是平等、自由的制度的体现,但进一步发展却是不平等、不自由的。资本主义社会表面上看是平等的,但这种平等、自由恰恰到后来变成不平等、不自由。而这个不平等、不自由恰恰是资本主义平等、自由的实现,是商品内在矛盾发展的必然结果。在流通领域中,资本和劳动等价交换,这时候交换的劳动不是活动形式的劳动,而是劳动的可能性,马克思后来称之为"劳动能力"或"劳动力"。古典经济学认为资本家购买的是劳动,劳动产生价值,价值跟劳动等价交换,结果说不清楚剩余价值从何而来。马克思对劳动和劳动力作出了科学的区分,指出工人在市场上交换的不是劳动,而是劳动的可能性。所有商品的价值都是物化劳动,劳动能力这种商品的价值也是物化在它身上的劳动,也就是物化在工人的衣食住行和延续后代所需的全部价值中的劳动。马克思说:"工人出卖的只是对自己劳动能力的定时的支配权。"[①] 这种劳动能力只有在资本的推动下,提供给它生产资料,才能变成工人的生产活动。明确区分劳动和劳动能力,这在马克思经济思想史上具有十分重大的意义。正是由于对劳动力商品的本质做出了科学的说明,经济学才得以从古典经济学走入的死胡同中解脱出来,从而为实现政治经济学的革命奠定了基础。

马克思给资本下了一个定义。我们知道,资产阶级经济学包括古典经济学在内,几乎都把资本定义为社会关系,在本手稿中,马克思结合

---

① 《马克思恩格斯全集》第 2 版第 30 卷第 251 页。

资本主义的商品和货币流通，把资本定义为"在流通中并通过流通保存自己；并且使自己永存的交换价值"①。因此，资本是在流通中通过流通保存自己并通过劳动使自己增殖的一种价值。在《资本论》中，马克思给资本下的定义则是"能带来剩余价值的价值"。资本在流通中完成交换后，必须进入生产过程，在生产过程中，劳动被剥削的真相才揭示出来。马克思提出，交换的第二阶段只是由于滥用字眼，才能被称为某种交换，这个过程是直接同交换价值相对立的，它本质上是另一个过程，就是剥削过程。这种剥削是在等价交换的基础上形成的，也就是说，表面是平等的，实际上是不平等的。

马克思在本手稿中对交换的这第二个阶段进行了分析，揭示了剩余价值的本质及其产生的全部秘密。马克思提出："工人要向资本提供的使用价值，也就是工人要向他人提供的使用价值，并不是物化在产品中的，它根本不存在于工人之外，因此不是现实地存在，而只是在可能性上，作为工人的能力存在。这种使用价值只有在资本的要求下，推动下，才能变成现实……只要这种使用价值受到资本的推动，它就会变成工人的一定的生产活动；这是工人的用于一定目的的、因而是在一定的形式下表现出来的生命力本身。"②马克思对生产过程作了进一步的分析，在生产过程中，劳动和生产资料相结合，产生出新产品。这个过程也有两方面，从劳动过程来看，它是物质生产过程，从形式来看，它是价值增殖过程，即剩余价值的产生过程，工人在这个过程中受资本家支配，不但要创造出劳动力的等价，而且要创造剩余价值。马克思运用劳动二重性理论，把劳动分为具体劳动和抽象劳动。这是同一个过程的两个方面，具体劳动把生产资料的价值转移到新产品上，抽象劳动创造出

---

① 《马克思恩格斯全集》第 2 版第 30 卷第 218 页。
② 《马克思恩格斯全集》第 2 版第 30 卷第 223—224 页。

新价值。古典经济学根本说不清这个问题。马克思还指出，剥削有两种形式，即绝对剩余价值方式（延长工作日）和相对剩余价值方式（提高劳动生产率），相对剩余价值还没有像《资本论》中那样分为三个阶段。之后，他分析了资本的不同部分在剥削工人中起的不同作用，区分了不变资本（C）和可变资本（V），而V/C剩余价值率最明显地表现出了对工人的剥削程度，这也是马克思对政治经济学的又一重大贡献。

在手稿中，商品二重性理论、劳动二重性理论、劳动力商品理论、不变资本和可变资本理论等等，都是马克思创造的，这些理论把劳动价值论难题解决了，它解答了在等价交换基础上、劳动价值规律基础上，剥削是如何实现的，剩余价值是怎么产生的。这是科学的劳动价值理论和剩余价值理论创造的，这部手稿可以说是《资本论》创作史上的里程碑。如果说马克思在政治经济学史上实现了伟大的革命，那么实际的革命过程都发生在他的手稿中。《1857—1858年经济学手稿》制定了狭义的剩余价值理论问题，下一部手稿即《1861—1863年经济学手稿》解决了平均利润生产价格问题，就是解决了广义的剩余价值理论问题。

二、理论宝库

除了主要理论成果外，《大纲》还取得了多方面的成果，例如：关于资本的生产性和资本的局限性的问题；关于大机器生产以及科学运用于生产的问题；关于共产主义理论；关于资本主义原始积累问题，等等。

资本的生产性和局限性。马克思在本手稿中对资本促进社会进步的作用作了很好的论述。他指出，资本为追求剩余价值，结果大大促进了生产，因此资本有传播文明的很大作用。"资本的伟大的历史方面就是**创造**这种**剩余劳动**，即从单纯使用价值的观点，从单纯生存的观点来看的多余劳动。""由于资本的无止境的致富欲望及其唯一能实现这种欲望的条件不断地驱使劳动生产力向前发展,而达到这样的程度,以致一方面整个社会只需用较少的劳动时间就能占有并保持普遍财富,另一方面劳动的社会将科学地对待自己的不断发展的再生产过程,对待自己的越来越丰富的再生产过程,从而,人不再从事那种可以让物来替人从事的劳动,——一旦到了那样的时候,资本的历史使命就完成了。"[①] 资本的使命就是创造非常丰富的财富,促进生产力极大发展。丰富的财富促进生产力极大发展,资本作为孜孜不倦追求财富的一般形式欲望,驱使劳动超越自己资源需要的界限,来发展丰富的个性,创造出物质要素。而这个要素,无论在生产上还是在消费上都是全面的,因而个人的劳动不再表现为劳动,而表现为活动本身的充分发展。在这种发展状况下,直接形式的自然必然性消失了,这是因为一种历史形成的需要代替了自然需要,由此可见,资本是生产的,也就是说资本是发展社会生产力的重要关系。资本促进了生产的大发展。当资本本身成了这种生产力发展的限制时,资本本身就完成了使命。

资本要促进生产力的发展,"就要探索整个自然界,以便发现物的新的有用属性;普遍地交换各种不同气候条件下的产品和各种不同国家的产品;采用新的方式(人工的)加工自然物,以便赋予它们以新的使用价值。(奢侈品在古代所起的作用和在现代所起的作用不同,这以后再谈。)要从一切方面去探索地球,以便发现新的有用物体和原有物体的新的使用属性,如原有物体作为原料等等的新的属性;因此,要把自然科学发展到它的最高点;同样要发现、创造和满足由社会本身产生的新的需要。培养社会的人的一切属性,并且把他作为具有尽可能丰富的属性和联系的人,因而具有尽可能广泛需要的人生产出来——把他作

[①] 《马克思恩格斯全集》第2版第30卷第286页。

为尽可能完整的和全面的社会产品生产出来（因为要多方面享受，他就必须有享受的能力，因此他必须是具有高度文明的人）——，这同样是以资本为基础的生产的一个条件"①。资本生产就这样促使人们去普遍探索地球。

资本具有伟大的文明的作用，"它创造了这样一个社会阶段，与这个社会阶段相比，一切以前的社会阶段都只表现为人类的地方性发展和对自然的崇拜。只有在资本主义制度下自然界才真正是人的对象，真正是有用物；它不再被认为是自为的力量；而对自然界的独立规律的理论认识本身不过表现为狡猾，其目的是使自然界（不管是作为消费品，还是作为生产资料）服从于人的需要。资本按照自己的这种趋势，既要克服把自然神化的现象，克服流传下来的、在一定界限内闭关自守地满足于现有需要和重复旧生活方式的状况，又要克服民族界限和民族偏见。资本破坏这一切并使之不断革命化，摧毁一切阻碍发展生产力、扩大需要、使生产多样化、利用和交换自然力量和精神力量的限制"②。但是资本是有局限性的，资本不是发展生产力的绝对形式，它的局限性表现在以下四个方面。

第一，必要劳动是活劳动能力交换价值的局限。资本主义生产的扩大受有支付能力的需求的限制。资本家尽量扩大生产，但又想尽办法限制和压缩工人的工资，使得工人消费只限于再生产自己劳动力所必须的范围。这样的话，就限制了工人消费，限制了工人的交换能力。因此，它一方面要扩大生产，另一方面又限制消费。这就给自己造成了局限。

第二，剩余价值是生产力发展的界限。在资本主义下，所有的生产力发展，必须为剩余价值服务，没有剩余价值的东西就不允许生产，这

---

① 《马克思恩格斯文集》第 8 卷第 89—90 页。
② 《马克思恩格斯文集》第 8 卷第 90 页。

当然是很大的局限性。比如，资本不断地提高劳动生产力，创造出新的生产部门，到处去创造，发展自然科学，培养科学人才，这些发展都服从于剩余价值的生产。只要是没有剩余价值，它就不再努力了，把所有生产都纳入为生产剩余价值服务的轨道，这是一方面。另一方面，剩余价值创造越多，所占比重越大，工人阶级受剥削越厉害，工人消费的部分就越少，跟第一个矛盾一样。工人被游离出来，失业，消费市场受到了极大的限制，因此资本生产不能无限制地扩大。

第三，货币是生产的界限。资本主义生产的扩大要求扩大流通，马克思用资本主义国家之间，特别是宗主国与殖民地之间的一些贸易做例子来说明这一问题，富国不断地剥削穷国，结果穷国越来越没有钱购买富国的东西，富国把钱借给穷国，让穷国再买它的东西，穷国越来越穷，越来越没有购买能力。

第四，使用价值的生产受交换价值限制。在资本主义下，一定的产品只有在一定限度内才能被消费，才是需要的对象，生产多少不在于生产者想生产多少，而在于生产出来的这些东西有没有交换价值。当人们不再需要某种使用价值时，它就不再是流通对象了。每个资本家都想扩大生产，但是他没法估计市场的需求，因此会出现经济危机。

从这几个方面看，资本有伟大的生产性，有使社会前进的巨大的推动力，但也有很大的局限性，不可能长期无限制地发展，资本到一定程度就完成了历史使命。这是资本的生产性和资本的局限性。

大机器生产和科学在生产中的应用。马克思在本手稿的固定资本部分讲了机器生产的问题，而不是像《资本论》中那样在相对剩余价值的生产中讲机器大生产问题。马克思在本手稿中认为机器出现以后，造成了生产中的极大变化，科学直接运用到生产中去，极大地促进了生产力。他讲了机器生产的很多特点。这些特点的论述在《资本论》和其他手稿中都没有这么丰富。

马克思说:"自然界没有造出任何机器,没有造出机车、铁路、电报、自动走锭精纺机等等。它们是人的产业劳动的产物,是转化为人的意志驾驭自然界的器官或者说在自然界实现人的意志的器官的自然物质。它们是人的手创造出来的人脑的器官;是对象化的知识力量。固定资本的发展表明,一般社会知识,已经在多么大的程度上变成了直接的生产力,从而社会生活过程的条件本身在多么大的程度上受到一般智力的控制并按照这种智力得到改造。它表明,社会生产力已经在多么大的程度上,不仅以知识的形式,而且作为社会实践的直接器官,作为实际生活过程的直接器官被生产出来。"① 这个说法对机器生产的评价比其他任何地方都高。

在固定资本中,社会生产力表现为资本固有的属性,这个社会生产力既包括科学的力量,又包括生产过程中社会力量的结合,即协作。马克思提到,生产过程最初是人的头脑和手结合在一起的,在小生产当中是师傅带徒弟,生产中只有狭义的经验的积累。生产中的"诀窍"有时候能生产出非常精致的东西。但是它与生产中科学技术的应用没法比。头脑和手相结合变成了科学跟劳动相结合,这就对社会生产发生了极大的推动作用。在机器大生产中,人在生产中的技巧转移到机器上去。在资本主义大生产中,有一种不费分文的生产力是科学的力量。当然资本要为科学家、学者支付一定的培养费。但是,科学只有通过机器才能在生产中发挥作用。机器体系和自动化工厂的出现,使科学的应用达到了新的高峰,知识和技能的积累,社会智力的一般生产力的积累,都体现在固定资本的属性中。

"随着大工业的发展,现实财富的创造较少地取决于劳动时间和已耗费的劳动量,较多地取决于在劳动时间内所运用的作用物的力量,而

---

① 《马克思恩格斯文集》第 8 卷第 197—198 页。

这种作用物自身——它们的巨大效率——又和生产它们所花费的直接劳动时间不成比例，而是取决于科学的一般水平和技术进步，或者说取决于这种科学在生产上的应用。……例如，农业将不过成为一种物质变换的科学的应用，这种物质变换能加以最有利的调节以造福于整个社会体。"① 当大机器出现的时候，人的位置也变了，"劳动表现为不再像以前那样被包括在生产过程中，相反地，表现为人以生产过程的监督者和调节者的身份同生产过程本身发生关系。（关于机器体系所说的这些情况，同样适用于人们活动的结合和人们交往的发展。）这里已经不再是工人把改变了形态的自然物作为中间环节放在自己和对象之间；而是工人把由他改变为工业过程的自然过程作为中介放在自己和被他支配的无机自然界之间。工人不再是生产过程的主要作用者，而是站在生产过程的旁边"②。马克思论述到，由于大机器生产的发展，生产力极大提高，科学技术直接作用于生产过程，产生了巨大的生产力，大大改变了社会的面貌。

关于社会发展和共产主义的论述。马克思在本手稿中对社会发展阶段，对未来的共产主义社会有很多论述，这些非常丰富的思想也是这部手稿很重要的一个贡献。

我们知道，马克思在《德意志意识形态》中把人类社会分成四种形态，后来我们一般讲五种形态：原始社会、奴隶社会、封建社会、资本主义社会、共产主义社会。在本手稿中，马克思通过对商品生产和交换的分析，把人们的联系分成三个阶段。"人的依赖关系（起初完全是自然发生的），是最初的社会形式，在这种形式下，人的生产能力只是在狭小的范围内和孤立的地点上发展着。以物的依赖性为基础的人的独

---

① 《马克思恩格斯文集》第8卷第195—196页。
② 《马克思恩格斯文集》第8卷第196页。

立性，是第二大形式，在这种形式下，才形成普遍的社会物质变换、全面的关系、多方面的需要以及全面的能力的体系。建立在个人全面发展和他们共同的、社会的生产能力成为从属于他们的社会财富这一基础上的自由个性，是第三个阶段。第二个阶段为第三个阶段创造条件。"①

马克思在本手稿中对于未来的共产主义社会，谈了许多见解。例如，关于节约时间的问题："如果共同生产已成为前提，时间的规定当然仍有重要意义。社会为生产小麦、牲畜等等所需要的时间越少，它所赢得的从事其他生产，物质的或精神的生产的时间就越多。正像在单个人的场合一样，社会发展、社会享用和社会活动的全面性，都取决于时间的节省。一切节约归根到底都归结为时间的节约。正像单个人必须正确地分配自己的时间，才能以适当的比例获得知识或满足对他的活动所提出的各种要求一样，社会必须合乎目的地分配自己的时间，才能实现符合社会全部需要的生产。因此，时间的节约，以及劳动时间在不同的生产部门之间有计划的分配，在共同生产的基础上仍然是首要的经济规律。"② 马克思还说："节约劳动时间等于增加自由时间，即增加使个人得到充分发展的时间，而个人的充分发展又作为最大的生产力反作用于劳动生产力。从直接生产过程的角度来看，节约劳动时间可以看作生产固定资本，这种固定资本就是人本身。"③ 也就是说，节约时间等于把人作为一个完美的人生产出来。"自由时间……自然要把占有它的人变为另一主体，于是他作为这另一主体又加入直接生产过程。对于正在成长的人来说，这个直接生产过程同时就是训练，而对于头脑里具有积累起来的社会知识的成年人来说，这个过程就是［知识的］运用，实验

---

① 《马克思恩格斯全集》第 2 版第 30 卷第 107—108 页。
② 《马克思恩格斯全集》第 2 版第 30 卷第 123 页。
③ 《马克思恩格斯全集》第 2 版第 31 卷第 107—108 页。

科学,有物质创造力的和对象化中的科学。对于这两种人来说,只要劳动像在农业中那样要求实际动手和自由活动,这个过程同时就是身体锻炼。"①

共产主义社会最醒目的标志就是人的全面发展,马克思反复提到人是主要的生产力,生产力的最高发展和社会个人的最丰富的发展是一致的。科学只不过是生产力发展及财富发展所表现的一个方面,表现为生产的丰富的宏大基石的就是社会个人的发展,等等。在共产主义社会中,个性得到了自由发展,这并不是为了获得剩余劳动、缩减必要劳动,而是直接把社会必要劳动缩减到最低限度。与此相适应,由于给所有人都腾出了时间和创造了手段,个人将会在艺术科学等方面得到很大的发展,这就是人的全面发展。共产主义劳动还有一些特点,它具有主体性,人作为一个主体不是以纯粹自然形成的形式出现在生产过程中,而是作为支配一切自然力量的那种活动出现在生产过程中。这种主体性表明,人在劳动过程中属于支配者、调节者、监督者,它不再从属于劳动,不再从事那种可以让物来代替人从事的劳动。工人不再是生产过程的主要当事人,而是生产过程的监督者。那时,工人就不再是旧式分工所形成的那种片面发展的人,而是用那种把不同社会职能当做互相交替的活动方式的全面发展的人。在资本主义社会中,每个人承担一个社会局部职能,因而形成局部的个人,而到共产主义社会是全面发展的个人。同时马克思也提到,共产主义劳动成为吸引人的劳动,成为个人的自我实现,"但这决不是说,劳动不过是一种娱乐,一种消遣,就像傅立叶完全以一个浪漫女郎的方式极其天真地理解的那样。真正自由的劳动,例如作曲,同时也是非常严肃,极其紧张的事情"②。马克思在别

---

① 《马克思恩格斯全集》第2版第31卷第108页。
② 《马克思恩格斯全集》第2版第30卷第616页。

处没有讲这么多有启发性的东西。

  手稿的另外一大成果是关于资本主义社会以前的各种形态的论述，这很有价值。在论述原始积累的部分，马克思谈到了资本主义以前的各种社会形态，讲了几种所有制：原始共同体的所有制、亚细亚生产方式的所有制、古希腊罗马的生产方式、日耳曼的生产方式、斯拉夫的生产方式，等等。这是马克思继《德意志意识形态》之后，进一步论述各种社会形式。马克思的这些论述在 50 年代初介绍到我国以后，在研究历史的人们中引起了热烈的讨论，出现了各种各样的意见，争论的关键是亚细亚生产方式。亚细亚生产方式究竟是奴隶社会还是封建社会，讨论的意见很多。还有，马克思论述的斯拉夫方式，论述俄国的农村公社有可能直接过渡到社会主义等等，都跟本手稿的这部分有关。总之，本手稿中《资本主义以前的各种形式》这一部分①，具有独特的科学价值。

---

① 《马克思恩格斯全集》第 2 版第 30 卷第 465—510 页。

《大纲》在世界上的传播与接受*

〔意〕马塞罗·默斯托

一、1858—1953：百年孤独

马克思在1858年5月为了争取时间写作《政治经济学批判》而放弃了《大纲》，他在撰写《政治经济学批判》的过程中使用了《大纲》的部分内容，然后几乎再也没有动过它。实际上，虽然引用他自己以前的研究是他的习惯，甚至是整段整段地引用，但《资本论》的准备手稿中，除了1861—1863年手稿是个例外，没有任何一部手稿提到了《大纲》。当他全神贯注解决更具体的问题而不是其他草稿中提出的问题时，他没有打算再利用这些草稿，其中包括《大纲》。

这件事不太确定，但是可能甚至连恩格斯也没有读过《大纲》。众所周知，马克思去世前只完成了《资本论》第一卷，第二卷和第三卷的未完成的手稿经恩格斯编辑并整理后出版。在从事这项活动的过程中，恩格斯肯定仔细检查了包含《资本论》的准备草稿的许多笔记本，也许可以这么假定，当他对那些堆积如山的稿子进行整理分类时，他快速翻阅了《大纲》并且断定这是他的朋友的一个不成熟的文本——甚至早于1859年的《政治经济学批判》——因此不可能派上用场。此外，恩格斯在他为由自己监督出版的两卷《资本论》所写的序言里以及他自己的大量书信里都从未提及《大纲》。

---

* 本文选自《马克思主义与现实》2011年第1期。

在恩格斯去世之后，马克思的大部分原始文献存放在柏林的德国社会民主党的档案里，在那里这些文献遭到极度忽略。党内的政治冲突也妨碍了马克思留下的许多重要材料的出版；的确，这些冲突导致手稿的散落并且很长时间以来使得他的著作的全集不可能出版。也没有人对马克思的思想遗产清单负责，因此《大纲》被埋没在他的其他文件堆里。

在这个时期，《大纲》中唯一面世的部分是考茨基于1903年在《新时代》上发表的《导言》，连同一个标明1857年8月23日发表的"片断草稿"的简短评注。考茨基认为它是马克思巨著的导言，因此给它加了标题《政治经济学批判》导言，并且坚持认为"尽管它带有片断性质"，但它却提出了大量新观点。① 这个文本中的确有很多令人感兴趣的地方：最早的外文译本是法文译本（1903年）和英文译本（1904年），并且在考茨基于1907年将它作为《政治经济学批判》的一个附录出版之后不久引起更广泛的关注。越来越多的译本随之而来——包括俄文译本（1922年）、日文译本（1926年）、希腊文译本（1927年）以及中文译本（1930年）——直到它成为在马克思所有理论产品中被评论最多的著作之一。

当命运对《导言》微笑时，《大纲》很长一段时间却仍然不为人所知。很难相信考茨基没跟《导言》一起发现整个手稿，但是他从未提到它。并且稍后，当他决定在1905—1910年间出版马克思以前不为人知的一些著作时，他将注意力放在1861—1863年的材料上，他给它们添加的标题为《剩余价值理论》。

1923年《大纲》被发现，这要归功于莫斯科马克思恩格斯研究院（MEI）的院长以及《马克思恩格斯全集》历史考证版（MEGA）工作

---

① Karl Marx,"Einleitung zu einer Kritik der politischen Ökonomie",*Die Neue Zeit*,1903, vol. 1, p. 710.

的组织者达维德·梁赞诺夫。在仔细检查了保存在柏林的档案遗产之后,他在一份给莫斯科社会主义学院的关于马克思和恩格斯的文献遗产的报告中揭示了《大纲》的存在:"我在马克思的稿件中发现了有关经济学研究的另外 8 个笔记本……手稿可能写于 19 世纪 50 年代中期并且包含着马克思的著作《资本论》的第一个草稿,当时他还没有确定标题;手稿(还)包含着《政治经济学批判》的第一个文本。""在其中一个笔记本里,"J. 梁赞诺夫继续写道,"考茨基发现了《政治经济学批判》的《导言》,并且他认为《资本论》的这个准备手稿"对于我们了解马克思的思想发展史及其独特的创作和研究方法具有非凡的重要性"。①

根据马克思恩格斯研究院、法兰克福社会研究所和德国社会民主党(它仍然保管着马克思和恩格斯的遗著)达成的出版《马克思恩格斯全集》历史考证版的协议,《大纲》以及其他许多未发表的著作被照相复制,并开始由莫斯科的专家进行研究。1925 年至 1927 年间,马克思恩格斯研究院的帕维尔·韦勒将《资本论》的全部准备材料加以编目,其中第一个就是《大纲》。到 1931 年它已经被完全辨认并打印出来,1933 年有一部分作为《货币章》用俄文发表,两年后用德文发表。最后,在 1936 年,马克思恩格斯列宁研究院(马克思恩格斯研究院的后继机构)获得《大纲》的 8 个笔记本中的其中 6 个,这使得解决剩下的编辑问题成为可能。

1939 年,马克思的最后一部重要手稿——出自他生命中最多产时

---

① 这份报告的俄文版发表于 1923 年。见 David Ryazanov, "Neueste Mitteilungen über den literarischen Nachlaβ Von Karl Marx und Friedrich Engels" (Latest reports on the literary bequest of Karl Marx and Friedrich Engels), *Archiv für die Geschichte des Sozialismus us und der Arbeiterbewegung*, Year 11, 1925, pp. 393 – 394。

期之一的一部庞大著作——在莫斯科出版，韦勒给它添加的标题为：《政治经济学批判大纲（1857—1858年草稿）》。两年以后又加了一个附录，包括马克思于1850—1851年对李嘉图的《政治经济学和赋税原理》所作的评论，他对巴师夏和凯里的评述，他自己为《大纲》编写的目录以及1859年的《政治经济学批判》的初稿。马克思恩格斯列宁研究院为1939年的版本作的序突显了它的独特价值："本卷书中首次全文发表的1857—1858年的手稿，标志着马克思经济学著作中的一个决定性阶段。"①

尽管编辑原则和出版形式相似，但《大纲》还是没有被收入《马克思恩格斯全集》历史考证版的卷次中，而是单独出版。此外，第二次世界大战的临近意味着这部著作实际上仍然不为人所知：3000多册的印数很快就变得非常稀少了，只有几本设法穿越了苏联边境。《大纲》没有被收入1928—1947年的《马克思恩格斯全集》俄文第一版，它的第一个德文重印本直到1953年才问世。像《大纲》这样的著作在斯大林时期出版毕竟是件令人惊讶的事情，就当时苏联式的"辩证唯物主义"这一不容置疑的准则而言，它毫无疑问属于异端邪说，但我们也应当记住它是当时没有在德意志民主共和国出版的马克思的最重要的著作。它最终在东柏林出版了30000册，是作为**卡尔·马克思年**庆祝活动的一部分而推出的，这一年是作者逝世70周年、诞辰135周年。

写于1857—1858年的《大纲》，在经历了百年孤独之后终于从1953年起得以被全世界读者所阅读。

---

① Marx-Engels-Lenin-Institut, "Vorwort" (Foreword), in Karl Marx, *Grundrisse der Kritik der politischen Ökonomie* (*Rohentwurf*) *1857 – 1858*, Moscow: Verlag für fremdsprachige Literatur, 1939, p. VII.

二、全世界 50 万册的发行量

尽管《资本论》之前的这部新的主要手稿引起了反响,尽管人们认为它具有理论价值,但其他语种的版本仍然是很迟才出现。

继《导言》之后,另一篇首先引起了人们兴趣的摘录是《资本主义生产以前的各种形式》。1939 年,它被翻译成俄文,接着,1947—1948 年,它被从俄文翻译成日文。随后,这篇摘要的德文单行本和英文译本对于确保广泛的读者群很有帮助:前者作为"小型马克思列宁主义文库"的一部分于 1952 年出版,它是匈牙利文本和意大利文本的基础(分别于 1953 年和 1954 年出版);而后者出版于 1964 年,它推动了这篇摘要在英语国家的传播,并通过阿根廷的译本(1966 年)和西班牙的译本(1967 年)进入西班牙语世界。这个英文版的编者艾瑞克·霍布斯鲍姆加了一篇前言来强调其重要性,他写道,《资本主义生产以前的各种形式》是马克思"解决历史发展问题的最系统的尝试",并且"可以毫不犹豫地说任何一种未将[它]考虑进去的马克思主义的历史讨论……都必须基于它予以重新考虑"。① 全世界越来越多的学者真正开始关心这个文本,它在其他许多国家出版,并且到处引起重要的历史和理论讨论。

《大纲》全译本出现在 20 世纪 50 年代末期,它的传播是一个虽然缓慢但却势不可挡的过程,它最终使得一种更为彻底的、在某些方面更为不同的对于马克思的全部著作的评价成为可能。《大纲》最好的诠释者是用原文来应对它的,但是对它的更广泛的研究——在不能阅读德文

---

① Eric J. Hobsbawm, "Introduction", in Karl Marx, *Pre-Capitalist Economic Formations*, London: Lawrence & Wishart, 1964, p. 10.

的学者当中以及最重要的是,在政治斗士和大学生当中——仅仅发生在它被用各国语言出版之后。

最早的全译本出现在东方,即日本(1958—1965年)和中国(1962—1978年)。俄文本只是在1968—1969年才出版,并且是作为《马克思恩格斯全集》第2版即扩充版(1955—1966年)的补卷。它先前被排除在这套全集之外是一件比较严重的事情,因为这导致了1956—1968年的《马克思恩格斯全集》德文版(MEW)同样的缺失,因为这个版本重复了苏联版本的内容。《马克思恩格斯全集》德文版——马克思恩格斯著作的这个应用最广泛的版本和被翻译成最多的其他语言的来源——因此缺失了《大纲》,直到它最终在1983年作为补卷发表。

20世纪60年代末期,《大纲》也开始在西欧流传。第一个译本是在法国出版的(1967—1968年),但是质量较差,不得不在1980年被一个更可靠的版本所替代。1968年至1970年间意大利文译本出版,就像在法国,这种意义重大的原创性出版来自独立于共产党之外的一家出版社。

20世纪70年代,这部著作以西班牙文出版。1970—1971年在古巴出版的译本由于是从法文译本翻译过来的,因此几乎没有价值,并且它的发行仅限于该国,如果这个译本不计算在内,那么,第一个准确的西班牙文译本是1971年至1976年间在阿根廷完成的。随后由西班牙、阿根廷和墨西哥联合出版了另外三个译本,这使得西班牙语成为《大纲》译本最多的语种。

《大纲》英文译本晚于1971年出版的节译本,节译本的编者戴维·麦克莱伦激起了读者对这部著作的期待:"《大纲》远非仅仅是《资本论》的一个草稿",实际上比起其他任何著作,它更是"综合了马克思思想的各种线索……从某种意义上讲,马克思的著作没有一部是完整的，但是它们中最完整的就是《大纲》。"① 完整译本最终于1973年出版，比德文重印本晚了整整20年。它的译者马丁·尼古拉斯在前言中写道："《大纲》除了具有巨大的传记和历史价值外，还包含许多新材料，并且是对马克思全部政治经济学计划的仅有的概述……《大纲》对仍在构想的对马克思的一切严肃的解释提出挑战和考验。"②

20世纪70年代对于东欧的译本来说也是很关键的10年。由于苏联开了绿灯，在其"卫星"国家——匈牙利（1972年），捷克斯洛伐克（捷克1971—1977年，斯洛伐克1974—1975年）和罗马尼亚（1972—1974年），以及南斯拉夫（1979年）——《大纲》的出版不再有任何障碍。同一时期，两个形成对比的丹麦文译本几乎同时发售：一个是由与共产党有关的出版社出版（1974—1978年），另一个是由与新左翼关系密切的出版社出版的（1975—1977年）。

20世纪80年代，《大纲》在伊朗也被翻译出来（1985—1987年），这是马克思所有著作中第一个严谨的波斯文译本，这期间，《大纲》也在其他许多欧洲国家被翻译出来。斯洛文尼亚译本于1985年出版，波兰文译本和芬兰文译本于1986年出版（后者是在苏联支持下出版的）。

随着苏联的解体和所谓的"现实存在的社会主义"的终结（它实际上是对马克思的思想的一种露骨的否定），马克思著作的出版出现停滞。然而，即使在那些年里，当围绕着《大纲》的作者的沉默仅仅被一些绝对肯定它已被人们遗忘的人所打破时，《大纲》仍然持续被译成其他语种。希腊版（1989年）、土耳其版（1999—2003年）、韩国版（2000年）和巴西版（计划于2008年出书）使它成为在近20年中新译

---

① David McLellan, *Marx's Grundrisse*, London: Macmillan, 1971, p. 2, pp. 14-15.
② Martin Nicolaus, "Foreword", in Karl Marx, *Grundrisse*, Harmondsworth: Penguin Books, 1973, p. 7.

本数量最多的马克思的著作。

总而言之,《大纲》完整本被翻译成 22 种语言,共计 32 个不同的译本。不包括节译本在内,它已经被刊印了 50 多万册——这个数字就连撰写它的那个人都会大为吃惊,而他的目的仅仅是为了匆忙总结他当时所进行的经济学研究。

三、读者和评论

《大纲》的接受和传播史起步很晚。关于这一点的决定性原因除了它被重新发现的迂回曲折以外,无疑就是这一不完整的、粗略地草拟的手稿本身的复杂性了,所以很难用其他语言来解释和翻译。关于这一点,权威学者罗曼·罗斯多尔斯基写道:

> 1948 年,当我非常有幸看到当时非常罕见的其中一本《大纲》时……从一开始就很清楚,这是一部对马克思主义理论非常重要的著作。但是,它不同寻常的形式和某种程度上有些晦涩的表达方式使它远远不适合于广泛的读者群。①

这些思考促使罗斯多尔斯基尝试对《大纲》进行明确阐述和重要考察:结果就是《马克思〈资本论〉的形成》,这部著作在 1968 年以德文出版,这是第一部目前也仍然是关于《大纲》的最重要的专著。这部专著被翻译成了多国语言,它促进了马克思的著作的出版和传播,对于《大纲》后来的所有译者有相当重要的影响。

---

① Roman Rosdolsky, *The Making of Marx's Capital*, vol. 1, London: Pluto Press, 1977, p. xi.

1968年对于《大纲》是具有重要意义的一年。除了罗斯多尔斯基的书外,第一篇关于《大纲》的英文文章即马丁·尼古拉斯的《未知的马克思》发表在《新左派评论》3—4月号上:这篇文章的功劳在于它使得《大纲》更加广为人知并且强调了全译本的必要性。与此同时,在德国和意大利,《大纲》赢得了学生抗议运动中的一些主要人物的支持,他们在从头到尾阅读《大纲》时被其激进和极易引起争论的内容所鼓舞。特别是对于以颠覆马克思列宁主义对马克思的阐释为己任的新左翼中的那些人来说,《大纲》的魅力无法抗拒。

另一方面,在东方,时代也在改变。在《大纲》几乎被完全忽视或者未给予适当关注的最初那个时期之后,维塔利·维戈茨基的介绍性研究——《卡尔·马克思的一个伟大发现的历史:论〈资本论〉的创作》1965年在苏联、1967年在德意志民主共和国出版——采取了截然不同的方法。他认为《大纲》是一部"天才著作",它"把我们带入了马克思的'创作实验室',使我们有可能一步一步地考察马克思制定经济理论的过程",因此我们有必要给《大纲》以应有的重视。①

仅仅在几年的时间里,《大纲》就成为对许多有影响的马克思主义者来说的重要著作。除了已经提到的那些学者,特别关心《大纲》的学者还包括:德意志民主共和国的瓦尔特·图赫舍雷尔、德意志联邦共和国的阿尔弗雷德·施密特、匈牙利布达佩斯学派成员、法国的吕西安·塞夫、日本的平田清明、南斯拉夫的加约·彼得洛维奇、意大利的安东尼奥·内格里、波兰的亚当·沙夫和澳大利亚的艾伦·奥克利。总的来说,它成为马克思的任何严肃的研究者必须认真对待的一部著作。尽管存在各种细微差别,但《大纲》的评论者可分为两派,一派认为

---

① Vitali Vygodski, *The Story of a Great Discovery: How Marx Wrote "Capital"*, Tunbridge Wells: Abacus Press, 1974, p. 44.

《大纲》是一部概念体系完整的独立著作,另一派则认为《大纲》仅仅是为《资本论》铺路的一部早期手稿。对于《大纲》的讨论的意识形态背景——争论的核心是那些有着巨大政治影响的对马克思的解释的正统性或者非正统性——有利于那些不恰当的、今天看起来甚至有些可笑的解释的形成。因为关于《大纲》的一些最热心的评论者甚至认为它在理论上超越了《资本论》,虽然为着手创作后者又进行了10年的深入研究。同样,在《大纲》的主要诋毁者中间,有一些人宣称,尽管《大纲》中包含着理解马克思与黑格尔的关系的重要章节,尽管它包含着有关异化的重要段落,它仍然没有为我们所知道的马克思增添任何内容。

不仅存在对《大纲》的相反的解释,还存在不解释它的情形——最突出和最有代表性的例子是路易·阿尔都塞。甚至在他试图使马克思假想的沉默发出声音并以这样一种方式来阅读《资本论》以便"看到《资本论》中可能仍然以看不到的东西的形式存在的东西"① 时,他公然忽视《大纲》几百页之多的篇幅,并将马克思的思想划分成(后来招致激烈的争论)早期著作和成熟期著作,而没有注意到1857—1858年手稿的内容和意义。②

不过,从20世纪70年代中期开始,《大纲》赢得了前所未有的较

---

① Louis Althusser and Étienne Balibar, *Reading Capital*, London: Verso, 1979, p. 32.

② 参见吕西安·塞夫的《从马克思的视角思考当今世界》(Lucien Sève, *Penser avec Marx aujourdhui*, Paris: La Dispute, 2004),他在其中回忆道:"就阅读这个词的真实含义而言,除《导言》这样的文本外……阿尔都塞从来不阅读《大纲》。"(第29页)在改写阿尔都塞本人借用并使用的加斯东·巴什拉的术语"认识论的断裂"时,塞夫谈到了一种人为的参考书目上的断裂,这种断裂导致了关于其起源,因此还有它与马克思成熟思想之间的连续性的最错误的观点(第30页)。

大数量的读者和评论者。两部详尽的评论著作出版了，一部是1974年的日文著作①，另一部是1978年的德文著作②，但是其他许多作者也撰写了关于《大纲》的文章和著作。许多学者认为它是对于有关马克思思想最广泛讨论的问题之一——他在思想上借鉴了黑格尔——特别重要的一部著作。其他人则为关于机器和自动化片断中几乎预言性的陈述所着迷，并且在日本，《大纲》还被解释为有助于我们理解现代性的一部极为热门的著作。20世纪80年代，首批详尽的研究著作开始在中国出版，在这些著作中，《大纲》被认为为《资本论》的起源提供了线索，而在苏联则出版了一部由集体创作的专门研究《大纲》的论文集。

近年来，马克思的著作对于解释（同时也是批判）资本主义生产方式的持久能力使得很多国际学者的兴趣开始复苏。③ 如果这种复苏得以持续，如果它伴随着政治领域对于马克思的新需求，《大纲》无疑将再次证明是他的能够引起重大关注的著作之一。

与此同时，怀着对"马克思理论将会是充满活力来源的知识和在这种知识指引下的政治实践"的希望，这里所呈现的关于《大纲》在全球的传播和接受的历史旨在对它的作者给予适度认可，同时也旨在尝试填补马克思主义历史上的一页空白。

---

① Kiriro Morita and Yamada Toshio, *Komentaru keizaigakuhihanpyoko*, Tokyo: Nihonhyoronsha, 1974.

② Projektgruppe Entwicklung des Marxschen Systems, *Grundrisse der Kritik der politischen Ökonomie(Rohentwurf)* ,*Kommentar*, Hamburg: VSA,1978.

③ Marcello Musto, "The Rediscovery of Karl Marx", *International Review of Social History*, (2007) 52/3: 477-498.

《大纲》完整本时间表

1939—1941 年	德文第一版
1953 年	德文第一版重印本
1958—1965 年	日文译本
1962—1978 年	中文译本
1967—1968 年	法文译本
1968—1969 年	俄文译本
1968—1970 年	意大利文译本
1970—1971 年	西班牙文译本
1971—1977 年	捷克文译本
1972 年	匈牙利文译本
1972—1974 年	罗马尼亚文译本
1973 年	英文译本
1974—1975 年	斯洛伐克文译本
1974—1978 年	丹麦文译本
1979 年	塞尔维亚文/塞尔维亚-克罗地亚文译本
1985 年	斯洛文尼亚文译本
1985—1987 年	波斯文译本
1986 年	波兰文译本
1986 年	芬兰文译本
1989—1992 年	希腊文译本

(续表)

1999—2003 年	土耳其文译本
2000 年	韩文译本
2008 年	葡萄牙文译本

(原载马塞罗·默斯托主编《卡尔·马克思的〈大纲〉》英国劳特利奇出版公司2008年版)

(李楠 译 闫月梅 校)

结构与方法

《政治经济学批判大纲》中研究方法和叙述方法的交织[*]

〔苏〕W. 维戈茨基

为了探讨马克思经济学说的具有现实意义的重要问题，卓有成效地应用这一学说解释现代情况，预测资本主义经济前景，有必要进一步加深我们对《资本论》的方法的认识，深入了解《资本论》作者的创作实验室。哲学家最感兴趣的是从《资本论》的逻辑中得出一般形态上的辩证唯物主义方法（列宁所说的"大写字母的逻辑"），而经济学家认为最有意义的，是使这一方法具体化，以用来从事经济学研究。

在《资本论》第一卷第二版《跋》中，马克思把"辩证法"和他"个人对这种方法的运用"区分开来。考察一下后一过程，可以使我们再现《资本论》中具体运用唯物辩证法的情况，对于马克思制定经济学理论的机制得出某种概念。把研究方法和叙述方法，即统一的经济理论制定过程的两个方面区分开来，这对于说明马克思的创作方法的特征具有重要意义。研究和叙述的相互关系问题，在现代著述中得到广泛的反映。在这里我想首先提一提 W. 雅恩和 R. 尼措尔德关于研究和叙述

---

[*] 本文选自《马列主义研究资料》1983 年第 5 辑。

的内在统一性的内容丰富的分析。① 在马克思的经济学手稿中,在许多地方讨论了这个问题,特别是在《政治经济学批判大纲》(1857—1858年),即《资本论》的最初手稿中,深入讨论了这个问题。在探讨这一手稿之前,首先应当做几点说明。

一

我的思路是以上面提到的马克思《资本论》第一卷第二版《跋》中的思想为出发点的。马克思说:"当然,在形式上,叙述方法必须与研究方法不同。研究必须充分地占有材料,分析它的各种发展形式,探寻这些形式的内在联系。只有这项工作完成以后,现实的运动才能适当地叙述出来。这点一旦做到,材料的生命一旦观念地反映出来,呈现在我们面前的就好象是一个先验的结构了。"②

可见,按照马克思的观点,研究方法和叙述方法是根本不同的,被应用于科学理论创立过程的不同阶段,在时间上和空间上是各自分开的。两者之间的区别是形式上的,因为两者都以对于实际的统一的科学认识过程为基础。从这个意义上说,在研究和叙述之间存在着某种不可分割的内在统一性。但是,正像马克思在另一处指出的,决不能因为看到统一,就"忘记本质的差别"③。

---

① W. 雅恩、R. 尼措尔德:《马克思的政治经济学在1850—1863年期间的发展问题》,载《马克思恩格斯年鉴》,柏林1978年版,第1辑。并见 L. 阿巴尔金、A. 叶列明、N. 赫辛在《经济科学》杂志上展开的争论(见该杂志1969年第10期,1974年第1、2期,1975年第6、8期,1976年第3期)。
② 《马克思恩格斯全集》第1版第23卷第23—24页。
③ 《马克思恩格斯全集》第1版第46卷上册第22页。

其次，马克思强调研究方法的以下要素，即特征：1. 充分地占有材料；2. 分析它的各种发展形式；3. 探寻内在联系。

研究方法的上述各个要素在马克思的经济学遗产中也反映出来了。这首先反映在摘录资产阶级经济学家著作、统计汇编、工厂视察员报告等资料的大量笔记本中①，其次，也反映在《资本论》的各种手稿中。研究过程的特点是从具体进到抽象（K→A），从经济的"表面现象"进到深刻的内在联系，而叙述过程的首要特征是从抽象上升到具体（A→K）②。在摘录笔记中，K→A 运动占统治地位；在《资本论》各手稿中，这一运动只居优势地位，它同从抽象上升到具体的运动（A→K）是交织在一起的。然而，在完成的著作中，例如在《政治经济学批判》第一分册（1859 年）和《资本论》第一卷（1867 年）中，A→K 运动则已居优势地位，不过这些著作中仍可看到 K→A 过程。③

最后，按照马克思的想法，在科学叙述过程中反映出来的是材料的"现实运动"；在科学理论中"材料的生命……观念地反映出来"，于是就产生一种实际危险：把理论武断地理解为某种"先验的结构"，也就是看作天才头脑的创造，而不是现实的反映。产生这种看法的危险是现

---

① 随着《马克思恩格斯全集》国际版（MEGA）第四部分各卷编辑工作的展开，马克思的各种摘录笔记也得到仔细的研究。参看 K. 弗里克、W. 雅恩：《马克思的 1850—1853 年的伦敦笔记》，载《马克思恩格斯研究文集》1976 年第 2 辑。

② 马克思指出，K→A 和 A→K 运动的相互作用在资产阶级政治经济学的历史中已得到反映。参看马克思的《1857—1858 年经济学手稿》（《马克思恩格斯全集》第 1 版第 46 卷上册第 38 页）。

③ 《资本论》创作史研究表明，对资产阶级政治经济学进行历史的、批判的分析，是马克思的研究过程的一个最重要的特征。由此可以认为，K→A 运动是这一过程的决定性要素，也就是说，从资产阶级经济学家用来分析资本主义经济的各种转化形式进到资本主义经济深处的规律性，是研究过程的决定性要素。

实存在的,这是因为,在现实中不仅存在研究过程和叙述过程的差别,而且在两者之间在时间和空间上也存在一道鸿沟。我们只剩下一种选择:把马克思的经济学遗产当作一个整体来进行研究,也就是说,其中既包括完成的著作,也包括原始的经济学手稿。由于这一原因,手稿对于我们具有特殊的价值,因为只有在手稿中我们才能观察研究过程和叙述过程的交织,即两者的相互作用。现在我们就从我们所感兴趣的角度出发,考察一下 1857—1858 年手稿,即《政治经济学批判大纲》。

二

人们可以提出这样的主张:《资本论》结构的制定是研究过程的成果;与此同时,制定这一结构的过程的各个相互连接的阶段,同时也就是科学理论创立过程的各个阶段,换句话说,也就是叙述方法展开过程的各个阶段。例如,关于《资本论》结构的各种方案,就是《资本论》创作过程的各个重要环节,在这些方案中,研究过程和叙述过程是紧密交织在一起的。经济学理论结构的演进,在每一个阶段上都表现为上述两个过程相互作用的结果;这种演进表示叙述方法的某种演进,而后者又是每一时期所进行的研究的成果。

为了说明这一点,我们来考察一下《政治经济学批判大纲》。

马克思着手写作这一手稿时,已经就经济学理论的叙述即结构制定了明确的计划。这一计划包含在《导言》这一草稿中,后者写于 1857 年 8 月底,即大约写于马克思直接着手写作《资本论》最初草稿前一个月。

马克思在《导言》中写道:"显然,应当这样来分篇:(1) 一般的抽象的规定,因此它们或多或少属于一切社会形式……(2) 形成资产阶级社会内部结构并且成为基本阶级的依据的范畴。资本、雇佣劳动、土地所有制。它们的相互关系。城市和乡村。三大社会阶级。它们之间的交换。流通。信用事业（私人信用）。（3）资产阶级社会在国家形式上的概括……'非生产'阶级。税。国债。公共信用。人口。殖民地。向外国移民。（4）生产的国际关系。国际分工。国际交换。输出和输入。汇率。（5）世界市场和危机。"①

我们顺便说一下，这一计划也是马克思先前所进行的哲学和经济学研究的成果。这一计划是建立在对于物质生产的首要地位，对于基础和上层建筑的相互关系的认识基础上的，是以对于资产阶级社会的阶级结构的分析，以资本被当作资产阶级经济中心概念这一点为出发点的。这一研究过程体现在《1844年经济学哲学手稿》中，《德意志意识形态》（1845—1846年）中，40年代和50年代的各种摘录笔记本中，以及马克思的其他著作中。

在我们所考察的手稿的《货币章》的末尾，即大约于1857年11月，马克思制定了自己的著作的第二个计划草案，这一草案重复了第一个草案的五篇计划。

马克思是这样说的："在考察交换价值、货币、价格的这个第一篇里，商品始终表现为现成的东西。形式规定很简单。我们知道，商品表现社会生产的各种规定，但是社会生产本身是前提。然而，商品不是被设定在这一规定上。事实上，最初的交换也只是表现为多余的产品的交换，并不涉及和决定整个生产。这是一种处于交换价值世界之外的总生产的现成的多余产品。即使在发达的社会中，这些多余的产品同样会作为直接现成的商品世界而出现在社会表面上。但是，商品世界通过它自身便超出自身的范围，显示出表现为生产关系的经济关系。因此，生产的内部结构构成第二篇。（资产阶级社会）在国家上的概括构成第三

---

① 《马克思恩格斯全集》第1版第46卷上册第46页。

篇,(生产的)国际关系构成第四篇,世界市场构成末篇;在末篇中,生产以及它的每一个要素都表现为总体,但是同时一切矛盾都展开了。于是,世界市场又构成总体的前提和承担者。于是,危机就是普遍表示超越这个前提,并迫使采取新的历史形式。"①

在我们所引述的这一草案中,我们认为可以发现三个崭新的论点:

第一,在这里以"一般的抽象的规定"的形式出现的已经不再只是"劳动,分工,需要,交换价值"、"产品一般"、"劳动一般"②,而是商品,同时"交换价值、货币、价格"③已被看作商品生产的特征。无疑,经济学理论结构的这一重大变化是下述发现的结果:商品是资本主义社会的"元素细胞",是资产阶级财富的元素形式。这一发现是马克思在手稿的研究部分中,即在从具体进到抽象,从货币进到交换价值的过程中取得的。④ 1857—1858年的经济学手稿从"货币章"着手写起。在写作这一章的进程中,当上述 K→A 过程完成后,马克思随即把这一章用罗马数字标为第Ⅱ章。⑤

――――――――――

① 《马克思恩格斯全集》第1版第46卷上册第177—178页。

② 《马克思恩格斯全集》第1版第46卷上册第38、41、46页。

③ 《马克思恩格斯全集》第1版第46卷上册第177页。

④ 对蒲鲁东的"劳动货币"理论的批判分析,使马克思得出这样的结论:这一错误理论是从蒲鲁东的错误的价值理论中产生的。而这就表明,研究过程中的从货币到价值(K→A)的过程,应在叙述过程中表现为从价值到货币(A→K)的过程。

⑤ 首先指出这一情况的是 V. K. 布鲁什林斯基(见《马克思恩格斯全集》国际版(MEGA)第2部分第1卷第1册资料分册第29页)。《货币章》这一标题是马克思后加上去的,并且后来又在标题之前标以罗马数字Ⅱ。在《货币章》中,有两处表明,马克思已认识到在叙述中《交换价值本身》这一章应放在《货币章》之前(《马克思恩格斯全集》第1版第46卷上册第142、153页)。

这就说明，就叙述过程来说，在"货币章"之前还应当另有一章，起初马克思想在这一章中说明"价值"（在1857—1858年手稿的最末尾，写有这一章第一稿的开头部分，并用罗马数字标为Ⅰ①），后来在《政治经济学批判》（1859年）第一分册中，马克思在这一章中论述的是"商品"。

在《货币章》已写了一半的时候，马克思强调"有必要对唯心主义的叙述方法作一纠正，这种叙述方法造成一种假象，似乎探讨的只是一些概念的规定和这些概念的辩证法"②。从价值、价格等等转到商品，并且把商品当作资本主义的"元素细胞"进行分析③，这从方法论的角度来看，正是克服"唯心主义的叙述方法"。

第二，在我们所考察的计划草案中，马克思说明有必要从商品的抽象规定过渡到分析生产的内在结构，即生产关系。

这一计划中得出的这一结论的根据，就是先前把商品当作生产关系的承担者而进行的研究。④ 同时，计划的第二点更为具体，"资产阶级社会内部结构"被"生产的内部结构"所代替。⑤

在这里我们可以证实，在研究和叙述之间存在着某种完全肯定的相互关系。事实上，马克思是在高度抽象的水平上来把商品当作资本主义的"元素细胞"把握的，也就是说是在K→A过程的结束阶段上得出这

---

① 《马克思恩格斯全集》第1版第46卷下册第411—412页。

② 《马克思恩格斯全集》第1版第46卷上册第97页。

③ 恰好是在1857—1858年的手稿中，马克思第一次把商品当做资产阶级财富的元素来进行分析（《马克思恩格斯全集》第1版第46卷上册第169—171页），并紧接着写下了我们现在所考察的第二个写作计划草案。

④ 《马克思恩格斯全集》第1版第46卷上册第84—88页。

⑤ 《马克思恩格斯全集》第1版第46卷上册第46、178页。

一认识的。因此,货币理论就其在《政治经济学批判》第一分册和《资本论》第一卷第一篇中所取得的形态来说,带有某种非常一般化的性质。在这种一般性的考察中,商品"表现社会生产的各种规定,但是社会生产本身是前提"①。正是由于这一原因,我们可以肯定,上述理论在自身叙述的一定阶段上可用来说明任何一种商品生产的各种关系的特征,而不只是可以说明资本主义商品生产的各种关系的特征。在我们所考察的计划中,马克思强调指出:在现实中同商品分析的抽象阶段相适应的,是资本主义以前的生产发展的这样一个阶段,在这个阶段上,相互交换的只是剩余物品,交换还没有掌握和左右生产总体,总生产本身还"处于交换价值世界之外"②。甚至在发达的,即资本主义社会中,同分析的这一阶段相适应的也是"直接现成的商品世界"③。不过,后者必然要求继续对本来意义的生产关系进行分析,即对资本主义的社会商品生产进行分析。

第三,最后,马克思在这里指出,事情将"迫使采取新的历史形式"④,这是资本主义的对抗性矛盾,首先是危机的不可避免的结果。因此,对共产主义社会形态的客观前提的分析,对共产主义经济的科学预测,以及对科学共产主义理论的一般意义上的经济学论证,就表现为对资本主义经济所进行的研究的必然结果,从而表现为马克思的经济学理论的有机组成部分,并被马克思在《资本论》中编织成这一理论的一般叙述织物。

---

① 《马克思恩格斯全集》第 1 版第 46 卷上册第 178 页。
② 《马克思恩格斯全集》第 1 版第 46 卷上册第 178 页。
③ 《马克思恩格斯全集》第 1 版第 46 卷上册第 178 页。
④ 《马克思恩格斯全集》第 1 版第 46 卷上册第 178 页。

三

　　1857年11月，马克思在我们所考察的手稿《资本章》的开头部分，提出他自己的著作的第三个写作计划草案，并采用了两种表达方式①，同时，他把注意力放在资本的研究结构上。在《1844年经济学哲学手稿》中，马克思就已经认识到资本是资产阶级经济的中心范畴。他从斯密和李嘉图把社会分为三个基本阶级这一观点出发，把自己所搜集的材料分为三类：工资，资本利润，地租。这三者正好反映了资产阶级社会的阶级结构。在表示这一结构特征的三个范畴中，马克思把资本明确地划分出来，认为这一范畴是资本主义经济的中心范畴和始发范畴，是劳动及其产品的支配权。在《导言》中，马克思根据40年代和50年代所进行的研究，确认"资本是资产阶级社会的支配一切的经济权力。它必须成为起点又成为终点"②。《1857—1858年经济学手稿》中经济学理论的制定过程本身完全证实了这一命题。③

　　为了清楚起见，我们把第三个计划草案的两种不同的表达方式分两栏引述如下。

---

① 《马克思恩格斯全集》第1版第46卷上册第219—220、232—233页。
② 《马克思恩格斯全集》第1版第46卷上册第45页。
③ 《马克思恩格斯全集》第1版第46卷上册第295页。

第一种表达方式

Ⅰ.
（1）资本的一般概念。

（2）资本的特殊性：流动资本，固定资本。（资本作为生活资料，作为原料，作为劳动工具。）
（3）资本作为货币。

Ⅱ.
（1）资本的量。
　　　积累。
（2）用自身计量的资本。利润。利息。资本的价值……
（3）资本的流通。
　（α）资本和资本相交换。资本和收入相交换。资本和价格。
　（β）资本的竞争。
　（γ）资本的积聚。
Ⅲ.资本作为信用。

第二种表达方式
资本
Ⅰ.一般性：
（1）
（a）由货币变成资本。
（b）资本和劳动（以他人劳动为媒介）。
（c）按照同劳动的关系而分解成的资本各要素（产品、原料、劳动工具）。
（2）资本的特殊化：流动资本，固定资本。资本周转。
（3）资本的个别性：
　　资本和利润。
　　资本和利息。
　　资本作为价值……

Ⅱ.特殊性：
（1）资本的积累。

（2）资本的竞争。

（3）资本的积聚……

Ⅲ.个别性：
（1）资本作为信用。
（2）资本作为股份资本。
（3）资本作为货币市场。

Ⅳ. 资本作为股份资本。
Ⅴ. 资本作为货币市场。
Ⅵ. 资本作为财富的源泉。
资本家……
土地所有权。
雇佣劳动。
价格运动作为……
流通来进行考察。
资产阶级社会的三个阶级。
国家（国家和资产阶级社会。——赋税，或非生产阶级的存在。——国债。——人口。——国家对外：殖民地。对外贸易。汇率。货币作为国际铸币。——世界市场。资产阶级社会越出国家的界限。危机。以交换价值为基础的生产方式和社会形式的解体……）

土地所有权
雇佣劳动

在我们所考察的草案的第一种表达方式中，资本篇分为六个部分，在第二种表达方式中这一篇分为三大部分，其标题为"一般性"，"特殊性"，"个别性"，这无疑是从黑格尔的《逻辑学》中引进的。马克思在1858年1月14日致恩格斯的信中写道："我又把黑格尔的《逻辑学》浏览了一遍，这在材料加工的方法上帮了我很大的忙。"①

在比较这两种表达方式时，我们至少还必须注意两点：第一，在第二种表达方式中，"资本的一般概念"这一篇大大具体化了，以前包含在流动资本和固定资本篇中的一个问题，即"按照同劳动的关系而分解

---

① 《马克思恩格斯〈资本论〉书信集》，人民出版社1976年版，第121页。

成的资本各要素"①,现在被移入讨论资本的一般概念这一篇中。这一篇的内容同《资本论》第一卷前五章的内容完全一致。第二,在第二种表达方式的"一般性"这一篇中,"资本作为货币"这一点为"资本的个别性"这一点所代替,后者的内容部分地同《资本论》第三卷的内容相一致。总起来说,正如我们所看到的,在"一般性"这一篇中已经预计到要把材料分为三个部分,这种划分法成了后来《资本论》理论部分结构的基础。

不久(1857年11月和12月间,即在手稿的第三个笔记本中②),马克思从"一般性"范畴又转而使用"资本一般"范畴,后一范畴对于马克思在1857—1862年期间制定经济理论和《资本论》结构的工作具有根本性的意义。③ 1858年3月11日,马克思在致斐·拉萨尔的信中介绍了自己的著作第一分册的计划,在这一计划的"资本一般"标题下最终表述了《资本论》理论部分的三分法的结构。马克思是这样划分的:"资本的生产过程,资本的流通过程,两者的统一,或资本和利润、利息。"④

在《1857—1858年经济学手稿》写作完成之前,即在1858年2月22日,马克思在致拉萨尔的信中又介绍了自己的经济学著作的六卷计划,这一计划概括了马克思在写作上述手稿过程中在制定经济学理论结构方面取得的成果。马克思在信中说:"全部著作分成六个分册:(1)资本……(2)地产,(3)雇佣劳动,(4)国家,(5)国际贸易,

---

① 《马克思恩格斯全集》第1版第46卷上册第232页。
② 《马克思恩格斯全集》第1版第46卷上册第270页。
③ M. 曼弗雷德:《走向〈资本论〉之路。论马克思的资本概念在1857—1863年期间的发展》,柏林1978年版。
④ 《马克思恩格斯〈资本论〉书信集》,人民出版社1976年版,第130页。

(6)世界市场……政治经济学和社会主义的批判和历史整个说来应当是另一部著作的对象。最后,对经济范畴或经济关系的发展的简短历史概述,又应当是第三部著作。"①

考察六卷计划不是本文的任务。② 我们只想强调指出马克思在这一计划中所表达的下述想法:他自己的著作将分为理论部分和历史部分。③

马克思在1858年6月写作手稿的过程中,最终制定了"资本一般"这一篇的结构,当时他起草了《七个笔记本的索引》的两个草稿。在那里他是这样写的:

"(Ⅲ)资本一般。④

从货币到资本的过渡。(1)资本的生产过程。(a)资本和劳动能力的交换。(b)绝对剩余价值……(c)相对剩余价值。(d)原始积累。(资本和雇佣劳动的关系的前提)。(e)占有规律的转变……(2)资本的流通过程。"⑤

不难发现,这里的这一篇的结构更加接近了《资本论》第一卷的结构(在上述草稿中,第二和第三篇没有进一步制定)。

---

① 《马克思恩格斯〈资本论〉书信集》,人民出版社1976年版,第124页。

② A. M. 科甘指出,这一计划反映了资本主义经济的结构,正是这种结构决定了关于资本主义的一般理论的分篇法(见科甘发表在《经济科学》1966年第2期和《哲学问题》1967年第9期上的文章)。

③ 应当指出,马克思打算这样划分自己的未来著作的意图,最初是在1846年8月1日致出版家列斯凯的信中提出的,从此以后,这种划分法在《资本论》创作的各个阶段上没有发生变化,只是表现形式不同而已。

④ 前两部分是(Ⅰ)价值和(Ⅱ)货币。

⑤ 参看《马克思恩格斯全集》第1版第46卷下册第418页。

1861年夏天，马克思在《1857—1858年经济学手稿》的材料的基础上，对"资本一般"这个部分的结构作了更加详细的规定①，当时他正着手写作《政治经济学批判》第二分册，这一工作是从1861年8月开始的。

　　《资本论》的结构，无论就其制定工作的复杂性来说，或就其重要性来说，都可以纳入马克思在经济学理论领域所作出的伟大发现的行列。这一结构的完成，可以看作是经济科学历史上"把辩证方法应用于政治经济学的第一次尝试"②。研究方法和叙述方法的辩证的相互作用和交织，正是政治经济学的方法以及整个唯物辩证法的本质特征。

（原载民主德国《马克思恩格斯研究文集》1979年第9辑）

（夕昆 译）

---

　　① 《马克思恩格斯全集》第1版第46卷下册第541—549页。这一手稿的写作日期目前还有争论。很有可能这是马克思于1859年2、3月间写的，即在完成《政治经济学批判》第一分册之后不久写的。

　　② 《马克思恩格斯全集》第1版第31卷第385页。

1857—1858年手稿《大纲》的研究方法和结构*

〔苏〕伊丽娜·安东诺娃

人们对1857—1858年经济学手稿（《大纲》）中马克思的理论阐述的各个方面虽然已作过透彻的研究。但是，仍不能说对手稿的结构尤其是对手稿所制定的方法的考察就很全面了。《大纲》所阐发的研究方法构成了哲学的和具体历史的亦即各个学科的研究的有机统一，这种情形类似于理论与方法的统一。

这主要是指马克思对资产阶级经济的分析这种具体的历史主义。他早在19世纪40年代，就已经用社会发展的历史唯物主义观点来表述历史主义的原理了。由这种观点得出的结论就是，分析资本不必越过资本主义生产方式的历史范围。马克思在1857—1858年手稿中指出：从封建社会到资本主义社会的过渡是一个辩证的飞跃。它构成了历史连续性的一个突破口。换句话说：这个过渡是不能由此前的时代的基本生产关系逻辑地派生出来的。[①] 因此，马克思所面临的任务就是，把资本主义社会当做一个既成的总体来对待，其中所有主要倾向都已具备且有所发展，只有在这个基础上才可能揭示出资本主义社会内部的运动规律。资本主义发展的高度成熟本身，就是研究现代资本产生史的条件。这对马克思来说是很清楚的，例如，他后来曾这样说："新事物和旧事物之间

---

* 本文选自《马克思恩格斯研究》1990年总第3期。
① 《马克思恩格斯全集》第1版第46卷上册第44—45、205—206页。

的真实的从而是最简单的联系。总是在新事物本身已取得完善了的形式后才被发现。"①

具体的历史主义，也就是把社会当作其本身分为若干环节的体系来考察。在《大纲》中，马克思一再提到作为有机整体的物质生产或资产阶级社会。②把研究对象当成有机编排的体系，这是由具体上升为抽象，又由抽象上升为理论上具体的东西这种方法运用的基础。

在手稿中，这个上升具有多种形式，并且实际包括了马克思的资产阶级经济学研究的各个脉络：从货币理论开始，继而形成"资本一般"概念和直接的生产过程，最后以资产阶级政治经济学史收尾。总之，从对物质生产一般进行抽象哲学的考察向对物质生产进行具体经济学分析的过渡，是《大纲》中的典型过渡，由此也可以看出由抽象向具体的上升现象。

举例来说。在1857—1858年手稿中专门的经济学问题与哲学问题的联系，其实要比表现在《资本论》第1卷某些章节的还要密切。在那个时期。哲学阐述的方面涉及到物质生产的一般结构问题、它在资产阶级社会内部所处的地位的确定问题，也就是资产阶级社会本身的历史顺序问题。手稿对这个问题的研究占了重要篇幅，在某种意义上说，它决定了手稿的结构特点。就狭义的资本主义生产方式而言，在对上述诸问题的研究中，具体经济学的考察渐居主要地位。《资本论》的逻辑理所当然地取代了对方法论特征的探讨。

对手稿原稿的历史的考察，打开了有关《资本论》逻辑发展的新领域。马克思手稿的撰写很有可能是以1857年1月批判分析阿·达里

---

① 参见马克思：《数学手稿》，人民出版社1975年版，第144页。
② 参见《马克思恩格斯全集》第1版第46卷上册第31、234—235页。

蒙的《论银行改革》一书开始的。① 然而，我们认为，马克思没有走上进一步正面叙述他自己的理论的道路，而是因优先照顾其他各种计划而中断了写作。特别是他在同年7月起草了《巴师夏和凯里》一文②，其中包含了对资产阶级政治经济学的绝妙的批判。接着于8月底写下《导言》③，这篇文章制定了着手研究政治经济学的基本原则。起初马克思在他写的《导言》中对资产阶级经济学理论结构的分析的叙述还没有与在政治经济学中占主导地位的传统决裂。因此仍然打算以"生产一般"作为叙述的开始。当然，马克思同时也以崭新的原则要求即以具体历史的方法去分析物质生产，丰富了这个传统。这在很大程度上导致了对一个也是以此为开始的经济学说的背叛。④

除此之外，《导言》还分析了后续的研究任务和理论前提；根据这个理论所叙述的经济关系在资产阶级社会结构中所占的地位相应提示了科学结论在这个理论中的编排方法。⑤ 最后，马克思还在《导言》中为将来的研究草拟了一个临时计划。⑥

至迟在1857年10月，马克思又回到他中辍了的手稿上来，手稿中那段时间的摘录可以为证。⑦ 重新写作的起始点不明。但是可以这样揣

---

① 《大纲》的报刊摘录注明的日期是1857年1月24日和2月12日（参见《马克思恩格斯全集》第1版第46卷上册第97页），这对这里的阐述逻辑无关。此外，马克思可能早在1856年12月就已经着手研究达里蒙的这部著作了（参见《马克思恩格斯全集》第1版第29卷第89页）。
② 《马克思恩格斯全集》第1版第46卷上册第3—10页。
③ 《马克思恩格斯全集》第1版第46卷上册第18—50页。
④ 《马克思恩格斯全集》第1版第46卷上册第22—24页。
⑤ 参见《马克思恩格斯全集》第1版第46卷上册第45页。
⑥ 参见《马克思恩格斯全集》第1版第46卷上册第46页。
⑦ 参见《马克思恩格斯全集》第1版第46卷上册第187—188页。

测。即写作的中断是由于开始的叙述逻辑关系复杂所致。只有在重新开始撰写工作以后，对材料的阐述才能彻底地与抽象到具体的上升同一起来。手稿对这个方法的运用，要比在草稿《巴师夏和凯里》和《导言》中更加自如。

对价值关系和货币的分析。使我们看到一系列当时尚未解决的方法论问题：首先是从一个理论概念到另一理论概念的合乎逻辑的过渡问题。马克思自己说："往后，在结束这个问题之前，有必要对唯心主义的叙述方法作一纠正，这种叙述方法造成一种假象，似乎探讨的只是一些概念的规定和这些概念的辩证法。因此，首先是弄清这样的说法：产品（或活动）成为商品；商品成为交换价值；交换价值成为货币。"①

在手稿中，货币到资本的过渡是与劳动力（当时叫劳动能力）商品的发现联系在一起的。对一般理论特征的思考（如对生产和流通关系的分析以及资本在资产阶级政治经济学中的定义等）都走在这个过程的前面，这绝不是偶然的。

劳动力这一商品的发现有助于理解剩余价值的本质。当然，剩余价值分析又与利润分析联系在一起。因而，必须克服资产阶级关于剩余价值的来源及其本质的观点，透过作为实体的利润来认识剩余价值，这就意味着从具体上升到抽象。

《大纲》特别是后来撰写的经济学手稿对剩余价值的研究也与在进行经济学分析时不得不运用数学方法一事有联系。所以，马克思在分析资本价值构成时，首次使用了代数符号。1858年1月11日，他告诉恩格斯说："在制定政治经济学原理时，计算的错误大大地阻碍了我，失望之余，只好重新坐下来把代数迅速地温习一遍。算术我一向很差。不

---

① 《马克思恩格斯全集》第1版第46卷上册第97页。

过间接地用代数方法，我很快又会计算正确的。"① 但是，由于代数只表示静态关系，所以为分析剩余价值的变化过程，马克思必须掌握微分知识。对于马克思来说，数学知识在他后来制定经济学理论的几个阶段（在详细分析剩余价值率与利润率、地租与流通过程时）尤有必要。在1857—1858年手稿的写作过程中，我们已经可以见到首次运用数学方法的尝试，它的运用与辩证的考察方法有密切的相互关系，同时也是对这种方法的充实。

在《大纲》中，生产过程分析和流通过程分析互相紧密交织，因此很难明显看出其中段与段之间的过渡。② "商品量"考察虽可以明确为"过渡"，但是，这是在1864年《资本论》第3稿第6章《直接生产过程的结果》③ 中才出现的。《大纲》之所以还没有对这个过渡作出规定，是因为商品在那里从未被认为是叙述的出发范畴。

在手稿中，对流通过程以及"纯粹"形式的利润构成的考察，是同论述它们各自在社会表面的表现形式，也就是同竞争和信贷联系在一起的。如果说这些"补充部分"就《资本论》这个发展了的结构来看可以说是偏离主题，那么就这个结构的生成而言它显然是从具体上升到抽象的必要环节。这种上升的意义在于确定未来叙述的抽象程度，在于对进而成为《资本论》第2卷和第3卷的基础的那些概念的表述。

正像考察竞争和信贷是马克思探讨流通和利润的先决条件一样，手稿中对资产阶级政治经济学史问题的研究，也可以看作是正面探讨资本

---

① 《马克思恩格斯全集》第1版第29卷第247页。

② 马克思在1858年1月29日写给恩格斯的信中提到"资本的周转"，证明他当时正研究流通问题。（参见《马克思恩格斯全集》第1版第29卷第258—259页）。

③ 《马克思恩格斯全集》第1版第49卷第4—145页。

的一种导论。在1857—1858年手稿中,马克思以一般形式表述了政治经济学批判的主要论点,1861—1863年手稿则对这些论点作了进一步的发挥。

资产阶级政治经济学的理论构成是"从劳动、分工、需要、交换价值等等这些简单的东西上升到国家、国际交换和世界市场"①,这一学说积累的经验和《大纲》中对资本主义生产关系的透彻的分析本身终于使马克思认识到,他的经济学体系的出发范畴应该是商品。

这一发现以辩证扬弃的形式包容了所有研究的成果;在1858年5月写的新手稿开篇《价值》中第一次明确表述了这一发现②,因此可以把它理解为他此前全部研究的具体成果。在这方面,劳动力商品的发现,亦即对资本主义商品关系的基本的和一般的特性的了解,发挥了决定性作用。

(原载联邦德国《马克思主义研究》1987年第12辑)

(卢晓萍 译 张念东 校)

---

① 《马克思恩格斯全集》第1版第46卷上册第38页。
② 《马克思恩格斯全集》第1版第46卷下册第411—412页。

从具体上升到抽象和从抽象上升到具体是唯物辩证法的不可分割的统一过程*

〔民主德国〕G. 法比翁克

研究马克思的政治经济学的方法,无论对于理解马克思列宁主义的经济学说,或者对于创造性地应用这一学说,无疑都具有极重要的意义。因此,人们公认方法问题在围绕马克思和恩格斯展开的研究中占有重要地位,这不是没有道理的。

尽管到目前为止已进行许多争论,然而马克思的政治经济学方法的基本关系,即政治经济学的认识发展过程和理论展开过程的辩证法,仍然没有得到充分的阐明。甚至在最近出版的马列主义书刊中,围绕这一问题仍可看到不少相互矛盾的、多少应予修正的观点。例如,W. 维戈茨基在他最近发表的一篇富有启发性的文章[①]中提出一种看法,认为马克思的政治经济学的研究方法主要涉及从具体到抽象的过程,而叙述方法主要涉及从抽象上升到具体的过程。与此同时,W. 雅恩和 D. 诺斯

---

* 本文选自《马列主义研究资料》1983年第5辑。作者 G. 法比翁克为经济学博士,莱比锡卡尔·马克思大学教授。

① W. 维戈茨基:《卡尔·马克思的政治经济学著作中的研究方法和叙述方法的辩证统一,以及列宁对这两种方法的创造性的应用》,载《马克思恩格斯研究论文集》,德国统一社会党中央马列研究院编,马恩部分,柏林1978年版第3辑,第57页及以下各页。《〈政治经济学批判大纲〉中研究方法和叙述方法的交织》,载《马克思恩格斯研究文集》,哈雷-维滕贝格马丁·路德大学编,马克思列宁主义类,哈雷1979年版第9辑,第4页及以下各页。

克在他们新近的卓有贡献的文章①中却认为，无论就马克思列宁主义政治经济学的研究来说，或者就其叙述来说，实质上涉及的都是从抽象上升到具体的过程，至于从具体到抽象的过程，只是在政治经济学的形成时期起过作用，而自那时以后便从属于从抽象上升到具体的过程。无论维戈茨基提出的观点，或者雅恩和诺斯克提出的看法，都是值得讨论的。

这两种观点都是不确切的，或者至少是容易误解的，其原因也许就在于，作者们把马克思的政治经济学方法中的具体和抽象的关系问题，同马克思的政治经济学的研究方法和叙述方法的关系问题过于紧密地联系在一起了。不错，两者间确实存在一定的、从某种意义上说是相当紧密的联系，而且这一点应当得到更详细的说明。然而，政治经济学的认识发展过程和理论展开过程中的具体和抽象的作用问题，确切些说，也就是政治经济学的认识发展过程和理论展开过程中的两条道路和两种方法的作用问题，即从具体上升到抽象和从抽象上升到具体的作用问题，决不能同马克思的政治经济学的研究方法和叙述方法的关系问题直接混为一谈。

政治经济学中的研究和叙述的关系固然是一种重要的，但毕竟是派生的联系，用马克思的话来说也就是一种形式上的联系②，而从具体上升到抽象和从抽象上升到具体的关系，无论就个别过程或历史总过程来说，则涉及政治经济学的合乎规律地逐步前进的认识过程。政治经济学中的研究和叙述，正像维戈茨基明确指出的，既十分紧密地相互联系在

---

① W. 雅恩、D. 诺斯克：《卡·马克思的1850—1853年伦敦笔记中的研究方法的发展问题》，载《马克思恩格斯研究文集》，哈雷－维滕贝格马丁·路德大学编，马克思列宁主义类，哈雷1979年版第7辑。

② 参看《资本论》第1卷第2版《跋》。

一起，在时间和空间上又可以彼此远远分开①，而政治经济学的认识和理论形成的上述两条道路和两种方法，如同归纳和演绎、分析和综合、逻辑和经验一样，无论从逻辑上或从历史上来说，都是不可分割的唯物辩证统一过程。因此，我们既不同意维戈茨基把从具体到抽象的过程只看作政治经济学研究过程中的现象，另一方面把从抽象上升到具体的过程只看作政治经济学的叙述过程中的现象，同时，我们也不赞成雅恩和诺斯克的观点，因为他们两人把从具体上升到抽象的过程看作历史上已经过时的，只在政治经济学的早期历史上起过作用的方法，并且只把从抽象上升到具体的过程看作马克思的政治经济学方法的固有的基本内容。

现在我们对这几位作者的观点作进一步的考察。

雅恩和诺斯克在文章中提出他们的争论观点的那一节的标题是《在研究和叙述中从抽象上升到具体的问题》。② 由于从抽象上升到具体的过程无论在马克思的政治经济学的研究中，还是在叙述中都起着重要作用，所以上述标题初看起来是无可非议的。问题在于，作者们在他们的文章中没有以任何标题的形式提及另一个同样重要的，至少是不应全盘否定的过程，这就是从具体上升到抽象的过程，这就表明，他们对马克思的政治经济学方法的理解是过于褊狭的。他们对马克思的抽象方法所下的定义，也反映了他们的这种褊狭观点。他们写道："马克思的抽象方法的实质……就是从抽象上升到具体。"③ 从这一表述可以看出，雅

---

① 见《马列主义研究资料》1983年第5辑第207页。
② W. 雅恩、D. 诺斯克：《卡·马克思的1850—1853年伦敦笔记中的研究方法的发展问题》，载《马克思恩格斯研究文集》，1979年版第7辑，第72页。
③ W. 雅恩、D. 诺斯克：《卡·马克思的1850—1853年伦敦笔记中的研究方法的发展问题》，载《马克思恩格斯研究文集》，1979年版第7辑，第74页。

恩和诺斯克把任何抽象都要经历的从具体到抽象的道路，说成是从抽象到具体的道路，也就是说，他们把上升到抽象的道路违反逻辑地说成是从抽象出发的道路。抽象从逻辑上说只能是抽象过程的结果，可是两位作者却让马克思的抽象方法从抽象的东西开始，然后再上升到具体。

作者们对马克思的抽象方法下了一个十分专断的定义以后，紧接着径直提出从抽象上升到具体的过程在政治经济学研究成果的叙述中的作用问题，并合乎逻辑地问道：政治经济学的研究是否也要通过从抽象上升到具体的道路来完成？[①] 对此，他们作了回答，认为"现在广泛流行的观点是把从具体上升到抽象的过程看作研究方法的特征，而认为叙述方法与此不同，实则，这种观点从马克思的再现的研究过程中并未得到证实"[②]。

起初，雅恩和诺斯克通过这种表达方法完全正确地提出了问题，如果他们以此提醒人们注意在迄今为止的讨论中仍未引起足够重视的一个观点的不确切性，这个观点就是：从具体到抽象的过程仅仅或者几乎仅仅在马克思政治经济学的研究过程中起作用，而在叙述方法中则根本不起作用，——如果是这样的话，两位作者在解决政治经济学方法上的一个老的争论问题方面就会作出自己的贡献。然而事实并非如此，雅恩和诺斯克指的不是这一点，他们提醒人们注意这一情况，不仅是想否定在叙述中应用从具体到抽象的方法的必要性，而且还想否定这一方法对政治经济学的研究的价值。

两位作者在否定了从具体到抽象的过程是马克思的研究方法的特征

---

① W. 雅恩、D. 诺斯克：《卡·马克思的1850—1853年伦敦笔记中的研究方法的发展问题》，载《马克思恩格斯研究文集》，1979年版第7辑，第74页。

② W. 雅恩、D. 诺斯克：《卡·马克思的1850—1853年伦敦笔记中的研究方法的发展问题》，载《马克思恩格斯研究文集》，1979年版第7辑，第74页。

这一点之后，隔了几句话便援引了列宁的一段经典性的表述，当然，他们并没有注意到列宁的说法同他们自己的观点是对不上号的。按照列宁的说法，认识过程"从生动的直观（也就是从思想上还未加整理的具体开始——本文作者）到抽象的思维，并从抽象的思维（也就是抽象——本文作者）到实践（也就是经过整理的具体——本文作者）"。① 可惜，作者在援引列宁的话的时候，没有注意到列宁在同一个地方曾明确地谈到"思维从具体的东西上升到抽象的东西"②。列宁在另一个地方又说："为了要理解，就必须从经验开始理解、研究，从经验上升到一般。"③ 尽管如此，两位作者却要把列宁所提到的和决未失去价值的思维从具体上升到抽象的过程，仅仅看作是在"一定情况下"对于思维从抽象上升到具体的过程具有完全"从属"意义的东西。他们写道："马克思在把他的方法说成是从抽象上升到具体的方法时，指的是研究以及包括在研究中的（？——本文作者）叙述的总过程，同时，在一定情况下（！——本文作者），在从抽象上升到具体的总过程的范围内，从而也就是在从属于这一运动的范围内，从方法上说还应用从具体到抽象的方法。"④

这样一来，两位作者就把列宁总是从唯物辩证统一的观点出发来加以说明的从具体上升到抽象和从抽象上升到具体的政治经济学认识总过程，只归结为从抽象上升到具体这一局部过程，而从具体上升到抽象的

---

① W. 雅恩、D. 诺斯克：《卡·马克思的1850—1853年伦敦笔记中的研究方法的发展问题》，载《马克思恩格斯研究文集》，1979年版第7辑，第74页。
② 《列宁全集》第2版第38卷第181页。
③ 《列宁全集》第2版第38卷第221页。
④ W. 雅恩、D. 诺斯克：《卡·马克思的1850—1853年伦敦笔记中的研究方法的发展问题》，载《马克思恩格斯研究文集》，1979年版第7辑，第78页。

过程则被说成只是上述局部过程内的一个部分,并且认为这种从具体上升到抽象的过程完全没有意义,或者充其量只是"在一定情况下"还具有某种"从属"意义,并且只是"从方法上说也应用"。

无论列宁或者马克思,都把从"生动的直观",从思想上多少还未加整理的具体,从实际、现实、实践出发这一点,说成是唯物辩证思维的永久的和具有原则意义的起点,而不是偶然的和只有次要意义的起点。然而,两位作者在援引马克思的《导言》时显然误解和歪曲了马克思的原话,恰恰把上述起点说成是次要的和在历史上已经过时的东西。他们论证说:"认识到从抽象上升到具体是'科学上正确的方法',这是政治经济学历史的成果。"① 他们援引马克思的话来支持自己的论据。马克思说:"十七世纪的经济学家总是从生动的整体……开始;但是他们最后总是从分析中找出一些有决定意义的抽象的一般的关系……这些个别要素一旦多少确定下来和抽象出来,从劳动、分工、需要、交换价值等等这些简单的东西上升到国家、国际交换和世界市场的各种经济学体系就开始出现了。"② 我们想补充一点,即马克思在作了这一解释之后,又说了一句对两位作者来说是十分重要的话:"后一种方法显然是科学上正确的方法。"③ 不过,正是这句话同时又使两位作者迷失了方向。

如果说马克思在这里把第二条道路,即把从抽象上升到具体,上升到作为"许多规定和关系的丰富的总体"的"生动的整体"④ 说成是

---

① W. 雅恩、D. 诺斯克:《卡·马克思的1850—1853年伦敦笔记中的研究方法的发展问题》,载《马克思恩格斯研究文集》,1979年版第7辑,第78页。
② 《马克思恩格斯全集》第1版第46卷上册第38页。
③ 《马克思恩格斯全集》第1版第46卷上册第38页。
④ 《马克思恩格斯全集》第1版第46卷上册第38页。

"科学上正确的方法",那么毫无疑问,马克思所以这样做,并不像雅恩和诺斯克所认为的那样,是因为马克思想否定那个必然出现在先的和在进一步的发展中仍须不时经历的第一条道路,也就是政治经济学的思维从具体、从思想上多少还未加整理的浑沌的整体上升到抽象的道路,想把这条道路说成是多余的或甚至是"不科学的",倒不如说,马克思所以这样做,是因为只有通过这第二条道路才能达到取得政治经济学认识和建立政治经济学理论的目的。资产阶级的最成熟的古典经济学家斯密和李嘉图,在他们自己的理论叙述中已经相当坚定地坚持从简单上升到复杂,从抽象上升到具体,从价值上升到世界市场的道路。甚至连他们也不可能简单地从现成的抽象范畴出发,而是不得不从当时资本主义的经济现实的"生动的整体"中以或多或少科学的方式抽象出这些范畴。如果像雅恩和诺斯克所主张的那样,认为马克思在他取得政治经济学认识的过程中,在他创立工人阶级政治经济学的理论体系和范畴体系的过程中只注重从抽象上升到具体,而在此以前以及在这一过程中并不是经常重新从"生动的整体",从浑沌的具体上升到抽象,并且从这种抽象最终又上升到思想上经过整理的具体,那么,马克思在政治经济学的历史上就决不可能实现伟大的革命,决不可能靠唯物辩证法扬弃资产阶级政治经济学的理论体系和范畴体系。

然而,两位作者在引述了马克思的话以后,却得出相反的结论:"一旦得出一般的、抽象的概念,研究就无须再重新从'生动的整体'出发,并从中不断发展出新的概念。相反,研究应从现存的概念体系出发,并通过排除逻辑矛盾和经过生动整体的进一步检验来发展这一概念体系,而其目的就是要对'多样性的统一'作出抽象的叙述。在这种抽象的叙述中,应借助于从抽象上升到具体的方法,从逻辑上再现不断展开的整体,而范畴推导中出现的缺陷则使人们想到理论上尚未解决的问题。"①

当然，两位作者在这里表述的许多想法孤立地来看是完全妥当的，但是，如果同意他们的一个与此有关的和带有鲜明唯心主义倾向的基本观点，那就错了。这个观点就是：在资产阶级古典政治经济学之后，至少在马克思之后，研究工作已经无须再从不断运动和发展的"生动的整体"出发，而只须从"现存的概念体系"出发就行了，也就是说，可以不再从社会现实即经济实践中不断重新形成和发展的具体出发，然后上升到同样是不断深化的和不断复杂化的抽象。如果事情确实是这样的，那我们直到今天仍不会有社会主义的政治经济学（这只是一个明显的例子），因为这种社会主义的政治经济学同样只有经过从具体到抽象和从抽象到具体的唯物辩证过程才能形成，并且只有经过这种统一的、同时又是多层次的唯物辩证的政治经济学认识过程和理论形成过程，才能不断继续向前发展和日益完善。

关于这两个相互联系的过程的统一，政治经济学认识过程和理论展开过程的这两条道路和方法的统一，列宁曾中肯地概述为"从生动的直观到抽象的思维，并从抽象的思维到实践"的过程，而马克思于1857年在《导言》中就此曾这样说过："如果我从人口着手，那么，这就是一个浑沌的关于整体的表象，经过更切近的规定之后，我就会在分析中达到越来越简单的概念；从表象中的具体达到越来越稀薄的抽象，直到我达到一些最简单的规定。于是行程又得从那里回过头来，直到我最后又回到人口，但是这回人口已不是一个浑沌的关于整体的表象，而是一个具有许多规定和关系的丰富的总体了。"② 1873年，马克思在《资本

---

① W. 雅恩、D. 诺斯克：《卡·马克思的1850—1853年伦敦笔记中的研究方法的发展问题》，载《马克思恩格斯研究文集》，1979年版第7辑，第79页。

② 《马克思恩格斯全集》第1版第46卷上册第37—38页。

论》第一卷第二版跋中再一次谈到政治经济学的认识过程和理论展开过程的两种方法的联系问题,并且是从政治经济学的研究和叙述的形式差别和时间上的前后顺序这一角度来说明这一问题的。他指出:"研究必须充分地占有材料,分析它的各种发展形式,探寻这些形式的内在联系。只有这项工作完成以后,现实的运动才能适当地叙述出来。"①

维戈茨基把这里存在的这种联系简单化了,他在他的文章的一些地方把马克思的政治经济学理论形成方法和理论展开方法所特有的具体和抽象的辩证法,直接同政治经济学的研究和叙述的关系混为一谈。他写道:"只要把研究过程和叙述过程看作经济学理论的统一的展开过程的两个方面,就可以断定,从具体上升到抽象的运动(K→A),即从具体的、但是尚未被认识的实际到始发的抽象概念的运动,是研究过程所特有的,而科学叙述过程则表示从抽象上升到具体的运动(A→K),即从始发的抽象概念上升到具体实际的运动,并且这种具体实际已经是在理论上再生产出来的东西。因此,政治经济学的方法以及与这一方法相符合的经济理论的结构的全部特征表现为 K→A→K 形式。在经济学理论展开的所有阶段上,研究过程和叙述过程之间始终存在某种相互作用……总之,K→A 过程,即表明理论的物质根源和理论来自具体实际的这一过程,同 A→K 过程相比,对于理论的科学叙述来说其意义已经要小得多……毫无疑问,在 K→A 过程中,会弄清某些起决定作用的、抽象的、普遍的联系,这一过程是继之而来的 A→K 这一上升过程的先决条件。而对于前一过程的要求,也就是对马克思主义的经济学研究方

---

① 《马克思恩格斯全集》第 1 版第 23 卷第 23 页。

法的绝对必要的普遍要求。"①

维戈茨基的这一观点同雅恩和诺斯克关于马克思的政治经济学方法的观点是完全针锋相对的,他的这一观点从其唯物辩证的基本内容来说是应当表示赞同的,但是,他过分强调 K→A 同研究过程的联系以及 A→K 同叙述过程的联系,因而仍有值得批判之处。

在下面引述的这段话里,维戈茨基以更加尖锐的形式表述了他对这一问题的这种未必能站得住脚的观点,这段话就是:"研究过程的特点就是从具体到抽象(K→A),从经济的'表面现象'到隐藏在经济深处的规律性,而叙述过程的特征首先是从抽象上升到具体(A→K)。"②

我们认为,正如我们同雅恩和诺斯克的争论已经表明的,从具体到抽象的过程在政治经济学的研究中占优势的现象,以及从抽象上升到具体的过程在政治经济学的叙述中占优势的现象,固然是现存的现象,但是在一定程度上被绝对化了。我们决不能由此便忽视下面这样一点:从根本上说,马克思的政治经济学理论形成方法的两个方面,或者用维戈茨基的更加醒目的公式来表述就是 K→A 和 A→K,无论在研究中或在叙述中都起着重要的作用,因此,由于客观必然性的原因,无论在政治经济学有关研究对象的唯物辩证的研究中,或在唯物辩证的叙述中,都必定总是交织使用。考察一下马克思的直接的政治经济学研究过程,或

---

① W. 维戈茨基:《卡尔·马克思的政治经济学著作中的研究方法和叙述方法的辩证统一,以及列宁对这两种方法的创造性的应用》,载《马克思恩格斯研究论文集》,德国统一社会党中央马列研究院编,马恩部分,柏林1978年版第3辑,第58页。

② W. 维戈茨基:《卡尔·马克思的政治经济学著作中的研究方法和叙述方法的辩证统一,以及列宁对这两种方法的创造性的应用》,载《马克思恩格斯研究论文集》,德国统一社会党中央马列研究院编,马恩部分,柏林1978年版第3辑,第58页。

考察一下马克思对政治经济学理论体系和范畴体系的叙述,都可以看到大量这样的例子,而由于罗森塔尔、维戈茨基以及特别是雅恩和诺斯克所作的研究工作,这些例子现在已经被人们广泛了解,因而在这里无须赘述。

(原载民主德国《马克思恩格斯研究文集》1980年第11辑)

(夕昆 译)

关于马克思中介概念的几个方面[*]

〔德〕伯恩德·福格尔

本文的论述旨在以《政治经济学批判大纲》为依据,向人们介绍对马克思的方法论具有决定意义的概念即中介概念,因为我们认为,在有关方法论的文献中,中介概念一直没有得到足够的重视。另外,我们还应简述这个概念所富含的几个方法论的要素。

中介概念用马克思的话可以这么说,它是"真正把共同点提出来,定下来,免得我们重复"的一个"合理的抽象"。[①] 这个合理抽象强调了现实中介的共同标志,值得注意的是,这些共同标志不是独立存在的,而是在特殊关系中和由于特殊的关系才独立存在的。马克思在论及生产时有类似的表述:"如果没有生产一般,也就没有一般的生产。生产总是一个个特殊的生产部门——如农业、畜牧业、制造业等,或者生产是**总体**。"[②]

马克思的中介概念包含了作为某种一定的反思联系的事物和现象之间的联系。马克思明确地将他的方法与"粗率和无知"区别开来,这种粗率和无知之处"正在于把有机地联系着的东西看成是彼此偶然发生

---

[*] 本文选自《马克思恩格斯研究》1994年总第16期。
① 《马克思恩格斯全集》第1版第46卷上册第22页。
② 《马克思恩格斯全集》第1版第46卷上册第23页。

关系的、纯粹反思联系中的东西"。① 著名的《〈政治经济学批判大纲〉导言》在论述生产、消费、分配和交换的关系时,边澄清、边论证地使用了中介概念:在生产中,人客体化;在消费中,物主体化;在分配中,社会以一般的、占统治地位的规定的形式担任生产和消费之间的中介;在交换中,生产和消费由个人的偶然的规定性来中介。② 马克思没有运用从概念来构想的理想主义的方法:"生产、分配、交换、消费因此形成一个正规的三段论法:生产是一般,分配和交换是特殊,消费是个别,全体由此结合在一起。这当然是一种联系,然而是一种肤浅的联系。"③ 他由此提出了他需要在自己的论述中当作起点的抽象("合理的抽象")来使用的那些简单的要素,而且立即将这种做法与对黑格尔的批判联系起来。生产、分配、交换和消费形成一个正规的三段论法的这一提法引自黑格尔的主要著作《逻辑学》,其中第三编第三章的标题就是"推论"④。相反,马克思表示反对,理由是这里只表现了三段式的一种肤浅的联系,并且掩饰了中介的现实运动。所以说,这是对中介形式的联系方面的片面强调。马克思也在同样的意义上对拉萨尔作了如下评价:"但是使他遗憾的是,他会看到:通过批判使一门科学第一次达到能把它辩证地叙述出来的那种水平,这是一回事,而把一种抽象的、现成的逻辑体系应用于关于这一体系的模糊观念上,那完全是另外一回事。"⑤ 因此,当一种现成的逻辑体系仅仅被作为一种特征硬凑到任意一种事物上时,就形成了这种肤浅的联系。与此相反,马克思则将这种

---

① 《马克思恩格斯全集》第1版第46卷上册第25页。
② 《马克思恩格斯全集》第1版第46卷上册第28页。
③ 《马克思恩格斯全集》第1版第46卷上册第26页。
④ 黑格尔:《逻辑学》下卷,商务印书馆1976年版,第341页。
⑤ 《马克思恩格斯全集》第1版第29卷第264页。

现成的逻辑体系归结为特定事物本身的逻辑。①

然而，马克思又用一种积极的评价补充了他对黑格尔的批判："……我又把黑格尔的《逻辑学》浏览了一遍，这在材料加工的方法上帮了我很大的忙。"②

马克思通过揭示生产、分配、交换和消费之间存在的那些客观关系——中介关系也属于这些客观关系——而克服了它们之间纯粹的肤浅联系，他区分了生产和消费之间的直接中介和间接中介，分配和交换在其中是以中介手段出现的。在直接中介中，马克思区分了三个彼此关联的要素，它们的统一构成直接的中介；第一，相互发生关系的各方的直接同一性；第二，相互发生关系的各方各表现为对方的手段，即互为手段；第三，各方之间相互过渡。③

马克思阐述生产和消费之间不同的中介关系是从证明生产和消费也直接是同一的开始的："生产直接也是消费……因此，生产行为本身就它的一切要素来说也是消费行为。……生产和消费的这种同一性，归结为斯宾诺莎的命题：'规定即否定'。"④ 因此，生产和消费之间的直接关系是从生产方面阐述的，生产也是消费，是"生产的消费"。这种关系可以而且必须同样从消费方面加以考察；"消费直接也是生产。"⑤ 马克思称之为消费的生产："因此，这种消费的生产——虽然它是生产和消费的直接统———是与原来意义上的生产根本不同的。"⑥ 他概括指

---

① 《马克思恩格斯全集》第 1 版第 1 卷第 263—264 页。
② 《马克思恩格斯全集》第 1 版第 29 卷第 250 页。
③ 《马克思恩格斯全集》第 1 版第 46 卷上册第 30—31 页。
④ 《马克思恩格斯全集》第 1 版第 46 卷上册第 27 页。
⑤ 《马克思恩格斯全集》第 1 版第 46 卷上册第 27 页。
⑥ 《马克思恩格斯全集》第 1 版第 46 卷上册第 28 页。

出:"生产同消费合一和消费同生产合一的这种直接统一,并不排斥它们直接是两个东西。"① 这里对生产和消费的直接中介的第一个要素即它们的直接同一性所进行的简要分析完全符合列宁的如下认识:统一物之分为两个部分以及对它的矛盾着的部分的认识(……),是辩证法的实质(是辩证法的"本质"之一,是它的基本的特点或特征之一,甚至可说是它的基本的特点和特征)。② 通过研究生产和消费的直接统一性而获得的正是"统一物"这个出发点,通过统一物之分为两个部分,以及对它的矛盾的标志的认识,实际上才可能研究多种形式的中介关系。就对马克思中介概念的不同理解而言,我们这里必须把握住,马克思用他对出发点的理解驳斥了这样一种假象,似乎存在一个共同的第三者即一个统一体,需要中介的双方逐渐转入这个统一体并存在于其中。他消除了这种假象,并指出,它们仍然直接是两个东西。但是,作为中介运动的中介,它不是发生在一个第三者中,而是由于各方在它的对方和用它的对方进行中介而发生在需要中介的每一方中:"可见,生产直接是消费,消费直接是生产。每一方直接是它的对方。可是同时在两者之间存在着一种媒介运动。生产媒介着消费,它创造出消费的材料,没有生产,消费就没有对象。但是消费也媒介着生产,因为正是消费替产品创造了主体,产品对这个主体才是产品。"③

马克思对生产和消费的直接中介的思考,尤其是对作为一种中介关系的这两者的直接同一性的研究,对于确定社会科学研究的理论出发点,也就是对确定主体和客体的关系具有重要的方法论意义。马克思所阐明的那些概念的关系——它可能会引起不同的理解——的基础是,在

---

① 《马克思恩格斯全集》第1版第46卷上册第28页。
② 《列宁全集》第2版第55卷第305页。
③ 《马克思恩格斯全集》第1版第46卷上册第28页。

现实关系中，每一方都作为胚胎包含在其对方之中，而且可能因此突变成对方。在这种论述中有必要回忆一下恩格斯是如何论述辩证思维和形而上学思维特征的："两个哲学派别：带有固定范畴的形而上学派，带有流动范畴的辩证法派（亚里士多德、特别是黑格尔）证明：……这些固定的对立是站不住脚的，由分析表明，一极已经作为胚胎存在于另一极之中，一极到了一定点时就转化为另一极……"①

因此，中介关系，正如马克思根据生产和消费的关系所论述的那样，辩证思维方式的下列几个重要因素：包含差异在内的具体的辩证同一性只能理解为一种间接的同一性；各种关系之间，或确切地说，各种概念之间的相互转化，即相互作用的各方互相包含。可以用马克思的论述对生产和消费的中介关系作如下概括，从而廓清中介的一般要素："（1）**直接的同一性**：生产是消费；消费是生产。消费的生产。生产的消费……（2）每一方表现为对方的手段；以对方为媒介；这表现为它们的相互依存；这是一个运动，它们通过这个运动彼此发生关系，表现为互不可缺，但又各自处于对方之外。生产为消费创造作为外在对象的材料；消费为生产创造作为内在对象、作为目的的需要。没有生产就没有消费；没有消费就没有生产。……（3）生产不仅直接是消费，消费不仅直接是生产；生产也不仅是消费的手段，消费也不仅是生产的目的……两者的每一方不仅直接就是对方，不仅媒介着对方，而且，**两者的每一方由于自己的实现才创造对方，把自己当作对方创造出来。**"②（着重号是作者加的。——原编者注）上述三个要素的统一表现为中介运动的特征，我们可以将它们简要规定如下：一、直接的同一性，二、互为手段，三、相互转化。从这个有着细微差别的规定上清楚地表现

---

① 《马克思恩格斯全集》第 1 版第 20 卷第 545 页。
② 《马克思恩格斯全集》第 1 版第 46 卷上册第 30 页。

出，现实的中介关系与对立有着亲缘联系。一方面，直接的中介比展开的反思关系更抽象、更内容贫乏，另一方面，直接的中介，就其展开的形式即间接的中介而言，比辩证的对立更多变、更具体。

马克思以消费和生产为例阐述了直接关系的中介，这种直接关系是一种特殊的辩证关系。这种关系不仅不同于局部和整体之间的关系，而且和各种不同本质的各个极端之间的关系也不相同。[①] 马克思认为，直接关系的各方是一种本质的各个极。因此，互为前提的各方就能够构成某个整体的胚细胞。

这里可以指出主体的一方和客体的一方之间的关系，来说明这种方法论的萌芽所富含的内容，马克思的论述完全掌握了主体和客体的直接关系。客体的一方存在于主体的一方之中，并通过主体的一方表现出来，反之，主体的一方也存在于客体的一方之中。主体的活动表现并改造客体的关系，以至于在主体活动的结果中重新形成客体的关系。但是，主体的活动只能表现在客体的关系、客体对象和客体事物上。马克思认为，主体和客体的关系可以规定在作为直接同一性的第一步上。这种关系的第二个要素也适用，即"每一方表现为对方的手段；以对方为媒介；这表现为它们的相互依存"[②]。主体和客体相互依存，每一方表现为对方的手段。没有客体或没有客体的关系，主体的活动就无法展开，因为它没有可以作用于其上的对象。同样，客体的一方及客体关系也需要主体的活动来作为它们存在的手段，因为主体活动包含客体的关系并使之发生转化。这个问题可以按照马克思对机器、劳动资料和劳动对象在生产中的作用的说明来理解："机器不在劳动过程中服务就没有用。不仅如此，它还会由于自然界物质变换的破坏作用而解体。铁会生

---

① 《马克思恩格斯全集》第1版第1卷第355—356页。
② 《马克思恩格斯全集》第1版第46卷上册第30页。

锈，木会腐朽。纱不用来织或编，会成为废棉。活劳动必须抓住这些东西，使它们由死复生，使它们从仅仅是可能的使用价值变为现实的和起作用的使用价值。"① 最后，客体一方和主体一方相互转化，"两者的每一方由于自己的实现才创造对方，把自己当作对方创造出来"②，这也适用于主体一方和客体一方的关系。可见，直接中介的这三个要素也适用于客体一方与主体一方的关系。

除了消费和生产的直接关系外，马克思还研究了由分配和交换中介的关系："但是，在社会中，产品一经完成，生产者对产品的关系就是一种外在的关系，产品回到主体，取决于主体对其他个人的关系。他不是直接获得产品。如果说他是在社会中生产，那么直接占有产品也不是他的目的。"③ 马克思由此而清楚地对已经表明其中介要素的直接关系和由另一方中介的关系加以区别，这里的另一方指的是分配和交换。马克思在透析黑格尔哲学时又对此进行了深入的分析。④ 马克思概括了直接中介的三个要素，并对此作了以下的补充说明："这样看来，对于一个黑格尔主义者来说，把生产和消费等同起来，是最简单不过的事。不仅社会主义美文学家这样做过，而且平庸的经济学家也这样做过。例如萨伊说……"⑤ 天真的黑格尔主义的危害今天依然存在。例如，如果说凡是消费的东西没有一样不是先前加工生产出的东西（这里指在个人消费中），这是可信和显而易见的。但是，反过来说并非所有生产出来的产品都能够在个人消费中消费掉，那就不那么可信，而且相当片面。在

---

① 《马克思恩格斯全集》第1版第23卷第207—208页。
② 《马克思恩格斯全集》第1版第46卷上册第30页。
③ 《马克思恩格斯全集》第1版第46卷上册第31页。
④ 《马克思恩格斯全集》第1版第46卷上册第31页。
⑤ 《马克思恩格斯全集》第1版第46卷上册第31页。

这里，马克思当作辩证的直接同一性来阐述的规定有时被简化为抽象的同一性。关于同一性的辩证观点，恩格斯写道："但是最近自然科学从细节上证明了这样一件事实：真实的具体的同一性包含着差异和变化。"① 与此相反，形而上学的观点则把差异和变化排除在同一性之外。

由社会规律所决定的分配在"生产和消费之间"② 进行，并中介着生产和消费。在这里，生产、分配和消费构成了一个典型的三段式的格式。马克思对这种简化的做法进行了驳斥："照最浅薄的理解，分配表现为产品的分配，因此它离开生产很远，似乎对生产是独立的。但是，在分配是产品的分配之前，它是（1）生产工具的分配，（2）社会成员在各类生产之间的分配……这是上述同一关系的进一步规定。这种分配包含在生产过程本身中并且决定生产的结构，产品的分配显然只是这种分配的结果。如果在考察生产时把包含在其中的这种分配撇开，生产显然是一个空洞的抽象；相反，有了这种本来构成生产的一个要素的分配，产品的分配自然也就确定了。"③ 马克思在这里以最浅薄的理解，即认为分配表现为一个共同的第三者和独立的东西为出发点对中介关系进行分析，并且通过把分配现象的这个独立的共同的第三者从根本上归结于中介，并由此对它进行解释，从而消除了这种生硬的规定。马克思没有彻头彻尾地摒弃这种最浅薄的理解，而是阐明我们所说的产品分配这个现象建立在基本关系即生产工具的分配和社会成员在各类生产之间的分配的基础上，从而发展了这种理解的相对合理之处。马克思证明说，从这种基本关系可以推断出分配现象的关系："有了这种本来构成

---

① 《马克思恩格斯全集》第1版第20卷第557页。
② 《马克思恩格斯全集》第1版第46卷上册第32页。
③ 《马克思恩格斯全集》第1版第46卷上册第33—34页。

生产的一个要素的分配,产品的分配自然也就确定了。"① 在对中介关系进行的这一分析中,值得注意的是,马克思从中项即中介出发,具体说明了一个方面,即这里所涉及的这一概念,并给这个空洞的抽象填补了内容。从前面论述的作为直接中介的生产和消费的关系中,我们只能了解生产的外在结构而不是内在结构,也就是说,生产被假定为一个没有划分的整体。如果我们现在考察的是间接中介,我们可以看到,分配不仅仅是生产和消费之间的一个独立的第三者,而且生产本身中存在着分配关系。由此可见,生产和消费之间之所以存在分配是因为生产内部存在分配。生产的内部结构由起中介作用的中项决定,这一点很重要。概念的确定是从事物本身进行的。

马克思的做法的特点是,从中项即中介出发,具体说明一方面,即我们所说的生产的概念。在对生产、分配和消费的关系进行分析时,马克思从另一方面清楚地说明,分配是生产的一个派生要素。在生产和消费之间起中介作用的、似乎是独立和共同的那个第三者是需要中介的一方的一个派生的要素。因此,中介是一个有目的有目标的平衡过程。生产虽然从另一方在概念上具体地确定下来,但是这另一方就是生产的另一方,它本身是由生产创造出的另一方,生产的内部结构由此得到了更准确的理解。

如果要从另一些事物来验证上述方法,那么需要注意的是:首先,看似独立和共同的第三者,并没有完全融入某一方,而是作为一种现象保持着相对的独立性。但是,共同的第三者这一现象是从一方的基本关系中得到说明的。其次,作为对所研究的联系的具体说明,阐述内部结构是从起中介作用的中项出发的,这个中项被作为需要中介的第三者的另一方来阐述。

---

① 《马克思恩格斯全集》第 1 版第 46 卷上册第 34 页。

马克思通过这种方法克服了把中介的各方分离开来的假想。只有在间接中介的这个方法论阶段才能说明各种概念上的转化。

这里必须说明,对于被中介的关系来说,分配和交换表现为中项,这中项本身又是二重的。① 这就说明,把作为独立的共同的第三者出现的起中介作用的中项继续分离开来以及重新研究其中出现的中介关系的主要途径是分析中介关系。这方面的研究是从现象到本质,从第一秩序的本质到第二秩序的本质等等。

马克思怎样开始阐述对中介的分析,可以概括如下:第一,马克思区分了直接关系中的中介与各种中介关系,以及间接关系中的中介与各种中介关系。第二,通过直接同一性、互为手段以及互相转化这三个要素说明直接关系中的中介。第三,对间接关系中的中介的研究揭示了相互发生关系各方的内在结构。这项研究的特点是,把共同的第三者的相对独立性归结为基本关系、从起中介作用的中项出发具体说明和进一步规定相互发生关系的各方,以及把起中介作用的中项本身又设定为二重的。第四,直接和间接的中项的统一在于,间接要素"构成一个总体的各个环节、一个统一体内部的差别"②。

这样开始阐述使马克思得以揭示各种关系中的同一性和差异,并且一开始就避免了常常受到抱怨的那种把同属于一个整体的各部分拆开的做法。

但是现在,马克思论述间接中介时却不得不以一定的方式把交换和分配分离开来。他把需要中介的各方以及共同的第三者解释为一个总体的各个环节,即一个统一体内部的差异,从而克服了方法论上的这个困难。如果把中介理解为发展,那么纯粹的反思联系就成为一个总体。在

---

① 《马克思恩格斯全集》第1版第46卷上册第26页。
② 《马克思恩格斯全集》第1版第46卷上册第36页。

这种情况下，客体方面是决定性的，它不仅延伸到直接中介范围内的主体方面，而且延伸到间接中介中的其他要素。显然，我们必须要注意，正如同每一个有机整体中的情况一样，各个不同要素之间相互发生作用。但这并不是否定客体方面的支配作用。

马克思不只是在《〈政治经济学批判〉导言》中论述了中介问题。他在其他地方也确定过中介概念的各种细微差别。下面我们就选出其中的几个为例。

众所周知，马克思在《政治经济学批判大纲》的《货币章》中考察了商品、价值和货币的关系，其间再次出现了共同的第三物是否独立存在于商品交换之中这个问题。看来，马克思主张："在纸上，在头脑中，这种形态变化是通过纯粹的抽象进行的；但是，在实际的交换中，必须有一种实际的媒介，一种手段，来实现这种抽象。"① 这似乎表明，需要有一个独立存在的共同的第三物。通过下面这段话更加增强了这种印象："这个第三物不同于这两种商品，因为它表现一种关系，所以它最初存在于头脑中，存在于想象中。"② 而且在另一处，他就一种虚构的计算单位写道："金属条块具有一个单纯想象的存在，正如一般说来，一种关系只有通过抽象，才能取得一个特殊的化身，自身也才能个体化。"③ 可见，共同的第三物最初存在于头脑中，通过抽象取得一个特殊的化身，并且能重新个体化，转化成一种手段，来实现这种抽象。由此解释了独立的第三物的相对独立性即它的特殊化身。然而马克思又证明，需要用一种特殊的商品来作为商品交换的中介。"可见，要使商品一下子作为交换价值而实现，并使它具有交换价值的普遍作用，它和一

---

① 《马克思恩格斯全集》第1版第46卷上册第86页。
② 《马克思恩格斯全集》第1版第46卷上册第87页。
③ 《马克思恩格斯全集》第1版第46卷上册第87页。

种特殊的商品相交换是不够的。商品必须和一个第三物相交换,而这个第三物本身不再是一个特殊的商品,而是作为商品的商品的象征,是商品的交换价值本身的象征。"① 因此,从对共同的第三物的表面独立性进行分析而得出了一个相反的结论:这个第三物不是独立的,而是"作为商品的商品的象征,是商品的交换价值本身的象征"②。马克思总结了他对中介关系和货币的中介作用的分析,并指出了各个实际步骤,或确切地说分析步骤:"产品成为商品,也就是说,成为**单纯的交换要素**。商品转化为交换价值。为了使商品同作为交换价值的自身相等,商品换成一个符号,这个符号代表作为交换价值本身的商品。然后,作为这种象征化的交换价值,商品又能够按一定的比例同任何其他商品相交换。由于产品成为商品,商品成为交换价值,产品开始在头脑中取得了二重存在。这种观念上的二重化造成(并且必然造成)的结果是,商品在实际交换中二重地出现:一方面作为自然的产品,另一方面作为交换价值。也就是说,商品的交换价值取得了一个在物质上和商品分离的存在。

可见,产品作为交换价值的规定,必然造成这样的结果:交换价值取得一个和产品分离即脱离的存在。同商品界本身相脱离而自身作为一个商品又同商品界并存的交换价值,就是货币。商品作为交换价值的一切属性,在货币上表现为和商品不同的物,表现为和商品的自然存在形式相脱离的社会存在形式。"③

显然,马克思在这里对中介进行的分析尤为精辟。共同的第三物的独立性从彼此发生关系的各方的各种基本关系中得到了解释,即货币是

---

① 《马克思恩格斯全集》第1版第46卷上册第88—89页。
② 《马克思恩格斯全集》第1版第46卷上册第89页。
③ 《马克思恩格斯全集》第1版第46卷上册第89—90页。

商品。同时,相对独立性得到了证明,即货币是同商品界相脱离又同商品界并存的象征化的交换价值。因此,共同的第三物不是任意设定的,它是一种发展产物,即发展的结果和实现进一步发展的手段。马克思借助货币这个特殊的对象进一步表明了研究间接中介的方法并使之深化。他把交换价值规定为全面中介①,即"一切个性,一切特性都已被否定和消灭的一种一般的东西"②。表现为独立的共同的第三物的间接中项消灭了彼此中介的各方的特性,并通过彼此中介的各方转化为它们的对立面而创造出各方的新的规定:"在交换价值上,人的社会关系转化为物的社会关系。"③ 这就是说,在中介过程中,通过一个共同的第三者,中介各方还相互转化:"两者的每一方由于自己的实现才创造对方,把自己当作对方创造出来。"④

当中介从一个共同的第三物发展到中介的结果时,直接关系中的中介的一致性就表现出来。不过,各方的这种相互转化的方式与直接中介的情况不同;在直接中介中,各方保持把自己当作对方创造出来这种方式。与此相反,在间接中介中,相互转化具有另一种过程和特点。下面的步骤可以简略地作一区分:第一,共同的第三物是从彼此发生关系的事物的基本关系中产生的,也就是说,共同的第三物不是任意设定的,而是规律性发展的结果。第二,共同的第三物的相对于各种基本关系的相对独立性产生于这些基本关系。第三,共同的第三物成为全面的中介,"即一切个性,一切特性都已被否定和消灭的一种一般的东西"⑤。

---

① 《马克思恩格斯全集》第 1 版第 46 卷上册第 102 页。
② 《马克思恩格斯全集》第 1 版第 46 卷上册第 103 页。
③ 《马克思恩格斯全集》第 1 版第 46 卷上册第 103 页。
④ 《马克思恩格斯全集》第 1 版第 46 卷上册第 30 页。
⑤ 《马克思恩格斯全集》第 1 版第 46 卷上册第 103 页。

第四，中介各方之所以实现转化，是由于在共同的第三物中，"一切个性，一切特性都已被否定和消灭"。

可见，在直接中介中，中介各方正是在它们的特征和特性的基础上才可能相互转化，所以马克思在考察间接中介时假定，这些特性和特征都已被否定和消灭。

（原载《马克思恩格斯研究通报》莱比锡1990年第6辑）

（夏静 译 卢晓萍 校）

试论"资本一般"与"许多资本"

——《1857—1858年经济学手稿》研究*

顾海良

在对《1857—1858年经济学手稿》（以下简称为《手稿》）的研究中，国内外学者对马克思提出的资本的"一般性"、"特殊性"与"个别性"这一组概念的内涵及其在《资本论》创作史和方法论上的意义，已作过许多有益的探讨；但是，对马克思在《手稿》中提出的另一组概念——"资本一般"与"许多资本"的内涵及其意义，还没作出详尽的探析。

本文根据马克思《手稿》中的有关论述，对"资本一般"与"许多资本"的内涵及其在马克思经济学著作"六册计划"的《资本》册结构形成中的地位作一些探讨，求教于学术界同仁。

一、"资本一般"的提出及其内涵

"资本一般"概念的严格意义上的表达是"Das Kapital im allgemeinen"。但是，在《手稿》中，马克思常常用以下类似的用语表达"资本一般"的内涵。

1. "资本的一般规定"。在《手稿》第Ⅱ笔记本第2页上，马克思提到："我们在考察作为货币的资本的特殊性以前，必须在这里先考察

---

* 本文选自《马克思恩格斯研究》1993年总第13期。

资本的一般规定。"① 这里提到的"资本的一般规定",德文原文是"die allgemeine Best、immung des Capital"。②

2. 资本的"一般性的形式"。在《手稿》第Ⅱ笔记本第17页上,马克思提到:"资本取得的同一性,即一般性的形式,就在于资本是交换价值,而作为交换价值,它是货币。"③ 这里提到的资本的"一般性的形式",德文原文是"die Form der Allgemeinheit。"④

3. "资本的一般概念"。在《手稿》第Ⅳ笔记本第18页上,马克思提到:"在考察资本的一般概念时,具有重要意义的是:资本并**不直接是生产和价值增殖的统一**,而只是和各种条件联结在一起的**过程**,而且正如过程已经表明的那样,是和**外部**条件联结在一起的过程。"⑤ 这里提到的"资本的一般概念",在德文原文中是"der allgemeine Begriff des Kapitals"⑥。

4. "总的来说的资本"。在《手稿》第Ⅲ笔记本第34页上,马克思提到:"流通其实还与我们无关,因为我们在这里考察的是资本一般,而流通只能在作为货币的资本形式和作为资本的资本形式之间起媒介作用。"⑦ 这里译为"资本一般"的,在德文原文中是"Kapital überhaupt"⑧,包含有"总的来说的资本"的意思。"Kapital überhaupt"这一用语,从一个侧面展示了马克思对"资本一般"涵义的理解。

---

① 《马克思恩格斯全集》第1版第46卷上册第204页。
② 参见《马克思恩格斯全集》历史考证版第2部分第1卷第1册第174页。
③ 《马克思恩格斯全集》第1版第46卷上册第216页。
④ 参见《马克思恩格斯全集》历史考证版第2部分第1卷第1册第185页。
⑤ 《马克思恩格斯全集》第1版第46卷上册第390页。
⑥ 参见《马克思恩格斯全集》历史考证版第2部分第1卷第2册第320页。
⑦ 《马克思恩格斯全集》第1版第46卷上册第313页。
⑧ 参见《马克思恩格斯全集》历史考证版第2部分第1卷第1册第260页。

在中文版中，把"Kapital überhaupt"用语，同"Das Kapital im allgemeinen"一样都译作"资本一般"，并不尽合理。当然，在英译本中，也有类似的处理方法。在英国学者马丁·尼古拉斯（Martin Nicolaus）所译的《手稿》英译本中，也有把这两个用语都译作："资本一般"（capital in general）的例子。但是，尼古拉斯有时也把"des Kapitals überhaupt"译作"Capital as such"，即"总的来说的资本"，以与"capital in general"相区别。① 而相应处，中文版都译作"资本一般"。②

在《手稿》中，"资本一般"及其他类似的用语，散见于《资本章》各篇。在各篇中，马克思对"资本一般"的涵义作了详略不一的说明。应该说，马克思最初在严格意义上使用"资本一般"用语时对其内涵的解释，是最为充分的。③

首先，马克思认为，"资本一般"就是"作为必须同价值和货币相区别的关系来考察的资本"，"是使作为资本的价值同单纯作为价值或货币的价值区别开来的那些规定的总和"。因此，在逻辑上，在价值（其载体是商品）、货币向资本的转化过程中，资本最先是以"资本一般"的形式出现的；在理论上，与价值、货币相区别的资本，最先也是总和的、一般的资本。

其次，马克思认为，"资本一般""既不是资本的某一特殊形式；也不是与其他各单个资本相区别的某一单个资本"。"资本一般"是社会总资本所具有的一般特征，或者说是撇开了社会各单个资本特殊的、

---

① 参见马丁·尼古拉斯：《马克思的〈政治经济学批判大纲〉》，英国新左翼出版社1973年版，第310、340、694页。
② 《马克思恩格斯全集》第1版第46卷下册第210页。
③ 参见《马克思恩格斯全集》第1版第46卷上册第270页。

相异的规定性,反映各单个资本所具有的共同的规定性的资本形式。因此,"资本一般"可以是社会总资本的形式,也可以是不具有特殊性质的个别资本的形式。

再次,马克思认为,"资本一般"也是使资本的内在矛盾得以进一步展开的资本的"萌芽"形式,资本的具体形式"应当看作是这一萌芽的发展"。"资本一般"内在规定性的进一步展开,只是"产生资本的实际运动在观念上的表现"。

二、"许多资本"的涵义及其与"资本一般"的关系

在《手稿》第Ⅳ笔记本第21页上,马克思首次提到"许多资本"概念。他指出:"从概念来说,竞争不过是资本的内在本性,是作为许多资本彼此间的相互作用而表现出来并得到实现的资本的本质规定,不过是作为外在必然性表现出来的内在趋势。资本是而且只能是作为许多资本而存在,因而它的自我规定表现为许多资本彼此间的相互作用。"① 这里的"许多资本"(viele Kapitalien),一方面是竞争借以运动的资本形式,另一方面也是资本的内在规定性在众多资本的相互关系中的进一步展开。

尽管马克思在首次提及"许多资本"概念时,没有与"资本一般"概念相对应;但是,他还是明确指出:"联系在一起的一个整体的内在必然性,和这个整体作为各种互不相关的独立要素而存在,这已经是种种矛盾的基础。"② 在马克思看来,"资本一般"是资本存在的"整体",它是"各种互不相关的独立要素而存在"的"许多资本"的"内

---

① 《马克思恩格斯全集》第1版第46卷上册第397—398页。
② 《马克思恩格斯全集》第1版第46卷上册第398页。

在必然性"和"基础";从"资本一般"到"许多资本",是资本运动、资本形式由简单上升到复杂、由抽象上升到具体的发展过程。

这里需要指出的是,在中文版《手稿》中,"许多资本"(viele Kapitalien)的译法存在着不尽一致的地方。例如,在《手稿》第Ⅵ笔记本第29页上,马克思提到的"这显然只是属于把资本作为现实资本,作为多数资本的相互作用来考察的那一篇要谈的问题"中的"多数资本",在第Ⅵ笔记本第34页上马克思提到的"因此,这里已经向多数资本过渡"中的"多数资本";在第Ⅵ笔记本第36页上,马克思提到的"因为这个问题只有在考察了多数资本互相间的作用和反作用以后才能切实地加以讨论"中的"多数资本";在第Ⅶ笔记本第11页上,马克思提到的"也可以说属于多数资本流通(信贷)的学说"中的"多数资本"等,① 在德文原文中均为"viele Kapitlien"的变格"vieler Kapitalien"或"die vielen Kapitalien"。

联系马克思论述的上下文,可以看到,被译作"多数资本"的这几处,都应该统一译为"许多资本"。在《手稿》中,特别是在《资本章》第二篇《资本的流通过程》中,"viele Kapitalien"是一个专门的术语。当然,在译为中文时,"viele Kapitalien"也可译作"众多资本";但按我国学术界的习惯用法,还是统一译用"许多资本"为好。在《手稿》的英文版中,尼古拉斯把以上提到的几处原文,也都统一译作"many capitals"。②

在《资本章》第二篇《资本的流通过程》中,马克思进一步在与"资本一般"概念相对应的意义上提到"许多资本"概念。例如,在

---

① 参见《马克思恩格斯全集》第1版第46卷下册第158、172、179、248页。
② 参见马丁·尼古拉斯:《马克思〈政治经济学批判大纲〉》,英国新左翼出版社1973年版,第649、661、668、731页。

《手稿》开始对资本流通和资本周转问题的分析时,马克思提到:"归根到底,撇开没有价值的自然物质不说,任何资本除了劳动以外不包含任何别的东西。即使存在许多资本,也不应当妨碍我们的考察。相反地,在考察了所有资本的共同点以后,许多资本的关系也就清楚了。"①

接着,在《手稿》第Ⅴ笔记本第18页上,马克思明确指出:"按照资本的一般概念考察资本时,资本的一切要素是包含在资本中的,这些要素只有在资本以许多资本的形式真正表现出来时,才能获得独立的现实性,才能显示出来。因此,那个在竞争范围内并且通过竞争而存在的内在的活的组织,也只有这时候才得到更广泛的发展。"② 马克思在这里指出:(1)在"资本一般"中,资本的一切个别要素作为内在的整体包含在一般性中,它所表现的是这些要素的简单的、局部的规定性;(2)在"许多资本"中,资本的内在规定性获得了外部的独立实现形式,展示出各个别资本自身的复杂的、全部的规定性;(3)"许多资本"是在竞争范围内、是竞争借以表现的资本形式。

在《手稿》第Ⅵ笔记本第29页上,马克思再次提到:"资本本身作为预先存在的价值,会怎样依照其再生产费用的提高或降低,或者由于利润的降低等等而改变其价值,这显然只是属于把资本作为现实资本,作为多数资本的相互作用来考察的那一篇要谈的问题,而不应该在目前考察资本的一般概念时来谈。"③ 从马克思这一论述中可以看出,在逻辑上,"许多资本"是"资本一般"内在规定性的进一步展开;在结构上,"许多资本"则在"资本一般"之后,作为"资本一般"更具体的、现实的资本形式来考察。

---

① 《马克思恩格斯全集》第1版第46卷下册第7页。
② 《马克思恩格斯全集》第1版第46卷下册第11页。
③ 《马克思恩格斯全集》第1版第46卷下册第157—158页。

三、"资本一般"、"许多资本"与黑格尔《逻辑学》中的"一"、"多"

研究《手稿》的学者都已注意到，马克思在1857年11月初以后，曾重读黑格尔的《逻辑学》。1858年1月14日，马克思给恩格斯的信中写到："完全由于偶然的机会——弗莱里格拉特发现了几卷原为巴枯宁所有的黑格尔著作，并把它们当做礼物送给了我，——我又把黑格尔的《逻辑学》浏览了一遍，这在材料加工的方法上帮了我很大的忙。"①

研究《手稿》的学者也已注意到，马克思1857年11月下旬提出的关于"资本"部分的两个结构计划②，就是《逻辑学》"在材料加工的方法上"对马克思影响的结果。在这两个结构计划中，马克思利用了《逻辑学》第二部"主观逻辑"的"概念论"这一编中的一组概念——"一般"、"特殊"、"个别"。关于这一点，研究《手稿》的学者也已作过许多论述。

但是，研究《手稿》的学者，对《逻辑学》第一部"客观逻辑"的"有论"这一编中的一组概念——"一"与"多"，"在材料加工的方法上"对马克思影响的问题，还未见什么论述。事实上，马克思利用《逻辑学》中"一般"、"特殊"和"个别"概念，形成的是"资本的一般性"、"资本的特殊性"和"资本的个别性"概念；利用《逻辑学》中"一"与"多"概念，形成的是"资本一般"与"许多资本"概念。

在《逻辑学》第一部"客观逻辑"第一编"有论"（即"存在论"）中，黑格尔专门探讨了"一"与"多"的逻辑关系问题。他在

---

① 《马克思恩格斯全集》第1版第29卷第250页。
② 参见《马克思恩格斯全集》第1版第46卷上册第219—220、232—233页。

"自为之有"这一章一开始就强调了以下三个要点:①

第一,"自为之有首先是直接的自为之有物,是一。"这里的"有"(Sein),在中文版《手稿》中更为确切地译作"存在";"自为之有"(Fürsichsein)则更为确切地译作"自为存在"。②

第二,"一过渡为诸一的多,——即排斥;一的这种他有,在它的观念中扬弃了自身,——即吸引。"这就是说,"一"向"多"的过渡,是一个"排斥"与"吸引"相统一的过程。所谓"排斥",指的是物的"一"的存在形式转化为"多"的存在形式,即成为"他有(存在)";所谓"吸引",指的是"一"在扬弃自身时,也把自身的本质规定性消融在"多"的存在之中了。

第三,"一"和"多"的转化"是排斥和吸引的相互规定,它们在其中一起融入力的平衡,而质在自为之有中达到顶点,便过渡为量。"这就是说,"一"与"多"的排斥与吸引的关系,包含了自为存在之物从质向量的过渡。

《逻辑学》第一部"客观逻辑"第一编"有论"的整个第三章"自为之有"中,黑格尔对以上三个要点作了详尽的展开论述。从马克思提出的"资本一般"与"许多资本"概念相联系的角度来看,我们特别应该注意黑格尔在进一步的展开论述中提出的以下论点:

其一,黑格尔认为,"自为之有的观念性,作为总体,首先转化为实在,而且转化为最牢固的、最抽象的实在,即二。"③ 因此,"一"反映了自为存在的最抽象、最一般的规定性。马克思把"一"的这一规定性,成功地运用在"资本一般"概念中。

---

① 参见黑格尔:《逻辑学》上卷,商务印书馆1991年版,第158页。
② 参见《马克思恩格斯全集》第1版第46卷上册第260页。
③ 黑格尔:《逻辑学》上卷,商务印书馆1991年版,第167页。

其二，黑格尔认为，"一的否定的自身关系就是排斥。这种排斥，作为多个的一的建立（但是这种建立是由于一本身），是一自己超出自己之外，但是它在自己以外所达到的东西，仍然只是一。"① 这就是说，"多"是建立在"一"自身的规定性上的；"多"排斥的并不是"一"的本质规定性，相反，使"一"的抽象规定性取得了进一步的具体的发展形式，即如黑格尔所说的："是一的东西的展开"。黑格尔强调："一的多是一的自己建立；这个一不是别的，只是一的否定的自身关系，而这种关系就是一本身，是那个多的一。"② 马克思提出的"资本一般"与"许多资本"，存在的就是这样一种辩证的"排斥"关系。

其三，黑格尔认为，"一与多的区别把自身规定为两者相互关系的区别，而关系又分为两种，排斥和吸引，每一个关系原来都是自立于另一个关系之外的，可是本质上它们仍然是联系着的"③；这就是说，"一"与"多"是既有"联系"又有"区别"的；它们的这种关系表现为"排斥"和"吸引"；"排斥"和"吸引"表现为"一"转化为"多"的运动过程。"一"作为过程的起点，蕴含了"多"的最抽象的规定性；而"多"作为过程的展开，既形成了自立于"一"之外的一种关系，又与"一"有着本质上的联系。马克思对"资本一般"与"许多资本"转化关系的论述，正是对黑格尔上述思想的充分发挥。

---

① 黑格尔：《逻辑学》上卷，商书印书馆1991年版，第171—172页。
② 黑格尔：《逻辑学》上卷，商书印书馆1991年版，第173页。
③ 黑格尔：《逻辑学》上卷，商书印书馆1991年版，第180页。

四、"资本一般"与"许多资本"对《资本》册结构形式的意义

马克思提出的"资本一般"与"许多资本"的概念，对他写作《资本章》有着十分重要的意义，特别是在马克思提出经济学著作的"六册计划"之后，"资本一般"与"许多资本"的概念及其关系，成了他建立第一册《资本》结构的最基本、最重要的依据。

1857年8月，在开始写作《手稿》时，马克思就提出了经济学著作的"五篇计划"。在"五篇计划"中，"资本"是第二篇中的部分内容。大约在1857年11月下旬，马克思在写作《手稿》第Ⅱ笔记本时，曾对"资本"部分的结构作过深入的思考。这就是前面提到的，马克思利用黑格尔《逻辑学》中一般、特殊和个别概念提出的一般性、特殊性和个别性的两个结构计划。我们可简称其为"资本"部分的"三分结构"。在"资本"部分的"三分结构"中，马克思打算按照抽象上升到具体这一依次递进的逻辑序列，逐步展开对资本本质规定性的论述。

随着马克思对资本理论论述的不断深化，特别是随着"资本一般"和"许多资本"概念的提出，马克思对他的经济学著作的结构计划，其中包括"资本"部分的结构计划作了重要的修正。到1858年2月，马克思提出了经济学著作的"六册计划"。在"六册计划"中，"资本"部分成为单独的一册，并被列为"六册计划"中的第一册。

1858年4月初，马克思又对《资本》册的结构作了重新划分，提出了《资本》册的"四篇结构"，即（a）资本一般；（b）竞争或许多资本的相互作用；（c）信用；（d）股份资本。从而完成了从"五篇计划"中"资本"部分的"三分结构"，到"六册计划"中《资本》册的"四篇结构"的过渡。同年6月，马克思在《七个笔记本的索引》

中把"(a)资本一般"分为"（Ⅰ）价值"、"（Ⅱ）货币"和"（Ⅲ）资本一般";把"（Ⅲ）资本一般"又细分了若干章节。① 那么,从"资本"的"三分结构"到《资本》册的"四篇结构"发生了什么实质性的变化呢?在这一变化中,"资本一般"与"许多资本"起着什么实际的作用呢?

我们可以把这两个结构计划列表比较如下:

"五篇计划"中"资本"的"三分结构"	"六册计划"中《资本》册的"四篇结构"
Ⅰ.资本的一般性 （1）资本的一般概念由货币变成资本 资本和劳动;按照同劳动的关系而分解成的资本各要素	(a) 资本一般 （Ⅰ）价值 （Ⅱ）货币 （Ⅲ）资本一般 　　从货币到资本的过渡 （1）资本的生产过程
（2）资本的特殊性:流动资本和固定资本;资本周转	（2）资本的流通过程
（3）资本的个别性:资本和利润。资本和利息	（3）资本是结果的东西 （利息、利润、生产费用等等）
Ⅱ.资本的特殊性 （1）资本的积累	
（2）资本的竞争 （3）资本的积聚	(b) 竞争或许多资本的相互作用
Ⅲ.资本的个别性 （1）资本作为信用	(c) 资本的信用
（2）资本作为股份资本 （3）资本作为货币市场	(d) 股份资本

---

① 参见《马克思恩格斯全集》第1版第46卷下册第415—418页。

从上表中可以看到,"四篇结构"和"三分结构"之间的区别,主要表现在两个方面:

第一,"四篇结构"把"三分结构"重新划分为两大部分:第一部分是"资本一般"。在这一部分中,作为研究对象的是资本的一般性质,即撇开了不同资本间差异及其关系的"资本一般"。第二部分是"许多资本"及其具体形式。竞争作为"许多资本"的特征,我们在前面已经作了说明。信用和股份资本同样是"许多资本"的特征。马克思在《手稿》中曾提到:信用是资本"能够取得的最高成就","信用仅仅表现为积聚的新要素,即各个资本被个别实行集中的资本消灭的新要素。"[①] 马克思也提到,在股份资本中,"资本达到了它的最后形式,在这里资本不仅按它的实体来说自在地存在着,而且在它的形式上也表现为一种社会力量和社会产物。"[②]

第二,"四篇结构"中的"(a)资本一般"对"三分结构"中的"Ⅰ资本的一般性"作了两个方面的重要扩展。一方面,马克思把"价值"、"货币"作为"四篇结构"中"资本一般"的导论性内容,成为整个《资本》册的开头部分。另一方面,马克思把"三分结构"中"Ⅱ资本的特殊性"的"资本积累",移到"四篇结构""(a)资本一般"中。根据马克思《手稿》第Ⅳ笔记中的实际论述,"资本积累"已归入"资本的生产过程"部分。

因此"资本一般"与"许多资本"是理解"三分结构"到"四篇结构"的实际变化以及"四篇结构"内在逻辑的重要概念和关键所在。

值得注意的是,马克思在1857年11月下旬写作《手稿》第Ⅱ笔记本时,把"资本一般"只是当作"资本特殊性"和"资本个别性"

---

① 《马克思恩格斯全集》第1版第46卷下册第169页。
② 《马克思恩格斯全集》第1版第46卷下册第22页。

的对应概念，并且比较集中地论述了这三个概念之间的关系。但是，自1858年1月上、中旬写作第Ⅳ笔记本提出"许多资本"概念后，马克思就开始把"资本一般"当作"许多资本"的对应概念使用，对"资本一般"和"许多资本"的内涵及其相互关系作了多次论析。对"资本一般"同资本特殊性和个别性的对应关系不再论及。这也许可以说明，"资本一般"与"许多资本"概念更适用于对资本理论结构的理解。当然，在很大程度上，"资本一般"与"许多资本"概念的对应关系，也是对资本的一般性、特殊性与个别性概念对应关系的一种发展。

理论研究

霍布斯鲍姆谈马克思的《大纲》诞生 150 年及其现实意义*

〔英〕霍布斯鲍姆

2008 年劳特利奇出版公司出版了由加拿大约克大学政治学系讲师马塞罗·默斯托博士主编的纪念马克思的《大纲》创作 150 年的论文集《卡尔·马克思的〈大纲〉——〈政治经济学批判大纲〉150 年》(*Karl Marx's Grundrisse*: *Foundations of the Critique of Political Economy 150 Years Later*),由国际上三十多位知名马克思主义研究专家撰稿。著名历史学家、"漫长的 19 世纪"三部曲《革命的年代》、《资本的年代》和《帝国的年代》的作者、伦敦大学伯拜克学院院长和纽约社会研究新学院荣誉教授艾瑞克·霍布斯鲍姆为本书撰写了前言。2008 年 9 月 15 日,Z Communications 网站发表了本书编者默斯托与霍布斯鲍姆关于"马克思及《大纲》的当代意义"的一个对话。本文从不同的角度、以不同的形式阐述了《大纲》的出版与其在世界上被接受的漫长历程,并探讨了《大纲》的当代意义,认为《大纲》体现了远比《资本论》更丰富的思想,比如它是唯一一部超越了马克思本人在《德意志意识形态》中对未来共产主义所做的提示的文本,同时指出马克思的思想仍然是理解这个世界和我们必须面对的问题的最佳指南。

---

* 本文选自《国外理论动态》2011 年第 1 期。

一、前　言

（一）《大纲》（*Grundrisse*）出版的漫长历程

从多方面看，在卡尔·马克思的全部作品中，《大纲》的地位及其命运都是独特的。首先，《大纲》作为马克思成熟时期作品的一个主要组成部分，由于实际的原因而在马克思去世后半个多世纪的时间里完全不为马克思主义者所知，这一点是独一无二的；而且，它们实际上几乎是完全得不到的，直到这些手稿写成后近一个世纪，它们才被冠以《大纲》这样的名字编辑出版。无论对其意义有何争议，1857—1858 年手稿显然是为《资本论》所做的理论努力的一部分，特别是作为一位经济学家的马克思成熟时期的代表作。这一点将《大纲》与其他写作年代更早一些而同样在马克思去世后出版并添加到马克思全集中的著作，即 1932 年出版的《早期著作》（Frühschriften），区别开来。围绕这些写于 19 世纪 40 年代早期的作品在马克思的理论发展中所占的确切位置，发生了许多或对或错的争论，但对于 1857—1858 年手稿的成熟地位，则不会有多大争议。

其次，有点令人意外的是，正是在可以确切认为最不利于对马克思和马克思主义思想进行任何原创性发展的条件下，即在正处于斯大林时代高峰期的苏联和民主德国，《大纲》得以全部出版。要知道，即使是后来，出版马克思和恩格斯的著作这样的事情仍需要得到政府当局的许可。这一点，从事他们的著作的外文版工作的编者有理由可以证明，至今仍不清楚，当时是如何克服这些出版障碍的，包括对马克思恩格斯研究院的清洗和对该学院创建者及院长达维德·梁赞诺夫的清除乃至谋杀，或者从 1925 年到 1939 年间负责手稿工作的帕维尔·韦勒（Pavel

Veller)是如何度过 1936—1938 年的恐怖而完成工作的。有一点可能是有利的,即当局并不确切知道怎么处理这份庞大的棘手的文稿。但是,他们显然对于这份文稿的准确地位有所怀疑,因为毕竟斯大林认为三卷《资本论》反映了马克思的成熟立场和观点,而这些带有草稿性质的手稿并不像《资本论》那么重要。事实上,《大纲》的俄文译本直到 1968—1969 年才全部出版,而且,无论是 1939—1941 年的德文原版(出版于莫斯科),还是 1953 年的重印本(柏林),都不是作为《马克思恩格斯全集》历史考证版(MEGA)的组成部分(而仅仅是"以 MEGA 的编排方式"),或作为《马克思恩格斯全集》德文版(MEW)的组成部分而出版的。然而,与最初载于 MEGA(1932 年版)、后来由官方出版的马克思全集中未予刊载的 1844 年的《早期著作》不同,它们实际上出版于斯大林时代的高峰期。

第三个特点是关于 1857—1858 年手稿的地位的长期不确定性,这反映在 20 世纪 30 年代,马克思恩格斯列宁研究院关于这些手稿的名称不断变化,一直到交付打印前不久才确定下《大纲》这一名称。实际上,它们与由马克思出版和由弗里德里希·恩格斯编辑的三卷《资本论》、由考茨基从 1861—1863 年手稿中编辑的所谓第四卷(《剩余价值理论》)之间关系的真正性质,仍是有争议的。曾通读过这些手稿的考茨基似乎并不知道如何处理它们。他除了在其杂志《新时代》(*Die Neue Zeit*)上出版了这些手稿中的两篇摘录外,再没做什么工作。这两篇摘录分别是几乎没有什么影响的简短的《巴师夏和凯里》(1904)以及所谓的《政治经济学批判》的《导言》(1903),《导言》从未完成,因而也未在 1859 年出版的同名著作中发表。它后来成为那些希望将马克思主义的解释拓展到流行的正统观点,特别是奥地利马克思主义者之上的人的早期依据。迄今为止,《导言》可能是《大纲》中受到最广泛讨论的部分,虽然本书援引的一些评论者质疑它是否属于《大纲》的组成部分。当时,手稿的其他部分仍未出版,实际上也一直不为评论者们所知,直到梁赞诺夫及其在莫斯科的合作者于1923年获得了这些手稿的照相拷贝,将它们按顺序整理并计划在MEGA中将它们出版。猜想一下这样一个问题是很有意思的,即如果它们按最初计划的那样在1931年出版,将会造成什么影响。它们实际的出版日期——1939年末和1941年希特勒入侵苏联后一个星期——意味着它们几乎仍然完全不为西方所知,直到1953年东柏林的重印本发行。虽然鲜有几本到达美国,但从1948年以来,这部作品就得到伟大的先驱式的《大纲》阐释者罗曼·罗斯多尔斯基(Roman Rosdolsky)的分析,当时他经由奥斯威辛和其他各种集中营刚刚到达美国。很难相信,这部大部头的德文原版著作"被寄到前线作为反对德国士兵的宣传鼓动材料,后来又被寄到战俘营作为战俘的学习材料",从而达到了其理论或实际目的。

1939—1941年版的全文重印本成为国际上接受《大纲》的第一个版本,它于1953年在东德重印,比《马克思恩格斯全集》(德文版)的出版提前了几年,但有意割断了与这些著作的联系。除了一处例外,这部作品直到20世纪60年代才开始产生重要影响。这里例外的就是《资本主义生产以前的各种形式》这一节,它于1939年用俄文首次单独出版(正如稍微早些时候出版的《货币章》的情况)。它于1947—1948年被译成日文,1952年用德文再版,而后又被译成匈牙利文(1953)和意大利文(1954),当然也在英语世界的马克思主义历史学者中得到了讨论。带有一篇解释性导言的英译本不久就以西班牙文在阿根廷(1966)和佛朗哥的西班牙(1966)出版。可能由于马克思主义历史学者和社会人类学者对它的特殊兴趣,以及它与争议颇大的对第三世界社会的马克思主义分析的特定相关性,这一文本在人们可以得到全文《大纲》之前得到了广泛的发行。这一文本为西方因卡尔·奥古斯特·魏特夫(Karl August Wittfogel)的《东方专制主义——集权的比较研究》

(*Oriental Despotism*: *A Comparative Study of Total Power*)这样的著作极具争议地重新恢复关于"亚细亚生产方式"的辩论提供了线索。

(二)关于《大纲》的接受史

1857—1858年手稿的接受史实际上开始于1956年危机之后,当时,在不再是铁板一块的各国共产党之内与之外,大家主要致力于将马克思主义从苏联正统的紧身衣中解放出来。无论是1844年手稿,还是1857—1858年手稿,既然它们不属于"经典著作"的正式全集,但无疑又是马克思所写的,那么,正如本书第三部分有几章所表明的那样,它们都可以被视为为合法突破共产党内一贯封闭的立场奠定了基础。几乎同一时间,国际上对安东尼奥·葛兰西(Antonio Gramsci)作品的发现——这些著作在苏联第一次出版的时间是1957—1959年——起到了类似的作用。相信《大纲》具有异端倾向,表现为此时出现了非官方的自由作家的译本,如法国人文科学出版社(the French Editions Anthropos)出版的改良主义者的译本(1967—1968)和《新左派评论》(*the New Left Review*)支持的马丁·尼古劳斯(Martin Nicolaus)的译本。在共产党之外,《大纲》起到了证明一种虽非共产主义的,但无疑仍是马克思主义的合理性的作用。但是直到20世纪60年代的学生造反时代,这一点才开始在政治上具有重大意义,当然,在20世纪50年代,它们的重大意义就已经被接近法兰克福学派传统的学问精深的德国人如乔治·李希特海姆(George Lichtheim)和年轻的于尔根·哈贝马斯(Jürgen Habermas)所认可,只是这种认可并不具有政治行动主义的背景。在快速扩张的大学中,学生日益激进,这也为像这样极端难懂的文本提供了以往未曾料到的更大规模的读者。要不是因为这一点,像企鹅图书(Penguin Books)这样的商业性出版公司肯定不会愿意出版《大纲》，即使是作为"塘鹅马克思文库"（"Pelican Marx Library"）的一部分。同时，这一文本在苏联也或多或少有些勉强地被接受为马克思著作全集的内在组成部分，在1968—1969年被收入马克思恩格斯著作中，尽管是以一种小于《资本论》的开本的形式。随后不久，它在匈牙利和捷克斯洛伐克也出版了。

因此，将有关《大纲》的争论与其政治背景分开是不容易的，而且是政治背景激发了这些争论。在争论最激烈的20世纪70年代，它们也遭受了代际或文化障碍，即大多数（主要是中东欧的）极富献身精神且学识渊博的先驱派马克思文本学者如梁赞诺夫和罗斯多尔斯基等陆续辞世。一些严肃的努力实际上是由较年轻的托洛茨基主义知识分子做出的。他们尝试着对1857—1858年手稿在马克思思想的发展中，更具体地说，在成为《资本论》躯干的总体计划中所占的位置进行了较早的分析。然而，著名的马克思主义理论论战则是由像法国的路易·阿尔都塞（Louis Althusser）和意大利的安东尼奥·内格里（Antonio Negri）这样的、对马克思的文献坦率说并不十分了解的理论家发起的。这些论战被年轻的男男女女们所接受，这些年轻人可能当时还十分缺乏对这些文本的了解，或者说也缺乏能力判断过去有关它们的争论，但愿是由于语言的原因。一点也不奇怪，像本书中有关意大利那一章所说的那样，"《大纲》……的接受颇具独特性"，这不只适用于一个国家。

（三）总的看法

眼下的这本论文集出版于目前这样一个时代，此时，马克思主义政党和运动在全球舞台上仅仅是不太重要的角色。然而，此时世界呈现出的状况也证明了，马克思对资本主义制度的经济运行方式所做的分析独具慧眼。也许这是一个恰当的返回对《大纲》研究的时机，这时候的研究将不那么受从尼基塔·赫鲁晓夫公开谴责斯大林到米哈伊尔·戈尔巴乔夫垮台这一时期左翼政治短时考虑的妨害。从任何方面说,《大纲》都是一部非常难懂的文献,但也是一部非常值得读的文献。这是因为它不仅提供了有关那部连《资本论》也仅仅是其中一部分的专著的唯一全方位指南,还提供了对于成熟马克思的方法论的独特介绍。它包含了能使得马克思对资本主义的分析适用于远远大于19世纪的范围的分析和洞见,它们可以用来分析制造不再倚重人工的社会的时代,自动化的时代,闲暇的潜力,以及异化在这些情景中的变化。比如说他对科技的看法,就有这样的力量。它是唯一一部在某种程度上超越了马克思本人在《德意志意识形态》中对未来共产主义所做的提示的文本。总之,《大纲》的确体现了最为丰富的马克思思想。

本论文集分为三部分。第一部分由八章组成,即由阅读《大纲》而产生的对其主要主题(方法、价值、异化、剩余价值、历史唯物主义、生态矛盾、社会主义,以及《大纲》和《资本论》的对比)的阐释。第二部分重现了《大纲》作者在1857年至1858年的思想传记。第三部分,即最后一部分,则对马克思的这一著作在全世界的传播和接受提供了一个全面而生动的说明。

总之,在展现《大纲》一些丰富宝藏方面,在国际背景下确定其原创的思想财富方面,本书进行了一次成功的尝试。

二、对话

马克思的当代意义:《大纲》创作150年
——与艾瑞克·霍布斯鲍姆的对话

马塞罗·默斯托(以下简称"默"):霍布斯鲍姆教授,1989年,卡尔·马克思曾被匆匆遗忘,20年后,他又回到了聚光灯下。在过去的几年中,他不仅通过新出版的著作而获得了知识界的关注,而且他也成为更广泛领域关注的焦点。实际上，2003 年法国《新观察家》杂志（*Nouvel Observateur*）出版了一期卡尔·马克思专刊——《卡尔·马克思——第三个千年的思想家？》（"Karl Marx—le penseur du troisième millénaire?"）。一年后在德国，一次由电视公司德国电视二台（ZDF）发起的有关谁是所有时代最有影响的德国人的民意调查中，超过 50 万的受访者投票给马克思；他位居综合类第三，"当前影响"类第一。而后，2005 年，《镜报》（*Der Spiegel*）周刊将他作为封面人物，并冠以"一个幽灵又回来了"（"Ein Gespenst kehrt zurück"）的标题，同时，英国广播公司（BBC）第四套节目"在我们的时代"（In Our Time）栏目的听众投票公认马克思是最伟大的哲学家。

在最近一次与雅克·阿塔利（Jacques Attali）的公开对话中，您曾说过，自相矛盾的是，"正是资本家而不是其他人重新发现了马克思"，您提到，当企业家和自由主义政治家乔治·索罗斯（George Soros）对您说"我刚才在读马克思的著作，他说的话里有极多东西"时，您很震惊。这次复兴虽然微弱并相当含糊，但其原因是什么？是否可能因为他的著作是被作为永远也不应当忘记的现代思想的伟大经典而进入了大学课程中，所以仅仅是一些专家和知识分子对其作品感兴趣？或者从政治方面可能一种新的"对马克思的需求"也即将来临？

霍布斯鲍姆（以下简称"霍"）：早在 150 年前，马克思就根据自己对"资产阶级社会"的分析，预言了 21 世纪初期世界经济的本质。聪明的资本家，特别是那些在全球化金融部门工作的资本家，对马克思印象很深是毫不奇怪的，因为他们比其他任何人都必定更了解他们在其中运作的资本主义经济的不稳定性质。面对 20 世纪 80 年代大多数北大西洋国家社会—民主方案的垮台，许多国家政府向自由市场意识形态的转变，以及那些宣称受马克思和列宁激发而建立的政治经济制度的坍塌，左翼意气消沉。像女权主义这样的所谓"新社会运动"（new social movements），要么与反资本主义没有合乎逻辑的关联（虽然其成员作为个人也许与之相关），要么已经不再相信人类对自然能够不断加强控制，而这一点是资本主义和传统社会主义都相信的。同时，"无产阶级"由于分化和减少了，已经不再被相信是马克思所说的社会变革的历史主体。而且，自1968年以来，最著名的激进运动都倾向于直接行动，而这样的行动并不必然是基于很多阅读和理论分析的。

当然，这并不意味着马克思不再被认为是一个伟大的和经典的思想家，虽然从政治角度来说，特别是在法国和意大利这样一度拥有强大的共产党的国家，曾经出现过一次针对马克思和马克思主义分析的过激的思想攻击，并可能在20世纪80年代和90年代达至顶峰。但有迹象表明，这种攻击现在已经销声匿迹。

默：马克思终其一生都是一个机敏而又不知疲倦的研究者，他比其同时代的其他任何人都更好地感知并分析了资本主义在世界范围的发展。他认识到，全球化国际经济的产生是资本主义生产方式所固有的，他预言这一过程不仅将促成自由派理论家和政客所吹嘘的增长和繁荣，同时也将导致暴力冲突、经济危机和广泛的社会不公。在过去的10年中，我们经历了开始于1997年夏的东亚经济危机，1999—2002年间的阿根廷经济危机，尤为重要的是开始于2006年的美国次贷危机，这次危机已经成为"二战"后最大的金融危机。因此，是否可以说重新对马克思感兴趣也是基于资本主义社会的危机和马克思对于解释当今世界的深刻矛盾的持久能力？

霍：将来的左翼政治是否会像过去的社会主义和共产主义运动那样，再次受到马克思分析的激励，将有赖于世界资本主义的演变。但是，这一点不仅适用于马克思，也适用于作为一个连贯的政治意识形态和事业的左翼。你说得对，既然对马克思兴趣的恢复在很大程度上是——在我看来主要是——基于当前资本主义社会的危机，那么，前景要比20世纪90年代更为乐观。当前的世界金融危机，在美国很可能会变成一次严重的经济衰退，将使不受控制的全球自由市场神话的失败更加戏剧化，甚至会迫使美国政府考虑采取20世纪30年代以来业已忘记的公共行为。政治压力已经在削弱经济上的新自由主义政府对不受控制的、不受限制的和不受管制的全球化的承诺。在一些场合（例如中国），由向自由市场经济的整体转轨导致的巨大不公平和不公正，已经引发了影响社会稳定的主要问题，甚至引发了政府高层的质疑。

很显然，"回到马克思"（return to Marx）必定是回到马克思对资本主义及其在人类历史进程中位置的分析——首先包括他对资本主义发展的主要的不稳定性的分析，也就是资本主义是在一系列自身引发的伴随着政治和社会方面的周期性经济危机中发展的。1989年，新自由主义意识形态家曾声称自由资本主义会永世长存，历史已经终结，马克思主义者则从不这么认为，他们从不相信任何关于人的关系的制度可能是最终的和决定性的。

默：国际左翼向自己提出社会主义在新世纪的问题，您不认为如果国际左翼的政治和知识力量放弃马克思的思想，他们就会失去一个审视和变革当今现实的基本指南吗？

霍：没有一个社会主义者会放弃马克思的思想，只要他不是基于希望或意愿，而是基于对历史发展特别是对资本主义时代的历史发展的认真分析，而相信资本主义必定为另一种社会形式所取代。马克思对于资本主义将被一个社会性的管理或计划的制度所取代的实际预言看起来仍然合理，尽管他显然低估了会在任何后资本主义制度中存在的市场因素。既然他有意避免对未来的猜想，就不能让他来对"现实存在的社会主义"下组织起来的"社会主义经济"运行的特定方式负责。关于社会主义目标，马克思并不是唯一一个想要一个没有剥削和异化的社会的思想家，在其中人类能充分实现其潜能，但是他比其他任何人都更有力地表达了这种渴望,他的话至今仍保留了鼓舞人心的力量。

然而,大家必须理解,马克思的著述不应当被当成政治纲领,不管是否权威,也不应当被当成对当今世界资本主义实际情况的描述,而应当被当成怎样理解马克思对资本主义发展本质的分析指南。否则马克思就不会作为一种政治灵感回归左翼。我们也不能且也不应该忘记,他没有能够完整地连贯地表述他的观点,虽然恩格斯和其他人尝试着从马克思的手稿中整理出《资本论》第二卷和第三卷。正如《大纲》所表明的,即使是完整的一部《资本论》,也只不过是马克思自己的、也许过分庞大的最初构想的一部分而已。

另一方面,除非激进活动家中风行的一种倾向——把反资本主义变成反全球化的倾向——停止,否则马克思不会回归左翼。全球化存在着,如果人类社会不崩溃,它是不可逆转的。事实上,马克思把全球化看成一种事实,而且,作为一个国际主义者,他原则上是欢迎它的。他所批评的,也就是我们所必须批评的,是资本主义导致的那种全球化。

默:《大纲》是马克思著述中引起新读者和评论者最大兴趣的作品之一。它写于1857—1858年,是马克思政治经济学批判的第一个草稿,因此也是写作《资本论》之前的最初的准备工作;它包括了很多马克思在他没有完成的毕生之作的其他地方未加以展开的话题。在您看来,为什么虽然这些手稿只是马克思为了总结他的政治经济学批判的纲要而写的,但却持续地比他的其他任何著作引发了更多的争论呢?为什么它们能这样持久地引发人们的兴趣呢?

霍:在我看来,《大纲》对国际马克思主义知识界产生如此巨大影响的原因有两个,它们是互相联系的:第一,20世纪50年代以前,这些手稿实际上并没有出版,正如你说的,它们包含了大量马克思在别的著作中未加以展开的问题的反思。它们不是苏联社会主义世界中已经很大程度上被教条化的正统马克思主义的全集的一部分,但苏联社会主义无法简单地取消它们。那些想要批评正统马克思主义或者拓宽马克思主义分析范围的人，如果不想把他们的出发点建立在可能会被指责为异端或反马克思主义的文本上，就可以利用这些草稿。因此，20世纪70年代和20世纪80年代（远早于柏林墙的倒塌）的版本继续在引发争论，这很大程度是因为马克思在这些手稿中提出的重要问题在《资本论》中没有得到考察，比如说那些在我为您主编的书所写的前言中提到的问题。

默：作为结束，我提最后一个问题：为什么今天阅读马克思还是很重要？

霍：阅读马克思很重要，因为如果离开这个人的著作对20世纪所产生的影响，我们就无法理解生活于其中的当今世界。最后一点，应该读他的原因在于，正如他本人所写的，只有理解了这个世界才能有效地改变它——马克思仍然是理解这个世界和我们必须面对的问题的最佳指南。

（孙寿涛、闫月梅 译）

阿尔都塞对《大纲》的曲解[*]

〔美〕诺曼·莱文

1953年《大纲》德文完整版的问世，以及始于1976年的MEGA第二版，激化了关于马克思与黑格尔关系的争论。这一论战基本上分为两个阵营：（1）非延续性阵营，主张在马克思与黑格尔之间有一种根本性的断裂；（2）延续性阵营，主张马克思在特定的维度内继承了黑格尔的思想遗产。本文支持延续性阵营的观点。在下文中我将论证，马克思在特定的维度内继承了黑格尔的思想遗产，而《资本论》第一卷的方法论结构正是黑格尔方法论的体现。

要准确地理解马克思与黑格尔之间的关系，必须将黑格尔的哲学分为两部分：体系和方法。黑格尔的体系是一种泛逻辑主义，主张所有的现实都是理性的投射。黑格尔的唯心主义假定主体和客体的统一，主张事物的形式和内容是理性或精神的体现。马克思揭露了黑格尔的这种泛逻辑主义，并在1843年的《黑格尔法哲学批判》中将黑格尔主义打上了"逻辑泛神论"的标签。但马克思对黑格尔的否定仅限于黑格尔的体系，或者说，马克思对黑格尔的认识论上的断裂只与后者的泛逻辑主义相关。这种认识论上的断裂，即马克思对黑格尔的逻辑泛神论的抛弃，贯穿于马克思一生之中。

黑格尔哲学的另一部分是他的方法论，马克思正是在这一维度上继

---

[*] 本文选自《马克思主义与现实》2011年第1期。

承了黑格尔的思想。虽然马克思脱离了黑格尔的哲学体系，他却借用了黑格尔的方法论，比如有机解释、解剖模型（anatomical image）。这种有机模型是由不同的部分组成的，包括一些次级范畴，如本质（内在倾向）、整体论（普遍和特殊）和实现。这些方法论都源自于黑格尔在1812年所写的《逻辑学》一书。从《大纲》到《资本论》，马克思都使用了这些解剖模型中的范畴。

但本文只探讨《大纲》以及马克思为《资本论》所写的准备性笔记《1861—1863年手稿》（以下简称《手稿》）。后一手稿的各部分相继在MEGA^{2}中公诸于世，分别于1976年、1980年和1982年分三批出版。我将通过对这一手稿的探讨来证明黑格尔的有机方法在马克思思想中的体现。通过研究马克思为《资本论》所写的手稿以及他经过斗争和试验并最终在《资本论》中所采用的解释工具，我希望突显出黑格尔的解剖方法在马克思思想中的重要性。

阿尔都塞是非延续性阵营，或者说是主张将马克思与黑格尔截然分开的学术群体中的代表人物。他在三本著作中完成了这一分离手术，即《保卫马克思》、《读〈资本论〉》和《黑格尔的幽灵》。

阿尔都塞自己经历了一个与黑格尔在认识论上的决裂。在1947年他完成了关于黑格尔的博士论文，题目是《论黑格尔思想中的内容》。而在1950年，法国哲学家，如萨特、让·伊波利特和科耶夫等掀起了一场关于黑格尔的文艺复兴。再加之当时对费尔巴哈的人本主义的兴趣又被重新燃起，于是阿尔都塞担心黑格尔—费尔巴哈这条轴线的形成将使马克思主义抛弃它对革命实践的坚持。同时，1956年赫鲁晓夫揭发斯大林罪状的言论一出，不免使人担心改良运动可能会抛弃革命的列宁主义。为了防止对列宁主义的损害，以及防止黑格尔的思想和费尔巴哈的人本主义对马克思的限制，于是阿尔都塞与黑格尔决裂，并发起了一场文字上的圣战，论证马克思也经历过相同的断裂。

阿尔都塞的确承认，早期马克思，即1840—1845年的马克思，受到过黑格尔和费尔巴哈的人本主义的影响。但是，他将1845年看作是断裂时期，尤其是《德意志意识形态》中关于费尔巴哈的那一章，代表着马克思与黑格尔最初的分离。

阿尔都塞反对黑格尔的哲学是由于其泛逻辑主义。他尤其反对黑格尔方法论的四种范畴，即有机解释、总体或整体论（普遍—特殊），以及本质概念和实现概念。阿尔都塞认为，这四个范畴源自于黑格尔的唯心主义，因而是与唯物主义原则相矛盾的。他贬低这四种范畴，认为它们是黑格尔形而上学的表现，因而无法对社会经济结构作出恰当说明。

阿尔都塞寻求一种不包含黑格尔的有机论、整体论、本质和实现等概念的解释方法。在这一寻求过程中，他被1960年发生于法国的结构主义思潮所影响，特别是受人类学领域中列维－施特劳斯的影响。阿尔都塞用结构主义关于"多元决定"的概念代替了黑格尔的解剖方法。最后，阿尔都塞成为结构主义的马克思主义的创立者之一。他的哲学目标在于将黑格尔的一切元素从马克思的解释方法中剔除出去。

阿尔都塞在反对黑格尔的解剖方法时，力图从马克思1857年的《大纲》中寻求文本支持。他的主要精力集中在对《大纲》导言的探讨上，重点关注的是导言中第三部分《政治经济学的方法》的内容。的确，《政治经济学的方法》这一节对于鉴别马克思的社会解释方法来说是很关键的文本，阿尔都塞不仅反复琢磨马克思的话语，并且频繁地从中摘录引言。

本文反对阿尔都塞的观点，认为黑格尔与马克思之间存在一种延续性。我将黑格尔的思想传统分为两个部分：体系和方法；当马克思否定了黑格尔的体系时，他却继承了后者的方法论工具。在我看来，这些方法论工具之一，就是黑格尔的解剖模型。而且，与阿尔都塞所说的相反，《大纲》是对这种有机的、解剖的解释工具的证明。

我将遵照两个策略来驳斥阿尔都塞的观点，这两个策略都主要与文本解释相关。在与阿尔都塞的论辩中，我将揭示他在阅读上所犯的两个关键错误，并将对其的批判分为策略一和策略二。在策略一中，我将指出他的三个误读之处：第一，他错误地解释了他从《大纲》中所摘录的文本；第二，尽管他从《大纲》中摘录了关于"猴体解剖"的重要文段，但他在解释这段话时却完全扭曲了其意思；第三，他没有看到或者说故意忽略了其他章节，尤其是《资本章》，这一章证明阿尔都塞的观点是错误的，并且支持延续性观点。总之，阿尔都塞所犯的错误在于，他对《大纲》的阅读带有偏见，是为自身理论目的服务的。

策略二与MEGA版中的手稿相关。阿尔都塞从未提过这些手稿。对于他未能阅读这些重要手稿的事实，可以做出两点说明。第一，直到MEGA^{2}开始出版之前，这些手稿还未能发行，直到1976年、1980年和1982年才首次以独立的卷目出现。第二，阿尔都塞知道这些手稿的存在，因为他注意到了恩格斯为《资本论》第二卷所作的序言。他评价恩格斯写了一篇最富有洞见的对马克思经济理论的分析。只要读了这篇序言，就可以发现，恩格斯是清楚1861—1863年这些手稿的存在的，并且在整理《资本论》第二卷英文版时利用了其部分内容。这些手稿的手写版当时在阿姆斯特丹的国际社会史研究所（IISH）是可以看到的，但阿尔都塞从未表明他试图去阅读过这些手稿。公平一点说，我必须承认，马克思的手迹是难以辨认的，除非请专门的笔迹专家来看，阿尔都塞就算去了国际社会史研究所，也许也无法辨认它们。不管怎么说，他没有注意到1861—1863年的手稿。

历史是仁慈的，MEGA^{2}使人们可以看到1861—1863年的手稿，我将利用它们来证明，黑格尔逻辑学中的四种范畴——有机论、整体论、本质和实现是包含在马克思的思想中的。在马克思为《资本论》所写的手稿中，他使用了黑格尔的解剖方法。

策略一

1. 我在策略一中将使用两本著作，一本是阿尔都塞的《读〈资本论〉》，另一本是1973年由马丁·尼古拉斯（Martin Nicolaus）翻译的《大纲》。在《读〈资本论〉》的第一部分"从资本论到马克思的哲学"中，阿尔都塞从《大纲》中引用了下面这段话："黑格尔陷入幻觉，把实在理解为自我综合、自我深化和自我运动的思维的结果，其实，从抽象上升到具体的方法，只是思维用来掌握具体并把它当作一个精神上的具体再现出来的方式。"①

阿尔都塞从尼古拉斯版的《大纲》第101页中摘录了这段话。然而，他却没有注意到马克思在同一小节即《政治经济学的方法》中紧接着所写的一段话。在随后的一个段落中，马克思写道："因此，从这一方面看来，可以说，比较简单的范畴可以表现一个比较不发展的整体的处于支配地位的关系或者一个比较发展的整体的从属关系，这些关系在整体向着以一个比较具体的范畴表现出来的方面发展之前，在历史上已经存在。"②

将这两段话进行比较，可以看出阿尔都塞误读了马克思。他从有关认识论的《政治经济学的方法》这一部分中作了摘录，他所摘录的段落是攻击黑格尔的泛逻辑主义的，证明马克思的全部社会研究是建立在唯物主义或者说经验论据的基础之上。而阿尔都塞有意忽略的段落，讨论的是黑格尔关于有机论或者说关于整体—部分的方法。这段话证明，马克思在政治经济学研究中使用了黑格尔的整体—部分的方法，将其作

---

① 《马克思恩格斯全集》第1版第46卷上册第38页。
② 《马克思恩格斯全集》第1版第46卷上册第40页。

为解释工具。马克思运用整体—部分、解剖模型来解释社会体系或社会学整体的运行。

阿尔都塞所犯的错误在于选择性阅读。他只阅读了《大纲》中为其理论目的服务的部分。而且，阿尔都塞在他对同一节进行引用时，又重复了相同的误读。他在《读〈资本论〉》的第一节中，从《大纲》的第107页引用了下面这段话："问题不在于各种经济关系在不同社会形式的相继更替的序列中在历史上占有什么地位，而在于它们在现代资产阶级社会内部的结构。"①

然而，阿尔都塞忽略或排除了马克思在《大纲》的第99—100页中所写的下面几句话："随着分配的变动，例如，随着资本的集中，随着城乡人口的不同的分配等等，生产也就发生变动。最后，消费的需要决定着生产。不同要素之间存在着相互作用。每一个有机整体都是这样。"②

阿尔都塞哲学的根本目标在于为马克思的历史理论提供一种新的解读，他引用以上的文本是为了支持他对马克思历史理论的重构。然而，除了一处文本之外，他有意排除了那些表明马克思使用了黑格尔的有机论方法的段落。他不断地抹去马克思所提到的有机论方法，并且利用他所创造出的这些缺失来证明马克思从未借用过解剖模型。但是，我所引用的马克思的那段话，结尾那句"每一个有机整体都是这样"，揭示了阿尔都塞的歪曲，并证明马克思与黑格尔之间有延续性。

2. 上文提到的阿尔都塞没有删去的唯一一处关于马克思使用解剖方法的文本出现在《读〈资本论〉》的《马克思不是一个历史主义者》这一篇文章里。在此文中，阿尔都塞从《大纲》的第105页引了下面这

---

① 《马克思恩格斯全集》第1版第46卷上册第45页。
② 《马克思恩格斯全集》第1版第46卷上册第37页。

段话，这也许是《政治经济学的方法》这一节里最著名的文段：资产阶级社会是历史上最发达的和最复杂的生产组织。因此，那些表现它的各种关系的范畴以及对于它的结构的理解，同时也能使我们透视一切已经覆灭的社会形式的结构和生产关系。资产阶级社会借这些社会形式的残片和因素建立起来，其中一部分是还未克服的遗物，继续在这里存留着，一部分原来只是征兆的东西，发展到具有充分意义，等等。人体解剖对于猴体解剖是一把钥匙。①

然而，阿尔都塞对这段话的理解却是错误的。他从认识论的角度去阅读这些话语。他利用这段话来驳斥对马克思作黑格尔式的解释，并认为这段话反映了马克思反对对其历史理论作逻辑—历史的解读。由于对马克思作逻辑—历史的解读将使马克思类似于黑格尔，所以阿尔都塞反对逻辑—历史的方法，以此切断黑格尔与马克思之间的关系。

鉴于马克思在《大纲》中频繁地使用"有机"和"整体"等术语，我认为，上述引文中的"人类解剖"这一比喻，是对黑格尔有机概念的沿用。在这段话中，马克思事实上是利用黑格尔的"包含"（subsumption）这一概念，来证明以往的存在形式，无论是生命形式还是社会形式，都包含在更复杂的解剖体系之中。这一包含的过程（这也是黑格尔所频繁使用的一个术语），就构成了一个有机的过程。

3. 尽管《大纲》的导言是马克思关于社会解释方法论的最重要的文本，但它并不是这本著作中唯一的方法论文本。《大纲》由一系列的思想实验和方法论尝试所组成，并且贯穿于手稿之中，处处可见马克思对于政治经济学方法的思考。令人惊讶的是，阿尔都塞只限于对导言的探讨，并且从未超越它。当他没能用分析的方法去阅读整部手稿时，他便将自身局限于那些支持他扭曲马克思思想的内容。他为自己对马克思

---

① 《马克思恩格斯全集》第 1 版第 46 卷上册第 43 页。

的考察设置了障碍和边界,于是,出于自我设置的原因,他从自己的视野中剔除了那些能证明马克思与黑格尔之间有延续性的文本。

在第三节《资本章》中,我将找出那些阿尔都塞视而不见的地方,找出那些能证明马克思使用了黑格尔的诸如本质、实现、总体性等方法的论述。

(1)本质。在《资本章》的《流通对价值规定的影响》这一小节中,马克思写道,"在流通还没有构成内在的、占统治地位的生产条件的那些生产方式下……"① 在黑格尔那里,"内在"这一术语指的是必然的发展趋势。内在指主体内部固有的驱动力,或者说本质。马克思是在黑格尔的意义上使用"内在"这一术语的。当他说"生产方式"的"内在的"东西时,他指的是"生产方式"的本质,或者说它的必然发展趋势。内在的同义词即目的。马克思认为资本主义的本质在于对利润的不断追求,这是它内在的驱动力。在这一资本主义的定义中,马克思描述了资本主义的目的,他使用了黑格尔式的范畴。

(2)实现。在《资本章》的同一节里,马克思写道:"流通时间只是对这种价值实现的限制……因此,资本把必要劳动时间作为它的再生产和价值增殖的必要条件。"② "实现"原本是黑格尔式的术语,马克思利用这一术语来说明资本主义的内在趋势。资本主义的关键特征就在于对相对剩余价值的不断追求。马克思使用实现这一方法论术语来定义资本主义的社会学动力。

(3)总体。在黑格尔那里,总体这一术语是与两个同义词相连的,即整体—部分和普遍—特殊。马克思延续了黑格尔的做法,也将总体与这两个同义词相连。在《资本章》的《劳动过程》这一小节里,马克

---

① 《马克思恩格斯全集》第 1 版第 46 卷下册第 37 页。
② 《马克思恩格斯全集》第 1 版第 46 卷下册第 37—38 页。

思考察了劳动过程的结果,他这样写道:"最初,当我们考察价值向资本的过渡时,劳动过程不过包括在资本里,而资本,按其物质条件,按其物质存在来看,表现为这个过程的各种条件的总和,并和这个过程相应,分为一定的、质上不同的各个部分,即劳动材料、劳动资料和活劳动。"① 马克思使用总体这一术语来描述一个有机体,或者说社会整体的普遍趋势。每一个社会形态都是在一种普遍趋势的基础上运行的,并且这一普遍趋势使一种社会形态成为一个总体。

整体是由特殊和部分组成的。一种普遍的趋势使特殊和部分服从于普遍和整体,并且正是这种特殊对普遍的从属构成了总体的规定性。

策略二

《手稿》构成了 MEGA² 3.1、3.5 和 3.6 这三卷的内容,一共 2384 页。由于篇幅限制,本文无法对此手稿中所有关于马克思方法论的例子做出详尽解释。我曾写过关于《手稿》的文章,关于我对马克思解释逻辑的详细说明,可参见我发表在《反思马克思主义》(*Rethinking Marxism*) 上的《黑格尔与〈手稿〉》一文。在本文中,我只打算引用这一手稿中的两处文本,它们确切地证明马克思使用了黑格尔的有机方法。

马克思在《大纲》中所运用的黑格尔方法论,也在他的《手稿》中得到了延续。《大纲》是对马克思在哲学上沿用了黑格尔的解释方式这一点的确凿证明。而《手稿》如同《大纲》一样,也尝试将黑格尔的解释方式运用到政治经济学之中,运用于李嘉图和斯密的范畴上,比如地租、价值和交换等。

---

① 《马克思恩格斯全集》第 1 版第 46 卷下册第 206 页。

马克思写《手稿》的目的在于寻找恰当的解释方法，以使经济学里的特殊性，如劳动、固定资本、资本的流通等，都从属于一个有机体系。在哲学层面上，马克思将黑格尔的有机论运用到政治经济学研究中。在经济学层面上，马克思考察了那些可以使这些特殊性包含于一个有机体之中的方法。

马克思在《手稿》中为资本主义下了一个定义，资本主义是一种永不停止的增加相对剩余价值的趋势。在这一基本原则下，《手稿》运用的逻辑是，将特殊的经济功能统合进一个有机整体之中。马克思在这一手稿中定义了资本主义的本质，正是利用这一本质，马克思将经济学的各部分（工厂体系、帝国主义）都包含在这一本质的普遍性之中。

这一手稿中的两段引文将证明我的观点。在《劳动过程》这一节中，马克思写道："在劳动过程中，过去的劳动过程的产品被使用，它们被劳动所消费，以生产较高级的、也就是经过较多媒介的使用价值……这种规定性表明各种社会劳动方式彼此之间的物质依赖性以及它们的相互补充，从而成为社会劳动方式的一个整体。"①

在这段话里，马克思对劳动方式的历史作了简要的总结。他理解过去的劳动方式是如何衰退的，并且从这些以往方式的残余中新的方式又是如何产生的，这种新的劳动形式就是一种总体性。在这段话里，马克思为总体性的形成做了一种历史性的说明，或者说，普遍性的力量就在于将特殊性统合进一个劳动的有机体之中。在《手稿》的标题为《剩余价值与必要劳动的关系》的小节中，马克思写道："资本同货币贮藏共同具有无限的自行致富的趋势。这种趋势到处都毫无掩饰地显露出来……"② 在这段话中，马克思关注这一事实：社会整体

---

① 《马克思恩格斯全集》第 1 版第 47 卷第 61 页。
② 《马克思恩格斯全集》第 1 版第 47 卷第 203—204 页。

拥有一种内在的趋势。这再次表明他认为，社会整体内部嵌入了一种实现自身的内驱力。每一个社会整体都包含着一种本质，而本质的特征之一就在于它要实现它的自在。

  阿尔都塞的失误在于他自己造成的盲目性。他并没有详细地阅读整部《大纲》。他也从未读过《手稿》。当他失去这些理论依据时，他便自己造成了误读的错误。他制造了一种论据真空，来遮蔽这一明显的事实，即马克思沿用了黑格尔的方法论范畴。

（李旸 译）

马克思经济学手稿读解的新视域

——《马克思恩格斯文集》第 8 卷摘选评价[*]

顾海良

马克思经济学手稿已经成为马克思经济思想研究的重要方面。特别是《政治经济学批判（1857—1858 年手稿）》和《政治经济学批判（1861—1863 年手稿）》，无论对马克思经济思想史还是对《资本论》创作史研究，都有着重要的意义。实际上，在国内外学术界，对马克思经济学手稿的研究已经超越经济学意义，成为马克思整体思想研究的重要课题，受到越来越广泛的关注。最近出版的《马克思恩格斯文集》第 8 卷（以下简称为《文集》），对马克思三部经济学手稿的选编，特别是对《政治经济学批判（1857—1858 年手稿）》（以下简称为《手稿》）的摘选，展示了马克思经济学和马克思整体思想研究的宽广视域，显示了对马克思经济学手稿的新读解取向。

一、《文集》摘选的《手稿》内容及其意义

《文集》共摘选了《手稿》13 个片段，对这些片段的基本内容，作了两个方面的说明。

一是《文集》"第 8 卷说明"把这 13 个片段概括为六个方面主题：一是人的历史发展的三种社会形式；二是资本主义以前的各种所有制形

---

[*] 本文选自《马克思主义与现实》2012 年第 3 期。

式;三是商品、货币和资本的本质和矛盾;四是机器体系的发展及其应用的重大意义;五是科学技术是极其重要的生产力;六是对未来共产主义社会特征的预测。

二是《文集》对摘选的13个片段分别加的标题,概括了各片段的主题。这些标题依次为:货币的产生和本质;交换价值和社会交换关系的性质;资本的历史使命;劳动和资本在生产过程中的作用;资本的二重倾向;扩大所使用的活劳动和缩小必要劳动;资本主义生产的作用及其界限;异化劳动和资本,资本的再生产和积累,原始积累;资本主义生产以前的各种形式;资本主义生产和交换的普遍性趋势;剥削社会中的劳动和真正自由的劳动;资本主义社会中的个人自由;机器体系和科学发展以及资本主义劳动过程的变化;资本主义条件下和共产主义条件下的社会生产力。

从这两个方面的说明来看,我们至少可以得出以下三点结论:

第一,《文集》摘选的片段,达到了《文集》"第8卷说明"提出的"作为对《资本论》的理论观点的补充和阐发"的要求。这些片段的主题和内容,在《资本论》中大多有过直接或间接的阐述。例如,关于"资本的历史使命"、"资本的二重倾向:扩大所使用的活劳动和缩小必要劳动"、"资本主义生产的作用及其界限"等,特别是"货币的产生和本质"更是读解《资本论》第1卷商品货币理论的重要的"补充和阐发"。

"货币的产生和本质"片段,包含了《手稿》"货币章"关于商品货币理论的重要论述。"货币章"以对蒲鲁东主义者达里蒙《论银行改革》中的货币理论批判为起点。从对货币关系的探讨中,揭示出交换价值的内在规定性;从对交换价值的探讨中,揭示出价值的内在规定性,以及价值向货币转化的内在必然性。"货币的产生和本质"片段进一步探讨的是,商品的内在矛盾以及商品向货币转化的问题。

"货币的产生和本质"片段，首先揭示了商品的二重存在形式的涵义：其一，商品本身和商品价值的二重存在，也是商品使用价值和价值的两重规定及其矛盾；其二，商品的内在价值和外在交换价值的二重存在。价值不仅是商品的一般交换能力，同时也是一种商品交换其他商品的比例的"指数"。"交换价值所表现的正是这个商品换成其他商品的比例；在实际的交换中，商品只有在和自己的自然属性相联系的并且和交换者的需要相适应的数量上，才是可交换的。"① 商品的交换价值，实质上就是商品内在的货币属性；货币与商品脱离的过程，就是这种内在属性取得外在独立存在的过程。

　　货币是商品内在的二重存在形式的外在化的结果，是交换过程中商品内在矛盾发展的必然结果。《手稿》据此得出两个重要结论。一是认为："产品的交换价值产生出同产品并存的货币。因此，货币同特殊商品的并存所引起的混乱和矛盾，是不可能通过改变货币的形式而消除的……同样，只要交换价值仍然是产品的社会形式，废除货币本身也是不可能的。"② 二是认为：货币作为同其他一切商品相对立的特殊商品，作为其他一切商品的交换价值的化身的规定性，使货币具有四个重要属性：商品交换价值的尺度；交换手段；在契约上作为商品的代表；同其他一切特殊商品并存的一般商品。"所有这些属性都单纯来自货币是同商品本身相分离的和对象化的交换价值这一规定。"③ 货币在其第四个属性上，已表现为资本在历史上的"最初"形式。这是经济学说史上第一次从商品的内在规定中揭示出货币的起源和本质，从而使货币理论建立在科学的劳动价值论基础之上。

---

① 《马克思恩格斯文集》第 8 卷第 38 页。
② 《马克思恩格斯文集》第 8 卷第 43 页。
③ 《马克思恩格斯文集》第 8 卷第 43 页。

"货币的产生和本质"片段,不仅对货币是商品内在矛盾发展的问题作了论述,而且还对货币的产生进一步深化了商品内在矛盾的问题作了阐述。其一,商品内在的二重形式一旦外在地表现为商品和货币对立的形式,商品内在的可交换性就以货币形式存在于商品外,从而货币就可能成为某种与商品不同、对商品来说是"异己的东西"。其二,商品的交换行为也因此而分为在空间和时间上彼此分离的、互不相干的两个存在形式:卖和买。商品交换行为的直接同一已经消失。其三,随着交换价值脱离商品而在货币形式上独立化,随着卖和买在空间上和时间上的分离,整个交换过程也开始同交换者、生产者相分离,在生产者之间出现了一个商人阶层。商人阶层的产生形成了交换的"二重化":一是为消费而交换,另一是为交换而交换。后一种新的"不协调"的形式已经包含了"商业危机"的可能性。其四,交换价值一旦采取货币这一独立的形式,就不再作为商品的一般性质而存在,它必然在与商品的并列中"个体化",即成为一种与其他商品并列的"特殊商品"。从商业中分离出来的"货币经营业"就是专门经营这种"特殊商品"的。①

显然,"货币的产生和本质"片段对《资本论》第1卷中商品货币理论的"补充和阐发",对理解马克思经济学中的相关理论问题有着重要意义,对当代经济学理论研究也有重要启示。

第二,《文集》摘选的片段,并没有仅限于"作为对《资本论》的理论观点的补充和阐发"的视角。如果完全按照"作为对《资本论》的理论观点的补充和阐发"的要求,《手稿》中的有些片段是必选无疑的。如关于商品范畴作为经济学体系逻辑起点的论述。"货币的产生和本质"片段,基本搞清楚了价值、交换价值作为商品的内在要素和机能的性质,以及货币成为商品内在矛盾运动产物的问题,商品就成为最抽

---

① 参见《马克思恩格斯文集》第8卷第44—49页。

象的范畴,就必然成为经济学体系的逻辑起点。据此,《手稿》紧接着"货币的产生和本质"片段之后强调指出:"有必要对唯心主义的叙述方式作一纠正,这种叙述方式造成一种假象,似乎探讨的只是一些概念规定和这些概念的辩证法。因此,首先是弄清这样的说法:产品(或活动)成为商品;商品成为交换价值;交换价值成为货币。"①《手稿》在此第一次确定了以商品为经济学体系的始基范畴,即以商品范畴为理论体系叙述的逻辑起点,从而确立了后来的《资本论》体系的逻辑起点。再如首次提出剩余价值范畴及其意义的论述。《手稿》在对资本主义生产价值增殖过程的分析中提出,"价值所以能够增加,只是由于获得了也就是创造了一个超过等价物的价值",必须使劳动能力所创造的价值大于劳动力自身的价值,因此"在资本方面表现为剩余价值的东西,正好在工人方面表现为超过他作为工人的需要,即超过他维持生命力的直接需要的剩余劳动"②。资本的使命就是创造这种剩余劳动,攫取剩余价值。剩余价值范畴是马克思经济思想发展中的一次"术语的革命"③,奠定了《资本论》理论体系的基石。还如对"资本一般"范畴的论述、关于论述"资本"结构的阐述等等。如果《文集》摘选的内容,仅在于对《资本论》理论的"补充和阐发",这些相关的部分是不会被遗漏的。

第三,《文集》摘选的内容,实际上超越了只是"作为对《资本论》的理论观点的补充和阐发"的要求,包含了对《手稿》中经济学以外的,特别是集中反映马克思整体思想的最重要的和最主要的论述的摘选。《文集》对马克思整体思想的有关论述的摘选,涉及马克思关于

---

① 《马克思恩格斯全集》第 2 版第 30 卷第 101 页。
② 《马克思恩格斯全集》第 2 版第 30 卷第 285、286 页。
③ 参见《马克思恩格斯文集》第 5 卷第 32 页。

哲学、政治学、社会学、历史学的一系列重要理论观点,许多观点在马克思后来包括《资本论》在内的著述中,都没有再度出现或没有再次直接论及。

在对这一问题的理解上,有必要提一下著名学者戴维·麦克莱伦编辑的《手稿》英文摘译本和他对摘译本内容的评价。麦克莱伦在1971年翻译出版的《马克思的〈政治经济学批判大纲〉》(英文节译本)是较早的英文译本,这里的《政治经济学批判大纲》包含了我们现在称作《政治经济学批判(1857—1858年手稿)》的全部内容。《手稿》的英文节译本比马丁·尼古拉斯于1973年翻译的《手稿》英文全译本早两年出版。在英文节译本的《序言》中,麦克莱伦提出:"从某种意义上来说,《大纲》是马克思所有著作中最基本的著作","是马克思思想的中心点"。因此,"没有相当广泛地收选《大纲》的马克思著作选集肯定是极其不适当的。在讨论马克思思想的连续性问题时,不考虑《大纲》也注定是要重新做起的"。对于有学者把《1844年经济学哲学手稿》看作是"真正的马克思的新鲜材料……马克思思想发展中的关键性阶段"的评价,麦克莱伦认为,把这一评价用在马克思的《大纲》上,"要更有道理得多"。麦克莱伦的结论是,从马克思经济学来看,"《大纲》的论题比以后包含在《资本论》中的论题要广泛得多";从马克思全部思想来看,"《大纲》应该是马克思撰写的最基本的著作"。"《大纲》比其他著作更多地包含了马克思各方面思想的总结。"[1] 麦克莱伦就是从马克思经济学和马克思整体思想的角度来选译《手稿》相关内容的。甚至在选译的关于经济学的有些片段中,麦克莱伦也冠以超越经济学意义的标题。如《文集》摘选的"交换价值和社会关系的性

---

① David McLellan, "Introduction", in Karl Marx, *Grundrisse*, Harper & Row Publishers, Inc. 1971, p.2, p.3, p.8, p.9, p.5.

质"片段,麦克莱伦也选译了,但他将其分解成标题为"社会权力和个人"、"异化、社会关系和自由的个性"和"一般劳动和特殊劳动"的三个片段,以突出《手稿》中经济学以外的马克思的整体思想。

二、系统的社会发展观:从人的发展的三大形式到三大历史状态

《文集》摘选的"交换价值和社会交换关系的性质"和"资本主义生产以前的各种形式"等片段,提出了人的发展的三大形式理论、劳动过程中主体对客体所有和占有关系发展的三大历史状态理论,这是马克思关于经济的社会形态发展观的重要组成部分,对马克思整体思想的理解有着极其重要的意义。

"交换价值和社会交换关系的性质"片段指出,在社会生产和交换过程中,"由不以任何人为转移的社会条件决定"作为生产主体的人的发展,第一大形式以"人的依赖关系"为特征。这时,人的生产能力只是在狭窄的范围内和孤立的地点上发展着,人只是直接从自然界再生产自己。第二大形式是"以物的依赖性为基础的人的独立性"的形成为特征的。这时,一方面,生产中人的一切固定的依赖关系已经解体;另一方面,毫不相干的个人之间的互相的全面的依赖,构成人们之间的社会联系,而这一联系的纽带就是普遍发展起来的产品交换关系,从而"人的社会关系转化为物的社会关系;人的能力转化为物的能力"。正是在这种普遍的社会物质交换关系中,才形成了人们之间的"全面的关系、多方面的需要以及全面的能力的体系"[①]。第三大形式是以自由个性发展为特征的。这一社会形式中的"自由个性"具有两方面的规定性:一是个人的全面发展;二是人们共同的社会生产能力成为他们共同

---

① 《马克思恩格斯文集》第8卷第51、52页。

的社会财富。第三大形式的发展是以上述第二大形式的发展为基础的。

作为经济的社会形态理论的重要组成部分,人的发展的三大社会形式理论,把第二大形式看作是"资产阶级社会",它同这一社会形式之前存在的家长制、古代的或封建的制度是相对立的,同时也与第三大形式中的以共同占有和共同控制生产资料为基础的、以联合起来的个人为特征的那种经济的社会形态相对立。在第二大形式中,个人之间的交换关系以及他们之间的社会关系,成为独立于他们之外并与他们对立的物与物之间的关系。在物的形式上,交换价值作为一种异己的力量与人相对立。三大社会形式理论突出了对资产阶级社会条件下社会关系物化性质的论述。因此,在第二大形式中,"物的依赖关系无非是与外表上独立的个人相对立的独立的社会关系,也就是与这些个人本身相对立而独立化的、他们互相间的生产关系"①。

《文集》摘选的"资本主义生产以前的各种形式"片段,对前资本主义社会的各种所有制形式,主要如亚细亚的所有制形式、古代的所有制形式、日耳曼的所有制形式等做了考察,彰显了《手稿》对东方社会理解的理论意蕴,展示了马克思当时的"世界历史"的理论视阈。但是,对马克思整体思想来说,这一片段还对劳动过程中主体对客体所有和占有关系发展的三大历史状态理论做了阐述,三种历史状态理论是人的发展的三大形式理论的展开,是对马克思的经济的社会形态理论的丰富。

"资本主义生产以前的各种形式"片段提出,无论是亚细亚的,还是古典古代的、日耳曼的所有制形式,都有两个共同点:一是劳动者把自己劳动的客观条件看作自己的财产;二是劳动同劳动的物质前提之间的天然统一。这两个共同点构成《手稿》称作的"第一种历史状态"

---

① 《马克思恩格斯文集》第8卷第58页。

的基本特征。亚细亚所有制形式中土地所有制的特殊性、以单个公社为实体的经济形式和国家职能特殊性质等三个方面,不仅概述了亚细亚生产方式的一般性质,而且也反映了"第一种历史状态"的典型特征。亚细亚所有制形式是"第一种历史状态"中典型的、保存得最长久的实现方式。"资本主义生产以前的各种形式"片段,把亚细亚所有制形式称作"第一种历史状态"中的第一种形式,古代的所有制和日耳曼的所有制分别为第二种形式和第三种形式。这种按序数排列的说法并不表明它们是时间上相继的所有制形式。实际上,它们是三种存在于不同地域、出现在不同民族历史上的所有制形式。它们作为"第一种历史状态"的不同实现方式,都是以土地财产和农业构成经济制度基础的;经济活动的目的都是为了生产使用价值;个人都是在与公社的一定关系中再生产自己的。它们作为"第一种历史状态"的三种具体形式,实际上构成劳动主体对客体的所有和占有关系从其"统一"走向"分离"过程的第一个历史阶段。随着生产力的发展,这种"统一"必然解体,而这反过来又能促进人类生产力进一步发展。"人们先是在一定的基础上——起先是自然形成的基础,然后是历史的前提——从事劳动的。可是到后来,这个基础或前提本身就被扬弃,或者说成为对于不断前进的人群的发展来说过于狭隘的、正在消灭的前提。"①

值得注意的是,《手稿》并没有按马克思恩格斯早先在《德意志意识形态》中按部落所有制、古代公社所有制和封建所有制发展的序列展开论述,而是独辟蹊径,根据劳动主体对客体的所有和占有形式的变化,对前资本主义三种历史状态展开论述。"第一种历史状态"是指:"在这种状态中,劳动的个人把土地看做是自己的东西,也就是说,他是作为土地所有者而劳动、而生产的。在最好的情况下,他不仅是作为

---

① 《马克思恩格斯文集》第8卷第148页。

劳动者同土地发生关系,而且是作为土地所有者同作为劳动主体的自身发生关系。"① 这种"最原始的形式",都以劳动主体与客体之间在共同体基础上的"统一"关系为特征。"第二种历史状态"无论是作为"第一种历史状态"的"对立物"还是"补充物",都预示着以原始共同体为基础的劳动主体和客体之间关系的解体。这时,随着对工具及其他劳动资料所有和占有形式的出现,劳动主体与劳动客体(土地、工具及其他劳动资料)已开始有一定程度的分离,劳动主体在劳动过程中占有的可能是非劳动主体所有的财产;"第三种历史状态"指的是,"劳动者只是生活资料的所有者,生活资料表现为劳动主体的自然条件,而无论是土地,还是工具,甚至劳动本身,都不归自己所有"②。这时,不仅劳动主体与土地、工具及其他劳动资料相分离,而且劳动主体与劳动本身也在一定程度上相分离。劳动主体只是生活资料的所有者。劳动主体剩下的唯一的"财产"就是劳动能力本身。劳动能力成为商品,劳动主体通过出卖自己的劳动能力商品,与属于非劳动主体的生产条件(客体)相结合,就成了社会经济活动的必然形式。显然,劳动主体与客体分离的历史过程,并不能简单地归结为社会生产方式的发展过程;因为这一历史过程反映的是社会经济关系中劳动主体对劳动客体的所有和占有关系的演进,它并不单纯是生产力和生产关系合力作用造成的社会生产方式的演进过程。

三、科学技术发展观:对科学在生产过程中社会运用形式的探索

《文集》摘选的"机器体系和科学发展以及资本主义劳动过程的变

---

① 《马克思恩格斯文集》第 8 卷第 150 页。
② 《马克思恩格斯文集》第 8 卷第 152 页。

化"片段,对科学技术是生产力的判断、对机器体系的发展及其社会应用意义的理解、对自动化时代人类文明进步与挑战的预测,是马克思整体思想中珍贵的理论遗产。

科学作为生产力的要素,首先体现于科学在直接生产过程中的应用,体现于科学向直接生产力的转化。《手稿》提出:"自然界没有造出任何机器,没有造出机车、铁路、电报、自动走锭精纺机等等。它们是人的产业劳动的产物,是转化为人的意志驾驭自然界的器官或者说在自然界实现人的意志的器官的自然物质。"机器在生产过程中作为固定资本加以应用,无非是"人的手创造出来的人脑的器官",是"对象化的知识力量"的体现。这一过程表明,"一般社会知识,已经在多么大的程度上变成了直接的生产力,从而社会生活过程的条件本身在多么大的程度上受到一般智力的控制并按照这种智力得到改造"。①《手稿》不仅明确提出了科学也是生产力的重要命题,而且还透彻地分析了科学从潜在的生产力向直接的生产力转化的重要特征。

科学作为生产力的要素和生产过程的必然组成部分,在资本主义生产方式中得到了特殊的应用。在这一应用中,我们可以看到:"一方面,资本是以生产力的一定的现有的历史发展为前提的——在这些生产力中也包括科学——,另一方面,资本又推动和促进生产力向前发展。"②无论是在资本主义生产方式的早期发展中,还是在资本主义生产方式占据统治地位之后,直接劳动者虽然一直是生产过程的主体因素,但他们始终只是围绕着生产工具或机器、机器体系进行活动。"资本的趋势是赋予生产以科学的性质,而直接劳动则被贬低为只是生产过程的一个要

---

① 《马克思恩格斯文集》第 8 卷第 197—198 页。
② 《马克思恩格斯文集》第 8 卷第 188 页。

素。"① 在这一过程中,"科学通过机器的构造驱使那些没有生命的机器肢体有目的地作为自动机来运转,这种科学并不存在于工人的意识中,而是作为异己的力量,作为机器本身的力量,通过机器对工人发生作用"②。《手稿》指出,不能因为机器和机器体系在资本主义生产方式中获得最适合的形式,就认为资本主义生产方式就是机器和机器使用的最适合和最好的形式。实际上,"资本唤起科学和自然界的一切力量,同样也唤起社会结合和社会交往的一切力量",形成"炸毁这个基础的物质条件"③。

科学及其技术的发展,是引致社会生产方式和社会生活方式变革的重要因素和强大动力。《手稿》指出:"在大工业的生产过程中,一方面,发展为自动化过程的劳动资料的生产力要以自然力服从于社会智力为前提,另一方面,单个人的劳动在它的直接存在中已成为被扬弃的个别劳动,即成为社会劳动。"④ 科学在直接生产力中的作用,加大了个别劳动转化为社会劳动的速度和规模,为现代化大生产和全社会的协作提供新的基础。随着科学的进步以及科学向直接生产力的转化,原有的生产发展的基础被新的"社会活动的结合"所取代。社会生产和交换的全过程在新的基础上真正地被联结起来,使得社会生产力摆脱原有生产关系桎梏,形成适合于社会生产过程要求的新的生产关系。一方面,"随着大工业的发展,现实财富的创造较少地取决于劳动时间和已耗费的劳动量,较多地取决于在劳动时间内所运用的作用物的力量,而这种作用物自身——它们的巨大效率——又和生产它们所花费的直接劳动时

---

① 《马克思恩格斯文集》第 8 卷第 188 页。
② 《马克思恩格斯文集》第 8 卷第 185 页。
③ 《马克思恩格斯文集》第 8 卷第 197 页。
④ 《马克思恩格斯文集》第 8 卷第 201 页。

间不成比例，而是取决于科学的一般水平和技术进步，或者说取决于这种科学在生产上的应用。"科学的发展从根本上改变了生产过程的劳动组合方式。另一方面，《手稿》强调指出："这种科学，特别是自然科学以及和它有关的其他一切科学的发展，本身又和物质生产的发展相适应。"科学在转化为直接生产力的同时，也从根本上改变着生产过程中劳动主体和客体的结合方式，其主要的表现就是："劳动表现为不再像以前那样被包括在生产过程中，相反地，表现为人以生产过程的监督者和调节者的身份同生产过程本身发生关系。"①

四、未来社会过渡观：对共产主义社会过渡的全面性的科学预测

《文集》摘选的"资本主义生产和交换的普遍性趋势"、"机器体系和科学发展观以及资本主义劳动过程的变化"、"资本主义条件下和共产主义条件下的社会生产力"等片段，对未来共产主义社会的预测，特别是对人的现实关系和观念关系的全面性的探讨等等，成为理解马克思关于未来社会过渡理论的重要文献。

《手稿》指出，向未来社会的过渡是以现存的"物质条件和精神条件的发展为前提的"。资产阶级社会内部产生的"一些交往关系和生产关系"是"炸毁这个社会的地雷"，是未来社会产生的现实基础。因此，"如果我们在现在这样的社会中没有发现隐蔽地存在着无阶级社会所必需的物质生产条件和与之相适应的交往关系，那么一切炸毁的尝试都是唐·吉诃德的荒唐行为"②。这是马克思整体思想中关于未来社会过渡理论的基本观点。

---

① 《马克思恩格斯文集》第 8 卷第 195—196 页。
② 《马克思恩格斯文集》第 8 卷第 54 页。

从向未来社会过渡的"物质条件"角度,《手稿》充分肯定了资产阶级社会内部生产力发展的巨大成就,认为"资本是生产的,也就是说,是发展社会生产力的重要的关系"。首先,资本主义社会生产力的发展,使得"超过必要劳动的剩余劳动本身成了普遍需要,成为从个人需要本身产生的东西",从而为人的需要的丰富性和人的发展的全面性创立了坚实的物质前提。其次,资本主义社会生产力的发展,培育了与工业化过程相适应的劳动过程的"严格纪律",并使之发展成新一代的"普遍财产"。再次,资本主义社会生产力的发展,为科学在直接生产过程中的运用开辟了广阔前景,资本对科学力量的占有越来越多地表现为机器和机器体系的广泛运用,结果可能就是:"劳动的社会将科学地对待自己的不断发展的再生产过程,对待自己的越来越丰富的再生产过程,从而,人不再从事那种可以让物来替人从事的劳动。"[①]

《手稿》根本不打算对未来社会的具体制度和体制做出描述,例如,在对未来社会所有制关系的预测中,《手稿》只作了三个方面的基本预测:第一,向未来社会过渡是资本内在逻辑的必然趋势。资本按照其内在的必然趋势,破坏了以前社会中存在的一切的地方性的发展和对自然的崇拜,"资本破坏这一切并使之不断革命化,摧毁一切阻碍发展生产力、扩大需要、使生产多样化、利用和交换自然力量和精神力量的限制"[②]。但是,资本并不能"实际上"克服以往社会阻碍生产力发展的限制,因为旧社会存在的每一种限制,在本质上与生产资料私有制有着天然的联系。因此,资本在克服旧有限制的同时,新的限制又不断产生。"资本不可遏止地追求的普遍性,在资本本身的性质上遇到了限制,这些限制在资本发展到一定阶段时,会使人们认识到资本本身就是这种

---

① 《马克思恩格斯文集》第8卷第69—70页。
② 《马克思恩格斯文集》第8卷第91页。

趋势的最大限制，因而驱使人们利用资本本身来消灭资本。"① 第二，未来社会所有制产生于高度发展的社会生产力和越来越狭隘的生产关系的矛盾冲突中，其本质规定就在于：对社会生产资料的"共同占有和共同控制"；"共同的社会生产能力"成为社会的共同财富；占有和控制这些生产资料的主体是"社会化的工人"，即以高度的"社会性"和"科学性"为基础的结合劳动主体，或者说是"联合起来的个人"。第三，生产资料公有制是未来社会全部生产关系和社会关系的"基础"。一方面，在这一基础上，社会经济活动发生了本质变化，"劳动时间在不同的生产部门之间有计划的分配"发挥着重要作用，成为社会经济运行的"首要的经济规律"。另一方面，在这一基础上，形成了新的消费品分配原则。这时，由于"单个人的劳动一开始就被设想为社会劳动"，"因此，不管他所创造的或协助创造的产品的特殊物质的形态如何，他用自己的劳动所购买的不是一定的特殊产品，而是共同生产中的一定份额"②。这种以共同生产为基础的，以社会劳动时间为尺度的个人消费品的分配原则，包含了马克思后来作了详尽阐述的按劳分配理论的基本思想。

《手稿》坚持从人的现实关系和观念关系的全面性上，把握未来社会过渡的根本特征。《手稿》指出，个人的全面性决不是"想象的"或者"设想的"，而是以社会生产力的全面发展为基础的，"要达到这点，首先必须使生产力的充分发展成为生产条件，不是使一定的生产条件表现为生产力发展的界限"③。在生产资料公有制基础上，社会生产的目

---

① 《马克思恩格斯文集》第8卷第91页。
② 《马克思恩格斯文集》第8卷第66页。
③ 《马克思恩格斯文集》第8卷第171—172页。

的发生了根本的变化，社会生产完全为了"实现符合社会全部需要的生产"①。于是，"人不是在某一种规定性上再生产自己，而是生产出他的全面性"，人及其需要、人的全面发展成了社会经济发展的最高目标。人对自然力的统治和充分利用，人的创造天赋的绝对发挥等等，都成了社会经济发展的"目的"②。

  以上提到的系统的社会发展观、科学技术发展观和未来社会过渡观，虽然还不是《文集》摘选的有关马克思整体思想的全部内容，但这几个方面的理论观点已经足以说明，马克思经济学手稿的意义，不只在于马克思经济学或《资本论》创作史的研究，还在于包含经济学在内的马克思整体思想的研究。这就是马克思经济学手稿研究的当代意义。我们应该肯定，《文集》对《手稿》的摘选拓展了读解马克思经济学手稿中马克思整体思想的广阔视域。

---

① 《马克思恩格斯文集》第 8 卷第 66—67 页。
② 《马克思恩格斯文集》第 8 卷第 137 页。

关于马克思对资本主义社会经济运动规律的研究及其对全面分析社会的意义*

〔德〕乌尔里克·加兰德

社会分析问题由于当今世界的矛盾发展过程而更具有现实意义,并且对研究提出了广泛的要求。但是应该从当前趋势的各种表象来分析社会过程,从保护人类免受一切破坏生存条件的危险的意义上,得出关于当今和未来可能出现的社会形态的理论和实践的结论。为此应该创造性地运用马克思主义的方法,了解马克思的理论形成过程可能就是一个入口。这是对马克思和恩格斯毕生反对"为未来的食堂开出调味单"① 这一事实的重视的结果。

通过分析资本主义生产关系来揭示资产阶级社会的基本经济运动规律这一意图,像一条红线贯穿于马克思的所有著作。马克思和马克思主义者经常受到指责,说他们为了臆想的受经济决定的理论思想而忽视了现实生活的丰富多彩。恩格斯在《路易·波拿巴的雾月十八日》1885年第三版序言中强调指出,马克思"最先发现了伟大的历史运动规律,根据这个规律,一切历史上的斗争,无论是在政治、宗教、哲学的领域中进行的,还是在任何其他意识形态领域中进行的,实际上只是各社会阶级的斗争或多或少明显的表现,而这些阶级的存在以及它们之间的冲

---

* 本文选自《马克思恩格斯列宁斯大林研究》2001年第1辑。

① 《马克思恩格斯选集》第2版第2卷第109页。

突，又为它们的经济状况的发展程度……所制约"。① 另一方面，我们在马克思的著作中看到："当然，把它们同某个王朝联结起来的同时还有旧日的回忆、个人的仇怨、忧虑和希望、偏见和幻想、同情和反感、信念、信条和原则，这有谁会否认呢?"②

因此，在唯物史观的基础上分析物质关系要求考虑到派生关系、经济基础和上层建筑的相互作用以及所有的主客观辩证法。这些要素一方面要纳入对经济关系的研究之中，但是另一方面，它们又超出经济关系，要求对研究社会整体进行广泛的社会分析。

无论是标志着马克思研究过程的篇幅庞大的摘录笔记，还是《资本论》及其手稿，都可以使人得出结论：对经济运动规律的研究虽然是基础，但并不等同于对社会及其发展的分析。尽管马克思从40年代起就想写一部经济学著作，但是他并未打算阐述经济学理论本身，这一点可以从他给《资本论》预先定下的任务中很清楚地看出来。而且，我们从《资本论》1867年第一版序言中可以读到下面这样的话；1."本书的最终目的就是揭示现代社会的经济运动规律"；2. 它源于"经济的社会形态的发展理解为一种自然史的过程"；3. 并且表明，"现在的社会不是坚实的结晶体，而是一个能够变化并且经常处于变化过程中的有机体"。③ 由此就得出一个一般性的结论：从某个社会形态的历史发展来分析这个社会形态需要一种新的考察方式，它把社会理解为一个总体，一个许多要素的整体，其中各个要素相互作用、处于某种不断扩张的关系的支配之下并且不断向前发展。由此形成经济关系，生产关系，即起决定作用的关系，对这种关系的研究就是在揭示经济运动的规律。

---

① 《马克思恩格斯全集》第1版第21卷第291页。
② 《马克思恩格斯全集》第2版第11卷第159页。
③ 《马克思恩格斯选集》第2版第2卷第101、102页。

马克思的大量准备材料和各类计划构想表明，《资本论》包含对一个特定抽象阶段的分析即本质的分析。经济基础和上层建筑之间辩证的相互作用虽然被写进书中，但是从它的要求来说则超出了这个抽象阶段。尽管经济基础和上层建筑的关系看起来在1859年就已形成固定的理论表述，但是只有在全部著作的范围内才会展现出它的方法论意义。就这一方面，恩格斯后来写道："青年们有时过分看重经济方面，这有一部分是马克思和我应当负责的。我们在反驳我们的论敌时，常常不得不强调被他们否认的主要原则，并且不是始终都有时间、地点和机会来给其他参与相互作用的因素以应有的重视。"①

全面地运用辩证法，表现为全面理解一个社会状况，努力去认识它各方面的相互作用，并且把它理解为历史发展的结果、前提和一个部分。尽管本文下面的论述没有兼顾到马克思的方法的所有要素，但是我们的前提是，对这样一个历史现象的研究要求把生产力发展和社会形态规定性辩证地联系起来，对矛盾关系进行分析，把逻辑和历史、综合和分析、质和量的分析、一般、特殊和个别、经验和理论联系起来，辩证地进行推导并且从抽象上升到具体。

一、全面分析社会的线索——《总的导言》（1857年）

马克思在1857年8月底的几天之内写了一篇《总的导言》②，虽然只保留下片断，但是它极其简明扼要地阐释了社会再生产过程的总体、政治经济学的方法、他计划中的经济学著作的结构计划以及其他很多重要的理论和方法论的思想。只要达到了马克思据以打算叙述政治经济学

---

① 《马克思恩格斯选集》第2版第4卷第698页。
② 《马克思恩格斯选集》第2版第2卷第1—30页。

的那种水平，那么在研究资产阶级社会和批判资产阶级政治学方面就会取得后人难以达到的丰硕成果，并且为自身的叙述得出结论。虽然马克思有意识地没有把这篇《导言》加在后来的著作前面，并且也没想发表它，但是它在马克思的著作中占据了关键性的地位。马克思自己对自身理论和方法论的出发点的这种理解，对于阐明理论和方法具有决定性意义。

马克思在开头写道："摆在面前的对象，首先是物质生产。"① 唯物史观决定了这个出发点。它在后来和资产阶级古典政治经济学的辩论中得到证实。在生产占支配地位方面，马克思认为他和资产阶级古典政治经济学的代表们是一致的，但正是关于社会联系的各种基本观点所存在的差异，导致了对生产规律性的不同理解。资产阶级古典经济学把个人看成是社会生产及其历史发展的真正出发点。根据被斯密和李嘉图修改并作为哲学基础的天赋人权思想，个人在他们看来就是理想，也就是说，不是历史的结果，而是"由自然造成的"②。马克思揭示说，这种自然的个人无非就是把资产阶级的个人推回到过去时代。资产阶级社会的各种规定成了理解历史的决定因素，古典政治经济学的方法论基础是非历史主义的。它把生产的一般规定绝对化，例如，生产工具、劳动等等是必要的，"资本，别的不说，也是生产工具，也是过去的、客体化了的劳动。可见资本是一种一般的、永存的自然关系；这样说是因为恰好抛开了正是使'生产工具'、'积累的劳动'成为资本的那个特殊"。③

马克思指出，资产阶级经济学不能从生产的总体上理解生产，也就

---

① 《马克思恩格斯选集》第2版第2卷第1页。
② 《马克思恩格斯选集》第2版第2卷第2页。
③ 《马克思恩格斯选集》第2版第2卷第3页。

是不能把生产看成是一般和特殊、本质和现象的统一。就建立在物质生产即劳动过程中客观存在的相互关系基础上的这个重要方面而言，科学地叙述总过程的方法必须是要有根据的。资产阶级经济学在这方面注意到某种系统联系，但没有阐明本质认识体系："生产是一般，分配和交换是特殊，消费是个别，……"马克思概括地说："这当然是一种联系，然而是一种肤浅的联系。"① 各个环节没有中介，而只是被划分了界线。按照要求，这些范畴把社会结构包括进去，但是没能说明社会的辩证运动。问题在于对体系的关键环节即生产的理解。"生产决定于一般的自然规律；分配决定于社会的偶然情况"。② 这种体系思想方式在我们看来可以算是辩证思想的要素，因为它揭示了论述对象的矛盾在其中运动和发展的那个结构，③ 但它本身却没能说明运动和发展本身以及它们是如何进行的。马克思对这个问题的考察是在唯物史观的基础上把历史同本质即同生产本身结合起来的。马克思由此证明了资产阶级经济学在社会结构的方法论研究方面存在理论认识上的非历史主义，并且为自己的研究方法得出如下结论：并不是说"生产、分配、交换、消费是同一的东西，而是说，它们构成一个总体的各个环节，一个统一体内部的差别。生产既支配着与其他要素相对而言的生产自身，也支配着其他

---

① 《马克思恩格斯选集》第2版第2卷第7页。
② 《马克思恩格斯选集》第2版第2卷第7页。
③ 马克思把这些相互对立的要素（生产、分配等等）之间的联系，看成是理论分析的一个重要出发点。马克思最初尝试通过"一般"以及"特殊"和"个别"作中介来达到整体，从而揭示资产阶级社会的规律。见格尔达·施莫斯：《关于马克思从方法论上把生产、分配、交换和消费作为辩证的相互矛盾的关系所进行的分析》，载《耶拿弗里德里希—席勒大学科学杂志。社会科学和语言学丛刊》耶拿1982年第6期，第703页。

要素。……不同要素之间存在着相互作用。每一个有机整体都是这样"。①

马克思在1857年终于认识到，他在研究资产阶级社会的规律性时必须把它看作是有机整体，是总体。这样，马克思通过他当时的科学所能获得的资产阶级古典哲学的全部启发，事先为这种方法论认识的提高提供了钥匙。马克思在1858年1月给恩格斯的信中有一处重要提示："完全由于偶然的机会——弗莱里格拉特发现了几卷原为巴枯宁所有的黑格尔著作，并把它们当做礼物送给了我，——我又把黑格尔的《逻辑学》浏览了一遍，这在材料加工的方法上帮了我很大的忙。"② 但是，由此就得出结论，认为马克思一方面是偶然发现了适用于政治经济学研究对象的方法，另一方面他计划把黑格尔的形式从形式上运用到他的政治经济学论述中，③ 这样的结论当然是不恰当的。说黑格尔对马克思在

---

① 《马克思恩格斯选集》第2版第2卷第17页。
② 《马克思恩格斯全集》第1版第29卷第250页。
③ 另见乌尔里克·加兰德和托马斯·马克斯豪森：《马克思关于叙述的方法论的思考——〈哲学的贫困〉对1857年〈导言〉的意义》，载《维腾贝格马丁—路德大学科学杂志。社会科学和语言学丛刊》萨勒河畔哈雷1984年第4期，第111页；汉斯-彼得·杰克：《形成和必要性。对马克思1845年底1846年初至1895年的历史阐释的研究》，柏林1988年版，第175页。——在提到的马克思的那封信中，马克思决定再次采纳黑格尔的思想，它证明是对黑格尔方法论宝库的利用。见赫尔穆特·赖歇尔特：《论卡尔·马克思的资本概念的逻辑结构》，美因河畔法兰克福—维也纳1970年版，第76页；——伊宁·费切尔：《黑格尔和马克思关于社会观的四个论题》，载《黑格尔研究》波恩1974年副刊第11期，第483页；阿尔弗雷德·施密特：《历史和结构》，美因河畔法兰克福—柏林（西）—维也纳1978年版，第52页；罗曼·罗斯多尔斯基：《马克思〈资本论〉形成史。〈资本论〉1857—1858年原始手稿》，美因河畔法兰克福1968年版，第440—441页；乌尔里希·施泰因沃尔特：《对马克思辩证法的一次分析性阐释》，格兰河畔迈森海姆1977年版，第32—33页。

加工方法上而且不仅仅是在论述上提供了帮助，这样的说法足以说明，马克思对黑格尔哲学进行过深入的研究，马克思的道路从一开始就具有这样的特点。

1857年，马克思需要得到有力的启示去构思他的经济学的方法和结构计划，于是他利用了黑格尔的哲学，因为他需要从黑格尔那里得到灵感。但是，只有在研究对象的发展和展开需要这样的材料加工时，黑格尔哲学的推动作用才能落到实处。把研究对象理解为总体，这在方法论上对于揭示发展的原因，也就是说，对于认识研究对象的历史特征、本质和表现形式的对立和统一以及客体内容的客观划分来说是重要的。[1] 由此出发，方法论问题主要涉及逻辑和历史的辩证法以及从抽象上升到具体的"科学上正确的方法"[2]。马克思政治经济学中的辩证推导过程对这些范畴的运用是从《导言》和随后的《政治经济学批判（1857—1858年手稿）》写作开始的，这个手稿的写作基本上是在创造性运用黑格尔辩证法的推动之下进行的。具有决定性意义的是下述认识："资本是资产阶级社会的支配一切的经济权力。它必须成为起点又成为终点。"[3] 马克思在这样的分析中形成的相应方法，同样地也同黑格尔方法划清了界限。"因此，把经济范畴按它们在历史上起决定作用的先后次序来排列是不行的，错误的。它们的次序倒是由它们在现代资产阶级社会中的相互关系决定的，这种关系同表现出来的它们的自然次序或者符合历史发展的次序恰好相反。问题不在于各种经济关系在不同

---

[1] 见沃尔夫冈·扬和迪特尔·诺斯克：《卡尔·马克思1850—1853年〈伦敦笔记〉中的研究方法的形成问题》，载《马克思恩格斯研究论丛》1979年第7辑，第81页。

[2] 《马克思恩格斯选集》第2版第2卷第18页。

[3] 《马克思恩格斯选集》第2版第2卷第25页。

社会形式的相继更替的序列中在历史上占有什么地位"。① 马克思不愿以资产阶级政治经济学对范畴的理解为指导,同样,在理论理解过程中也没有把实际的时间次序方面的历史经验材料放在首位。但是,问题"更不在于它们在'观念上'的顺序"②。

虽然马克思这里是暗指蒲鲁东,但是问题最终还是在于和黑格尔方法划清界限,因为它虽满足了总体理解的要求,但却陷入了唯心主义。③ 因此,马克思虽然把从抽象上升到具体的方法归功于黑格尔,但是他恰好在这个问题上特别强调了同黑格尔观点的区别。"……黑格尔陷入幻觉,把实在理解为自我综合、自我深化和自我运动的思维的结果,其实,从抽象上升到具体的方法,只是思维用来掌握具体、把它当作一个精神上的具体再现出来的方式。但决不是具体本身的产生过程。"④ 而且,马克思进一步总结说:"因此,就是在理论方法上,主体,即社会,也必须始终作为前提浮现在表象面前。"⑤

关于全面分析资产阶级社会所得出的结论,不仅清楚地表现在《导言》中,而且也清楚地表现在对问题论述的计划和划分中。在《导言》中马克思着重指出:"资产阶级社会是最发达的和最多样性的历史的生产组织。因此,那些表现它的各种关系的范畴以及对于它的结构的理解,同时也能使我们透视一切已经覆灭的社会形式的结构和生产关系。……因此,资产阶级经济为古代经济等等提供了钥匙。……所说的历史发展总是建立在这样的基础上的:最后的形式总是把过去的形式看

---

① 《马克思恩格斯选集》第 2 版第 2 卷第 25 页。
② 《马克思恩格斯选集》第 2 版第 2 卷第 25 页。
③ 《马克思恩格斯选集》第 2 版第 1 卷第 137—142 页。
④ 《马克思恩格斯选集》第 2 版第 2 卷第 18—19 页。
⑤ 《马克思恩格斯选集》第 2 版第 2 卷第 19 页。

成是向着自己发展的各个阶段。"① 关于对问题论述的计划和划分,马克思指出下列各点:"1. 生产一般。2. 生产、分配、交换和消费的一般关系。3. 政治经济学的方法。4. 生产资料(生产力)和生产关系,生产关系和交往关系等等。"② 马克思的这几点写作计划清楚地表明,在这里应当通过总体分析来理解一个社会形式或它的各个阶段的历史生成和历史现实。③ 马克思1857年阐述的他的政治经济学的计划构想同他对理论和方法的自我理解的概括是在同一个时期形成的,这并非巧合。从第三点提供的政治经济的方法得出的推论是:"显然,应当这样来分篇:(1)一般的抽象的规定,因此它们或多或少属于一切社会形式……(2)形成资产阶级社会内部结构并且成为基本阶级的依据的范畴。资本、雇佣劳动、土地所有制。它们的相互关系。城市和乡村。三大社会阶级。它们之间的交换。流通。信用事业(私人的)。(3)资产阶级社会在国家形式上的概括。就它本身来考察。'非生产'阶级。税。国债。公共信用。人口。殖民地。向国外移民。(4)生产的国际关系。国际分工。国际交换。输出和输入。汇率。(5)世界市场和危机。"④ 从这里我们可以看到分篇计划的结构,这个计划后来虽然得到改进和修改,但是基本草案中的思路没有变。⑤ 马克思在1858年2月22日给斐·拉萨尔的信和同年4月2日给恩格斯的信中都谈到了由六册书组成

---

① 《马克思恩格斯选集》第2版第2卷第23—24页。
② 《马克思恩格斯全集》第2版第30卷第21页。
③ 《革命的理论。马克思和恩格斯对工人阶级各个组成部分乃至整个工人阶级的世界观的改造》,柏林1986年版,第101页。
④ 《马克思恩格斯选集》第2版第2卷第26页。
⑤ 沃尔夫冈·扬和罗兰·尼佐德:《1850—1863年期间马克思政治经济学的发展问题》,载《马克思恩格斯年鉴》第1卷,柏林1978年版,第164—168页。

的这种"最终"计划:"全部著作分成六个分册:(1)资本(包括一些绪论性的章节);(2)地产;(3)雇佣劳动;(4)国家;(5)国际贸易;(6)世界市场。"① 对马克思和恩格斯进行的研究,尤其是对马克思政治经济学的形成过程进行的研究,都以多种方式证实了六册书的结构计划的设想。

更令人关注的是《导言》第四点中所写的对"生产。生产资料和生产关系。……国家形式和意识形态同生产关系和交往关系的关系。法的关系。家庭关系"② 这些粗略而且不完整的思考。玛·齐默尔曼因此有理由指出一直被忽视的这一部分论述,并引起人们思考这样的问题:根据马克思1857年的设想,他要在他的《政治经济学批判》中对源于物质基础的所有关系论述到何种程度。但是这只是从一个方面提出了问题。马克思计划要写的问题主要涉及资产阶级社会中政治、法律和思想方式这些派生的关系对基本经济关系的影响。这些问题因而超出了一部经济学主要著作的论述内容,或者至少是到了经济基础和上层建筑的辩证法的边缘。因此,已经提出的问题可能是结构计划的结束,因为该计划是完全围绕论述资本主义生产关系的有机整体这一中心的。马克思在意识到论及像战争与和平这样的问题、生产力和生产关系两个概念的辩证法的紧迫性时,打算以这个有机整体为出发点。他写道:"(3)第二级的和第三级的东西,总之,派生的、转移来的、非原生的生产关系。国际关系在这里的影响。"③ 但是,以下所设立的题目则超出了原定的范围:"(2)历来的观念的历史叙述同现实的历史叙述的关系。特别是所谓的文化史,这所谓的文化史全部是宗教史和政治史。……(4)对

---

① 《马克思恩格斯全集》第1版第29卷第531页。
② 《马克思恩格斯选集》第2版第2卷第27页。
③ 《马克思恩格斯选集》第2版第2卷第27页。

这种见解中的唯物主义的种种非难。同自然主义的唯物主义的关系。……（6）物质生产的发展例如同艺术发展的不平衡关系。……理解这种不平衡还不像理解实际社会关系本身内部的不平衡那样重要和那样困难。例如教育。……可是，这里要说明的真正困难之点是：生产关系作为法的关系怎样进入了不平衡的发展。……（7）这种见解表现为必然的发展。但承认偶然。怎样。（对自由等也是如此。）（交通工具的影响。世界史不是过去一直存在的；作为世界史的历史是结果。）"①

相互作用的方式强调（尽管只是片断地强调）历史进程中上层建筑现象及其规模的独立发展问题。这可能增强了人们以下的推测，即1857年《导言》并不单纯是《政治经济学批判大纲》本身的导论，而是根本分析资本主义生产关系的理论和方法论出发点，这样的分析包含了全面的社会分析的各个角度，并且可以对历史进程进行有普遍价值的阐释。正如《导言》所写的，不能从单个事物得出全面的观点，因此，这些见解的形成正是1857年准备阶段的研究及其成果。

二、关于1857年《导言》的理论和方法论的来源

早在1844年《经济学哲学手稿》的前言中，对黑格尔法哲学进行批判这一预告可以得出有关马克思的一般性研究的结论。他在此打算"用不同的、独立的小册子来相继批判法、道德、政治等等，最后再以一本专门的著作来说明整体的联系、各部分的关系以及对这一切材料的思辨加工进行批判。由于这个原因，在本著作中谈到的国民经济学同国家、法、道德、市民生活等等的联系，只限于国民经济学本身专门涉及

---

① 《马克思恩格斯选集》第2版第2卷第27—28页。

的这些题目的范围"。① 显然,马克思对资产阶级社会的研究从一开始就是以它的整体角度去理解的。在这一方面,他有意识地从黑格尔出发,因为他于1842年就已经了解到,现代"哲学……"认为"国家是一个庞大的机构"。② 但是,马克思及时地指出,唯心主义的计划所缺乏的各中介环节、部分和整体的关系、普遍和特殊的关系的意义,可能会引起对"自在的世界"的研究。然而它限制了鉴于历史主体要求改变现实关系而得出的结论,而后者正是马克思所要研究的。和黑格尔的争论从一开始就是批判他的唯心主义辩证法。看来,只有在辩证法的观点通过彻底的唯物主义得到充实,或确切地说得到丰富时,才能取得那种掌握社会总过程的基本立场。这是一个前提,它标志着科学史上一个质的变革过程,并且表明马克思40年代认识过程的特点。

1845年阐述的唯物主义"历史观就在于:从直接生活的物质生产出发阐述现实的生产过程,把同这种生产方式相联系的、它所产生的交往形式即各个不同阶段上的市民社会理解为整个历史的基础,从市民社会作为国家的活动描述市民社会,同时从市民社会出发阐明意识的所有各种不同理论的产物和形式,如宗教、哲学、道德等等,而且追溯它们产生的过程。这样当然也能够完整地描述事物(因而也能够描述事物的这些不同方面之间的相互作用)"。③ 也就是说,《德意志意识形态》中确定的新的唯物史观的这种规定④完全是以黑格尔的认识为前提的,即

---

① 马克思:《1844年经济学哲学手稿》,人民出版社2000年版,第3页。
② 《马克思恩格斯全集》第2版第1卷第228页。
③ 《马克思恩格斯选集》第2版第1卷第92页。
④ 另见埃伦弗雷德·加兰德和乌尔里克·加兰德:《卡尔·马克思和弗里德里希·恩格斯论弗里德里希·李斯特和亨利·查理·凯里的历史地位》,载《马克思恩格斯研究论丛》1980年第12辑,第44—45页。

资产阶级社会是"独立的各端"及其利益的联系的"发展总体",是"实体"。① 在马克思和恩格斯 40 年代作为出发点并且标志着哲学思想的一次变革的世界观理论基础上,他们的立场得到了巩固,即认为资产阶级社会是由基本物质关系决定的发展整体,历史总过程是这些本质关系以及物质关系在意识形态中得到反映的客观过程。

历史观指出了分析政治经济学的必要性,它开辟了通往全面分析社会之路。因而同 1844 年的计划的联系也就清楚了,即计划中的经济学著作是根据总体分析资产阶级社会的要求来构思的。接下来马克思可以而且必须探讨的是,根据理论立场去制定并运用自己的并且适合于已确定的研究对象的叙述方法。这样,问题就在于可以用何种手段,用何种范畴结构来科学地准确地概括这些关系的总体。后来,随着唯物史观的建立,这个问题越来越摆在眼前了。

马克思在《哲学的贫困》中试图结合已获得的对政治经济学的认识,把唯物史观作为理论基础和方法论的原则介绍给公众。当时意识到的问题是,对一个充满相互矛盾和不断发展的社会关系的总体结构究竟应采取怎样的叙述方式。马克思写道:"其实,单凭运动、顺序和时间的唯一逻辑公式怎能向我们说明一切关系在其中同时存在而又互相依存的社会机体呢?"② 这个问题在 1857 年《导言》中得到了充分的回答。

对马克思 40 年代和 1850—1863 年时期的全部著作(从 40 年代末

---

① 黑格尔:《哲学全书缩写本》,见《黑格尔全集》第 5 卷,莱比锡 1949 年版,第 427 页。

② 《马克思恩格斯选集》第 2 版第 1 卷第 143 页。

的转折开始①,并且把1850—1863年这个阶段首先看作是经济学著作的形成阶段)进行的考察,只能部分地证明方法论的理解提高了,从而证明社会分析和生产关系分析之间的关系。对于马克思恩格斯的研究来说,以下是一个无可争议的事实:马克思1850—1853年在伦敦的研究期间再次加强了对政治经济学的研究,这对于《政治经济学批判(1857—1858年手稿)》中的认识提高具有决定性的意义,例如,剩余价值理论的形成和摆脱李嘉图的劳动价值理论。《哲学的贫困》中提到的问题作为对40年代的总结,对后来的研究起了指导性的作用,并且由此得出了下述推断,即马克思在1846年底至1847年初就已经构思他1857年写成的那个结构计划了,这通过1850—1853年的研究成果得到了明确说明。

马克思在50年代初重新着手他于40年代就设定的写一部政治经济学基本著作这一目标,这时他加强了同资产阶级政治经济学的辩论。②从40年代的经济学研究可以看出:"政治经济学研究起初的目标是认识社会发展的一般规律,也就是说,主要是从哲学的角度进行研究"③,因此,现在必须提出政治经济学认识对于社会的一般发展会有什么结果的问题。对马克思来说,研究的出发点决定于无产阶级的阶级斗争实践的需要。无论是革命实践经验的总结,还是理论上的问题,都会把政治

---

① 见维塔利·维戈茨基:《〈资本论〉是如何形成的?》,柏林1976年版;瓦尔特·图赫舍雷尔:《〈资本论〉形成之前》,柏林1973年版;沃尔夫冈·韦希特:《所谓的原始积累。〈资本论〉方法论先行的角度》,见沃尔夫冈·屈特勒编:《卡尔·马克思的历史科学遗产》,柏林1983年版,第55—135页。

② 《马克思恩格斯全集》历史考证版第4部分第7卷《说明》第17页。

③ 沃尔夫冈·扬和迪特尔·诺斯克:《卡尔·马克思1850—1853年〈伦敦笔记〉中的研究方法的形成问题》,载《马克思恩格斯研究论丛》1979年第7辑,第18页。

经济学提到重要地位。随后反映在《伦敦笔记》24本摘录笔记中的研究也是从完全实际的问题开始的，也就是考虑在什么条件下可以期望革命运动再次高涨。答案是："只有在现代生产力和资产阶级生产方式这两个要素互相矛盾的时候"①，这种革命一般地说才有可能。这个答案不仅仅回答了政治斗争的日常问题，而且也是一次理论要求很高的分析。

马克思在他的研究中发现了货币数量论的基本特点并且克服了这一理论，在这之后，他认为，他可以在恩格斯的支持下解决理论问题，以致他认为可以转到论述自己的理论上来。这可以从他1851年4月2日给恩格斯的信中得到证明，他在信中说，他在五个星期的研究之后可以开始他的政治经济学论述。② 这个许诺马克思没有兑现，而是继续扩展了他的研究。1851年下半年研究进程的改变突显了一次对本文的研究具有重要意义的转折。不过他总还是希望在短期内完成经济学著作的，并且，他在1851年10月写信给恩格斯说，他"现在正从事政治经济学的研究"。"近来我继续上图书馆，主要是钻研工艺学及其历史和农学，以求得至少对这个臭东西有个概念。"③ 但是正如他在1851年6月就对约瑟夫·魏德迈说过的，对他来说中断研究而转入写作是不容易的，因为"……材料多得要命"。④

马克思的努力从内容上说转向了专门性研究。《伦敦笔记》第XI—XVI笔记本表明，这些研究各具特点，一部分可以算作资本主义政治经济学部分领域的基础，一部分则超出了这种要求。马克思集中研究了有

---

① 《马克思恩格斯全集》第2版第10卷第596页。
② 《马克思恩格斯全集》第1版第27卷第246页。
③ 《马克思恩格斯全集》第1版第27卷第379页。
④ 《马克思恩格斯全集》第1版第27卷第582页。

关工人阶级状况和历史作用、工资基金理论、无产阶级工会组织、机器的作用等等事实和论据。① 第 XII 和 XIII 笔记本几乎只包含有关资本主义在农业中的发展、人口论以及地租理论的摘录。② 第 VI 笔记本收入的是上面引用的那封马克思给恩格斯的信中提到的对技术史,或更确切地说对生产力发展的研究。③ 具有中心地位的,是从第 XIV 笔记本④开始和后来的第 XXI—XXIII 笔记本⑤中有关殖民掠夺史的摘录。这些笔记本,主要是最后几个笔记本,在很多问题上超出了狭义的殖民问题,并且延伸到了对前资本主义生产方式的研究。⑥

正是最后提到的事实说明了马克思研究过程的改变,这是从第 XIV 笔记本开始的,随后的笔记本是一个崭新的历史学研究阶段。直到 1883 年秋摘录笔记完成,马克思研究的是通史、城市和中世纪史、一般文化、文学和风俗史、妇女史以及各个地区史和民族史。此外他还摘录了像威廉·瓦克斯穆特、弗里德里希·布特维克和其他有影响的文化

---

① 另见玛丽昂·齐默尔曼:《〈雇佣劳动〉一书的形成过程》,第40—60页。

② 马克思:《1850—1853 年伦敦笔记》,见《马克思恩格斯全集》历史考证版第4部分第9卷第110—324页。

③ 《马克思恩格斯全集》历史考证版第4部分第7卷第479—604页。

④ 《马克思恩格斯全集》历史考证版第4部分第9卷第325—552页。

⑤ 其余的摘录笔记(第 XV—XXIV 本)发表在《马克思恩格斯全集》历史考证版第4部分第10、11卷。

⑥ 另见埃伦弗雷德·加兰德和克劳斯-迪特尔·布洛克:《殖民地在卡尔·马克思和弗里德里希·恩格斯的经济学著作中的地位》;《通过新版〈马克思恩格斯全集〉的编辑工作得到扩充的材料基础》,载《亚洲、非洲、拉丁美洲》1987 年第 15 卷第 1 期,第 9 页;克劳斯-迪特尔·布洛克和埃伦弗雷德·加兰德:《关于马克思政治经济学中殖民地在内容方面和方法论方面的地位》,载《马克思恩格斯年鉴》1990 年第 12 卷,第 257、258 页。

史学家的著作，也就是马克思在1857年《导言》第4点中算作"……现实的历史叙述……文化史……全部是宗教史和政治史"① 的那些作者。

这个经验材料为论述政治经济学的研究对象之外的问题提供了线索。当研究促使马克思1851年秋扩充研究的范围时，肯定不能依据某一单独事件。马克思在50年代非常积极地研究国际资本主义发展中的政治问题。为此需要作详细研究，这样的研究肯定可以在《伦敦笔记》的范围中进行。但是下面的看法似乎是不恰当的，即认为政治经济学的研究固然是既定计划规定了的著作，不过历史学研究也和政治经济学有关，它或者完全从属于政治经济学的需要，或者只是出于政治评论员的需要。因此，汉斯－彼得·米勒竟作出评价说："尽管马克思做了一系列和他担任《纽约每日论坛报》通讯员的工作有关的摘录笔记，但是从1851—1855年底，直接与计划中的'经济学'有关的基本准备材料则被搁置起来了。"②

理论阐述和政治评论员的工作之间具有创造性的联系已被证实。③对于马克思来说，既不能忽视当代史给予他的启发，也不能忽视其他理论研究和理论阐述给予他的启发。要弄清《伦敦笔记》中研究过程的崭新阶段，首先必须放弃下述观点，即认为迄今主要列入经济学著作史

---

① 《马克思恩格斯选集》第2版第2卷第27页。
② 汉斯－彼得·米勒：《前言》，见《卡尔·马克思：工艺学摘录》，美因河畔法兰克福—柏林（西）—维也纳1981年版，第84页。
③ 见吉泽拉·诺伊豪斯：《论19世纪50年代中期马克思主义发展中的政治、历史政论和经济学研究之间的相互关系》，见《卡尔·马克思和理论与实践中的革命的基本问题》，莱比锡1980年版，第89页；吉泽拉·诺伊豪斯、曼弗雷德·诺伊豪斯和克劳斯－迪特尔·诺伊曼：《1854至1856年期间是马克思政治经济学史的空白时间吗？》，载《马克思恩格斯研究论丛》1979年第9辑，第22—29页。

的这些研究，同马克思在他所有的社会政治活动范围中同时进行的研究之间毫无关联。关于这个方面主要有两篇著作，它们是在《伦敦笔记》之前不久或更确切地说与《伦敦笔记》同时，可以说马克思是作为一名历史学家撰写的，这就是《1848年至1850年的法兰西阶级斗争》（1850年）和《路易·波拿巴的雾月十八日》（1852年）。恩格斯1895年写道，马克思的《法兰西阶级斗争》这一著作"是马克思用他的唯物主义观点从一定经济状况出发来说明一段现代历史的初次尝试"①。

由于路易·波拿巴1851年12月2日成功的军事政变，马克思认识到已面临新的形式的任务。当时（今天也一样）必须解释下述现实问题：个人在历史中扮演什么角色？一个冒险家（例如路易·波拿巴）是怎样把他的意志强加给一个民族（例如法兰西）的？在法国资产阶级社会的各大阶级彼此斗争期间，是什么条件和局势，"使得一个平庸而可笑的人物有可能扮演了英雄的角色。"② 恩格斯1890年着重指出，《雾月十八日》中谈到的"几乎都是政治斗争和政治事件所起的特殊作用，当然是在它们一般依赖于经济条件的范围内"③。

在解释1851年12月形成的局势时，可以发现一次重点推移。"它就是从《法兰西阶级斗争》中对直接的、决定论的'必然性'认识的过高要求，重新回到《德意志意识形态》中的主客观辩证的表述，这种表述让历史上的行为主体、令人惊奇的偶然事件、尚未发现的规律和理智的狡诈都有其存在理由。"④ 总之，马克思在动笔写《雾月十八日》之前不久，他转到了资本主义社会研究的一个新阶段。可以推测，研究

---

① 《马克思恩格斯选集》第2版第4卷第506页。
② 《马克思恩格斯选集》第2版第1卷第580页。
③ 《马克思恩格斯选集》第2版第4卷第704页。
④ 汉斯-彼得·杰克：《形成和必要性》，柏林1988年版，第65页。

的扩展加深了这样的认识：政治关系、法的关系、宗教关系，简短地说，整个社会关系，对资本关系及其形成和发展产生着多么重要的影响。①

法国的事件只能证实这一认识，而另一方面，理论评价则是促进现有广度内的进一步的积极研究。此外，能够为全面分析社会提供基础的研究，通过从《雾月十八日》中获得的关于社会形态的认识而得到丰富；这个范畴在这里第一次有了它的科学表述。② 对1850—1853年的研究也只能从这个角度在其总体上进行评价。马克思并没有打算阐述自己的文化理论。因此，把摘录笔记根据它主要的研究广度排列后可以看出，社会分析必须作为整体研究来进行的必然性，从而也证实：这些摘录笔记为唯物主义的历史理论的转变（正如在《德意志意识形态》中所阐述的）从内容上提供了论述的起点。1850—1853年的笔记本的丰富内容，可以整个地评价为马克思自1857年起对资本主义社会形态进行研究的很多理论方法论、政治经济学以及历史科学方面的基本观点的出发点，并且也是进一步研究的出发点。

---

① 见埃伦弗雷德·加兰德和乌尔里克·加兰德：《论马克思理论形成和发展过程中历史学研究的意义》，载《德国哲学杂志》1987年第12期，第1096页。

② 见汉斯-彼得·杰克：《论卡尔·马克思和弗里德里希·恩格斯的辩证唯物主义历史观的范畴体系的形成》，见《形态理论和历史。有关马克思、恩格斯和列宁著作中对社会形态的历史学研究的论文集》，柏林1978年版，第76页；迪特尔·帕森曼：《资本主义分析和对社会形态发展进行的历史唯物主义研究（1852—1867年）》，载《形态理论和历史》，第156页；关于马克思对社会形态理论的进一步阐述，另见尤尔根·荣尼克尔：《经济社会形态理论的制定和相对剩余价值理论（1861—1863年）》，载《马克思恩格斯年鉴》1984年第7卷，第254—278页。

三、关于资本主义社会经济运动规律的叙述是全面分析社会的基础

马克思在《政治经济学批判（1857—1858 年手稿）》的导言中把材料按理论和方法论进行划分之后，开始了他写一部政治经济学批判著作的计划。我们感兴趣的是人们最新的研究结果：草稿《巴师夏和凯里》① 以及对阿尔弗勒德·达里蒙 1856 年出版的《论银行改革》一书的批判分析，是在《导言》之前写的，马克思后来把后者补加到经济学论述的手稿中②，它原本并不属于他的关于政治经济学的庞大写作计划。③

但是，正像《导言》表明的，50 年代的研究使马克思达到新的研究水平：《政治经济学批判（1857—1858 年手稿）》的第一大篇是资产阶级社会的区别于未来共产主义社会的一般特征。"毫不相干的个人之间的互相的和全面的依赖，构成他们的社会联系"。④ 马克思首先把社会联系的特征纳入社会形态发展过程的一般规定，而这种发展过程包括三个发展阶段。"交换手段拥有的社会力量越小，交换手段同直接的劳动产品的性质之间以及同交换者的直接需要之间的联系越是密切，把个人互相联结起来的共同体的力量就必定越大——家长制的关系，古代共

---

① 《马克思恩格斯全集》第 2 版第 30 卷第 3—18 页。
② 《马克思恩格斯全集》第 2 版第 30 卷第 59—88 页。
③ 见维塔利·维戈茨基：《马克思是何时开始写作 1857—1858 年经济学手稿的?》，载《哈雷马克思恩格斯研究论丛。哈雷马丁-路德大学（维腾贝格）》1987 年第 42 期，第 37 页。
④ 《马克思恩格斯全集》第 2 版第 30 卷第 106 页。

同体，封建制度和行会制度。……人的依赖关系（起初完全是自然发生的），是最初的社会形式，在这种形式下，人的生产能力只是在狭小的范围内和孤立的地点上发展着。以物的依赖性为基础的人的独立性，是第二大形式，在这种形式下，才形成普遍的社会物质变换、全面的关系、多方面的需要以及全面的能力的体系。建立在个人全面发展和他们共同的、社会的生产能力成为从属于他们的社会财富这一基础上的自由个性，是第三个阶段。第二个阶段为第三个阶段创造条件。因此，家长制的，古代的（以及封建的）状态随着商业、奢侈、货币、交换价值的发展而没落下去，现代社会则随着这些东西同步发展起来。"① 在这里以及在《资本主义生产以前的各种形式》② 中，从社会形态的内容阐述中可以清楚地看到四五十年代的研究成果。

《政治经济学批判（1857—1858年手稿）》被打上了马克思寻求适当的起点范畴的烙印③，他从这种起点范畴出发，借助于从抽象上升到具体的方法，终于达到了在思想上的多样性。研究过程表明，马克思在从理论上解释经济学问题时，是如何获得整体内部各个环节的具体规定的；因此，马克思也想突出历史规律性和政治经济学的关系，并且用政治经济学的推导来替代和解释那些没有经济学细致的分析就必须作为假设的一般关系。他着重指出，政治经济学所"研究的是财富的特殊社会形式，或者不如说是财富生产的特殊社会形式"。"财富的材料，不论是主体的，如劳动，还是客体的，如满足自然需要或历史需要的对象，

---

① 《马克思恩格斯全集》第2版第30卷第107—108页。
② 《马克思恩格斯全集》第2版第30卷第465—510页。
③ 见沃尔夫冈·扬：《马克思〈资本论〉准备材料中资本主义政治经济学起点范畴的形成》，见《我们的党取得一个胜利。卡尔·马克思〈资本论〉形成史和传播史论文集》，柏林1978年版，第66—67页。

最初对于一切生产时代来说表现为共通的东西。因此，这种材料最初表现为单纯的前提。这种前提完全处在政治经济学的考察范围之外，而只有当这种材料为形式关系所改变……时，才进入考察的范围。关于这方面的通常的一般论述，只限于一些抽象概念。这些抽象概念在政治经济学的最初尝试中还有些历史价值，那时人们还在极其艰难地把各种形式从材料上剥离下来并竭力把它们作为特有的考察对象固定下来"。① 在几页之后，马克思紧接着在《Ⅰ。价值》篇（他想以此篇作为论述的开始）清楚地用政治经济学的范畴表述了同样的问题。由此显而易见的是，他在对劳动二重性加深认识的基础上解决了内容和形式问题，并且通过把这个矛盾的物质代表即商品中的价值和使用价值加以区分，而在范畴上确定了内容和形式问题。②

在理解政治经济学的研究对象上存在的这种矛盾性，可能是由于《资本》册的第一个草稿毕竟是用于他自己弄清问题的。接着，马克思根据和1857年相同的计划设想，着手为1859年政治经济学著作的出版而写作："我考察资产阶级经济制度是按照以下的顺序：资本、土地所有制、雇佣劳动；国家、对外贸易、世界市场。在前三项下，我研究现代资产阶级社会分成的三大阶级的经济生活条件；其他三项的相互联系是一目了然的。……我面前的全部材料都是专题论文，它们是在相隔很久的几个时期内写成的，目的不是为了付印，而是为了自己弄清问题，至于能否按照上述计划对它们进行系统整理，就要看环境如何了。"③也就是说，他打算将六册书的结构计划付诸实施。马克思不再研究《导言》第4点所考虑的相互作用，并且把必须在得到证实的结果之前就已

---

① 《马克思恩格斯全集》第2版第31卷第266页。
② 《马克思恩格斯全集》第2版第31卷第293—294页。
③ 《马克思恩格斯全集》第2版第31卷第411页。

写成的总的导言搁置了起来。因此，后来还多次表明，为什么1857年《导言》不在马克思的出版计划之内。通过《政治经济学批判（1857—1858年手稿）》中的分析，马克思承认，他必须形成自己的针对政治经济学研究对象的辩证方法。经济学范畴的辩证推导明确地替代了方法论的思考和哲学术语。

但是1859年，马克思对论述他的新社会观给予了高度重视。他第一次明确表述了他在《德意志意识形态》中分析社会和历史过程时为自己弄清问题而获得的唯物主义基本观点。他在此"对推广运用于人类社会及其历史的唯物主义的基本原理，作了……完整的表述"。① 这里对《政治经济学批判（1857—1858年手稿）》中历史过程的划分作了补充："大体说来，亚细亚的、古代的、封建的和现代资产阶级的生产方式可以看做是经济的社会形态演进的几个时代，"② 在这个方面，绝不可以把各个观点绝对化，而是必须结合具体的任务来看待。而且，马克思在此着重指出，他是把资产阶级的生产关系作为"社会生产过程的最后一个对抗形式"③ 来分析的。后来他竭尽全力从事这项任务，以便实现六册书的结构计划，同时也想到下述事实：现有的材料可以对资本主义社会的经济运动规律进行深刻的分析，但是它原本包含更多的内容。④ 因此，对他来说，例如，后来70年代得到关注的人种学研究发现了原始社会这样的历史事实，并不是超出唯物史观的事件，相反，它们

---

① 《列宁全集》第2版第26卷第58页。
② 《马克思恩格斯全集》第2版第31卷第413页。
③ 《马克思恩格斯全集》第2版第31卷第413页。
④ 参看约阿希姆·海尔曼：《历史唯物主义和人类历史。关于弗里德里希·恩格斯〈家庭、私有制和国家的起源〉的形成和传播》，载《马克思恩格斯年鉴》1984年第7卷，第35—43页。

是以研究尤其是 50 年代的研究为基础的。

正如马克思 1862 年着重指出的，按照六册书的结构计划来对资本主义生产关系的总体进行全面辩证的研究，是他力所不能及的。他决定集中精力完成最重要的和最主要的东西。① 他从一开始就很清楚，《资本》这一册书只能是论述资本主义生产关系的一般本质的。然而，相对独立地概括为二至六个要点并且表明资本主义社会形态的经济运动规律的特征的学说，并非是多余的。

对于实现全面的社会分析，包括对经济基础和上层建筑的交互作用的专门研究来说，本文以上的说明同样是适用的。利用马克思的材料可以阐明马克思主义关于经济基础和上层建筑的交互作用的观点，正如恩格斯 1890 年所概括的："经济状况是基础，但是对历史斗争的进程发生影响并且在许多情况下主要是决定着这一斗争的形式的，还有上层建筑的各种因素：阶级斗争的政治形式及其成果——由胜利了的阶级在获胜以后确立的宪法等等，各种法的形式以及所有这些实际斗争在参加者头脑中的反映，政治的、法律的和哲学的理论，宗教的观点以及它们向教义体系的进一步发展。"②

（原载柏林《马克思恩格斯年鉴》第 13 辑）

（夏 静 译　张钟朴 校）

---

① 《马克思恩格斯全集》第 2 版第 30 卷第 636—637 页。
② 《马克思恩格斯选集》第 2 版第 4 卷第 696 页。

《政治经济学批判大纲》及其在为创立工人阶级的经济学说的斗争中的地位[*]

〔苏〕W. 维戈茨基

马克思在50年代进行了广泛的经济研究之后,从1857年10月至1858年5月写下了五十多印张的手稿。这部手稿是以《政治经济学批判大纲》的标题而为人所知的,它是未来的《资本论》的第一个稿本。这部手稿于1939年第一次用原文刊印出来。[①]

这部著作在马克思主义史上占有较为特殊的地位。马克思在这部著作中制定了自己的价值理论,并在此基础上制定了剩余价值理论,从而完成了他的第二个伟大发现,这个发现同唯物主义历史观一起把社会主义从空想变成了科学。

马克思在写作《资本论》时广泛利用了《政治经济学批判大纲》这部手稿;此外,手稿还包括《资本论》各卷中所没有的重要材料,也还有一些从现在的观点来看具有特殊意义的问题。

在《政治经济学批判大纲》中,马克思揭示了资本主义生产方式

---

[*] 本文选自《马列著作编译资料》1979年第3辑。

[①] 卡尔·马克思:《政治经济学批判大纲》,莫斯科1939年和1941年版。该书随后被译成多种语言出版。手稿的完整的俄文版本于1968至1969年作为《马克思恩格斯全集》第46卷出版。《政治经济学批判大纲》第1部分于1976年作为国际版第2部分第1卷第1册出版。

的"经济运动规律"①,指出了资本主义生产方式转化为共产主义社会的不可避免性。因此毫不奇怪,在这部著作中广泛地研究了这些革命改变的问题。马克思写这部著作的时候,正是1857年世界经济危机处于高潮之际,他急于要写完这部著作,因为他认为,经济危机的深化会导致革命形势的出现。1857年12月8日,马克思在写给恩格斯的信中说:"我现在发狂似地通宵总结我的经济学研究,为的是在洪水之前至少把一些基本问题搞清楚。"② 这也就说明了为什么马克思在这部《资本论》的最初稿本中非常注意共产主义形态的起源问题。

马克思的这种认识有更深刻的原因:要深化他的理论,就必须研究专门的经济问题。在写作《资本论》的最初稿本期间,马克思分析经济理论问题的角度相当宽。他所利用的分析性材料,既涉及资本主义前的形态,也涉及未来的共产主义社会。

1857—1858年手稿在方法论方面也值得予以特别注意。同《资本论》相比,这部稿本的特点在于,它对资产阶级经济的理论研究的过程比三卷《资本论》中反映得更为鲜明,因为在三卷《资本论》中占主要地位的是对以前已经研究的经济理论的叙述。马克思在指出创造性的科学工作的这两个方面的区别时写道:"当然,在形式上,叙述方法必须与研究方法不同。研究必须充分地占有材料,分析它的各种发展形式,探寻这些形式的内在联系。只有这项工作完成以后,现实的运动才能适当地叙述出来。这点一旦做到,材料的生命一旦观念地反映出来,呈现在我们面前的就好象是一个先验的结构了。"③

为什么马克思只是从研究和叙述之间的形式上的区别出发呢?首

---

① 《马克思恩格斯全集》第1版第23卷第11页。
② 《马克思恩格斯全集》第1版第29卷第219页。
③ 《马克思恩格斯全集》第1版第23卷第23—24页。

先，因为它们的基础是从抽象上升到具体的同一个科学方法。1857年8月末，马克思在未完成的《导言》草稿中首次从唯物主义角度阐明了这一方法的重要特征。①

马克思批判了解决科学问题的唯心主义态度并指出，第一，从具体到抽象的运动过程在每一个研究阶段都必须先于从抽象上升到具体的过程；现实在任何时候都是叙述理论这个第二位的事情的出发点。第二，从抽象上升到具体的过程在本质上是同现实的历史过程相符合的，它在研究阶段就已开始，结束于叙述——具体的科学再现——过程。因此，在从抽象上升到具体的过程之外的研究阶段，也必然意味着在认识的每一个阶段把从具体进展到抽象的过程当作出发点。这些认识对于马克思创造性地研究经济理论具有极其重要的意义。后来，马克思在《政治经济学批判》第一分册和《资本论》第一卷中叙述了价值理论和剩余价值理论。同马克思的手稿相比，这两部著作具有重要的优点，因为它们反映了资本主义生产方式的"现实运动"。但是，在这两部著作中不能直接看到理论研究的上述准备阶段，因此只有研究马克思的全部经济学遗著，才能对马克思政治经济学的本质有一个正确的了解。

批判蒲鲁东的小资产阶级改良主义。
商品是资本主义的经济细胞

《资本论》第一卷的开头是这样一句经常被人引用的话："资本主义生产方式占统治地位的社会的财富，表现为'庞大的商品堆积'，单个的商品表现为这种财富的元素形式。因此，我们的研究就从分析商品

---

① 《马克思恩格斯全集》第1版第46卷上册第18—46页。

开始。"① 可见，在马克思看来，商品，作为资本主义社会元素的"经济的细胞形式"②，是他的经济学说的出发点。马克思是通过什么道路才能达到这种认识的？这些思想在《大纲》中又是如何特别详细地得到反映的？为了驳斥那些认为这里似乎是一个"先验结构"的现代资产阶级经济学家，详尽地阐述马克思的这些思考也有特别重要的意义。

《资本论》的最初稿本使我们有可能十分详细地了解发现资本主义经济细胞的复杂认识过程。③ 对作为资本主义生产方式的起点范畴的商品的研究，马克思是在制定自己的价值理论的同时完成的。在1857—1858年手稿中，这一分析是在《货币章》中进行的，这一章放在笔记本的一开头，并且马克思标以数字II。④

马克思从批判蒲鲁东的货币理论开始叙述自己的价值理论，这不是偶然的。"我们实际上也是从商品的交换价值或交换关系出发，才探索到隐藏在其中的商品价值。"⑤ 这种进程显示了马克思研究方法的重要特征。实际上，货币是商品价值的特别显著的表现形式，但是货币，价值的货币表现，也是最发达的、适合于资本主义的价值形式。因此，货币理论是价值理论的直接结果。马克思所以能达到这些认识，是因为他在对资产阶级和小资产阶级政治经济学的批判中和在整个研究中——这

---

① 《马克思恩格斯全集》第1版第23卷第47页。
② 《马克思恩格斯全集》第1版第23卷第8页。
③ 《马克思恩格斯全集》第1版第46卷上册第37页及以下各页。
④ 在从研究过程向叙述过程过渡时，《货币章》前面应该有一章作为过渡，马克思起初设想的该章的标题是《价值》（在手稿结尾部分可以看到该章草稿的开头部分，篇首的数字号码为I），但是后来在《政治经济学批判》第1分册（1859年）中，马克思给该章加的标题是《商品》。
⑤ 《马克思恩格斯全集》第1版第23卷第61页。

对马克思来说是一个统一的过程——，从表面现象深入到了内在的本质。①

马克思在《大纲》中不是从李嘉图的数量理论，而是从蒲鲁东的小资产阶级货币理论开始研究。原因在于，蒲鲁东的小资产阶级的货币理论实质上只是一种对货币和货币流通的达到荒谬程度的资产阶级观点，因此马克思认为，它是科学分析和批判的极其合适的对象。

在写作《资本论》最初稿本的过程中，马克思解决了社会主义革命的一系列的主要理论问题，这些问题首先同资本主义不可避免地要为革命所推翻的经济根据有关。在这一方面，马克思对小资产阶级社会主义者关于资本主义能够不经过革命而过渡到社会主义的改良主义幻想所作的详细批判，至今仍然有现实意义。

"另一方面，为了给力求阐明社会生产的真实历史发展的、批判的、唯物主义的社会主义扫清道路，必须断然同唯心主义的政治经济学决裂，这个唯心主义政治经济学的最新的体现者，就是自己并没有意识到这一点的蒲鲁东。"②

蒲鲁东主义者关于有可能通过对货币流通和银行实行改革来消除资本主义的对抗性矛盾，并过渡到社会主义的论点，必须予以驳斥。

马克思在他的著作《哲学的贫困》中，批判了蒲鲁东关于对资产

---

① 在马克思看来，对古典政治经济学的批判分析是研究现实的一种形式。马克思对资产阶级政治经济学的批判和他自己的理论的制定是一个统一的过程，这一点也可以从马克思的经济著作的双重标题上看出来：《资本论。政治经济学批判》。马克思把他的经济学研究称为，"对经济学范畴的批判，或者，也可以说是对资产阶级经济学体系的批判。这同时也是对上述体系的叙述和在叙述过程中对它进行的批判。"（《马克思恩格斯全集》第 1 版第 29 卷第 531 页）

② 《马克思恩格斯全集》第 1 版第 19 卷第 248 页，另见第 29 卷第 445 页。

阶级社会进行改良的观点，但是在这部著作中，在很大的程度上仍然以李嘉图的经济观点作为根据。在 50 年代末，马克思在制定自己的经济理论的过程中指出，资本主义矛盾的对抗性质"决不是通过平静的形态变化就能炸毁的"①，蒲鲁东主义者想用消除资产阶级社会"弊病"的办法来保存资产阶级社会的企图，是会使工人阶级涣散并使之离开社会主义革命的准备工作的有害幻想。②

当马克思在 60 年代为《资本论》寻找法文译者时，他说："我认为，使法国人摆脱蒲鲁东用对小资产阶级的理想化把他们引入的谬误观点，是非常重要的。不久前在日内瓦召开的代表大会上，以及在我作为国际工人协会总委员会委员同巴黎支部的联系中，经常遇到蒲鲁东主义的最恶劣的后果。"③

恩格斯在他为马克思的著作《法兰西内战》所写的导言中也批判了蒲鲁东主义者在巴黎公社实践中所表现出来的经济学错误。他关于这种错误，写道："正因为如此，公社同时是蒲鲁东社会主义学派的坟墓。"④

马克思开始写作《政治经济学批判大纲》时，详细摘引了1856 年

---

① 《马克思恩格斯全集》第 1 版第 46 卷上册第 106 页。

② 根据马克思的这种理解，可以说罗曼·罗斯多尔斯基的论断是完全站不住脚的，他在专门研究《资本论》的最初手稿的专著《马克思〈资本论〉的产生史》第 1、2 卷（美因河畔法兰克福－维也纳 1968 年版）中断言，马克思对蒲鲁东主义的批判只有历史意义，对当代没有现实意义。小资产阶级社会主义幻想有可能不通过革命而实现向社会主义的过渡，详细地批判这种改良主义幻想对于从经济学上论证社会主义革命的不可避免性具有决定性的意义，在当前也完全具有现实主义。所谓的会聚理论也证明了这一点。

③ 《马克思恩格斯全集》第 1 版第 31 卷第 546 页。

④ 《马克思恩格斯全集》第 1 版第 22 卷第 226 页。

出版的蒲鲁东主义者阿尔弗勒德·达里蒙的著作《论银行改革》。蒲鲁东主义者认为，资本主义社会中经济危机的原因、商品实现过程的困难以及这一制度的其他弊病，在于金银同其他商品相比所占的特权地位。他们要取消金银的特权，力图用作为已完成的劳动小时数的凭证而交给工人的"劳动货币"、"小时券"和收据来代替金银。他们想通过这种办法使每个商品都具有可以同"劳动货币"直接交换的形式，因为按照他们的观点，劳动货币应该直接表现已经支出的劳动。为了实现"劳动货币"的设想，蒲鲁东主义者认为必须实行银行改革。

马克思的批判也是从分析这个方案开始的。他特别详细地研究了达里蒙著作中所引的统计材料，其中把法兰西银行的金属储备同该银行从1855年4月至9月所贴现的有价证券作了对比。马克思证明，达里蒙的结论是完全站不住脚的，马克思对法国经济史的广博知识有利于他的论证。在这里只需要列举出这样一些详细情况：如国内的丝绸生产和从中国的丝绸进口，法国金融家在外国的投机活动以及克里木战争所引起的非生产支出。

马克思指出："我们之所以谈论这件事情，是为了用一个例子来说明蒲鲁东派的统计的和实证的例证的全部价值。经济事实并没有验证他们的理论，而是证明他们不会掌握和利用事实。他们对待事实的方式倒是表明了他们的理论抽象是怎样产生的。"[①]

马克思根据达里蒙书中的统计材料指出，作者把信贷和货币流通混为一谈了，过分地夸大了银行的作用，因为作者认为银行能够监督货币流通、垄断信贷调节和货币市场。这样，马克思就用事实驳斥了蒲鲁东主义者关于改革资产阶级社会金融制度的纲领。对这种观点的理论上的反驳还是后来的事情；为此马克思必须制定出科学的货币理论——和作

---

① 《马克思恩格斯全集》第1版第46卷上册第60页。

为其基础的价值理论,而货币理论是价值理论的有机产物。

根据蒲鲁东主义者的观点,银行改革会"创造崭新的生产条件和交往条件"①,也就是说,会使资产阶级社会在本质上革命化。这种论断归根结蒂是说,流通支配着生产。但是,这种论点遭到了马克思和恩格斯于1843年至1849年制定的唯物史观的基本思想的批驳,根据这个思想,在一切社会制度中都是生产支配分配和流通。②

要论证生产占支配地位,也就必须证明货币是从商品生产的内在规律性产生的。马克思从表面现象出发,即从货币出发,进展到货币的较深刻的本质即价值,这是符合唯物辩证的研究方法的。

"真正的问题是:资产阶级交换制度本身是否需要一个特别的交换工具?它是否必然会造成一个一切价值的特殊等价物?"③ 在这里,马克思是根据货币的本质和商品与货币的必然联系提出这个问题的。④

首先,应当说明马克思解决这一问题的一些主要阶段,而他也是在这一过程中发现资本主义的经济细胞的。

蒲鲁东主义者认为,"劳动货币"的重大好处就在于这种货币一般不必同金银相交换。马克思从驳斥这种论点开始证明货币的必然性。根据英格兰银行的银行券流通的实际情况,马克思指出:"对银行券说来,银行券可兑换为金就仍然是经济规律,不管这一规律在政策上是否存

---

① 《马克思恩格斯全集》第1版第46卷上册第63页。
② 《马克思恩格斯全集》第1版第46卷上册第63页。
③ 《马克思恩格斯全集》第1版第46卷上册第68—69页。
④ 在这里应该着重指出马克思从1847年至1857年期间对蒲鲁东主义批判的连续性。他在《哲学的贫困》中指出,等价交换本身不会导致资本主义剥削的消灭。马克思在手稿《政治经济学批判大纲》中证明,蒲鲁东主义者想借以实现公平交换的一些手段,是同资本主义生产本身的基础相矛盾的,因而是空想主义的。

在。"① 这个论断适用于任何形式的纸币,包括"劳动货币"。1799年至1819年,英国实行银行限制法,该法律规定强制通用银行券,取消银行券与金的交换。正是在这一时期,英格兰银行的银行券贬值了,因为它能交换的金量实际上比与流通相适应的要少,尽管它在法律上已经不可以兑换。② 因此马克思指出,在价格普遍上涨的时期,金币也可能贬值。③

马克思在论证了纸币同金相交换的必要性之后,谈到了这样一种例外情况,即金"劳动货币"或纸"劳动货币"的存在。如果在前一场合,任何一个铸币,例如英国的一索维林,同体现过去劳动支出的一定金量相等,那么在后一场合,与这个金量相等的就是表现现在劳动支出的"小时券"。马克思指出:"……一般经济规律是,生产费用不断地降低,活劳动的生产率不断地提高,因而物化在产品中的劳动时间不断地贬值,因此,不断贬值将是这种金劳动货币不可避免的命运。"④

马克思从这一部分研究中得出了他的价值理论的下述基本思想:"决定价值的,不是体现在产品中的劳动时间,而是现在所需要的劳动

---

① 《马克思恩格斯全集》第1版第46卷上册第73页。

② 《马克思恩格斯全集》第1版第46卷上册第73页。

③ 这是说明经济规律的客观性质的一个恰当例子。法律可能同经济规律相符合,也可能不符合,但法律不能取消经济规律的作用。例如,如果把过多的纸币投入流通,——超过了流通的实际需要,——那么,这就必然会使货币贬值。当代资本主义的慢性的货币危机和金融危机就是马克思理论的这些原则的现实性的证明,同时也是对那些认同现代资产阶级国家不受客观经济规律影响的辩护论观点的反驳。

④ 《马克思恩格斯全集》第1版第46卷上册第78页。

时间。"①

马克思制定价值理论的下一步，是确定价值和价格之间的原则区别。蒲鲁东主义者力图避开货币，直接用劳动小时来确定价值，以此来消灭价值和价格的区别，因为按照他们的观点，价格和价值是一回事。在这方面，马克思表达了这样一个认识，即"由劳动时间决定的商品价值，只是商品的平均价值"②，这个平均价值是在一定时期，例如25年内确定的。这种"实际价值"必然不同于"市场价值"、"名义价值"、"货币价值"③，也就是价格，价格除了反映社会必要劳动的支出以外，也还反映出供求的变动。因此，"小时券"不是表示通过价格显示出来的劳动时间的实际支出，而是代表某种时而大于时而又小于实际劳动时间的观念上的劳动时间。使活劳动支出和物化劳动支出之间产生区别的劳动时间的生产率提高的同一规律，在这里也引起了价值和价格之间的区别。马克思得出结论说：**"由于价格不等于价值，所以决定价值的要素——劳动时间——就不可能是表现价格的要素。"**④ 这个要素只能是一个特殊的商品——货币。由此产生了价格作为货币价格的存在。

马克思在进一步的研究中，从以社会必要劳动时间量为尺度的价值的量的规定出发，达到了价值的质的规定这种社会关系，这种社会关系说明了商品的"经济上的质"、商品的"可以交换的能力"、"特殊的可

---

① 《马克思恩格斯全集》第1版第46卷上册第78页。——马克思在《哲学的贫困》中就已经使用了一般形式上的必要劳动这个概念，但是正如他自己所说的，他在那里还是从李嘉图那里借用了这个词。但必要劳动时间这个范畴只是在1857—1858年手稿中才成为关于资本主义制度中社会劳动的特殊性的理论的组成部分。

② 《马克思恩格斯全集》第1版第46卷上册第80页。

③ 《马克思恩格斯全集》第1版第46卷上册第80页。

④ 《马克思恩格斯全集》第1版第46卷上册第83页。

交换性"。对此，马克思说："作为价值，一切商品在质上等同而只在量上不同。"① 只有商品价值的这种社会属性才能使各种商品互相交换。马克思在对价值的质的说明的基础上达到了这样一种认识，即商品只存在于它的使用价值——商品的"自然存在"——和价值的统一之中。② 在商品的交换过程中发生了商品的二重化：在货币形式上的商品价值同商品的使用价值分离了。作为价值的商品在质上的同类性同作为使用价值的商品的自然差别之间的内在矛盾，由此得到了必然的外在的表现。

"［商品］作为价值的属性不仅可能，而且必须同时取得一个和它的自然存在不同的存在。为什么呢？因为各种商品作为价值彼此只是在量上不同，所以每种商品必定在质上和自身的价值不同。因此，商品的价值也必定取得一个在质上可以和商品区别的存在，并且在实际交换中，这种可分离性必定变成实际的分离，这是因为商品的自然差别必定和商品的经济等价发生矛盾，这两者所以能够并存，只是由于商品取得了二重存在。"③

这样就在理论上完全证明，蒲鲁东主义者想借助"劳动货币"——避开商品在市场上的实现过程——把商品直接转化为货币的企图，不过是一个幻想。商品价值的货币形式（交换形式）表现为商品价值的必然的表现形式。

现在，马克思在制定他的价值理论过程中达到了最后的也是最重要的认识：马克思先研究商品是使用价值和价值之间的辩证统一，再叙述生产商品的劳动是创造使用价值的具体劳动（私人劳动）和创造价值的抽象劳动（社会劳动）之间的辩证统一。关于资产阶级社会中劳动

---

① 《马克思恩格斯全集》第 1 版第 46 卷上册第 84 页。
② 参见《马克思恩格斯全集》第 1 版第 46 卷上册第 85 页。
③ 《马克思恩格斯全集》第 1 版第 46 卷上册第 85 页。

的二重性的学说，是马克思价值理论的基础。它在这一点上首先区别于资产阶级古典政治经济学的劳动价值论。在马克思以前，没有一个经济学家认识到劳动的二重性这个资本主义生产特有的特殊性。后来马克思特别强调指出，劳动的二重性的学说是"对事实的全部理解的基础"。①

同商品的二重性一样，马克思起初也从量和质的角度来说明劳动的二重性：抽象劳动是一种"只是和自身的质相分离的、仅仅在量上不同的劳动"，而具体劳动则表现为"自然规定的、在质上和其他劳动不同的劳动"。②

在资产阶级社会中，抽象劳动形式上的劳动同时是社会劳动，而具体劳动则是私人劳动。

马克思解释说："……产品……先转化为货币……这种必要性本身表明了两点：（1）个人只能为社会和在社会中进行生产；（2）他们的生产不是直接的社会的生产。"③

这样，马克思在批判蒲鲁东主义者的货币理论的过程中阐发了自己的价值理论，这一理论的基础是资本主义社会中劳动及其产品的二重性学说。在研究过程中，马克思对他所达到的认识的叙述性质作了重要的方法论上的指示："在下面有必要对唯心主义的叙述方法作一纠正，这种叙述方法造成一种假象，似乎探讨的只是一些概念的规定和这些概念的辩证法。"④ 马克思说，像"商品成为交换价值"这样一些他所用过的说法，首先必须加以确切地说明。商品是可以被感知的独立的对象，而价值只是某种社会关系，其物质承担者就是商品。因此马克思指出，

---

① 《马克思恩格斯全集》第 1 版第 31 卷第 331 页。
② 《马克思恩格斯全集》第 1 版第 46 卷上册第 88 页。
③ 《马克思恩格斯全集》第 1 版第 46 卷上册第 105 页。
④ 《马克思恩格斯全集》第 1 版第 46 卷上册第 97 页。

商品的价值关系"最初存在于头脑中，存在于想象中，正如一般说来，要确定不同于彼此发生关系的主体的那些关系，就只能想象这些关系"。① 因此，对资本主义的经济结构的分析不应该从价值开始，而应该从商品这个资本主义生产方式的最简单的关系开始。这一认识过程的复杂性在马克思那里也表现在下列事实中：他在1857—1858年手稿中有时还从价值出发，例如他提出这样的问题："是否应把**价值**理解为使用价值和交换价值的统一？"② 这一事实也使马克思改变了他后来的著作《政治经济学批判》第一章的标题：把《价值》改为《商品》，这决不是单纯形式上的改动，而是在研究过程中认识成熟的结果：商品是资本主义社会的基本的经济细胞。

马克思所以能达到这一发现，是因为他的方法是彻底唯物主义的，在遇到每一个社会现象，特别是经济现象时，他都把它的物质内容同它的社会形式区别开来。③ 马克思和恩格斯早在1845—1846年所写的《德意志意识形态》中，在分析社会生产时，就运用了这一科学方法，这使他们有可能把社会生产当作生产力和生产关系的辩证统一体来认识和叙述。

在《大纲》中，马克思从对社会生产的宏观分析达到了微观分析，他把同一方法应用于商品的分析，并且也把商品表述为使用价值（作为生产力的产物）和价值（作为生产关系的产物）的统一。在这里必须指出两个方面。一方面，在研究经济现象时不能把它的社会形式撇开，

---

① 《马克思恩格斯全集》第1版第46卷上册第87页。
② 《马克思恩格斯全集》第1版第46卷上册第223页脚注。
③ 资产阶级经济学根本不知道这种区别。马克思指出，在资产阶级经济学家那里，"资本的物质要素和它的作为资本的社会的形式规定性……生长在一起。"（《马克思恩格斯全集》第1版第26卷第3册第356页）

因为过程的社会形式对于认识这些过程在其中进行的社会生产的类型，是具有决定性意义的。另一方面，从这些经济现象的物质内容中可以得出不同的生产类型所特有的一般特征。马克思指出："劳动产品的价值形式是资产阶级生产方式的最抽象的、但也是最一般的形式，这就使资产阶级生产方式成为一种特殊的社会生产类型，因而同时具有历史的特征。"①

既然资产阶级经济学家不懂得把性质上不同于使用价值的商品价值看作是经济范畴，他们同样也就不会超出价值量的分析。这种情况使他们不能揭示资本主义生产方式的历史特性。

马克思的方法是同蒲鲁东主义者的做法完全对立的，后者从资产阶级经济学家的观念出发，把商品的使用价值和价值看作是同一个东西。蒲鲁东主义者力图摆脱商品生产的主要"缺陷"，即商品的实现，商品转化为货币，这是由于他们不懂得商品和生产商品的劳动的二重性。蒲鲁东主义者的观点，是从欧文、格雷、汤普逊、布雷等英国社会主义者那里剽窃来的，这些英国社会主义者建议保留商品生产，但取消交换，他们也设想了由国家银行发行的"劳动货币"。他们实际上把调节社会生产的职能都交给了国家银行。但由于他们感到自己的立场不彻底，他们渐渐地得出了这样一个结论，即在取消货币以后必然会直接废除商品货币制度。因此，他们要克服整个资本主义生产方式，引进共产主义关系。②

马克思用讽刺的口气指出："但是，把贬低**货币**和颂扬**商品**当作社会主义的核心来认真宣传，从而使社会主义变成根本不了解商品和货币

---

① 《马克思恩格斯全集》第1版第23卷第98页。
② 《马克思恩格斯全集》第1版第13卷第73—76页；另见《马克思恩格斯全集》第1版第23卷第105页脚注。

的必然联系,这要等蒲鲁东先生和他的学派来完成了。"① 蒲鲁东的"劳动货币"要做不可能做到的事情:把每一个商品都变成可以直接同任何另一个商品相交换的商品。而且是在资产阶级社会的条件之下,在私有制占统治地位的条件之下!蒲鲁东主义者以为这样就找到了一条消除资本主义生产的"缺陷",例如经济危机的道路。马克思通过分析指出,这一"缺陷"实际上是私有制条件下商品生产的矛盾性质造成的必然结果,商品的"一般的能直接交换的形式"(商品的价值形式,货币是这一形式的最发展的形式)"是同不能直接交换的形式分不开的,就像一块磁铁的阳极同阴极分不开一样"②。这种矛盾也就说明了为什么可能发生经济危机。

在研究经济过程的时候不能忽视社会形式,因为物质内容失去它的社会形式就不能存在。例如,商品价值由生产该商品所需要的社会必要劳动时间量决定,这就反映了作为生产关系的要素的价值和作为生产力要素的使用价值(劳动体现、物化在其中)之间的内在联系。③ 因此,正是商品这种物质内容和社会形式的统一体,构成了资本主义的经济细胞。它是分析资产阶级社会的经济结构的必然出发点。马克思在1857—1858年手稿的结尾得出自己的研究成果说:"体现资产阶级财富的第一个范畴是商品这个范畴。"④

马克思对小资产阶级改良主义的批判,既不否定经济改良的可能性和必要性,也不否定经济改良对资产阶级社会的生产关系的影响。马克

---

① 《马克思恩格斯全集》第1版第13卷第76页。
② 《马克思恩格斯全集》第1版第23卷第84页脚注。
③ "对我来说,对象既不是'价值',也不是'交换价值',而是商品。"《马克思恩格斯全集》第1版第19卷第400页。
④ 《政治经济学批判大纲》德文版第763页。

思只要求人们懂得,这种改良不可能从根本上改变资本主义制度的基础。马克思强调指出:"必须清楚地了解这一点,才不致给自己提出无法解决的任务,才能认识到货币改革和流通革新可能改变生产关系和以生产关系为基础的社会关系的界限。"①

剩余价值的基本论点。
社会主义革命的可能性和必然性

由于马克思在1857—1858年《政治经济学批判大纲》这一手稿中制定了价值理论,由于发现了作为资产阶级社会基本经济细胞的商品,马克思就有可能开始对资本主义关系进行具体的分析。价值关系是马克思分析资本主义时的出发点,因为在理论上和资本主义现实中,"价值概念先于资本概念"。②

价值理论在马克思的经济学说中占有非常重要的地位,所以他后来曾多次回过来进一步制定和论证这一理论,而且每一次都取得了新的成果。由于在1857—1858年手稿中把价值理论应用于分析劳动和资本之间的交换,马克思才有可能阐明资本主义的剥削机制,从而创造出剩余价值理论。

资本主义生产关系的内容在于资本和劳动、资本家和工人之间的活动的交换。分析这种交换的困难来自本质和现象之间的矛盾。③ 马克思在解释资本主义的剥削机制时说,资本是"不通过交换、不付出等价物

---

① 《马克思恩格斯全集》第1版第46卷上册第90页。
② 《马克思恩格斯全集》第1版第46卷上册第205、第215及以下各页。
③ 然而,马克思确切地指出:"如果事物的表现形式和事物的本质会直接合而为一,一切科学就都成为多余的了。"《马克思恩格斯全集》第1版第25卷第923页。

但在交换的假象下占有他人劳动的力量"①。

马克思在这里也注意到了资本主义生产过程的物质内容和社会形式的区别，他指出，资本和劳动的关系包括两个不同质的过程：第一，财产的资本主义形式所引起的工人和资本家之间的交换，资本家在这个交换过程中，"换来这样一种生产力，这种生产力使资本得以保存和增殖"②；第二，资本主义生产的物质内容所引起的劳动过程本身，资本的这种保存和增殖在这个过程中进行。"在资本和劳动的交换中第一个行为是交换，它完全属于普通的流通范畴；第二个行为是在性质上与交换不同的过程。"③

如果把资本和劳动之间关系的物质内容和社会形式加以严格区别，那么就可以得出这样一个看法，即资本家和工人之间的契约的对象不可能是工人的劳动，因为这种劳动只代表生产过程的物质内容，并且只能在它的第二阶段得到实现。因为工人不是生产资料的所有者，所以他既不可能是他的劳动的所有者，也不可能是这种劳动的产品的所有者。工人只是他的劳动能力的所有者，他把这种能力卖给资本家。因此，马克思着重指出，工人不是把劳动卖给资本家，而是把劳动能力，把他的劳动力卖给资本家。

马克思是在前面制定的价值理论的基础上分析劳动力（马克思在《大纲》中还是用"劳动能力"这一术语）这个商品的。劳动力是按照劳动力的价值出卖给资本家的，决定劳动力价值的是体现在工人身上的物化劳动量，也就是说，是生产工人本身所花费的劳动量，因为工人所出卖的商品的使用价值同工人本身是分不开的。马克思还指出，同资本

---

① 《政治经济学批判大纲》德文版第449页。
② 《马克思恩格斯全集》第1版第46卷上册第231页。
③ 《马克思恩格斯全集》第1版第46卷上册第232页。

相对立的工人的劳动是"抽象劳动,同自己的特殊规定性绝不相干,但是可以有任何一种规定性"①。马克思十分重视的工人的这种全面的可支配性,其经济基础就在于此。"充当这种劳动——即作为资本的使用价值的劳动——的承担者,这就是工人的经济性质。"②

资本家获得了劳动力这种商品的使用价值,这种使用价值就是工人在生产过程中创造一定价值、不仅保存资本而且也使资本增殖的能力。这种使用价值在活劳动的过程中得到实现,而这种活劳动按照马克思的说法,"不是作为对象,而是作为活动存在;不是作为**价值**本身,而是**作为价值的活的源泉**存在"③。

按照马克思所下的定义,剩余价值是活劳动在生产过程中所创造的价值和资本家作为工资支付给工人的价值之间的差额。资本主义生产方式为剩余价值的存在创造了必要的和充分的条件。资本主义的社会生产形式,首先是资本主义的生产关系,必然使工人的劳动、从而这种劳动的产品——这个产品的价值——归资本家所有。价值规律、等价交换完全允许作为活劳动支出的结果而创造出来的价值大于劳动力的价值。正如马克思所指出的,这些价值一般不取决于它们的相互的量。

"工人用创造价值的活动交换一个预先决定的价值,而不管自己的活动的结果如何。"④ 资本主义生产过程的物质内容使剩余价值存在的可能性变成了现实性。标志着资本主义生产方式的特征的,是生产力的这样一个发展水平,是社会劳动的这样一种生产率,这时剩余价值实际上以两种形式而存在,一种形式是绝对剩余价值,另一种形式是相对剩

---

① 《马克思恩格斯全集》第 1 版第 46 卷上册第 253 页。
② 《马克思恩格斯全集》第 1 版第 46 卷上册第 254 页。
③ 《马克思恩格斯全集》第 1 版第 46 卷上册第 253 页。
④ 《马克思恩格斯全集》第 1 版第 46 卷上册第 284 页。

余价值。"毫无疑问,资本的趋势是把绝对剩余价值和相对剩余价值结合起来;也就是说,**最大限度地延长工作日,使用最大量的同时进行的工作日**,与此同时,一方面把必要劳动时间减少到最低限度,另一方面把必要的工人人数减少到最低数额。"①

马克思在《大纲》中制定了剩余价值理论的原理以后,就有了可能来表述和论证资本主义社会的"经济运动规律";而这对工人阶级的政治经济学来说具有决定性的意义。马克思之所以能发现这一运动规律,是因为他在自己的研究方法和叙述方法中始终坚持了逻辑和历史的统一。

马克思指出,我们的"方法表明必然包含着历史考察之点,也就是说,表明仅仅作为生产过程的历史形式的资产阶级经济,包含着超越自己的、对早先的历史生产方式加以说明之点"。"另一方面,这种正确的考察同样会得出预示着生产关系的现代形式被扬弃之点,从而预示着未来的先兆,变易的运动。"②

马克思所应用的经济学研究方法必然要求越出资本的范围,越出资本主义生产方式的分析范围,要求创造出最广义的政治经济学,它既包括资本主义以前的生产方式,也包括对共产主义社会的科学预测。马克思在《大纲》中对这一问题作了非常详细的说明。这里就不谈《资本主义生产以前的各种形式》③那一节了。在本文中首先要研究的,是马克思从剩余价值理论中所作出的关于社会主义革命和共产主义社会的马克思主义结论。

马克思指出,资本家阶级对工人所创造的剩余价值的占有,是同资

---

① 《政治经济学批判大纲》德文版第 656 页。
② 《马克思恩格斯全集》第 1 版第 46 卷上册第 458 页。
③ 《马克思恩格斯全集》第 1 版第 46 卷上册第 470—520 页。

本主义生产方式的内在规律，首先是同价值规律相一致的。因此，资本主义剥削是从资本主义生产关系的本质中产生出来的。由此直接产生了这样一个认识，即工人阶级在资本主义制度范围内不可能摆脱资本主义剥削；这是社会主义革命的必然性的证明。

马克思在1858年4月2日给恩格斯的信中，着重指出了资产阶级社会的商品货币关系同资本主义剥削之间的辩证联系。"通过劳动来占有，等价交换，在这一范围内就表现为占有规律，因为交换只是以另一种物质形式再现同样的价值。总而言之，在这里，一切都是'美妙的'，但同时都会得到一种可怕的结果，而这正是等价规律的缘故。"①

这个"可怕的结果"，对资本主义来说就是社会主义革命，这一革命将消灭资产阶级生产关系，并且在消灭这些关系的同时也消除资本主义剥削。因为剥削是在资本主义的规律的基础上实现的，同这些规律并不矛盾，所以它不可能在资产阶级社会范围内被消灭。这样，这个关于价值规律和剩余价值规律之间的紧密的内在联系似乎是抽象的理论原理，就在更高的阶段上得出了资本主义制度必然被革命地推翻的正确结论。

从剩余价值理论中还得出了资本主义生产方式的客观趋势：用一切手段——首先通过发展生产力——加强对工人阶级的剥削。资本作为"无限制地追求发财致富的欲望，力图无限制地提高劳动生产力并且使之成为现实"②。

根据《1844年经济学哲学手稿》中所阐述的劳动在资本主义生产过程中的异化的概念，马克思指出，单是资本和劳动之间的交换，就在客观上不利于工人；工人"必然会越来越贫穷，因为他的劳动的创造力

---

① 《马克思恩格斯全集》第1版第29卷第305—306页。
② 《马克思恩格斯全集》第1版第46卷上册第306页。

作为资本的力量,作为他人的权力而同他相对立。他把劳动作为生产财富的力量让渡出去;而资本把劳动作为这种力量占有"。"文明的一切进步……只会使资本致富,也就是只会使支配劳动的权力更加增大,只会使资本的生产力增长。"①

资本在客观上所固有的追求最大限度利润的趋势是这样得到实现的:首先,增加劳动的支出,其次,把必要劳动的支出缩减到最低限度。

"因此,资本的趋势是:既增加劳动人口,又把劳动人口的一部分不断地变成过剩人口。"② 绝对剩余价值和相对剩余价值的范畴,使资本的这种客观趋势以多种形式表现出来。绝对剩余价值的存在,也就是说,工作日超过必要劳动时间的延长,要以劳动生产率的一定水平为前提。相对剩余价值的增长,也就是说,必要劳动时间在资本主义发展过程中的缩短,表现出劳动生产率提高的动力;"在这种形式上,直接表现出以资本为基础的生产方式所具有的产业性质和明显的历史性质。"③

正如马克思所指出的那样,生产力随着资本对劳动的剥削的加强而取得的巨大发展,也意味着未来共产主义社会的物质要素的创造和积累。正是这些物质要素决定着社会主义革命的可能性。"但是,在以交换价值为基础的资产阶级社会内部,产生出一些交往关系和生产关系,它们同时又是炸毁这个社会的地雷……另一方面,如果我们在现在这样的社会中没有发现隐蔽地存在着无阶级社会所必需的物质生产条件和与之相适应的交往关系,那么一切炸毁的尝试都是唐·吉诃德的荒唐行为。"④

---

① 《马克思恩格斯全集》第 1 版第 46 卷上册第 266—267、268 页。
② 《马克思恩格斯全集》第 1 版第 46 卷上册第 378 页。
③ 《政治经济学批判大纲》德文版第 655 页。
④ 《马克思恩格斯全集》第 1 版第 46 卷上册第 106 页。

在资本主义生产方式的条件下，体现着资本主义历史作用的剩余劳动的创造，是未来社会的物质前提之一。剩余劳动的社会形式表现为工人的强制劳动，表现为资本家占有剩余价值，表现为工人阶级受剥削。

剩余劳动的物质内容在于：由于生产力的发展，创造出超过工人取得生活资料所必需的时间的可能的自由时间。生产力在资本主义制度中的发展会导致"满足绝对需求所需要的劳动时间留下了自由时间（自由时间的多少，随着生产力发展的不同程度而有所不同），因此只要实现剩余劳动，就能创造剩余产品"。①

资本主义生产方式把这种剩余产品转化为剩余价值，但是它第一次创造了把剩余劳动用于其他目的的可能性。马克思写道："资本的伟大的历史方面就是创造这种剩余劳动，即从单纯使用价值的观点，从单纯生存的观点来看的多余劳动，而一旦到了那样的时候，即一方面，需要发展到这种程度，以致超过必要劳动的剩余劳动本身成了从个人需要本身产生的普遍需要，另一方面，普遍的勤劳，由于世世代代所经历的资本的严格纪律，发展成为新的一代的普遍财产，最后，这种普遍的勤劳，由于资本的无止境的致富欲望及其唯一能实现这种欲望的条件不断地驱使劳动生产力向前发展，而达到这样的程度，以致一方面整个社会只需用较少的劳动时间就能占有并保持普遍财富，另一方面劳动的社会将科学地对待自己的不断发展的再生产过程，对待自己的越来越丰富的再生产过程，从而，人不再从事那种可以让物来替人从事的劳动，——一旦到了那样的时候，资本的历史使命就完成了。"②

《大纲》中的这些基本思想概括了在资本主义内部发展着的共产主义社会的物质前提：对剩余劳动的社会需求，社会成员的普遍勤劳，必

---

① 《政治经济学批判大纲》德文版第506页脚注。
② 《马克思恩格斯全集》第1版第46卷上册第287页。

要劳动缩减到最低限度,扩大再生产过程的科学性质,生产的自动化。

因此,资本"为发展丰富的个性创造出物质要素,这种个性无论在生产上和消费上都是全面的","为个人生产力的全面的、普遍的发展创造和建立充分的物质条件"。①

强调指出资本主义同资本主义以前的各种形式相比具有进步性质,这是马克思分析资产阶级社会的"经济运动规律"得出的最重要的成果之一。只有资本主义才能保证为过渡到共产主义和全体社会成员的全面发展所必需的生产力的发展。

马克思的理论同马克思以前的社会主义的空想观点,同马克思时代的小资产阶级理论以及其他观点的根本区别就在于此。恩格斯写道:"马克思与通常社会主义者比较起来的功绩是:他指出,甚至在现代条件的极端片面发展伴随着直接的恐惧的后果的地方也存在着进步。这一点在描写由整个工厂制度而来的贫富等对比时到处都可以看到。"②

但是,马克思也同样清楚地指出,一旦资本主义完成了它的历史使命并使劳动全面社会化以后,它就变成了人类进一步发展道路上的障碍。他强调指出:"这不是一般生产固有的限制,而是以资本为基础的生产固有的限制。"③ 资本也不是"生产力发展的绝对形式,资本既不是生产力发展的绝对形式,也不是与生产力发展绝对一致的财富形式"。④

因此,马克思也研究了资本主义生产方式为生产力的发展所设置的客观界限,并提出了下面四个因素:第一,必要劳动范围为劳动力价值

---

① 《马克思恩格斯全集》第1版第46卷上册第287、520页。
② 《马克思恩格斯全集》第1版第16卷第255页。
③ 《马克思恩格斯全集》第1版第46卷上册第399页。
④ 《马克思恩格斯全集》第1版第46卷上册第399页。

设置的界限；第二，剩余价值范围为剩余劳动时间设置的界限。在研究了劳动生产率的提高对剩余价值量的影响之后，马克思指出，劳动生产力越提高，相对剩余价值的增长越少。"资本越发展，它已经创造出来的剩余劳动越多，它也就必然越要疯狂地发展生产力，以便哪怕是以很小的比例来增殖价值，即增添剩余价值"。[1] 马克思根据这一思想阐明了利润率趋向下降的规律，而且他把这条规律说成是"现代政治经济学在任何方面的最重要的规律"。[2] 第三，商品实现的必要性，商品向货币的转化，是资本主义生产的界限。第四，使用价值的生产受到交换价值的存在的限制。[3]

不难理解，所有这四个标志着资本主义生产关系特征的因素，对生产力的发展产生影响，生产力在一定的阶段上就同它的生产关系发生对抗性的矛盾。马克思把生产过剩描述为"使人突然想起"所有上述四个因素。他接着说，"资本的发展程度越高，它就越是成为生产的界限，从而也越是成为消费的界限，至于使资本成为生产和交往的棘手的界限的其他矛盾就不用谈了"。[4]

资本主义的不断发展能够达到哪一阶段呢？马克思指出，基础的最高发展"是这样的一点，在这一点上，基础本身取得的形式使它能和生产力的最高发展，因而也和个人［在这一基础的条件上］的最丰富的发展相一致。一旦达到这一点，进一步的发展就表现为衰落，而新的发

---

[1] 《马克思恩格斯全集》第 1 版第 46 卷上册第 305 页。

[2] 《政治经济学批判大纲》德文版第 634 页。

[3] 马克思在他的经济研究计划草稿中预定要写一篇，标题是《以交换价值为基础的生产方式和社会形式的解体》，见《马克思恩格斯全集》第 1 版第 46 卷上册第 219 页。

[4] 《马克思恩格斯全集》第 1 版第 46 卷上册第 400 页。

展则在新的基础上开始"。①

作为生产的统治形式的资本的崩溃是同资产阶级社会的发展齐头并进的。生产力的发展会导致生产过程越来越转化为科学在工艺上的应用。② 直接劳动无论是在量上还是在质上都变成了生产过程的仅仅占第二位的、即使还是必要的要素。正因为如此，建立在价值规律、建立在作为唯一决定性要素的劳动时间的基础上的资本主义生产方式的基础就被破坏了。"劳动不再表现为包含在生产过程中的要素，相反地，人对生产过程本身来说表现为监督者和调节者"，"人出现在生产过程之旁，不再是生产过程的主要当事人"。③

越来越成为生产基础的是："社会个人的发展"，"人作为社会机体的存在来了解自然和统治自然……作为现今财富的基础的对他人劳动的盗窃，同大工业本身造成的不久前发展起来的基础相比，显得太可怜了。一旦直接形式的劳动不再是财富的伟大的源泉，劳动时间就不再是而且也不应该再是财富的尺度，因此交换价值也不再是使用价值的尺度。工人群众的剩余劳动也不再是一般财富发展的条件，正如少数人的非劳动不再是人类一般智力发展的条件一样。"④

因此，资本主义的对抗性矛盾在于：竭力把劳动时间缩减到最低限度的资本，同时把劳动时间看作财富的唯一尺度和源泉。

---

① 《政治经济学批判大纲》德文版第439页。
② 生产力的发展——在资本主义条件下是固定资本的发展——的结果是马克思所发现的一般社会知识、科学转化为"直接生产力"的趋势，是"社会生活过程的条件……受到普遍智能的控制"的趋势（《政治经济学批判大纲》德文版第594页）。这种趋势在当前的科学技术革命中也正在显示出重要的作用。
③ 《政治经济学批判大纲》德文版第592、593页。
④ 《政治经济学批判大纲》德文版第593页。

"资本一方面调动科学和自然界的一切力量,同样也调动社会结合和社会交往的力量,以便使财富的创造不取决于(相对地)耗费在这种创造上面的劳动时间。另一方面,资本想用劳动时间去衡量这样创造出来的巨大的社会力量,并把这些力量压缩在为了把已经创造的价值作为价值保存下来所需要的限度之内。"①

生产力在资本主义范围内的发展也会导致直接劳动失去它的私人劳动的性质,而这种私人劳动只有通过交换才表现为社会劳动的一个部分。

在大工业的条件下,"个人直接存在的劳动表现为被扬弃的个人的劳动,也就是说,表现为社会劳动。因此,这个生产方式的另一基础就会消失"。②

可见,在资产阶级社会本身内部就会产生消灭资本主义经济基础的物质条件。这些条件就是共产主义生产方式发展的出发点。因此,马克思在《大纲》中详细地分析了共产主义社会的特征。

节约时间的规律是共产主义经济的调节者。共产主义的劳动组织

资本不断努力把必要劳动时间减少到最低限度,并增加剩余劳动时间。因此,必要劳动时间越来越多地取决于剩余劳动时间。在创造剩余劳动的过程中,资本——在没有它的作用的情况下——变成了创造社会自由时间的手段,以便"把整个社会劳动时间缩减到越来越低的最低限度,从而为全体[社会成员]本身的发展腾出时间"③。自由时间是剩

---

① 《政治经济学批判大纲》德文版第593页。
② 《政治经济学批判大纲》德文版第597页。
③ 《政治经济学批判大纲》德文版第596页。

余时间的物质内容,但是资本家力图把它转化为剩余价值这一具有对抗性质的社会形式。①

共产主义会消灭必要劳动和剩余劳动的关系,使"剩余产品本身表现为必要的产品。最后,物质生产也给每一个人留下了从事其他活动的剩余时间"②。劳动群众占有自己的剩余劳动,意味着自由时间摆脱了它的对抗形式,"那时,一方面,社会的个人的需要就成为必要劳动时间的尺度,另一方面,社会生产力的发展将如此迅速,以致尽管生产将以所有人的富裕为目的,所有的人的自由时间还会增加。因为真正的财富就是所有个人的发达的生产力。那时,财富的尺度将绝对不再是劳动时间,而是自由时间"。③

马克思所描述的共产主义社会的特点是同这一目的完全符合的,这个特点就是"建立在个人全面发展和他们共同的社会生产能力成为他们的社会财富这一基础上的自由个性"④。

作为资本主义生产方式的调节者,对资产阶级社会的灭亡起促进作用的价值规律,在共产主义下为节约时间的规律(它是价值规律的物质内容)所取代。马克思指出,时间规定在共产主义条件下仍然有重要的意义。"正像单个人的情况一样,社会发展、社会享用和社会活动的全

---

① 由于科学技术革命,追加自由时间的创造在资本主义制度中已经成为获得新的知识的必要条件,而这种新的知识则是防止劳动力贬值的唯一可能性。这种可能性的实现在资本主义范围内由于资本总是倾向于限制劳动人民的精神需要而受到了阻碍。

② 《政治经济学批判大纲》德文版第506页脚注。——在这里第一次得到表述的关于剩余劳动在资本主义条件下转化为必要劳动的思想,马克思后来在《资本论》第1卷和第3卷中作了发挥。

③ 《政治经济学批判大纲》德文版第596页。

④ 《马克思恩格斯全集》第1版第46卷上册第104页。

面性,都取决于时间的节省。"马克思由此得出结论说:"因此,时间的节约,以及劳动时间在不同的生产部门之间有计划的分配,在共同生产的基础上仍然是首要的经济规律。这甚至在更加高得多的程度上成为规律。然而,这同用劳动时间计量交换价值(劳动或劳动产品)有本质区别。"① 在商品生产条件下表现商品和价值关系的物质内容的节约时间的规律,在共产主义下表现为生产的调节者。资本主义中的价值关系歪曲了这一规律的作用,因为社会生产的调节在这里不是通过社会对它的劳动时间的有计划的、自觉的监督进行的,而是在生产者的背后自发地通过与价值相偏离的市场价格进行的。只有发达的共产主义,共产主义的最高阶段,即标志着生产力与生产关系完全一致的阶段,才能使节约时间的规律得到最大限度的利用。这是共产主义社会所直接关心的,因为只有最大限度地节约劳动时间,才有可能实现共产主义社会的客观目的,即"个性得到自由的发展……那时,由于给所有的人腾出了时间和创造了手段,个人就在艺术、科学等等方面得到相应的发展"。②

共产主义完全改变了劳动的性质。从"外在的强制劳动"变成了令人向往的活动;但是马克思强调指出:"这决不是说,这种劳动不过是一种娱乐、一种消遣,像傅立叶完全以一个浪漫女郎的方式极其天真地理解的那样。真正自由的劳动,比如作曲家的劳动,同时也是非常严肃的事情,精力极其紧张的活动。"③

共产主义将实现一切条件,以便劳动能获得真正自由的劳动的性质。劳动的性质在共产主义中的变化,首先产生于下列情况:个人由于劳动时间的节约和自由时间的增加而得到的发展,"又作为最大的生产

---

① 《马克思恩格斯全集》第1版第46卷上册第120页。
② 《政治经济学批判大纲》德文版第593页。
③ 《政治经济学批判大纲》德文版第505页。

力反作用于劳动的生产力"①。

因此，在共产主义下决不存在自由时间和劳动时间之间的对立。相反，它们互相促进。但是，马克思强调指出，共产主义"决不是禁戒消费，而是发展生产力，发展生产的能力，从而，既发展消费的能力，也发展消费的资料"②。

在对共产主义社会的生产关系进行理论研究的同时，马克思阐明了劳动一开始就具有的社会性质。③ 这种性质是生产的基础，因此参加生产过程的个人必定不交换他所生产的产品。"他的产品不是交换价值。"④ "所以，分配关系和分配方式只是表现为生产要素的背面。"⑤ 由此马克思断言："如果……实行的是按比例的生产……那么，货币问题就成为完全次要的了，特别是这样的问题：是发行票券（不管是蓝色的还是绿色的，是铁片的还是纸的），还是以另外一种什么形式进行社会簿记。"⑥

个人作为自己的劳动的结果所获得的，不是一定的特殊产品，而是"共同生产中的一定份额"。马克思得出结论说："交换价值的交换中必然产生的分工不再存在了，代之而建立起来的是某种以单个人参与共同消费为结果的劳动组织。"⑦ 马克思也指出了共产主义劳动的这类组织必须加以解决的某些问题：第一，必须事实上确定已经支出的劳动时

---

① 《政治经济学批判大纲》德文版第 599 页。
② 《政治经济学批判大纲》德文版第 599 页。
③ 《马克思恩格斯全集》第 1 版第 46 卷上册第 119 页。
④ 《马克思恩格斯全集》第 1 版第 46 卷上册第 119 页。
⑤ 《马克思恩格斯全集》第 1 版第 46 卷上册第 32 页。
⑥ 《马克思恩格斯全集》第 1 版第 46 卷上册第 99 页。
⑦ 《马克思恩格斯全集》第 1 版第 46 卷上册第 119 页。

间；第二，必须确定能够用"平均的产业手段"① 生产出商品的劳动时间。第三，这就需要"使生产者处于这样的条件下，即他们劳动的生产率都同样高（可见，也要使劳动资料的分配得到平衡和调整）"②。第四，需要"规定不同生产部门所要使用的劳动时间量"③。总之，共产主义的劳动组织必须使"整个生产"得到保证，而且要保证整个生产"按照使交换者的需要得到满足的那种比例进行"。④

马克思在1857—1858年手稿中所阐述的经济学理论，同时标志着工人阶级的政治经济学基础的形成。

首先，马克思研究了资本主义的经济细胞，商品。在这一基础上，他阐明了他同资产阶级政治经济学古典作家的劳动价值论有原则区别的价值理论和货币理论。马克思发现了价值的社会性，指出了商品的二重性和生产商品的劳动的二重性。

正如马克思在1859年7月22日给恩格斯的信中所说的那样："通过最简单的形式、即**商品**形式，阐明了资产阶级生产的**特殊**社会的，而决不是**绝对**的性质。"⑤

在制定价值理论的同时，马克思批判了宣扬从资本主义过渡到社会主义的改良主义道路的蒲鲁东主义者的经济学观点。马克思指出，在交换领域中的任何改良都不可能触及资产阶级社会生产关系的本质。此外，马克思指出了资产阶级社会中商品货币关系的客观性质，并且指出，这种性质使采用"劳动货币"和发行"小时券"成为根本不可能

---

① 《马克思恩格斯全集》第1版第46卷上册第101页。
② 《马克思恩格斯全集》第1版第46卷上册第101页。
③ 《马克思恩格斯全集》第1版第46卷上册第101页。
④ 《马克思恩格斯全集》第1版第46卷上册第101页。
⑤ 《马克思恩格斯全集》第1版第29卷第445页。

的事情。

马克思对改良主义的批判决不意味着否定经济改革,特别是那些从本质上触及资产阶级生产关系的改革。他只是指出了这些改革的局限性,因为它们不可能从根本上改变资本主义的本质,从而消灭剥削。

第二,马克思在把他的价值理论应用于资本和劳动之间的关系之后,制定了剩余价值理论,这一理论揭示了资本主义剥削的机制,使得有可能阐明资产阶级社会发展的主要趋势及其经济运动规律。

马克思揭示了资本主义剥削的客观性质,由此必然得出了通过社会主义革命来消灭这种剥削的结论。资本主义的发展同时为向共产主义的过渡创造着物质前提,而资本主义生产方式的社会进步也正在于此。在一定的历史条件下,资本主义是发展生产力的很好的社会形式。但是,这个社会的对抗性矛盾会导致如下的结果:资本主义生产关系越来越不能促进生产力的发展,相反,它越来越变成生产力发展的桎梏。经济危机就是这一点的证明。

马克思和恩格斯总是非常关心经济危机问题,因为资产阶级生产方式的对抗性矛盾在经济危机中表现得最为明显。在危机时期,资本主义经济中存在的对抗性矛盾暴露出来了,并且动摇着整个资产阶级社会的根基。在19世纪40年代和50年代,直至1859年,马克思和恩格斯期待着经济危机直接造成革命形势。他们在《共产党宣言》中谈到了"商业危机",指出这是"在周期性的循环中愈来愈危及整个资产阶级社会生存的商业危机"①。在这一时期,马克思和恩格斯在某种程度上过高估计了经济危机对资本主义继续存在所产生的影响。

马克思在《大纲》中,而且主要是在《剩余价值理论》(1862年)中,阐述了他的危机理论。他表明,资本主义生产过剩危机的主要特征

---

① 《马克思恩格斯选集》第1版第1卷第256页。

之一是它的周期性,其基础是固定资本的更新。但是他指出,永久的生产过剩危机是没有的。①

经济危机是"资产阶级经济一切矛盾的现实综合和强制平衡"②,并且是加速生产力提高的重要因素。马克思在《剩余价值理论》中还说,危机使资本主义生产"突破自己的界限,迫使资本主义生产飞速地达到——就生产力的发展来说——它在自己的界限内只能非常缓慢地达到的水平"。③

经济危机——作为资本主义社会经济矛盾的表现——本身还根本没有表明资本主义生产方式已经完全失去了它的发展的一切可能性。马克思在1857至1859年期间是清楚这一点的,这也可以从他对资本主义发展生产力的强大的内在可能性——不管资本主义固有的对抗性矛盾——的分析中看出来。从这一思想出发,马克思在《政治经济学批判》第一分册序言中阐述了他对于各个社会形态的生命力的原则看法,这种能力产生于它们促进生产力发展的可能性。

马克思写道:"无论哪一个社会形态,在它所能容纳的全部生产力发挥出来以前,是决不会灭亡的;而新的更高的生产关系,在它存在的物质条件在旧社会的胎胞里成熟以前,是决不会出现的。"④

第三,马克思在他的《资本论》初稿中指出,共产主义的物质条件是资本主义中的以剩余价值这种社会形式表现出来的剩余劳动创造的。在资本主义中,剩余劳动已经是潜在的自由时间。但是,只有在共产主义下自由时间才是整个社会的财富的尺度,因为它是个人自由发展

---

① 《马克思恩格斯全集》第1版第26卷第2册第567页脚注。
② 《马克思恩格斯全集》第1版第26卷第2册第582页。
③ 《马克思恩格斯全集》第1版第26卷第3册第130页。
④ 《马克思恩格斯选集》第1版第2卷第83页。

的基本条件。

马克思认为,共产主义生产方式的调节者——共同生产的基础上的"首要的经济规律"①——是节约时间的规律。社会对它的劳动时间的有计划的、自觉的控制,是节约时间的规律取得良好效果的条件。此外,这也服务于个人的发展以及由此产生的劳动作为真正自由劳动的性质,这种劳动是共产主义社会的目的在客观上得到的结果。因此,马克思特别重视在共产主义下劳动的严肃性问题。他反驳傅立叶的看法,在傅立叶看来,未来社会中的劳动只应该是一种享受。马克思为此引用富有创造性的和最自由的——就资本主义制度中的可能而言——作曲家的劳动为例,他把这种劳动的性质看作共产主义社会中的真实的自由劳动的典型。

最后,马克思关于作为共同劳动的共产主义劳动的组织的论述,关于共产主义下对生产过程的指导职能的论述,也具有巨大的意义。

马克思写道:"资产阶级经济体系在我们面前是逐步展开的,它的自我否定,它的最终结局也是如此。"②

随着马克思建立和加深他的经济学说,工人阶级政治经济学的一切基本知识也就不断向前发展并得到理论上的论证。

(原载柏林《马克思恩格斯年鉴》第 1 辑)

(冯文光 译　张钟朴 校)

---

① 《马克思恩格斯全集》第 1 版第 46 卷上册第 120 页。
② 《政治经济学批判大纲》德文版第 600 页。

马克思在1857—1858年经济学手稿中对资产阶级货币数量论和国际金银流动理论的批判*

商德文

在1857—1858年经济学手稿中,马克思对资产阶级经济学中的货币数量论,以及关于国际金银流动理论的争论作出了科学的分析、评述和批判,从而为形成和创立马克思主义的货币理论体系创造了前提。因为突破李嘉图的货币数量论乃是走向成熟的马克思主义经济学体系的关节点。

应当指出,在《手稿》中马克思对货币数量论的批判,是分散地写于不同的研究课题之中,其中有些是插叙的性质,有些是评论,有些是摘录的资料,这大概是为了他以后进一步深入地研究这一问题所作的准备。尽管如此,总括其思想,仍然可以看到在他的分析中从始至终贯穿着一条历史发展的线索,即对货币数量论作了历史的科学分析。

在《手稿》中,马克思首次科学地评述了早期古典经济学家、古典学派大师们以及早期庸俗经济学家的货币数量论观点。他指出:"(关于价格决定于流通手段量的学说,最初是洛克提出的,1711年10月19日的《旁观者》复述了这一学说,休谟和孟德斯鸠把它发展了并作了优雅的表述;李嘉图在它的基础上从形式上把它推到了极端,劳埃德、托伦斯上校等人则把这一学说连同它所有的荒谬之处实际应用于银行业等等。)斯图亚特反对这一学说,而且他的阐述实质上几乎预示了

---

* 本文选自《马列主义研究资料》1986年第3—4辑合刊。

后来博赞克特、图克和威尔逊所倡导的一切。"① 马克思的这一论断充分说明了在货币流通量问题上西方近代经济思想史中的两条路线的斗争以及人类对货币问题认识上的反复性,即肯定——否定——肯定的复杂认识过程。由于马克思在《手稿》中没有逐一分析每个作家和流派的观点,所以我们在下边也只能根据《手稿》中的思想,择其要者而述之。

约翰·洛克(1632—1704)等人的货币数量论观点。应当指出,洛克作为英国的早期古典经济学家,已经具有初步的劳动价值论的萌芽。他在论述货币本身的价值时,曾提出了不少正确的观点和政策。但同时,他也发表了一些错误的看法。他曾经断言:"提高货币价值不过是对于银块的一个等分随便给一个名称,例如今天我们把 1/60 盎司银称作 1 便士,[而明天把 1/75 盎司银称作 1 便士],所以,你们可以把货币价值爱提多高就提多高。"② 可见,洛克是早期货币数量论的先驱者,其根本错误在于混淆了铸币与货币的区别,把计算货币的标准与重量单位混为一谈了。

在《手稿》中,马克思把早期货币数量论者洛克、休谟和孟德斯鸠的观点归结为以下两点:

1. 一国中商品的价格同货币量成正比;

2. 一国的铸币和流通中的货币代表国内所有商品和劳动,因此,随着代表者的数量的增多或减少,同一货币量所代表的被代表物的数量也就有多少。

李嘉图的货币数量论和国际金银流动理论。在《手稿》中,马克思只是简略地提到了李嘉图的货币数量论观点。而在《手稿》的基础

---

① 《马克思恩格斯全集》第 1 版第 46 卷下册第 304 页。
② 《马克思恩格斯全集》第 1 版第 46 卷下册第 329—330 页。

上整理和撰写的《政治经济学批判》（第一分册）中，马克思对李嘉图的货币数量论作出了较系统的批判分析。①

首先，马克思考察了李嘉图的货币数量论所产生的时代背景。马克思指出，货币数量论的出现不是偶然的，而是与从17世纪开始的反对重商主义（货币主义）有密切的联系。也可以说是否定重商主义的产物，即否定重商主义者所鼓吹的货币即金银，金银即财富的核心论点。否定了重商主义的观点，使古典经济学家站在了货币也是商品的观点立场上，从而他们只是片面地抓住货币作为流通手段的经济职能，而忽视了它的其他职能，如价值尺度、支付手段、贮藏货币等等。这一基本的看法，从早期古典经济学一直延续到李嘉图（英国古典学派完成者）。所以说，货币数量论在早期古典经济学家的著作中就已初见端倪，后来到了19世纪有些经济学家对这一问题进行研究是在更复杂的形态上，即从银行券流通上进行研究，但其基本看法和思路并未改变。

当时对银行货币的研究，尤以下列历史事实为前提。例如，在英国从1797年开始，英格兰银行停止了银行券的兑现，随之引起许多商品价格的上涨，从而使金的造币局价格跌落到市场价格以下。而在美国，从18世纪初开始，英属北美殖民地由于地方银行券的增发而贬值。后来到了美国独立战争时期，美国中央政府则用法律强制的办法使纸币流通。李嘉图的货币数量论就是在此情况下出现的。可见，李嘉图同他的先辈们一样所依据的事实也是纸币的贬值和与此同时发生的商品价格的上涨。这又导致他混淆了银行券流通（或信用货币流通）与单纯的价值符号的流通。

---

① 从《政治经济学批判》（第一分册）中所使用的资料来看，显然比《手稿》中丰富。大概马克思在撰写《批判》时又增补了若干他在1853—1856年对李嘉图著作的摘评中的材料，以及对李嘉图学派和其他流派的比较性研究。

在国际金银流动问题上，李嘉图之所以不了解贵金属作为国际支付手段的职能，也与上述背景有密切的关系。而另一方面，在那个时代也可能对他观察贵金属在国际间的流动没有帮助有关。例如，在拿破仑大陆封锁政策之前，贸易差额对英国有利，而到后来英国减少了同欧洲大陆的贸易。可见，当时货币输出主要带有政治性质，而李嘉图对于补助金在英国黄金的输出中所起的作用则一无所知。

其次，李嘉图货币数量论的基本观点。他的思路大致可概括如下：一，从劳动价值论出发，考察金银的价值，结论是物化在金银中的劳动时间量决定金银的价值；二，金是衡量一切商品的标准或尺度；三，因此，一国中的流通手段的数量又取决于下列两个因素：1. 货币单位价值的高低；2. 商品交换价值的总额。李嘉图断言，流通中银行券的数量决定于一国流通所需要的量，后者又决定于货币单位的价值、支付量以及履行支付时的节约。

所以，他的货币数量论观点也可以用下述公式来表示：1. 在货币价值为已定的前提下，流通手段的数量决定商品的价格；2. 从而他把价值符号的货币看成一定金量的符号，即混同了铸币与金银条块和作为纸币的价值符号同金银条块的区别。

第三，国际金银流通与国际收支平衡理论。根据马克思《手稿》中对李嘉图批判的思想，大致可综述如下：

一，国际收入平衡的正常条件。在正常的情况下，每个国家具有与它的财富和实业相适应的货币量。货币依照它的实际价值或符合它的生产费用的价值流通，也就是货币在一切国家具有同等的价值。因此，这时货币不会输出或输入到别国去。于是，各国流通中的货币总量之间保持平衡。

二，国际金银流通的不平衡条件。假如打破了上述的平衡状态，国际收支就会失去平衡。这是因为：1. 流通中的金量在商品价值总额不变的情况下有了增减；2.反之，在货币量不变的条件下，流通中的商品交换价值额有了增减。而在国际流通中，金银条块本身的价值的波动又取决于下列两个因素：（1）由于国内新的金银矿藏的发现而使一国内的金银储备增加；（2）或者由于个别国家流通中的商品交换价值总额有了增减。正是在上述情况下，金银货币会在国际之间流动，会在国与国之间输出或输入。而金银流动的趋势是：如果某国的价格上涨，金的价值由于流通中的货币过多跌到它的金属价值之下，那么同其他国家相比，这个国家的金会贬值，而商品价格则会上升。在这种条件下，金就会输出，商品就会输入。假如情况是相反的话，那么结果也就相反。而这种金的输出和输入的情况，以及伴随的商品价格的波动（升降）会持续到国际通货的平衡为止。

总之，李嘉图在货币数量论上的错误可以简要地归结为以下两点：一，他的货币数量论的错误前提是认为银行控制流通的银行券的数量；二，流通手段的数量决定价格。但马克思指出，实则相反，正是商品的价格决定流通手段的数量。

马克思科学地和公正地评价了李嘉图的货币数量论，评述了他的功过，并且认为，基于时代条件的局限，李嘉图的错误也是难免的。更何况，他的货币数量论不仅在当时的学术界中有着巨大影响，而且还支配着英国的银行立法。并且李嘉图的货币数量论对后世的经济学家的影响也是极为深远的。

对詹姆斯·穆勒的货币数量论的观点的评述。19世纪上半叶，作为李嘉图学派的重要代表詹姆斯·穆勒（1773—1836）重新鼓吹这一理论，而其论点比前者略为精致。综合马克思《手稿》中对他的评述，其要点如下：

一，穆勒认为，商品的价格决定于流通手段的数量，而不是相反。他的这一看法以下列假定为前提：在假定商品量不变和货币流通速度不变的情况下，与投入流通的不变的商品量相交换的金银量增加了。马克思认为，在这里穆勒犯了循环论证的错误。

二，马克思指出，穆勒的货币数量论的基本说法是：他认为没有投入流通的商品不是为货币而存在的。同样，没有投入流通的货币也不是为商品而存在的。因此，在总的货币价值和进入流通的货币量之间，并没有固定的关系。这里，穆勒实际上主张，实际进行流通的货币量除以货币周转次数等于货币的价值。马克思说，这种观点实质上是认为，用货币表示的商品价值，就是商品的价格。在这里，穆勒比李嘉图走得更远，因为李嘉图仅仅是没有把他的劳动价值论贯彻到底的问题，从而发生许多认识上的错误（包括货币数量论）。但穆勒实际上取消了劳动价值论，而有着以价格代替价值的倾向。这种观点反映到货币问题上，就是认为流通中的货币代表着货币流通的商品的价值，所以这些商品的价值决定于流通中的货币量。

三，穆勒认为，货币的价值将随着流通速度中的每一变动而升降。

四，穆勒分析货币问题的方法是抽象的、形而上学式的。例如，他先是从静态分析出发认为，假定一国所拥有的货币总量同该国所拥有的商品总量是一下子就交换掉的。尔后他说，实际情况亦如此。除此之外，他还从动态分析出发，认为实际上是只有部分商品与部分的货币相交换，而且很少用现金支付。最后他便得出结论说：一天内交易或购买的总量，同一天流通的货币完全无关，并且某一天内流通的货币量，是事先完成的、完全不以某一时期的货币储备为转移的交易数量的结果，而不是它的原因。可见，在这里，马克思揭露了他倒果为因的错误。

总之，在《手稿》中，马克思对他作了总的评述，认为他是一个李嘉图学派的重要代表，穆勒在他的《政治经济学原理》（1821年伦敦版）一书的第三章第七、八两节中论述了货币数量论观点。他企图根据简单的金属流通来说明李嘉图的货币论，但又不敢涉及复杂的国际通货理论。而且他在解释中又忽视了贵金属的价值和以金属价值计量的商品价格是由生产费用决定的,而不是由贵金属的量决定的。

银行学派和通货学派对李嘉图货币数量论的争论。对于李嘉图的货币数量论和国际金银流动理论,在李嘉图著书立说的年代(李嘉图的生卒年月为:1772—1823)和他死后到19世纪上半期(19世纪50年代左右),英国的银行学派和通货学派在当时就上述理论和政策问题进行了广泛的辩论。银行学派以托马斯·图克(1774—1858)、约翰·富拉顿(1780—1849)和詹姆斯·威尔逊(1805—1860)为代表,通货学派则以赛米尔·琼斯·劳埃德(1796—1883)、诺曼为代表。在《手稿》中,马克思曾试图再现当时的学术争论,但基本上大部分是对原文的摘录,但其角度和倾向性又较为明显,甚至评语也寥寥无几。从《手稿》中可以清楚地看出,马克思对于以图克、富拉顿为代表的银行学派的观点基本上持肯定的态度,认为他们通过对价格史的研究克服了李嘉图的货币数量论,而有鉴别和选择地返回到了晚期重商主义的代表约翰·斯图亚特的观点。后者曾对货币的三种基本经济职能(价值尺度、流通手段、货币)第一次作了大体正确的论述。所以,马克思在否定了李嘉图的货币数量,肯定了斯图亚特和图克、富拉顿的货币论的基础上制定出他自己的体系。

在《手稿》中,马克思引证了图克、富拉顿的书中的原文,但其中富拉顿的话更具有典型性和代表性。因此,在下文中我们的归纳,将以马克思《手稿》中对富拉顿的引文为主要对象。下面是富拉顿对李嘉图的批判,现归纳如下:

(1)富拉顿认为,李嘉图对于金银在调整国际收支平衡方面所执行的职能的有限性抱着非常奇怪和极端的看法;(2)李嘉图把汇率和金价的一切大波动都看作是英格兰银行过量发行的结果,即过多地发行了银行券;(3)李嘉图在一个时期内几乎不肯承认英国当时有对外贸易逆差的存在；（4）李嘉图很少考虑到金在这种调整中所发挥的职能，甚至预言现金支付一恢复，货币金属本位制一恢复，金的输出所引起的金的外流就会停止；（5）李嘉图当时曾认为，金银条块的流动是基于战争等的临时用途，因此战争一停止，金银条块的流动也会停止。上述情况表明，李嘉图在当时并没有看到黄金外流的情况。因此，富拉顿以原谅的口吻说，假如他看到了这种情况，他也会改变自己的看法。

因此，在《手稿》中，马克思对银行学派——图克、富拉顿、威尔逊等人反对货币数量论，区分货币与资本，以及他们在货币理论上的贡献作了很高的评价。马克思指出，富拉顿曾经区分了铸币与通货。富拉顿认为金银的属性是充当货币、契约上的一般商品，价值尺度，同时又可以转化为流通手段。马克思说，"英国人用 currency［通货］这一恰当的用语来表达作为流通手段的货币（铸币不恰当，因为它本身又是一种特殊的流通手段），用 money［货币］来表达第三种属性上的货币。可是，他们对这种属性没有特别加以说明，所以他们就把这种 money［货币］说成资本，虽然他们后来实际上又不得不把这种货币当作资本的特定形式而同资本一般区别开来。"①

在基本肯定银行学派的货币论的同时，马克思也指出了他们的缺点。例如，针对富拉顿的观点的片面性，马克思指出："富拉顿先生错误地认为，用金或其他形式的资本来进行传送，这是任意的事情，而实际情况恰恰是这样的：在国际贸易中必须用金来进行传送。正如在国内票据必须用法定货币而不能用任何代用品来支付。"②

通货学派产生于 19 世纪 40 年代的英国，其基本观点是拥护李嘉图的货币数量论。在《手稿》中，马克思批判了他们混同铸币和纸币流

---

① 《马克思恩格斯全集》第 1 版第 46 卷下册第 404—405 页。
② 《马克思恩格斯全集》第 1 版第 46 卷下册第 404 页。

通规律的区别。他们的基本公式是:"通货的价值取决于其数量。"① 他们论证了货币(包括铸币、纸币)流通规律及求知其中某一因素的方法。归纳起来有下列几点:①如果通货的价值、交易的商品价格和数量已定,那么可以流通的当然只是一定量的通货;②如果交易的价格和数量以及流通速度已定,那么通货的流通量则完全取决于通货的价值;③如果货币的价值和流通速度已定,那么货币流通量则完全取决于交易的价格和数量。但是,另一方面,如果流通的不是铸币,而是货币符号——纯粹价值符号,那么这种货币的流通量的多寡就取决于它所代表的标准。他们(劳埃德等人)由此便得出下列的错误结论:决定货币价值的只是数量。在这里,马克思揭露了他们混同纸币流通规律与铸币流通规律的区别,并企图以纸币流通代替金属货币流通规律的错误。

马克思对麦克拉伦《通货史》一书主要观点的摘录。詹姆斯·麦克拉伦是英国资产阶级经济学家、货币流通史的有造诣的研究家。在《手稿》中,马克思对《通货史》一书作了详细摘录,但没有写评注。不过,从它在《手稿》中所处的结构位置以及倾向来看,显然,马克思把麦克拉伦当作银行学派之后的研究货币流通最有成就的通货史家,货币流通史的"最新"研究家。从此不难看出马克思经济学中的一个极为重要而又十分深刻的思想,即随着资本主义的发展,与它相适应的经济理论、货币理论也是发展的,而不会永远停滞在原来的水平上。而从麦克拉伦的基本观点来看,在某种意义上,对某些经济范畴和经济规律的概括已非常接近于马克思。由此可见,在《手稿》中对他的著作作专门的摘录绝不是偶然的。马克思认为,麦克拉伦既不属于银行学派,也不属于通货学派,他曾企图站在两派之上(或之间),对上述两派的观点作出自己的评价。

---

① 《马克思恩格斯全集》第 1 版第 46 卷下册第 407 页。

（1）马克思摘录的麦克拉伦对李嘉图和通货学派的看法。在《通货史》一书中，麦克拉伦对李嘉图的货币数量论提出了尖锐的批评。他说，"李嘉图先生认为，物价取决于流通手段和商品的相对数量，认为物价上涨只是由于货币贬值，也就是说由于货币同商品相比过多了；……在李嘉图先生看来，国内现有的全部金条和全部金币，都应该算作流通手段，如果后者增加而商品没有相应地增加，货币就贬值，输出金条就比输出商品更为有利。"① 此外，他还对通货学派的代表劳埃德（即奥维尔斯顿男爵）的观点提出了反驳。他说，"奥维尔斯顿男爵的理论就是以这种观点为依据的，——流通手段或货币的供应量可以永远无限地增加，并且它们的价值将随着这种增加而减少，而它们的原有价值只有通过输出多余的量才能得到恢复。因此，发行纸币来补足贵金属输出所造成的亏空，用这种方法来防止否则必然会发生的物价'自然'下跌。"② 李嘉图学派认为，这一办法破坏了价格的经济规律。

（2）马克思和麦克拉伦对银行学派的评述。马克思指出，银行学派虽然不知道斯图亚特的观点，也不了解斯图亚特在货币论上与亚当·斯密的关系，但是银行学派在反对货币数量论方面，却又步入了另一个极端，即认为银行货币储备（黄金准备）既不加入流通，也不受供求规律的支配。显然，这种说法是错误的。为此，马克思在《手稿》中专门引证了麦克拉伦对银行学派的批评，以证实马克思自己的看法是有历史根据的。在《通货简史》（1858年伦敦版）一书中，麦克拉伦在批判通货学派的同时，也批评了银行学派的货币观。他说："图克先生、富拉顿先生和威尔逊先生都认为，货币像商品一样具有内在价值，并按照这种价值，而不是按照当时的铸币供应量同其他商品进行交换；他们

---

① 《马克思恩格斯全集》第1版第46卷下册第409页。
② 《马克思恩格斯全集》第1版第46卷下册第410页。

和斯密博士都认为，为了清偿国际债务差额，为了支付像谷物这类的突然急需的商品而输出金条，是不受货币流通状况的限制的，并且认为输出的金条是从一项基金中拨出的，这项基金不进入国内流通，也不影响物价，是专门为此目的而储备起来的……难以解释的是，他们所说的为此目的而储备起来的并且不影响物价的贵金属，何以能够不受供求规律制约，而且这批金属虽然是以闲置的和准备用于购买的货币的形式而存在，却又并不用于这一目的，并且又不因可能被用于这一目的而影响物价。"① 麦克拉伦继续写道："这里所说的金属储备是剩余资本而不是剩余收入，因此，只要它不使供给增加，它就不可能使商品的需求增加。寻求使用的资本，并不表示社会需求的单纯的追加。它不会消失在货币流通中。……货币作为资本的抵押品，从来不会到市场上去单纯换取商品，因为它的使命是再生产商品；只有代表消费的货币才会最终地影响物价。"② 可见，麦克拉伦的看法比银行学派又高出了一筹，而且有些观点比较接近于马克思。这大概可能是人类认识史发展的一条定律。但他毕竟不是马克思，而是一位有所成就的资产阶级货币理论家。所以，马克思在肯定他的正确观点的同时，也指出了他的片面认识以及某些经济思想史料上的错误。马克思说，麦克拉伦曾错误地把亚当·斯密当作斯图亚特货币论的先驱者，其实恰好相反，是斯密抄录了后者的关于货币是商品的观点。实际上，斯图亚特"是第一个提出流通中的货币量决定于商品价格还是商品价格决定于流通中的货币量这个问题的人。……他还是发现了货币的各种基本的形式规定性和货币流通的一般规律，因为他不是机械地把商品放在一边和把货币放在另一边，而是实事求是地

---

① 转引自《马克思恩格斯全集》第 1 版第 46 卷下册第 409 页。
② 《马克思恩格斯全集》第 1 版第 46 卷下册第 409 页。

从商品交换本身的各种因素中来说明货币的各种职能"。① 马克思第一个天才地揭示了人类对货币认识的曲折复杂的认识过程。他指出：斯密"偷偷地采用了斯图亚特的理论，说一国中存在的金银一部分转化为铸币，一部分积累起来，在没有银行的国家变成商人准备金，在有信用流通的国家则变成银行准备金，一部分当作储藏货币用来平衡国际支付，一部分被加工成奢侈品。他把流通中的铸币量问题悄悄地抹掉了，因为他完全错误地把货币当作单纯的商品"。②

综上所述，马克思的货币论是在综合分析、批判和吸收前人优秀成果的基础上建立起来的。认真学习和研究马克思的货币理论的形成具有极大的理论意义和现实意义。

---

① 《马克思恩格斯全集》第1版第13卷第155—156页。
② 《马克思恩格斯全集》第1版第13卷第158页。

马克思经济学语境中的历史现象学初探

——《1857—1858年经济学手稿》"货币章"解读*

张一兵

我们知道，资产阶级古典经济学将资本主义社会特定的历史存在视为永恒的自然物质存在的属性，马克思在《1857—1858年经济学手稿》中开始的政治经济学研究也就是为了批判和否定这种东西。在那里，马克思试图说明资本主义社会存在的历史性和暂时性的方面，因为这是一种历史地变化着的现实。正是这一历史的现实在资本主义商品生产和市场经济中产生了一个巨大的多重颠倒的复杂结构，本质被假象遮蔽起来，真的成为假的，假的成为真的；虚的变成实的，实的变成虚的；主体物化为客体，客体翻转为主体。资产阶级政治经济学就是在这种物化的经济现象中形成他们特有的意识形态，三大拜物教是其必然的结果。所以，马克思在批判资产阶级政治经济学，建构和实现自己的政治经济学变革的同时，不得不寻求一种重要的哲学出路，即超越资产阶级古典经济学的物化意识，在科学批判的起点上形成不断透视物化现象、揭露颠倒的假象、更接近社会历史本质的批判的历史现象学。在此，本文仅就《1857—1858年经济学手稿》的第一部分"货币章"的历史现象学的理论和历史线索进行一些初步的探讨，以期引起关注。

---

* 本文选自《马克思主义与现实》1999年第2期。

一、劳动货币与"筛子接公牛奶"

我们知道，马克思手稿的写作之所以从"货币章"开始，就是想要说明一个经济学上的公牛并不产奶的道理，即货币在资产阶级经济运行中的真正作用，说明流通和分配关系在全部资本主义生产关系中的真正地位，以去除假象，揭示本质。马克思思想的实验与理论创造正是从这里开始的，马克思也由此开始在《1857—1858年经济学手稿》的科学实验中生发出他的社会历史现象学。这是他的第一层直接理论目标。其次，他在理论上真正的经济学对手是李嘉图。在对李嘉图的经济学清算中，他的科学经济学理论逻辑才第一次真正呈现了。不过我们这里关心的主要是第一个理论层面。

在手稿中，马克思首先分析了蒲鲁东主义者达里蒙将资本主义货币流通与信贷错误地画上等号，同时又深入一步揭露了达里蒙夸大银行在调节资本主义货币市场中作用的具体失误。之后，马克思站到一个高点上问道："是否能够通过改变流通工具——改变流通组织——而使现存的生产关系和与这些关系相适应的分配关系发生革命？进一步说就是：是否能够对流通进行这样的改造，而不触动现存的生产关系和建立在这些关系上的社会关系？"① 这一入木三分的发问，实际上立刻戳穿了蒲鲁东之流停留在流通领域，在颠倒的现象层面"改良变革"的"流通游戏"。马克思说，蒲鲁东等人根本"不了解生产关系、分配关系和流通关系之间的内部联系"。马克思这时已经认识到，流通不是经济关系中的决定因素，货币不是资本主义生产方式的本质。蒲鲁东式的劳动货币是想用一种"好的"、"未变形"的货币形式来取代另一种"不好"

---

① 《马克思恩格斯全集》第1版第46卷上册第63页。

的货币形式。马克思指出:"只要它们仍然是货币形式,只要货币仍然是重要的生产关系,那么,任何货币形式都不可能消除货币关系固有的矛盾,而只能在这种或那种形式上代表这些矛盾。任何雇佣劳动的形式,即使一种形式能够消除另一种形式的缺点,也不能消除雇佣劳动本身的缺点。"① 马克思以反讽的口吻问道:"你们要保留教皇,但是要使每个人都成为教皇。你们要废除货币,办法是把每个商品都变成货币,并且赋予它以货币的特性。"② 在"不屏弃现存的社会基础"的情况下,企图用调节货币制度来消除根本不是由交换关系导致的社会矛盾,这显然是一种可笑的空想。

在此时的马克思眼里,蒲鲁东主义者的理论根本不属于科学,他们的认知水平连古典经济学的基本原则都没有达到。因为,重农主义已经意识到必须从流通走向生产领域,斯密、李嘉图的劳动价值论更是一种以社会唯物主义为前提的科学抽象观点。所以,马克思在批评蒲鲁东主义的同时,不得不从古典经济学开始。马克思这个时候第一次认真讨论价值、交换价值、货币和价格的关系,他的出发点还是李嘉图。他直接引述李嘉图的观点:"一切商品(包括劳动在内)的价值(实际交换价值),决定于它们的生产费用,换句话说,决定于制造它们所需要的劳动时间。价格就是这种用货币来表现的商品交换价值。"③ 马克思这时的用语还是不精确的,但这并不妨碍他科学地说明一个道理:商品的价值与价格不是直接等同的,"价值是作为价格运动的规律而出现",由劳动时间决定的商品价值,只是"商品的平均价值"④。马克思这个时

---

① 《马克思恩格斯全集》第 1 版第 46 卷上册第 64 页。
② 《马克思恩格斯全集》第 1 版第 46 卷上册第 68 页。
③ 《马克思恩格斯全集》第 1 版第 46 卷上册第 80 页。
④ 《马克思恩格斯全集》第 1 版第 46 卷上册第 81 页。

候还没有区分出价值与交换价值,还没有必要劳动时间这个规定,所以他认为市场交换中的价格平均数起着很大作用。但对于批判蒲鲁东、格雷和布雷的劳动货币,李嘉图就已经足够了。马克思说,以为用直接指认劳动时间的"小时券"代替贵金属这种物化的劳动时间,就能消除价格和价值之间的实际差别和矛盾,似乎这样,"资产阶级生产的一切危机,一切弊病都消除了",这实在是错觉。格雷—蒲鲁东方案(劳动货币)的根本错误,是将资本主义经济生活中的本质与现象、实在的东西与它的表现形式直接等同起来。这是一种理论逻辑上的现象学近视。

马克思首先要告诉他们的是,资本主义经济过程中的本质与现象的异质性。这是李嘉图在理论抽象中已经不自觉地做到的事情。进一步,马克思是要说明货币这种商品的一般等价物恰恰是作为商品自身的"异己的东西"与其对立,更重要的是作为商品社会本质的价值关系"是怎样和为什么在货币上取得了物质的、独立的存在"①。这就接近了马克思在狭义历史唯物主义中的历史现象学要论说的主题了:资本主义特定的社会关系本质如何颠倒地通过物相表现出来。这一次,马克思是从经济学的具体分析中历史地说明这种颠倒,从而真正能批判性地透过现象发现资本主义生产关系的被遮蔽了的本质。

二、价值抽象在交换过程中向货币实体的转化

马克思的第一层分析集中在价值与货币的物化关系上(他此时还没有直接而具体地说明价值本身的本质——抽象劳动)。马克思说,商品的价值与商品本身不同。商品(产品)仅仅在不同商品交换(实际的或想象的)的估价中才是价值(交换价值)。他已经看到:"价值是商

---

① 《马克思恩格斯全集》第 1 版第 46 卷上册第 83 页。

品的社会关系，是商品经济上的质"（后面马克思将历史地说明人的价值作为一种社会关系，是特定历史条件下的产物，是人的一种新的社会生存的历史形式）。如前所述，马克思通过历史唯物主义已经确认，社会存在特别是社会关系本身是非实体的主客体之间和主体之间互动的功能性存在，在这个意义上，作为社会关系的价值是客观存在的，但不是一种可直观的物。马克思说："一种关系只有通过抽象，才能取得一个特殊的化身，自身也才能个体化。"① 这是蒲鲁东等人无法理解的。

第二个理论层面是这种独立出来并且物化的交换关系的现实支配作用。马克思认为，交换中形成的价值，是生产在商品经济中的必然结果。"交换的需要和产品向纯交换价值的转化，是同分工，也就是同生产的社会性按同一程度发展的。"② 本来，交换价值只是商品在社会交换中实现的手段和工具，可是，在商品经济的进一步发展中，事情开始发生了重要的变化：一是原来作为手段出现的货币（交换关系）越来越成为生产的目的。"生产的发展越是使每一个生产者依赖于自己的商品的交换价值，也就是说，产品越是在实际上成为交换价值，而交换价值越是成为生产的直接目的。"③ 二是交换关系本身开始成为人与人的关系中支配性的东西。货币成了经济运作中真实的权力因素。"随着生产的社会性的发展，货币的权力也在同一程度上发展，也就是说，交换关系固定为一种对生产者来说是外在的、不依赖于生产者的权力。最初作为促进生产的手段出现的东西，成了一种对生产者来说是异己的关系。"④ 人的工具成了人的主人。一切社会关系通通转化为货币关系，

---

① 《马克思恩格斯全集》第 1 版第 46 卷上册第 87 页。
② 《马克思恩格斯全集》第 1 版第 46 卷上册第 91 页。
③ 《马克思恩格斯全集》第 1 版第 46 卷上册第 91 页。
④ 《马克思恩格斯全集》第 1 版第 46 卷上册第 91 页。

"实物税转化为货币税,实物地租转化为货币地租,义务兵转化为雇佣兵,一切人身的义务转化为货币的义务,家长制的、奴隶制的、农奴制的、行会制的劳动转化为纯粹的雇佣劳动。"① 这就是俗话中说的金钱世界了。这个世界本相是目的与手段的颠倒,人的生存与金钱关系的颠倒。可是处在金钱世界的"此山"中,人们越来越无法看清这一经济王国的真相了。

接下去,马克思具体分析了货币与商品并存中必然出现的经济过程矛盾和危机的可能性。简言之,"货币内在的特点是:通过否定自己的目的同时来实现自己的目的;脱离商品而独立;由手段变成目的;通过使商品同交换价值分离来实现商品的交换价值;通过使交换分裂,来使交换易于进行;通过使直接商品交换的困难普遍化,来克服这种困难;按照生产者依赖于交换的同等程度,来使交换脱离生产者而独立。"② 货币就是矛盾的产物,同时也是矛盾解决的方法,而且还是矛盾的实体化分立和进一步危机的前提。正是在这种矛盾关系的第三点分析中,马克思突然中断正常的讨论,用一个括号写下了手稿中第一个警句:"一切商品都是暂时的货币;货币是永久的商品。分工越发达,直接产品就越不再是交换手段。必须有一种一般交换手段,也就是说,必须有一种不依赖于每一个人的特殊生产的交换手段。在货币上,物的价值同物的实体分离了。货币本来是一切价值的代表;在实践中情况却颠倒过来,一切实在的产品和劳动竟成为货币的代表。"③ 这是一个非常重要的理论小结。马克思直接指认,这是发生在现实社会经济关系中的颠倒与异化!而资产阶级经济学家正是试图"把异化抽掉",将这种社会本质的

---

① 《马克思恩格斯全集》第 1 版第 46 卷上册第 91 页。
② 《马克思恩格斯全集》第 1 版第 46 卷上册第 96 页。
③ 《马克思恩格斯全集》第 1 版第 46 卷上册第 94—95 页。

矛盾和颠倒说成了正常和天然的。

三、"三大社会形态"与社会关系颠倒的历史前提

实际上，在上面的文本讨论中，我们主要是在经济学语境中提炼马克思的哲学逻辑。而现在，读者将直接遭遇到马克思在《1857—1858年经济学手稿》的经济学讨论中的第一个哲学激活点。这是在第一笔记本第 20 页的下半页突然发生的，并且一直持续到第 24 页。我将这一哲学性的经济学历史分析看成是历史唯物主义历史性原则的一种贯彻和新的深化，这也是历史现象学的历史分析之基础。它的直接目的当然是否定资产阶级经济学的非历史性。也就是说，今天的资本主义生产关系不是从来就存在，也不是将永远存在的。这就需要有一种历史性的分析，即人的关系过去是什么，现在是什么，以后将是什么。这是一种历史本质的科学定位。这也是学界一般所讲的"三大社会形态"理论。但我以为，这不是对历史的一种实证的考察，而是交织着很深哲学逻辑的历史分析。

在进入马克思所谓"三大社会形态"的讨论之前，我们应该作一个说明，即马克思在这里绝不是打算进行一种历史学上的历史分期的界说，而是要说明资本主义经济关系的物化和颠倒是如何历史地发生的（第一大社会形态是这种物化与颠倒的客观历史参照系），以及这种颠倒如何历史地被扬弃的现实可能（共产主义是作为这种物化和颠倒得以消除的超越性参照系）。这里，一切都是围绕人与人的关系在进入资本主义经济过程之后的客观变形这一特定理论焦点展开和反复变奏的。还由于，在文本的具体写作中马克思并没有分列式地论说三种社会形态，而以第二大形态为研讨视轴，所以，其他两个社会形态的讨论往往是零散的。为了讨论本身的便利，我们将马克思对前后两种社会形态的论述

非文本顺序地集中起来。

所谓第一大社会形态,马克思主要指在资本主义社会之前已经客观存在过的经济的社会形态。这是我所说的"先有"的意思,它不包括还没有进入经济的社会形态发展的原始社会。在这里,具体是指原始社会之后出现的"家长制的关系,古代共同体,封建制度和行会制度"。马克思对此有三点重要的理论概括:

第一,在这些社会中,人的生产能力是低下的,其水平和规模都是极有限的。马克思指出,在第一种社会形态中,人的自然生产(含人的种的繁衍和向自然的索取)占主导地位,在那时,物质生活资料的生产"顶多是附带的事情"①(这是《德意志意识形态》历史性生存的第三个环节,这里的说明显然精确一些)。在这时,无论是农业采集还是渔猎,人的主体劳动只对自然起协助的作用。并且,人类主体的生活过程之"目的不是发财致富,而是自给自足"②。这也就是说,此时的人类生存只是像动物一样在自然生产中维系自身的生命,还没有能力创造出巨大的剩余财富来。马克思说:这种状况下,"个人或者自然地或历史地扩大为家庭和氏族(以后是公社)的个人,直接地从自然界再生产自己,或者他的生产活动和他对生产的参与依赖于劳动和产品的一定形式,而他和别人的关系也是这样决定的。"③马克思在后面写道,在这种社会形态的生产劳动过程中,"劳动者把自己劳动的客观条件看作自己的财产;这就是劳动同劳动的物质前提的天然统一。因此,劳动者不依赖劳动就拥有客观的存在。个人把自己看作所有者,看作自己现实条件的主人"。同时,在这里"各个个人都不是把自己当作劳动者,而是

---

① 《马克思恩格斯全集》第1版第46卷上册第172页。
② 《马克思恩格斯全集》第1版第46卷上册第477页。
③ 《马克思恩格斯全集》第1版第46卷上册第103页。

把自己当作所有者和同时也进行劳动的共同体成员。这种劳动的目的不是为了创造价值,——虽然他们也可能造成剩余劳动,以便为自己换取他人的产品,即剩余产品,——相反,他们劳动的目的是为了保证各个所有者及其家庭以及整个共同体的生存。"① 因而经济的目的是生产使用价值,而根本不存在为了交换才发生的价值关系。生产的直接目的"是在个人对公社(个人构成公社的基础)的一定关系中把个人再生产出来"。

第二,与这种生产能力一致,也就存在两种不同的人与人的关系,即自然血缘关系和以统治服从关系为基础的地方性联系。这种关系的本质是"人对人的依赖性"。前者是"自然发生的",后者是"政治性的"。其中,"虽然个人之间的关系表现为较明显的人的关系,但他们只是作为具有某种[社会]规定性的个人而互相交往,如封建主和臣仆、地主和农奴等等,或作为种姓成员等等,或属于某个等级等等"②。也就是说,在这些社会中,人与人的关系还直接表现为人的相互关系,而不是后来资本主义经济运作中以物与物的关系颠倒地实现的间接的人与人的关系。这倒不是说,在这种社会中不存在交换,而是"在这种情况下,真正的交换只是附带进行的,或者大体说来,并未触及整个共同体的生活,不如说只发生在不同共同体之间,决没有支配全部生产关系和交往关系"。

第三,个人的生存状态当然也是低下的,个人没有独立性,只存在于血缘或宗法式的共同体之中。共同体以直接的自然血缘关系或者外在的封建性宗法关系,"把个人互相联结起来"。个人是不自由的,个人受到"人的限制即个人受他人限制"。但是,就个人的自身特性说,

---

① 《马克思恩格斯全集》第 1 版第 46 卷上册第 471 页。
② 《马克思恩格斯全集》第 1 版第 46 卷上册第 110 页。

"在发展的早期阶段,单个人显得比较全面,那正是因为他还没有造成自己丰富的关系,并且还没有使这种关系作为独立于他自身之外的社会权力和社会关系同他自己相对立。"① 这是古代的人的生存的全面性与真实的不丰富性的辩证关系。也是在这个意义上,马克思说,"因此,古代的观点和现代世界相比,就显得崇高得多,根据古代的观点,人,不管处在怎样狭隘的民族的、宗教的、政治的规定上,毕竟始终表现为生产的目的,在现代世界,生产表现为人的目的,而财富则表现为生产的目的"。在古代,人是人的目的,这是一种古代的崇高;而现代,生产(为了交换)成了人的目的。这又是一种历史的比较。

当然,马克思丝毫没有将第一大社会形态设定为社会发展的理想模式(如卢梭的自然社会)的意思,因此这里也根本不存在什么相对于"现有"的第二形态"异化"的悬设的"应该"。第一大社会形态是在资本主义社会之前客观存在过的,它实际上是人类社会发展的初级的和简单的社会机体。还有一点是十分清楚的,现有的资本主义社会无论在哪一方面相对于先有的社会(固然是直接的人与人的共同体),都是一个巨大的历史进步。所以马克思明确地说,"留恋那种原始的丰富,是可笑的,相信必须停留在那种完全空虚之中,也是可笑的"②。这使马克思的观点区别于卢梭、西斯蒙第与蒲鲁东之类的浪漫主义逻辑。自然这也是异质于马克思自己《1844年经济学哲学手稿》中的非人的本真类关系的逻辑设定。弄清这一点,对于我们科学地评价资本主义经济,科学地理解马克思在历史现象学中再一次引入的物化、颠倒和异化关系,是至关重要的。

---

① 《马克思恩格斯全集》第1版第46卷上册第109页。
② 《马克思恩格斯全集》第1版第46卷上册第109页。

四、社会关系物化与颠倒的历史性发生

作为"第二大形态"的现有的资本主义社会,是马克思历史分析中的主要对象。当然,首先马克思还是面对资本主义社会物质生产能力的极大发展。这种发展的一个根本性的动因,是物质生产摆脱了个人的直接需要,生产的目的从过去那种具体的使用价值变成了交换价值。第一大社会形态,"家长制的,古代的(以及封建的)状态随着商业、奢侈、货币、交换价值的发展而没落下去,现代社会则随着这些东西一道发展起来"①。在这里,"不管活动采取怎样的个人表现形式,也不管这种活动的产品具有怎样的特性,活动和这种活动的产品都是交换价值,即一切个性,一切特性都已被否定和消灭的一种一般的东西"。

这里是一个"多"与"一"的关系,当然是交换价值这个客观发生的"一"否定和消灭了有特性的产品的"多"。从生产的客观进程看,生产目的从直接的使用价值变为间接的交换价值,从个人生产具体的"多"到社会市场交换中抽象的"一",以交换为目的的商品经济第一次使生产本身成为无限的。这是资本主义造就魔鬼般的生产力的根本原因。这样,马克思也说明了现代的交换(即社会交换绝不是什么人的天生的类的需要,而是在生产发展到一定历史阶段上的必然产物)。请注意,在生产的分工和交换体系的前提下,交换价值必然成为人类生活中支配性的"一",这也不是一种罪恶的人性的堕落,而是生产发展的需要和必然结果。并且,极重要的一个问题是,这不是由于社会关系本身的任意改变,而是从物质生产这个客观基础上生发出来的必然性。马克思这里实际上第一次科学地说明了资本主义社会关系变化的根本原因

---

① 《马克思恩格斯全集》第1版第46卷上册第104页。

在于生产力的发展。离开这个基础去讨论社会关系的改变是非科学的。这是第一个理论层面。

其次,是第二大社会形态即资本主义社会中人与人的关系的物化与颠倒。这是我们非常关心的问题。由于交换价值成为目的,一切的一切都必须转化为交换价值,这是个人通向现实社会认同的唯一通道。并且,交换价值又必然从一般等价物发展到货币。相对于过去那种人与人的直接交往关系,现在资本主义社会中人与人的关系经过交换中介的物化(颠倒)的发生就不可避免。"为什么人们信赖物呢?显然,仅仅是因为这种物是人们互相间的物化的关系,是物化的交换价值,而交换价值无非是人们互相间生产活动的关系。"① 马克思分析道,货币存在的前提正是社会关系本身的物化,金钱在这里表现为一种"抵押品"。在市场交换中,人在从另一个人手中获得商品时,他就必须将这种抵押品留下。看起来,"人们信赖的是物(货币),而不是作为人的自身"②。并且,"个人的产品或活动必须先转化为交换价值的形式,转化为货币,才能通过这种物的形式取得和表明自己的社会权力"③。"单个人本身的交换和他们本身的生产是作为独立于他们之外的物的关系而与他们相对立"④。而一旦"每个个人以物的形式占有社会权力。如果你从物那里夺去这种社会权力,那你就必须赋予人以支配人的这种权力"⑤。实际上,马克思通过分析交换关系在资本主义经济过程中的这种颠倒,说明了货币在经济现象中获得神秘权力的秘密。

---

① 《马克思恩格斯全集》第1版第46卷上册第107页。
② 《马克思恩格斯全集》第1版第46卷上册第107页。
③ 《马克思恩格斯全集》第1版第46卷上册第105页。
④ 《马克思恩格斯全集》第1版第46卷上册第108页。
⑤ 《马克思恩格斯全集》第1版第46卷上册第104页。

在后来的《政治经济学批判》中，马克思更精确地说道："生产交换价值的劳动还有一个特征：人和人之间的社会关系可以说是颠倒地表现出来的，就是说，表现为物和物之间的社会关系……因此，如果交换价值是人和人之间的关系这种说法正确的话，那么必须补充说：它是隐蔽在物的外壳之下的关系。"① 从马克思的历史现象学观点看："一种社会生产关系采取了一种物的形式，以致人和人在他们的劳动中的关系倒表现为物与物彼此之间的和物与人的关系，这种现象只是由于在日常生活中看惯了，才认为是平凡的、不言自明的事情。"② 这正是历史现象学要证伪的东西。"一种社会生产关系表现为一个存在于个人之外的物，这些个人在社会生活的生产过程中所发生的一定关系表现为一个物品的特殊属性，这种颠倒，这种不是想像的而是平凡实在的神秘化，是生产交换价值的劳动的一切社会形式的特点。"③

同样要界定的问题是，与《1844年经济学哲学手稿》不同，马克思这里所讲的物化与颠倒不再是一种抽象的主观价值判断，而是客观的历史性认知。这表现在，这里的人的关系之物化与颠倒，相对于过去第一大社会形态中的那种人对人的直接关系（"人的依赖性"），首先是历史的进步，而不是"人性的堕落"。"毫无疑问，这种物的联系比单个人之间没有联系要好，或者比只是以自然血缘关系和统治服从关系为基础的地方性联系要好。"④ 其次是向前看，正是这种物化和颠倒的关系，才可能创造在更高的阶段上"全面发展的个人"，即第三大社会形态中人的自由发展的个性和能力。马克思清醒地看到："要使这种个性成为

---

① 《马克思恩格斯全集》第1版第13卷第22页。
② 《马克思恩格斯全集》第1版第13卷第23页。
③ 《马克思恩格斯全集》第1版第47卷第255页。
④ 《马克思恩格斯全集》第1版第46卷上册第108页。

可能，能力的发展就要达到一定的程度和全面性，这正是以建立在交换价值基础上的生产为前提的，这种生产才在产生出个人同自己和同别人的普遍异化的同时，也产生出个人关系和个人能力的普遍性和全面性。"① 物化与颠倒为什么会创造人的关系的普遍性和全面性？这是由于在资本主义经济所形成的以交换为目的的世界历史进程中，在世界市场上，单个人与一切人发生联系，但同时这种联系又不以单个人为转移。在商品、货币和资本通过广泛的交换所打开的世界市场中，经济物化的中介性关系使所有进入市场的人都成为一个息息相关的整体。马克思是想说明，只有通过这种人的关系的物化与颠倒，才有可能真实地产生人在现实历史发展中进一步全面自由解放的物质可能性。在这一点上，马克思更加接近的是黑格尔历史辩证法的客观必然性前提。这种经济学基础上的讨论比《德意志意识形态》中相关主题的研究要大大地向前推进了。同时我们已经可以肯定，这种科学的认识与《1844年经济学哲学手稿》中的伦理批判有着极大的异质性。

但是，与一切资产阶级意识形态不同，马克思又从来不可能简单地肯定这种历史的进步。他不会像资产阶级经济学家那样，将这种"建立在这种自发的、不以个人的知识和意志为转移的、恰恰以个人互相独立和毫不相干为前提的联系"的社会看成是"自然的产物"，把颠倒和物化的社会关系看成是一种社会天然具有的客观自然属性。马克思说："如果把这种单纯物的联系理解为自然发生的、同个性的自然（与反思的知识和意志相反）不可分割的、而且是个性内在的联系，那是荒谬的。"② 因为，这种物化的社会关系是"历史的产物"，"这种联系借以同个人相对立而存在的异己性和独立性只是证明，人们还处于创造自己

---

① 《马克思恩格斯全集》第1版第46卷上册第108—109页。
② 《马克思恩格斯全集》第1版第46卷上册第108页。

社会条件的过程中，而不是从这种条件出发去开始他们的社会生活。这是各个人在一定的狭隘的生产关系内的自发的联系"。"同样毫无疑问，在个人创造出他们自己的社会联系之前，他们不可能把这种联系置于自己支配之下。"① 将这种历史性的物化了的社会关系视为社会天然形式，这是用虚假的经济物相遮蔽社会本质关系。这正是全部资产阶级意识形态的本质！

其三，是第二大社会形态中个人生存情境的颠倒。在马克思看来，在资本主义经济过程中，"（1）个人还只能为社会和在社会中进行生产；（2）他们的生产不是直接的社会的生产，不是本身实行分工的联合体的产物。个人从属于像命运一样存在于他们之外的社会生产；但社会生产并不从属于把这种生产当作共同财富来对待的个人。"② 这是由于，"在货币关系中，在发达的交换制度中（而这种表面现象使民主主义受到迷惑），人的依赖纽带、血统差别、教育差别等等事实上都被打破了，被粉碎了（一切人身纽带至少都表现为人的关系）；各个人看起来似乎独立地（这种独立一般只不过是幻想，确切些说，可叫作——在彼此关系冷漠的意义上——彼此漠不关心）自由地互相接触并在这种自由中互相交换；但是，只有在那些不考虑个人互相接触的条件即不考虑生存条件的人看来（而这些条件又不依赖于个人而存在，它们尽管由社会产生出来，却表现为自然条件，即不受个人控制的条件），各个人才显得是这样的。"③ 在这里，个人"看起来享有更大的自由"，而实际上，在这种"发达的形态上表现为物的限制即个人受不以他为转移并独

---

① 《马克思恩格斯全集》第 1 版第 46 卷上册第 108 页。
② 《马克思恩格斯全集》第 1 版第 46 卷上册第 105 页。
③ 《马克思恩格斯全集》第 1 版第 46 卷上册第 110 页。

立存在的关系的限制。"① "个别人偶尔能战胜它们;受它们控制的大量人却不能,因为它们的存在本身就表明,各个人从属于而且必然从属于它们。"② 这些关系并不是依赖关系的消除,而是使这种关系更加普遍的形式。

正是在这种历史性的商品—市场经济世界中,为了交换价值的生产,人与人的社会关系颠倒地表现为物与物的关系,个人生存实际上必然转换为一种孤立的客体化碎片式的生存。在强大的物化经济力量面前,个人生存倒成了微不足道的。个人颠倒地表现为市场经济自主发展实现利润的工具。生产的确在进步,财富的确在迅速积累,可是创造这个世界的人却"表现为完全的虚空"。在现实的历史进程中,这难道不是一种本末倒置吗?无论是相对于过去已经发生的远古时代人类生存的简单形式("先有"),还是相对于今天大工业生产所创造的物质条件之上已经可以展望的解决前景("后有"),现实的资本主义人类社会生存状况都是一种不正常的人间悲剧。马克思的历史现象学就是要彻底拉开市场经济厚厚的历史现象幕帘,使这一特定社会历史发展阶段的本质暴露出来,从而让真正符合人类生存的共产主义生存境界呈现出来。这就是所谓第三大社会形态。

在这一文本的语境中,第三大社会形态不是马克思主要说明的对象。共产主义的人类解放,只是对资本主义现实进行现象学批判后的一种超越性前瞻。第三大形态只是一种现实可能性,它不是一种应该存在的价值设定,而是历史发展的一种客观指向——"后有"。这个第三大形态的目标指向十分清楚,即"建立在个人全面发展和他们共同的社会生产能力成为他们的社会财富这一基础上的自由个性"。首先是在第二

---

① 《马克思恩格斯全集》第 1 版第 46 卷上册第 110 页。
② 《马克思恩格斯全集》第 1 版第 46 卷上册第 111 页。

大形态中发展起来的社会生产能力。其次是"共同占有和共同控制生产资料的基础上联合起来的个人"。"这种联合不是任意的事情,它以物质和精神条件的发展为前提。"① 在这些个人之间进行的是"自由交换"。最后,这种"全面发展的个人——他们的社会关系作为他们自己的共同的关系,也是服从于他们自己的共同的控制的——不是自然的产物,而是历史的产物"②。

五、抽象成为统治:历史现象学与精神现象学的不同答案

在说明资本主义经济过程中人与人的直接关系颠倒和物化为物的关系之后,马克思突然提出了一个前面他已经提到的很深的哲学历史理论的重要观点,即在现代社会中为什么会出现抽象成为统治的现象。以我之见,这也是马克思第一次揭示了现代唯心主义历史观的最重要的现实基础问题。进而言之,黑格尔的客观唯心主义是第一次在这里的经济学研究中被深入解读的。由此,马克思从根本上说明了他的历史现象学与精神现象学的异质性。

马克思说,"这种与人的依赖关系相对立的物的依赖关系",无非是"与外表上独立的个人相对立的独立的社会关系,也就是与这些个人本身相对立而独立化的、他们互相间的生产关系"。紧接着这一分析,马克思话题一转写道:"个人现在受**抽象**统治,而他们以前是互相依赖的。"③ 这个打重号的抽象是什么?依马克思的界定,"抽象或观念,无非是那些统治个人的物质关系的理论表现"。如果具体说,这就是价值,

---

① 《马克思恩格斯全集》第 1 版第 46 卷上册第 105 页。
② 《马克思恩格斯全集》第 1 版第 46 卷上册第 108 页。
③ 《马克思恩格斯全集》第 1 版第 46 卷上册第 111 页。

是价值的一般形态——货币。如前所述，在资本主义经济运作中，交换中形成的价值原来是一种历史的客观抽象，即无差别的劳动一般，当然，这是在市场交换中实现的必要社会劳动。我们刚刚讨论过，交换价值从手段上升为目的本身，导致了劳动交换关系抽象比值在现实经济运作中的物化和实体化。并且，这种物化的关系成为个人之外的权力。在后面的讨论中马克思指出："价值建立在这样的基础之上，即人们互相把他们的劳动看作是相同的、一般的劳动，在这个形式上就是社会的劳动。如同所有的人的思维一样，这是一种抽象，而只有在人们思维着，并且对可感觉的细节和偶然性具有这种抽象能力的情况下，才可能有人与人之间的社会关系。"① 这也就是说，"关系当然只能表现在观念中，因此哲学家们认为新时代的特征就是新时代受观念统治"②。这是马克思所说的"抽象成为统治"的真实语境。实际上，这也是现代各种唯心主义哲学的一种重要思想根源！这也让人想起爱利亚学派凸显的那个"一"和柏拉图的理念论，特别是理解了资产阶级政治经济学秘密的黑格尔哲学。黑格尔的精神现象学正是将人类社会实践中历史形成的社会关系（有序结构）的抽象，直接本体化为世界的本质，因此，具体的物质存在形式本身被误指成观念本质的现象。他从物相、自我意识到观念的层层剥离，使历史现实变成了精神的生成史和先验的逻辑结构。

我认为，马克思所说的"抽象的统治"有三层意思：

一是客观历史抽象本身。如前所述，任何非实体的关系都不能由感性的直观来把握，只能由观念的抽象才能映现（规律也是如此）。自然界中的各种物质活动中的非实体性关系（本质）和规律也不具有直观性。自然存在是物的，而社会存在是活动的功能属性。它不是实体性

---

① 《马克思恩格斯全集》第 1 版第 47 卷第 255 页。
② 《马克思恩格斯全集》第 1 版第 46 卷上册第 111 页。

的，这种社会物主要是活动、关系、过程和规律。物质实体只是它们的物质承担者。我们前面多次讲过，社会生活中的关系和规律都不是能够感性直观的，生产力是一种抽象，生产关系也是一种抽象。原来我们把生产力理解为三种实体性的东西是不对的，它的本质是人与自然的关系。生产关系就更是如此，特别是生产关系的再生产进程，它随时随地都在重新建构。它不是物，而是因人的活动而建构的功能性关系。一旦人停止活动，这种关系立刻解构。通过抽象才能把握的社会关系有物的附属实体，在特定的历史条件下，这种关系也会发生颠倒的物化（如商品、货币和资本）。一旦这种关系被物化，它就颠倒地表象。反过来成为支配人类生存的统治力量。

二是由于观念反映关系和规律（特别是在社会生活的认识中），所以观念常常被误认为是决定性的东西。请注意，这种观念决定论主要是客观唯心主义，因为主观唯心主义是从人的感觉直觉、欲望和本能出发的。其实，理性主义观念论的实质是对关系和规律的关注。如前所述，由于人类社会生活中的一切本质性的存在都是非直观的，在活动中，在过程中随时发生历史性地建构与解构。人的活动本身如果不物化，就会立刻消解。所以，社会活动的功能性结构存在往往是通过一定的物质附属物来客观存在的。人类主体面对社会存在，只有通过深层的理性把握，才有可能透视社会关系和深层功能性社会结构。这样，对社会生活本质的自觉性以及这种理性抽象对于个体的决定性总是被误认是观念性的。这显然是近代历史唯心主义的重要发源地。

三是现实的抽象统治。这是指在现代资本主义社会中，客观的抽象以物的形式统治社会存在。这里的本质是抽象劳动的等价关系——价值关系——物的替代——观念性——物的象征——符号（信用）。这真的是观念决定论了。并且，这个关系的抽象观念被再一次物化。人们以为这种物是真实的。这就是拜物教的发生。关系与规律压迫人是过去社会历史的特点，在资本主义社会中，这种关系采取了物的关系的形式，表现为似自然性和物役性。这种抽象的"看不见的手"的控制与过去那种外在的专制相比，似乎是一种更加公正的"无人统治"的客观支配。马克思恩格斯都是否定这种关系对人的统治的，特别是这种统治又采取了物的形式，仿佛表现为不是人的关系，而是一种自然的关系和规律。

在经济学的讨论中，马克思讲了一大通历史哲学。在此，社会经济关系成为核心，而这种关系最后是定位在一种抽象上的，即马克思所说的"抽象成为统治人的东西"。为什么是这样一种抽象成为统治？这是一个很深的问题。哲学显然是无法说清的，于是马克思又回到经济学的原有思路上。他将这种特殊的抽象直接与货币联系起来。

马克思指出，"劳动时间本身不能直接成为货币"，正是劳动的一般性即抽象的社会性的物化，"使劳动的产品成为交换价值"①。这是抽象的价值实体（劳动一般）与价值量（劳动时间）的关系。而"为了直接成为一般货币，单个人的劳动必须一开始就不是特殊劳动，而是一般劳动，也就是说，必须一开始就成为一般生产的环节"②。这是从具体到抽象的必然！"当作交换价值的产品，……它被看作和它的自然的质不同的质；它被看作是一种关系，而且这种关系是普遍的关系，不是对一种商品的关系，而是对一切商品的关系，对一切可能的产品的关系。因此，它反映一种普遍的关系；这种产品把自己看作是一定量的一般劳动即社会劳动时间的实现。"③ 这是那个抽象的价值一般转化为一个特定的物化对象。交换价值是以作为一切产品的实体的社会劳动为前提的，而和产品的自然性完全无关。可是，它却又直接以一种自然的物

---

① 《马克思恩格斯全集》第 1 版第 46 卷上册第 115 页。
② 《马克思恩格斯全集》第 1 版第 46 卷上册第 118—119 页。
③ 《马克思恩格斯全集》第 1 版第 46 卷上册第 154 页。

品表现出来。这样，产品成为商品，商品成为交换价值，交换价值与商品并列为特殊的存在——货币。由此，"货币从它表现为单纯流通手段这样一种奴仆身份，一跃而成为商品世界中的统治者和上帝"①。现实社会中抽象的统治是从这里发生的。在过去，自然财富无论是什么形式，它们与人的关系都以一种"个人对物的本质关系为前提，因此，个人在自己的某个方面把自身物化在物品中，他对物品的占有同时就表现为他的个性的一定的发展"②。他如果拥有牛羊，他就会成为牧人；他如果拥有谷物，他就会成为农民。"与此相反，货币是一般财富的个体，它本身是从流通中产生的，它只代表一般，纯粹是社会的结果，它完全不以对自己占有者的任何个性关系为前提；占有货币不是占有者个性的某个本质方面的发展，倒不如说，这是占有没有个性的东西，因为这种社会关系同时作为一种可感觉的外在对象而存在着，它可以机械地被占有，也可以同样丧失掉。"③ 谁有这种抽象了的一般财富，谁就能支配世界。通过占有抽象进而占有世界，这是抽象成为统治的根本原因。

马克思还指出："货币本身就是共同体，它不能容忍任何其他共同体凌驾于它之上。"④ 在雇佣劳动存在的地方，"货币不但决不会使社会形式瓦解，反而是社会形式发展的条件和发展一切生产力即物质生产力和精神生产力的主动轮。"⑤ 这种现实的抽象统治并不表现为残暴的强制，而成为一种离开它就无法生存的自我认同的条件。这使得这种特殊的（资产阶级的）抽象的统治更加稳定和牢固。"作为一般财富的物质

---

① 《马克思恩格斯全集》第1版第46卷上册第171页。
② 《马克思恩格斯全集》第1版第46卷上册第171页。
③ 《马克思恩格斯全集》第1版第46卷上册第171页。
④ 《马克思恩格斯全集》第1版第46卷上册第172页。
⑤ 《马克思恩格斯全集》第1版第46卷上册第173页。

代表，作为个体化的交换价值，货币必须直接是一般劳动即一切个人劳动的对象、目的和产物。劳动必须直接生产交换价值，也就是说，必须直接生产货币。因此，劳动必须是雇佣劳动。"① 正是在这三个"必须"中，劳动不得不自愿地成为被奴役者。生产一般财富，就是为了占有一般财富的代表。这样，真正的财富源泉就打开了。"由于劳动的目的不是为了特殊产品，即同个人的特殊需要发生特殊关系的产品，而是为了货币，即一般形式的财富，所以，首先个人的勤劳是没有止境的。"②这样，"它使财富具有普遍性，并把交换的范围扩展到整个地球；这样就在物质上和在空间上创造了交换价值的真正一般性"③。这样，金钱的抽象的统治必然走向了全世界。马克思所说的那种资产阶级金钱关系真正成为这个世界的"一"（一元论神的绝对本质），颠倒的假象世界完全遮蔽了实际存在的世界。

---

① 《马克思恩格斯全集》第 1 版第 46 卷上册第 173 页。
② 《马克思恩格斯全集》第 1 版第 46 卷上册第 174 页。
③ 《马克思恩格斯全集》第 1 版第 46 卷上册第 175 页。

论马克思的货币本质观

——基于《1857—1858年经济学手稿》的文本学解读*

杨兴业　邹广文

近年来，随着国内学术界对货币哲学研究的深入展开，对马克思货币理论在哲学层面上的反思也著述颇丰，而对马克思的货币本质观的分析与阐发更成为关注的热点。有的学者认为，应该从货币与生产力、生产关系和社会交往的互动关系中来理解货币的本质，并认为货币从这三个方面表征了历史进化的节度。① 有的学者则认为，马克思正是通过对货币价值与人的价值通约性问题的回答而真正实现了对货币的历史哲学的解读。② 还有学者提出，货币是一种充满着、承载着和凝聚着人的"集体意向性"以及商品与劳务交换中的价值评估和使用中的"意见约同性"，并附着在某种可见对象上的一种制度实在或语言建构。③ 应该说，以上这些从货币所蕴涵的人类社会关系这一前提出发进而对人与人之间的关系所进行的透视与分析，对马克思的货币思想做了富有价值的

---

* 本文选自《马克思主义与现实》2008年第6期。

① 宓文湛：《货币：表征历史进化节度的重要符号》，载《哲学动态》2003年第8期。

② 张雄：《货币幻象：马克思的历史哲学解读》，载《中国社会科学》2004年第4期。

③ 韦森：《从语言哲学看货币的本质》，载《哲学动态》2003年第8期。

延伸解读。但是，对于马克思货币本质观所体现出的唯物史观的价值诉求，却没有给予应有的关注。本文拟从文本学研究视角，集中围绕马克思的《1857—1858年经济学手稿》"货币章"中"货币的产生和本质"一节的内容进行解读，进而厘清马克思从货币的一般社会性与特殊自然性矛盾的角度对人与人的关系所进行的分析与阐发。无疑，这一研究视角对深化马克思货币本质观的讨论具有重要的理论意义。

一、货币的产生：货币一般社会性与特殊自然性矛盾的产生与分化

众所周知，马克思在这一节中，用了一万字左右的篇幅阐明了他对于货币本质的基本认识：即在"产品成为商品→商品成为交换价值→交换价值成为货币"这个历史与逻辑相统一的过程中，货币的本质就是"和商品的自然存在形式相脱离的社会存在形式"。① 其核心问题在于商品的特殊自然性与商品的一般社会性的"脱离"、"分离"、"对立"和"矛盾"。

下面本文将结合原文，就马克思所得出这一结论的脉络进行分析和呈现。

马克思首先描述了商品交换在现象上所表现出的两个特点：（1）商品交换的比例是"通过两者与一定量的第三种商品相交换的比例得到表现的"，即商品交换的中介性。（2）商品交换的过程表现为商品的自然属性的相互不可通约性与之相对的促成交换的"某种"质的等同性："例如，1码棉布和1升油，作为棉布和油来看，这些商品自然互不相同，具有不同的属性，要用不同的尺度来计量，是不可通约的。作为价

---

① 《马克思恩格斯全集》第2版第30卷第94页。

值,一切商品在质上等同而只在量上不同,因此全都可以按一定的量的比例互相计量和互相替换(互相交换,可以互相兑换)。"[1] 从此处开始至第 4、5、6、7 段,马克思都直接指出了这"某种"质的等同性就是"价值",它在本质上与商品自身相分离,并进一步提出"价值"(又作"交换价值"——笔者注)最终要取得货币这个形式的推论。所以第1—7 段可看作是马克思提出论点的部分。如果不结合马克思其后的具体分析,这部分内容初读起来会感到十分杂乱与晦涩。因为这其中几乎全是结论性的语句。

接下来马克思便开始运用逻辑分析的方法来说明这种质的等同性是如何产生的:"商品在其自然属性上,既不总是可交换的,也不是可同任何其他商品交换的;它可以和其他商品交换,并不是由于它和自身在自然上等同,而是由于它被设定为和自身不等同,设定为和自身不同的东西,设定为交换价值。我们首先必须把商品转变为作为交换价值的自身,然后才能拿这个交换价值和其他交换价值进行比较和交换……我使每一个商品=某个第三物;也就是说,它使和自身不相同。这个第三物不同于这两种商品,因为它表现一种关系,所以它最初存在于头脑中,存在于想象中,正如一般来说,要确定不同于彼此发生关系的主体的那些关系,就只能想象这些关系……当一种产品(或活动)成为交换价值时,它不仅转化为一定的量的比例,转化为比例数,而且同时还必须在质上转化,变为另一种要素,以便两种商品变成具有同一单位的名数,也就是说,变成可通约的。"[2] 从这几段论述可以看出,马克思认为商品交换的第一步是在观念上从商品中抽象出交换价值,它是商品交换的基础。

---

[1] 《马克思恩格斯全集》第 2 版第 30 卷第 89 页。
[2] 《马克思恩格斯全集》第 2 版第 30 卷第 91—92 页。

在对观念上的这个抽象过程进行说明后，马克思马上转入随后进行的实际交换过程的分析。他认为，上述观念上的抽象在现实中得以体现的必由之路是交换价值的对象化。需要注意的是，这里的"对象化"发生在交换领域，而"一般劳动时间的对象化"发生在生产领域；前者的结果是得到"货币"，后者的结果是得到"商品"。而对这个"对象化"的必然性，马克思是这样认识的："（1）正如我们已经说过，两个待交换的商品，是在头脑中转化为共同的量的比例即交换价值，从而互相进行估价的。但是，它们要在实际中进行交换，它们的自然属性就同它们作为交换价值和单纯名数的规定发生矛盾。它们是不能够随意分割的，等等。①（2）在实际交换中，总是特殊的商品和特殊的商品相交换，每一个商品是否可交换，以及它可交换的比例怎样，要取决于地点和时间等条件……但是，商品转化为交换价值，并不是使这个商品和一定的其他商品相等，而是表明这个商品是等价物，表明这个商品可以和其他一切商品相交换的比例……可见，要使商品一下子作为交换价值而实现，并使它具有交换价值的一般作用，它只和一种特殊的商品相交换是不够的。商品必须和一个第三物相交换，而这第三物本身不再是一种

---

① 此一段话可参照第9段的"为了抵偿在交换中一个价值超过另一个价值的余额，为了进行结算，在最原始的物物交换中，就像在现在的国际贸易中一样，要求用货币支付"这句话来理解。试举一例说明：当张三用一头牛与李四的一只羊进行交换时，他在观念上进行比较的结果是一头牛相当于两只羊，而李四在此次交换中并不能多提供一只羊，那么为了确保公平只能用张三的半头牛换李四的一只羊。但问题是如果这种分割并不满足张三不想要半头死牛的要求，那交换便不能实现。而在货币存在的条件下，这个过程便可变为：张三先把牛卖给付得起整头牛价钱的王五，再拿出在王五那儿得到的一半货币去换李四的那只羊，于是整个交换过程得以顺利实现。

特殊的商品，而是作为商品的商品的象征，是商品的交换价值本身的象征。"① 其中，第一条说明，物物交换的客观存在的局限性是货币产生的诱因之一；第二条说明，每次偶然的物物交换并不能与交换价值的普遍交换性相适应，因此交换价值必然要突破到货币形式以完全施展其本性。而马克思又进一步指出，交换价值获得货币这个象征并不是一种先验地形成的观念的实现，而是交换本身的产物。"事实上，被用作交换中介的商品，只是逐渐地转化为货币，转化为一个象征；一旦出现这种情况，这种商品的一个象征又可能代替这种商品本身。这种商品现在成了交换价值的被人承认的符号。"② 也许正是因为马克思之前的叙述容易给人造成一种他正是在对某种先验形成的观念的实现进行推演的印象，所以他在这里的提示应该有澄清这一认识误区的意味。虽然只有寥寥几句，但马克思已经十分清楚地表述了他的这一思维抽象的历史依据——只是因为他在这里的工作是要将这个思维抽象本身的内容阐释清楚，而无法详细说明他是如何探求到这个思维抽象的。然而正如大家所熟知的，在《资本论》关于价值形式的论述中，马克思非常认真而细致地完成了这部分内容的叙述。

基于以上的层层分析，马克思得出的初步结论就是："因此，过程简单地说是这样：产品成为商品，也就是说，成为单纯的交换要素。商品转化为交换价值。为了使商品同作为交换价值的自身相等，商品换成一种符号，这种符号代表作为交换价值本身的商品。然后，作为这种象征化的交换价值，商品又能够按一定的比例同任何其他商品相交换。"③

---

① 《马克思恩格斯全集》第 2 版第 30 卷第 93 页。
② 《马克思恩格斯全集》第 2 版第 30 卷第 93—94 页。
③ 《马克思恩格斯全集》第 2 版第 30 卷第 94 页。

然而，这个推演过程本身并不是目的，马克思是想通过这个过程说明它所造成的那个客观必然的后果，即："由于产品成为商品，商品成为交换价值，产品开始在头脑中取得了二重存在。这种观念上的二重化造成（并且必然造成）的结果是，商品在实际交换中二重地出现：一方面作为自然的产品，另一方面作为交换价值。也就是说，商品的交换价值取得了一个在物质上和商品相分离的存在。"而"货币"的本质则恰恰是对这个"后果"的最深刻的揭示："同各种商品本身相脱离并且自身作为一种商品又同这些商品并存的交换价值，就是货币。商品作为交换价值的一切属性，在货币上表现为和商品不同的对象，表现为和商品的自然存在形式相脱离的社会存在形式。"①

不难看到，马克思之前所使用的"一般性"、"通约性"、"可交换性"等这一类表述的最终指向，都是货币这种"社会存在形式"的"社会性"。也就是说，这个"社会性"在交换的技术方面体现为"一般性"、"通约性"和"可交换性"等。但最终却只能从"社会性"与"自然性"的对立中才能真正理解货币的本质，因为这才真正是马克思的"现实的、个人的"分析视角。而这一认识正是我们理解马克思唯物史观的重要切入点。

---

① 《马克思恩格斯全集》第 2 版第 30 卷第 94 页。

二、马克思对货币本质的分析是理解唯物史观的重要维度

国内学者张一兵教授曾指出,马克思正是从货币这个经济现象入手,突破了他早期所创立的广义历史唯物主义①从生产(客观向度)出发的抽象性,彻底地揭露了资本主义生产方式的本质,从而创立了基于经济学和历史学研究的批判的历史现象学。因而,对货币本质及其由此所引发的一系列资本主义社会经济现象的分析,无疑是"马克思狭义历史唯物主义中最重要的内容"。我们认为这一判定是基本准确的,这里,笔者拟结合文本对之做进一步的阐发。

(1) 货币作为理解唯物史观的客体维度

货币、交换价值是现代社会的首要特征。马克思对货币本质的研究的意义在于他揭示了:货币的产生作为一种现象,实际上意味着一切产品和活动转化为交换价值,意味着人类社会进入了一个所有生产者相互间全面依赖的时代——自由竞争的资本主义时代。而由于货币的出现,生产者之间的全面依赖表现为对以货币为代表的商品的物的依赖性,亦即:货币作为"物"所体现的力量实际上来源于人与人所结成的社会关系的力量。正如马克思在随后的论述中所提到的,"交换的需要和产品向纯交换价值的转化,是同分工按同一程度发展的,也就是随着生产

---

① 根据张一兵的定义,广义历史唯物主义是指马克思在1845—1847年主要基于古典经济学已有的抽象,直接提升出生产力、生产关系、生产方式和社会结构等一系列抽象的哲学规定性所组成的理论框架。参看张一兵:《回到马克思——经济学语境中的哲学话语》,江苏人民出版社1999年版,第561页。

的社会性而发展的。但是，随着生产的社会性的增长，货币的权力也按同一程度增长"①。这段话是说，由于分工的发展，生产者越来越无法只依靠自己的生产来生存，只能通过频繁的交换来换取生活资料。分工愈发达意味着生产的社会性愈强，对产品的"社会性"的追求亦愈强。而如前所述，当这种"社会性"由货币代表时，生产者对货币的追逐则表现为货币以某种先验的权力在支配着生产者，这也就是马克思所说的"货币没有造成这些对立和矛盾；而是这些矛盾和对立的发展造成了货币的似乎先验的权力"②。

马克思认为这种全面的"互相依赖，表现在不断交换的必要性上和作为全面中介的交换价值上"③。以亚当·斯密为代表的国民经济学家认为，人的这种不得已而不断进行交换的行为是出于人的自利动机，并且这种"看不见的手"的机制正是建立在这种自发的、不以个人的知识和意志为转移、恰恰以个人互相独立和漠不关心为前提的联系即物质的和精神的新陈代谢这种基础上。这种观点不仅是抽象的，而且是本末倒置的："经济学家是这样来表述这一点的：每个人追求自己的私人利益，而且仅仅是自己的私人利益；这样，也就不知不觉地为一切人的私人利益服务，为普遍利益服务。关键并不在于，当每个追求自己私人利益的时候，也就达到私人利益的总体即普遍利益。……关键倒是在于：私人利益本身已经是社会所决定的利益，而且只有在社会所设定的条件下并使用社会所提供的手段，才能达到；也就是说，私人利益是与这些条件和手段的再生产相联系的。这是私人利益；但它的内容以及实现的

---

① 《马克思恩格斯全集》第 2 版第 30 卷第 95 页。
② 《马克思恩格斯全集》第 2 版第 30 卷第 96 页。
③ 《马克思恩格斯全集》第 2 版第 30 卷第 106 页。

形式和手段则是由不以任何人为转移的社会条件决定的。"①

（2）货币作为理解唯物史观的主体维度

货币所造成的现代社会中的人的生存状态充分证明了唯物史观的出发点：现实的个人是社会关系的总和。根据唯物史观的基本观点，马克思总体上将人类文明的发展阶段划分以下三大形态：古代共同体、封建制度和行会制度以及家长制下的所有人对共同体的依附关系→以交换价值的异化为基础的单个人与其自身的社会权力和社会关系的对立→建立在个人全面发展基础和他们共同的、社会的生产能力成为从属于他们的社会财富基础上的所有人共同参与控制的社会关系。马克思分析的重点在于第二种形态，即货币统治下的现代社会形态。在现代社会中，人的生存方式表现出的是社会关系的对立统一性：私人利益的独立性的充分发展（表现为人与人之间的对立）与为满足私人利益而发展出的交换体系的全面依赖性（表现为人与人之间的统一）。"分工产生出密集、结合、协作、私人利益的对立、阶级利益的对立、竞争、资本积聚、垄断、股份公司，——全都是对立的统一形式，而统一又引起对立本身，——同样，私人交换产生出世界贸易，私人的独立性产生出对所谓世界市场的完全的依赖性，分散的交换行为产生出银行制度和信用制度。"②

马克思认为在资本主义社会中，"生产和消费的普遍联系和全面依赖"与"消费者和生产者的相互独立和漠不关心"③ 这一对矛盾表现为

---

① 《马克思恩格斯全集》第2版第30卷第106页。
② 《马克思恩格斯全集》第2版第30卷第109页。
③ 《马克思恩格斯全集》第2版第30卷第110页。

货币关系的形成和发展,而这整个过程,被马克思称作为一种"异化"。具体说就是在资本主义时代,每个人只要是作为消费者和生产者则相互之间的联系与依赖性便异化为货币这种"物"的形式。这种异化的状态可以通过马克思对货币所掩盖的矛盾关系的分析来说明:

1. 由于"商品的特殊的自然属性同商品的一般的社会属性之间的这个矛盾,从一开始就包含着商品的这两个分离的存在形式不能互相转换的可能性"①,所以商品与货币交换本身的可实现性从根本上来说就是风雨飘摇的。从"社会性"角度来理解就是说,虽然商品生产者都渴望自己的产品得到社会的承认,而因为"货币成为同商品并存的外在物,商品同货币的可交换性马上就和可能出现或可能不出现的外部条件联系在一起;受外部条件的支配"②,那么这个"外部条件"的不可控性则成为其产品被社会所承认的最大障碍,而这恰好又是由货币的本质所决定。

2. 由货币本质所引发的交换行为的分离,使得买和卖的矛盾出现。"因为买和卖取得了一个在空间上和时间上彼此分离的、互不相干的存在形式,所以它们的直接同一性就终止了。它们可能互相适应和不适应……"③

3. 随着买和卖的分离,交换行为本身又演化成两种不同类型:"为交换而交换",目的是取得货币;"为商品而交换",目的是消费产品。试以下所列图示说明:

---

① 《马克思恩格斯全集》第 2 版第 30 卷第 96 页。
② 《马克思恩格斯全集》第 2 版第 30 卷第 97 页。
③ 《马克思恩格斯全集》第 2 版第 30 卷第 97 页。

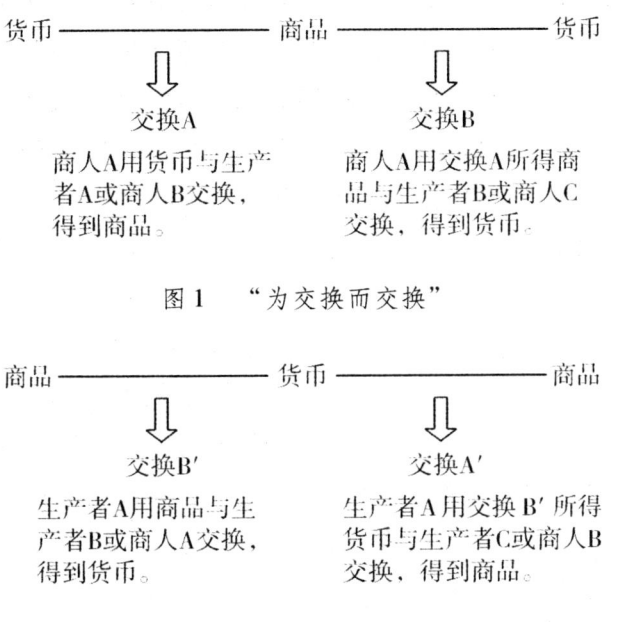

图1 "为交换而交换"

图2 "为商品而交换"

马克思认为,这两种类型的交换由于各自受"完全不同的规律和动机决定"——商人在交换中只受商品的买和卖之间的差额支配;而消费者则必须最终补偿他所购买的商品的交换价值——因而"彼此可能发生最大的矛盾。在这种分离中已经包含了商业危机的可能性"①。下面结合图示来理解这两个"规律"是怎么发生矛盾的。

在图1中我们看到"交换 A"对于商人 A 来说是很容易做到的,因为他此时持有的是代表产品"社会性"的货币,是一切生产者和商人追逐的对象;同样的道理也适用于"交换 A′"。所以问题事实上就出

---

① 《马克思恩格斯全集》第 2 版第 30 卷第 98 页。

在"交换B"和"交换B′"上。先来看图1中的"交换B"。如前所述,"商人在交换中只受商品的买和卖的差额支配",所以商人A在进行"交换A"时的预期必然是他所购进的这批商品一定能够实现"交换B"这个过程,否则哪来的"差额"?然而支配"交换B"的规律又恰恰是商品交换价值的相互补偿性,即一种商品在生产出来之后,在交换价值上必须要有另一种商品与之相对应,也就是说这种商品在其"社会性"上必须得到承认。这里关键的问题在于量上的对应(因为在商品生产和交换的条件下不可能存在只有一种商品的状态,否则不能称之为商品经济了)。也就是说当一种商品生产出来以后,很有可能它在交换价值的量上,找不到完全与它对应的量,它的交换价值只能实现一部分,这个困难在直接的物物交换和"为商品而交换"的交换中就是存在的,这可以直接说明"交换B′"的情况。而"交换B"问题就出在:商人通过"交换A"的活动强化了这个困难和矛盾。正如马克思所指出的:"在直接的物物交换中,不是每一种物品都能和任何一种物品相交换,一定的活动只能和一定的产品相交换。货币所以能够克服物物交换中包含的困难,只是由于它使这种困难一般化,普遍化了。"① 也就是说,也许商人A通过"交换A"解决了生产者A商品交换价值的实现,但由此所引发的供给的增长却为"交换B"困难的爆发埋下了祸根。

在世界市场条件下,每一名单个的消费者或生产者与另一名单个的生产者或消费者的关系表现为相互独立与漠不关心,但每一个单独的消费者和生产者却与全世界其他所有生产者与消费者在整体上全面发生联系与依赖。而这两个层面的联系状态又是相辅相成,互为条件的。"因为这种矛盾导致危机等等,所以随着这种异化的发展,在它本身的基础

---

① 《马克思恩格斯全集》第2版第30卷第99页。

上，人们试图消除它；行情表、汇率、商业经营者间的通信和电报联系等等（交通工具当然同时发展），通过这些东西，每一单个人可以获知其他一切人的活动情况，并力求使本身的活动与之相适应……在行情表上实际呈现出来的整个商业和整个生产的概况，事实上提供了最好的证据，表明单个人本身的交换和他们本身的生产是作为独立于他们之外的物的关系而与他们相对立。在世界市场上，单个人与一切人发生联系，但同时这种联系又不以单个人为转移，这种情况甚至发展到这样的高度，以致这种联系的形成同时已经包含着超越它自身的条件。"① 在马克思那里，"世界市场"这个概念应该不仅仅限于由"世界贸易"所带来的地理空间层面的含义，它在更深层次上应该意味着市场关系在全世界范围内的不同文明社会中的发生、形成和确立。"因为世界市场（其中包括每一单个人的活动）的独立化（如果可以这样说的话）随着货币关系（交换价值）的发展而增长，以及后者随着前者的发展而增长，所以生产和消费的普遍联系和全面依赖随着消费者和生产者的相互独立和漠不关心而一同增长。"②

（3）货币的演化历史与"社会三大形态"理论相契合

按照唯物史观的辩证的方法去判断资本主义社会，货币所造成的人的这种生存状态，用马克思的论述来说就是："这种物的联系比单个人之间没有联系要好，或者比只是以自然血缘关系和统治从属关系为基础

---

① 《马克思恩格斯全集》第2版第30卷第111页。
② 《马克思恩格斯全集》第2版第30卷第110页。

的地方性联系要好。"① 因为"每个个人以物的形式占有社会权力。如果从物那里夺去这种社会权力,那么你们就必然赋予人以支配人的权力"②。根据上述三大形态的划分,人的能力的发展也可以分为三个阶段:原始的个人的全面能力——→分工所带来的个人能力在相对独立的专业领域的丰富性——→个人能力的普遍性和全面性。而资本主义阶段则是未来个人能力真正全面丰富的基础:"在个人创造出他们自己的社会联系之前,他们不可能把这种社会联系置于自己支配之下。如果把这种单纯物的联系理解为自然发生的、同个性的自然(与反思的知识和意志相反)不可分割的、而且是个性内在的联系,那是荒谬的。这种联系是各个人的产物。它是历史的产物。它属于个人发展的一定阶段。这种联系借以同个人相对立而存在的异己性和独立性只是证明,个人还处于创造自己的社会生活条件的过程中,而不是从这种条件出发去开始他们的社会生活。这是各个人在一定的狭隘的生产关系内的自发的联系。"③ 这种以物的依赖性为表象的人与人之间的全面依赖从另一角度看,又意味着处在这个社会中的每个个人获得了人类文明形成以来的最大限度的自由,原因在于:只要每个个人能够生产出拥有"交换价值,或本身孤立化的,个体化的交换价值,即货币",他就拥有了"支配别人的活动或支配社会财富的权力"④。而这一逻辑得以成立的理由是:"毫不相干的个人之间的互相的和全面的依赖,构成他们的社会联系。这种社会联系表现在交换价值上,因为对于每个个人来说,只有通过交换价值,他自

---

① 《马克思恩格斯全集》第 2 版第 30 卷第 111 页。
② 《马克思恩格斯全集》第 2 版第 30 卷第 107 页。
③ 《马克思恩格斯全集》第 2 版第 30 卷第 111—112 页。
④ 《马克思恩格斯全集》第 2 版第 30 卷第 106 页。

己的活动或产品才成为他的活动或产品。"① 所以虽然在资本主义社会形态中,个人活动的诉求仍然是创造自己开展社会生活的条件,但与原始共同体和封建社会相比,个人的活动在内容和程度上大大丰富和提升了。

综上所述,马克思通过逻辑演绎的方法阐述了货币商品经济主宰力量的本质及其产生过程:即货币作为商品"社会性"的物化、对象化,本质上是商品的一般社会属性与特殊自然性的矛盾关系。正因为人的根本存在方式是社会性的,所以货币虽然在自然形式上表现为"物",却由于它所承载的社会关系而被赋予了超越"物"的力量,而这种力量又是不以任何人为转移的,就仿佛这种力量来自于它自身。所以笔者认为,"货币"概念在马克思关于整个资本主义社会运行的分析中处于核心地位,而他对货币问题的分析,客观上也对其唯物史观做了准确的诠释。

---

① 《马克思恩格斯全集》第 2 版第 30 卷第 106 页。

《政治经济学批判大纲》中马克思货币理论的具有现实意义的问题[*]

〔俄〕阿·科甘

对20世纪，特别是其下半叶资本主义经济中发生的变化所作的科学分析，通过研究马克思的经济学手稿，首先是1857—1858年《政治经济学批判大纲》，能够得到进一步的启迪。这一手稿具有马克思研究方法的特点，这就是说，充分利用一份内容丰富的材料并寻找在主要著作中对这一材料的叙述，占有优先地位。因此，《大纲》也触及马克思后来在《资本论》中没有论述的问题。下面将说明，1857—1858年手稿包含对货币研究上超出《资本论》的抽象水平范围的重要出发点，首先要揭示只是在《大纲》中得到分析的货币范畴的各个问题。此外还要注意那些由20世纪资本主义货币制度中的变化而产生的问题的现实意义。

下面要详细谈到的这些变化的本质特殊性在于：货币关系物质的第一性承担者——金——为非物质的承担者——信用货币——所代替，后者又已经不再是金的符号，这是许多经济学家所倾向的意见，因此，在目前的条件下，马克思认为货币是货币关系和它的承担者的辩证统一体，这个对货币范畴的恰当的评定具有头等重要的意义。[①] 马克思在

---

[*] 本文选自《马克思恩格斯研究》1994年总第19期。

[①] 在《政治经济学批判》的"初稿"有一标题《贵金属作为货币关系的承担者》，参看《马克思恩格斯全集》第1版第46卷下册第454页。

《大纲》中特别注意这个原理。

马克思从商品中推导出货币关系及其承担者。他表明,每一个商品的价值表现在一种特殊的使用价值的形式上,因此,对价值本质来说具有特征的一般性,更确切些说,一般等价物①潜在地存在于每一单个商品之中。② 只是在货币关系中价值本质才得到实现。

马克思证明,货币关系的产生首先是商品的价值和使用价值的对立的一个发展过程。在这个过程中,价值同使用价值分离,就是说,一切商品的价值可以同金相比较,从而一切商品同其使用价值相脱离。③ 与此相应,他把货币定义为与商品的使用价值相独立化的价值。④ 同单个的、特殊的商品价值的一个原则性区别在于:每一个商品的价值由于与其使用价值的统一——这种统一,马克思是辩证地来看的,就是说,是看作互相渗透的——是同一种与这个价值相异己的物质要素不可分割地联系在一起的。因此,价值不能是计量其他商品价值的观念上的尺度。如果价值以独立的形式出现,也就是说,它与单个的、特殊的商品相脱

---

① "等价物,按其规定来说,只是价值同它自身的等同。"参看《马克思恩格斯全集》第 1 版第 46 卷上册第 286 页。

② "我们仔细看一下就会发现,对每一个商品所有者来说,每个别人的商品都是他的商品的特殊等价物,从而他的商品是其他一切商品的一般等价物。既然一切商品所有者都这样做,所以没有一种商品是一般等价物。"《马克思恩格斯全集》第 1 版第 23 卷第 104 页。

③ 《马克思恩格斯全集》第 1 版第 46 卷上册第 92 页。

④ "货币……是一般形式上的独立化的交换价值。"《马克思恩格斯全集》第 1 版第 46 卷上册第 169 页。在《大纲》中,"交换价值"和"价值"这两个术语通常是当作同义词来使用的。

离,① 那么，它就取得计量商品价值的一种计量单位的属性。因此，价值的独立性是尺度—货币关系的一种本质标志。

因为货币本质上是价值的一个独立形式，所以货币关系的承担者正是要从这种属性中推导出来。这样一种推导的逻辑在《大纲》中来源于如下的论点："可见，要使商品一下子作为交换价值而实现，并使它具有交换价值的普遍作用，它和一种特殊的商品相交换是不够的，商品必须和一个第三物相交换，而这个第三物本身不再是一个特殊的商品，而是作为商品的商品的象征，是商品的交换价值本身的象征，**因而，可以说，它代表劳动时间本身**，例如，一张纸或一张皮代表劳动时间的一个可除部分。（这样一种象征是以得到公认为前提的，它只能是一种社会象征，事实上，它只表现一种社会关系。）"② 马克思在概括这一思想时写道："因此，过程简单地说是这样：产品成为商品，也就是说，成为单纯的交换要素。商品转化为交换价值。为了使商品同作为交换价值的自身相等，商品换成一个符号，这个符号代表作为交换价值本身的商品。然后，作为这种象征化的交换价值，商品又能够按一定的比例同任何其他商品相交换。"③

这些论点中的主要含义是：货币关系的承担者被说成是象征，是公认的符号。逻辑在于：因为这一承担者是从货币关系本身中推导出来的，就是说，是从与商品的自然存在形式脱离的价值中推导出来的，所以它是某种完全非物质的东西，象征性的东西。"交换价值本身〔就是

---

① 在《大纲》中，马克思使用了"纯交换价值"这个术语（参看《马克思恩格斯全集》第 1 版第 46 卷上册第 136 页）。

② 《马克思恩格斯全集》第 1 版第 46 卷上册第 88—80 页。

③ 《马克思恩格斯全集》第 1 版第 46 卷上册第 89 页。

说，交换价值作为货币关系的本质〕只能象征地存在。"①

这样，马克思在《大纲》里制定的货币理论结构中，第一个环节是价值的独立形式，第二个环节是它的象征性的承担者。

接下来的第三个环节是体现出象征性承担者的材料。"社会的发展，在产生出这种象征的同时，也产生出日益适合于这种象征的材料，而以后社会又竭力摆脱这种材料；一种象征如果不是任意的，它就要求那种表现它的材料具有某些条件。"② 一般地说，这种材料可以是两种根本不同的东西，即物质的东西和非物质的东西。而且，在马克思所研究的19世纪货币制度中存在着这两种东西：物质的东西是金，非物质的东西是信用货币和纸币。③

当然马克思面临的问题是：这两种材料中哪一种作为第一性的象征出现，这在19世纪是激烈讨论的对象。他在《大纲》以及所有后来包括《资本论》在内的著作中得出结论：货币关系的第一性的象征性承担者是一个物，一个商品，而且是一个一般的商品——金。

马克思具体地说明了这一点，同时揭示出金货币的两重性。一方面，金价值本身是比较一切商品、计量一切商品的价值的一个直接的尺度。金的价值的变化影响价格即商品价值的货币形式的变化。另一方面，金的使用价值是价值标准的第一性的物质承担者，从而从一切商品的价值的行列中分离出去了。与此相应，第一性的物质承担者本身也就作为尺度出现。金的重量计量一切商品的价值，但只有在一切商品本身

---

① 《马克思恩格斯全集》第1版第46卷上册第99页。
② 《马克思恩格斯全集》第1版第46卷上册第90页。
③ 我们的出发点是：信用货币和纸币原则上不可能是商品，相应地把货币关系的物质承担者同商品性的承担者、把货币关系的非物质承担者同非商品性的承担者看成是同一个东西。

象征着这种金属的一定的价值量的情况下才是如此。当然在这样看的时候，马克思在自己所有的著作中只是把货币关系的非物质承担者（信用货币和纸币）看作某种第二性的东西，看作物质承担者即金的符号。

虽然同样是对货币进行分析，但在《大纲》和《资本论》之间也存在着差别。在《资本论》中提到首位的问题是：一种特殊的商品——金——如何成为一般商品，从而成为货币关系的象征性的第一性的承担者。因此，马克思分析了执行一般等价物职能的商品本身的产生，而这又决定了叙述的结构。马克思的一个前提是他的前辈已经在经验上证实了的命题：商品之一，即金，由于其使用价值的特殊性从商品世界中脱离出来而成为一般的商品。

根据这个前提，马克思在理论上从作为"经济细胞"的商品的矛盾中推导出一般商品。在进行这一推导时，他也就揭示出一般商品的价值到独立的价值形式的转变。这样，马克思从独立价值形式的第一性承担者到达隐藏在其后的**独立价值形式**，到达**货币关系本身**。在这种情况下，独立的价值形式及其第一性承担者，在马克思的主要著作中，不是作为在推导出被当作一般等价物的商品的那个链条中的单个的环节出现。① 独立的价值形式和它的第一性承担者的辩证统一，仍作为增加困难的因素处在"幕后"，它在理解货币的本质方面起一种重要的作用。

在《大纲》中，马克思面临的任务略有不同：他创立了研究货币的理论基础，并且必须考虑到所有揭示出货币本质的东西。与此相应，抽象理论上的分析是在下述次序中进行的：商品——独立的价值形式（货币关系本身）——独立的价值形式的象征性承担者——这种

---

① 参看《马克思恩格斯全集》第1版第23卷第61—87页。

象征性承担者的材料,即金(作为一般等价物的商品)。① 同时,《大纲》,——而不是《资本论》——还包含着从简单的价值形式推导出被当作一般等价物的商品这一点。

由此产生下述问题:如果马克思在《资本论》中没有推导出货币的这样一些环节如独立的价值形式及其第一性的承担者也行,那么这是否意味着这些链条环节对分析**目前的**资本主义货币也就没有原则意义呢?但如果人们考虑到,正是上述这些环节说明了《资本论》和《大纲》中货币的理论结构中的一种重要区别,那问题就要以另一种方式来表述:如果马克思在《资本论》中没有再现他在《大纲》中制定的货币理论结构,这是否就是说,这种结构对于研究**今天的**货币就没有原则意义呢?不,正如下面将说明的,经验理论的分析怀疑在今天的条件下存在着被当作一般等价物的商品。这种分析证明下述假定是正确的:《大纲》所包含的货币范畴的理论结构,在研究现今货币的特点方面能够表明是必要的。

在进行分析时,我们依靠的将是下述一般方法论上的思考:在抽象上升到具体的过程中,每个前面的环节在内容上比后面的环节更为丰富,在每一个链环中不是所有前面环节中的潜力都能得到实现,在实现了的潜力中有一种潜力是完全地,而其他潜力只是部分地得到发挥。② 如果把这些思考应用于《大纲》中制定的货币理论结构,这就意味着:

---

① 《大纲》包含的货币理论结构的前提是:把货币象征的两种表现形式区别开来:一是与执行一般等价物的职能的商品相对的、第一性的符号、象征;另一是与这种商品相对的、第二性的象征(信用货币和纸币)。

② 我们在这里注意的只是在抽象上升到具体时链环的相互关系方面,另一方面——每一个实现了的潜力比潜力本身越是丰富,每下一链环也就越丰富——在这里是增加困难的因素。

独立的价值形式（第一环节）和象征性的承担者（第二环节）在内容上必定比充当一般等价物的商品（第三环节）丰富。换句话说，这就有理由认为，把货币评定为作为一般等价物的商品，不是对货币的最一般的、最抽象的评定。在作为一般等价物的商品中，尽管它已经存在了许多世纪，并不是这一承担者的所有在头两个链环中蕴藏着的潜力都能得到实现。

这里可以看到《大纲》中和《资本论》中所作的货币分析的根本区别。因为在《资本论》中马克思从物质承担者进到独立的价值形式，从前者推导出后者，所以他把独立的价值形式看作某种与物质承担者不能分离的东西。而在《大纲》中具有另一种次序，货币分析的另一种理论结构。在这里，虽然关于不是第一性承担者的所有潜力在物质承担者中得到实现这一假定是完全合理的，但这种结构并不排斥非物质的第一性的承担者的潜力的存在。①

但是，这个方面并没有受到马克思的注意，它超出了他的抽象的体系的范围。对马克思来说有必要弄清楚的是：货币关系的哪一个承担者，是物质的承担者还是非物质的承担者，在他所研究的资本主义经济中是第一性的。因为在19世纪第一性承担者是金，所以在马克思看来，在独立的价值形式中，在象征性的承担者本身中揭示出在物质的第一性承担者中实现着的潜力就够了。上面已经提到，这决不意味着所有潜力被把握了。

如果考虑到最近几百年货币的发展，以上所述对如下的论点来说是有道理的：即《大纲》中货币的理论结构包含着那种超越《资本论》

---

① 上面已经提到，在本文中，我们把物质的东西与商品性的东西，把非物质的东西与非商品性的东西看成是同一的东西，也就是说，我们设想非物质商品的存在。

的抽象范围的研究的一个重要出发点。这个出发点的本质可以表述为如下问题：一般商品是否在货币的一切发展阶段都是货币关系的唯一的第一性承担者，或者说，在某一阶段一种非物质承担者可以表现为第一性的？

独立的价值形式作为"同一切特殊商品及其自然存在形式"① 相分离的价值的性质，也会导致这样一种问题的提法。那个没有同商品的自然存在相分离的价值处于使用价值的直接影响之下，与此相应也处于具体劳动的直接影响之下。② 这种影响不仅在质的方面，而且还在量的方面都得到了实现。具体劳动的量的变化影响抽象劳动的量，从而影响价值量。这自然使价值难于执行直接比较尺度的职能：一般的标准以这一或那一商品的生产条件的改变为转移。还要补充的是：每一个商品的使用价值使这个商品成为特殊商品，因而与作为观念上的尺度的价值的一般性发生矛盾。只有当价值与使用价值的直接影响相分离时，它才能转化为直接的尺度，即转化为货币的价值实体。第一性的承担者必定有助于这种分离。它的基本职能的本质在于价值转化为货币的价值实体。借助于承担者而与一切商品的使用价值的直接影响完全分离的那样一种货币价值实体是最发达的。

就物质的第一性的承担者来说，货币的价值实体同单个的、特殊的使用价值相分离，但没有摆脱成为一般商品的一个特殊商品即金的使用价值的直接影响。换句话说，金作为第一性承担者并不完全与它的这个规定相符合，它不能使价值尺度同毫无例外的一切商品的使用价值相分

---

① 《马克思恩格斯全集》第1版第46卷上册第92页。
② 每一种商品的生产者的劳动——具体劳动——之所以列入社会总劳动的体系中，是因为它与其他种类的劳动发生等价关系，就是说，与创造价值的抽象劳动处于统一体中。

离。正如马克思在《大纲》中所说:"货币[金货币]由于以下原因而同它本身以及它的规定发生矛盾:它本身是一种特殊商品……因此在它同其他商品的交换中又受特殊交换条件的支配,这些条件是同它的绝对的一般可交换性相矛盾的……货币成了和其他商品一样的商品,同时又不是和其他商品一样的商品。货币虽然有它的一般规定,它仍然是一种与其他可交换物并列的可交换物。货币不仅是一般交换价值,同时还是一种与其他特殊交换价值并列的特殊交换价值。这里就是在实践中表现出来的矛盾的新的根源。"①

在这个论点中,马克思的下述思想具有根本性的意义:如果商品之一成为货币,那该货币就同自己本身发生矛盾。这从根本上说就是货币关系——独立的价值形式,货币的价值实体——和物质的第一性承担者之间的矛盾。前者要求从物质要素的直接影响完全分离出来,后者没有满足这种要求。

要使这个客观的要求得到实现,使这一承担者成为**合适的**独立的价值形式,② 这一承担者与金的使用价值的直接联系也必须消失,就是说,它必须成为一种非物质的承担者。

可见,在货币关系本身中,在独立的价值形式中(正如《大纲》所表明的,在承担者由以产生的领域中),隐藏着用非物质的承担者来交换物质的第一性的承担者的抽象可能性。

大家知道,在实现任何一种抽象可能性的道路上都有客观的障碍,而且远不是每一种抽象可能性都得到实现,然而也不是每一种抽象可能性具有科学的和实际的意义。阻碍上述抽象可能性实现的东西,来源于

---

① 《马克思恩格斯全集》第 1 版第 46 卷上册第 95—96 页。
② 这里(下面的叙述也是如此)问题在于当独立的价值形式的本质全面地显露出来的时候,承担者同独立的价值形式在其最高发展阶段上的完全一致。

商品关系或价值关系本身。价值保证各使用价值的运动，因而与它们处于统一中，这个统一是决不会消失的。因为货币的价值（价值实体）是价值本身的一种表现形式，所以这种统一也必定是货币的特征。如果全部注意力都集中于货币的这一方面，而且价值和使用价值的统一被与它们的**直接的**统一（在任何一个商品的范围内都存在这种统一）等同起来，那么，那些使非物质的第一性承担者的抽象可能性实现的障碍就会证明是不可克服的，因此，这种可能性的实现，原则上也就是不可能的了。如果认为19世纪的货币制度提供了解决货币关系的第一性承担者问题的详尽的经验材料，就可能得到这样的结论。同时另一个观点也被认为是完全合理的。这个观点依据的是下述前提：

第一：非物质第一性承担者的抽象可能性是由价值的社会本质产生的，而这种本质只有在商品生产最高发展阶段上才完全显露出来。因此，只有当这种发展水平达到的时候，这种可能性才得到实现。由此可以得出，物质的第一性承担者许多世纪的存在完全不排斥一种非物质的承担者以第一性形式表现出来。

第二：商品生产是一个并不归结为各种商品的分子的总和的整体体系，而是体现一个特殊的质，即一个价值性的质。价值是商品生产的最具特征的标志。因为这个质标志着商品生产的整体，所以它就必须同一个个商品的价值即这个体系的分子的价值区别开来。体系分析的方法论允许作出如下的假定：价值关系、等价关系的涉及体系的领域是在商品生产的最高的发展阶段形成的。这样，这个领域是相对地独立于在各个别商品的直接生产的过程中所创造的价值而存在的，从而也是独立于各个别商品的使用价值而存在的。但如果价值客观上也可以在与各个别商品的使用价值的**直接统一**之外而存在，那么，对货币的价值实体来说，这种统一也是没有约束力的，这样，一种非物质的符号就可以成为它的第一性的承担者。

以这些前提为依据的观点导致：非物质第一性承担者的抽象可能性的实现，取决于那些由价值和使用价值的统一以及它们的对立所产生的、受历史制约的、互相矛盾的趋势。在研究的抽象阶段上容许有两个相互排斥的假定。要么金仍是第一性承担者，要么一种非物质符号成为第一性承担者。

以上所说同时证明，由《大纲》中货币的理论结构所得出的关于一般商品是不是货币关系的唯一第一性承担者这个问题，属于根本性的理论问题。

如果马克思提出了解决这个问题的任务，那他就得在价值中，在其独立形式中揭示出在19世纪还没有表现出来的潜力。而这又会使设想那时的实践成为必要。然而正是实践对马克思来说具有决定性的意义，促使他只去研究第一性的物质承担者。还应该考虑到，不是货币是马克思进行分析的主要对象，而是以货币为开端和结束（G—W—G′，货币—商品—更多的货币）的资本是他进行分析的主要对象。对马克思来说，问题不在于揭示出货币这个范畴中蕴藏着的一切潜力，而只是在于19世纪这些潜力的发展对货币的影响。这正是当时执行职能的资本，也就是物质第一性承担者的基础之一。至于这个承担者在货币的以后发展时期是否仍是唯一承担者这个问题，马克思无论在《大纲》中，还是在其他著作中都没有加以研究。但是一种可选择的、非物质的第一性承担者的抽象可能性会直接导致这样一个问题。这一点在《大纲》中由于把独立的价值形式、分离的价值当作马克思没有注意的结果加以分析而显示出来。

与此相联就产生如下问题：要么马克思的货币理论中只有物质的、商品性的承担者才可能是货币关系的第一性承担者这个论点反映出包括20世纪在内的货币在其一切发展阶段上的客观本质，要么马克思的货币理论在19世纪还不存在的某些条件下也容许非物质的、非商品性的第一性承担者的实际存在。

分析现今资本主义货币的出发点要取决于这个问题的解决。如果第一个假定是正确的,那么,关于货币关系的物质第一性承担者——关于作为一般等价物的商品——的论点就成为前提,如果第二个前提是正确的,那么,关于货币关系的非物质的第一性承担者的论点就成为前提。

为了全面地论证这个问题提法的逻辑一贯性,我们来专门深入探讨马克思在研究货币方面的抽象体系。对马克思来说,分析货币不是目的本身,而是解决根本任务,即揭示资本主义的经济发展规律的手段。他在《资本论》中把货币当作19世纪资本的前提和结果加以分析。所以就可以理解,为什么马克思的兴趣不是一切在货币这个范畴中蕴藏着的潜力,而只是那些当时发展了的潜力。对马克思来说,货币关系的物质承担者是唯一第一性承担者这个命题在《资本论》中是为19世纪和过去若干世纪的经验材料所反映的逻辑分析的始点和终点,也就是从商品的矛盾中在理论上引导出执行一般等价物职能的商品这一点的始点和终点。

这样一种态度也是由马克思的前辈对货币的研究所决定的。前人已经证明,货币是商品,但主要之点还没有搞清楚:"商品怎样、为什么、通过什么成为货币。"①

货币商品被提到首位,也是由马克思首先必须与名目论者和蒲鲁东主义者进行论战所决定的。名目论者否认在18和19世纪的资本主义货币制度中货币的作用,并在这个基础上否定劳动价值理论。蒲鲁东主义者认识到金货币的消极面,建议在19世纪中叶形成的条件下取消货币,而代之以所谓劳动货币,即把为生产商品而耗费的劳动时间固定下来的

---

① 《马克思恩格斯全集》第1版第23卷第110页。

凭证、象征。① 马克思只有在指明货币商品和作为"经济细胞"的商品的矛盾之间起源上的联系时,才能证明上述理论是站不住脚的。

在采取这么一种态度的情况下,在这么一种抽象的体系下,对货币关系的物质的第一性承担者的选择,自然是一种可以不予考虑的情况。这也就决定了马克思的个别论点的内容。例如他在《政治经济学批判》中写道:"因此,表面上看来,价值符号直接代表商品的价值,它不表现为金的符号,而表现为在价格上只是表示出来……的交换价值的符号。但是,这个表面现象是错误的。价值符号直接地只是价格的符号,因而是金的符号,它间接地才是商品价值的符号。"② 在19世纪,当一种客观的、但表面上不表现出来的机制即信用货币和纸币借以成为金的符号的机制存在着的时候,人们持有一种错误看法,认为这些货币是直接的价值符号;这一点马克思也已经指出了。

在探讨这个论点时一定要考虑到:第一,不能把任何科学论点绝对化,忽视由这个论点所反映的客观历史条件。第二,必须考虑到本文前面所考虑的那种超出《资本论》以及《政治经济学批判》的范围而对货币所作的研究的出发点。第三,必须考虑到20世纪下半叶从经验理论方面对货币关系的研究成果,而这一点是最重要的。我们对最后一点作进一步的论述。

按照马克思的方法论,最一般的概念(其中也包括货币这个一般概念,它表达货币的最具特征的、对货币关系的发展来说是根本的标志)

---

① 有特别意义的是,当马克思在《大纲》中批判蒲鲁东主义者的象征货币时,同时也谈到"一张纸"可以是价值(交换价值)的象征。(参看《马克思恩格斯全集》第1版第46卷上册第89页)因此,马克思批判蒲鲁东主义者不是由于象征货币这个概念,而是由于对这个概念的错误解释。

② 《马克思恩格斯全集》第1版第13卷第105页。

首先是从多种多样的事实材料中推导出来的。① 这样，最一般的概念是抽象理论分析的对象。

依据这个方法论原则，马克思在两个相互联系的方面来研究货币的一般的基础。第一个方面是经验理论方面：马克思从19世纪货币关系（其中心环节是一般商品）的全部多样性推导出货币范畴的定义：货币是与其他一切商品直接相交换的一般商品。这个方面反映在《大纲》中，在那里，对货币的分析是从法兰西银行的金储备与该银行登记的有价证券所作的比较开始的。② 第二个方面，即抽象理论方面是从商品本身的矛盾中，从使用价值和价值的对立中推导出作为一般商品的货币的。在进行这种推导的过程中，通过经验途径得出的货币这个范畴的定义得到了丰富。它被当作起一般等价物作用的商品，被当作价值形式。第二个方面反映在《资本论》中。

第一个方面运动的结果决定了第二个方面的运动，实践对理论来说是第一性的。因此，就经验层次上说资本主义货币制度中的根本变化，③ 就是说，经验理论研究的变化和结果，最终必然会导致崭新的抽象理论的结果，因而会丰富我们关于货币范畴的内容的看法，弄清这些看法中以前不知道的方面。④ 达到崭新的抽象理论的结果，就会意味着

---

① "所以，最一般的抽象总只是产生在最丰富的具体发展的地方，在那里，一种东西为许多东西所共有，为一切所共有。"《马克思恩格斯全集》第1版第46卷上册第42页。

② 《马克思恩格斯全集》第1版第46卷上册第53—67页。

③ 在这里和在下面，当我们谈到资本主义货币制度中的根本变化时，我们指的是在作为价值形式的资本主义货币中出现了某种质上新的东西。

④ 在这里表现出货币范畴中特殊性和一般性的统一（后者包含着前者的财富）。

解决在实际上而不是表面上的、由虚假的外壳所决定的而较易解决的悖论。①

第一：因为关于货币是作为一般等价物的商品这一论点取决于19世纪的经验材料，所以它是与作为一般范畴的货币的内容不一致的。

第二：如果经验理论的研究通过与19世纪相比较，确认资本主义货币关系发生了根本的变化，那么，按照马克思的方法论，这些变化必定是丰富我们关于货币的范畴的看法的一个原因。

根据这个前提，我们现在来考察对20世纪下半叶和19世纪之间的主要区别所作的经验理论研究得出的结果。

在19世纪，金是直接与一切其他商品相交换的**唯一商品**。正是这种交换使金转化为一种**一般**商品，使它的价值转化为比较一切商品的尺度。这种交换是把一切商品联结为商品—货币关系的整个体系的第一环节，首先它是价格形成的核心。某些种类的商品在金矿产地与金的直接挂钩，形成由金价值和商品价值的兑换比例决定的各等价物价格的比例。后来这些比例一再重复出现并通过国内贸易中的金币和对外贸易中的金条与一切种类的商品直接相交换而取得普遍的意义。② 在这里，金的贮藏表现为"流通中货币的引水渠和排水沟"。③ 这也是货币贮藏的

---

① 实际的悖论作为改变着的经验材料和由此产生的抽象理论看法之间矛盾的特殊方式出现；这些矛盾只能由新的抽象理论原理来解决。

② "另一方面，金所以充当观念的价值尺度，只是因为它在交换过程中已作为货币商品流通。因此，在观念的价值尺度中隐藏着坚硬的货币。"（《马克思恩格斯全集》第1版第23卷第122页）这个原理揭示了价格形式两个方面的联系：一方面是人民经济的、涉及体制的关系——金与商品的直接交换，另一方面是各个商品生产者之间的关系：每一个商品生产者在交换进行以前，把他的商品的价值在观念上表现在金上。

③ 《马克思恩格斯全集》第1版第13卷第126页。

货币职能的本质。就这个客观现实的抽象理论的反映来说，就货币在19世纪货币制度中的关键作用来说，马克思把金说成是作为一般等价物的商品。他强调指出，金成为这样的商品是由于与一切其他商品的可交换性。① 正如《资本论》所指出的，这种交换最终转变为第二性、第三性等等的货币关系，从而也转变为信用货币制度。因此，如果这种交换结束了，这就必然会使资本主义的整个货币制度发生根本的变化。

在20世纪的进程中，特别是在20世纪下半叶，不论在金的产地，还是在商品交易中不再发生金与商品的直接交换。因为金币早已退出商品交易，也就是不再是流通手段，所以金贮藏已不再能成为自己的蓄水池，因而不执行马克思所说的特殊的货币职能。甚至在国际贸易中，金也不再表现为中介，因为在世界市场上，商品只与可兑换货币进行买卖，不仅如此，现在一种货币换成另一种货币，不事先与金作等同比较。外债同样用可兑换货币来偿还：在这里金像其他商品一样，只是用来按照自由市场价格取得可兑换的货币。银行券按金的名义价值兑换金的做法也早就不实行了。目前也不再有金的名义价值。在自由市场上（在黄金交易所里），银行券换成金，像在其他商品（如石油、小麦等等）情况一样，是通过买卖进行的。与19世纪相反，金与商品的交换是以信用货币为中介的。所有这一切使价格形成发生了根本的变化。

与19世纪不同，今天价格不是取决于商品与金的直接交换，因为没有这样一种交换了。价格是通过商品和信用货币之间的直接联系形成

---

① "我们知道金是货币，因而可以同其他商品直接交换。"(《马克思恩格斯全集》第1版第23卷第110页）与此相联，我们记得，货币的概念（其他概念也是如此）并不归结为它的唯一的规定，而是包含一种导致这种规定的论据。关于金与商品直接交换的论点，属于马克思所制定的作为执行一般等价物职能的货币这个概念的最重要的链环。

的，并且决定金与一切其他商品的交换的比例，也就是说，这些比例是从价格推导出来的。因此可以确定，商品价格现在一般是没有金的中介来形成的。金作为执行一般等价物职能的商品这个根本的经济属性，是它的计量一切商品的价值和形成商品价格的能力，可见，事实表明，价格形成是在金之外进行的，所以，现今货币的金的性质必然受到怀疑。

这些由经验确定的变化证明，第一，在目前的货币制度下，不是金相对于信用货币是第一性的东西，而是相反，**信用货币相对于金是第一性的**，因此已经不再是金符号。① 第二，信用货币是**货币制度的中心环节**。

在作为价值形式的货币的历史上，没有更重要的变化了。在经验理论的研究所固定下来的一切变化中，最重要的变化是金与商品的直接交换过渡到商品通过信用货币的直接交换。其他的变化归根到底都是由此派生出来的。②

由此可以得出结论，在当前的资本主义经济中已经不再存在马克思据以论证货币是一般等价物这个论点的经验条件。

尽管如此，金不管所有上述的发展继续起着重要的作用，因为许多世纪以来的传统仍然发生影响。社会的某个部分把金看成是社会财富的体现，与其他商品相比，金较易换成货币符号，因而较易达到取得其他商品这个最终目的。所有这一切对当前的货币制度来说虽然不是关键问题，但是对个人来说是非常重要的。在理论上总结当前货币关系的经验研究的成果时，分清制度方面和个人方面这两个界限具有决定性的意

---

① 信用货币是金符号这个规定，在理论上反映出它是作为第二性的东西从金派生出来的。

② 对导致所有这些结论的经验材料，C. M. 鲍利索夫在《现代资本主义经济中的黄金》一书（莫斯科1984年版）中作了全面的分析。

义,同时,个人方面在表面上表现出来,而制度方面是被掩盖着的。

在个人之间的关系的范围内,从金与商品的直接交换过渡到通过信用货币的直接交换,并不使金的作用发生一种根本的变化。与19世纪相比,只是用金买商品比较困难了,而对金来说可以取得任何商品这个最终结果仍是如此。在货币关系的制度中,这一过渡使金的作用发生了根本的变化。正如经验理论的分析所表明的,金不再是商品价值的尺度,从而不再是这一制度的中心环节。它不再是作为一般等价物出现的商品,而在制度的范围内仍然是一个特殊的商品,商品种类之一。

为了更好地理解这种变化,我们作下面的比较。在19世纪,金与其他商品的一般可交换性,使金成为这样一种商品,它计量商品的价值,是货币制度的中心环节,因而它转化为一种一般等价物。在20世纪下半叶,金的一般可交换性,就是说,它以改变了的方式仍然保持的作为一般商品的地位,没有导致金执行商品、一般等价物的职能。如果说在19世纪,一般商品同充当一般等价物的商品融合在一起,那么在20世纪下半叶,存在着由经验证明的理由,认为第一种商品在没有产生第二种商品的情况下,也能存在。

与此相联就产生了一个问题:不是金符号的信用货币怎么能计量一切商品的价值呢?经验理论的分析不能对这个问题作出回答,因为当前货币制度的更深层次超出这一分析的范围。但由此不能得出结论说,问题只是在于现象的虚假的外表。信用货币的关键作用在经验上得到的证明,使当前的货币制度表现为现实的悖论,从而提供一种扩大关于货币范畴的科学看法的理由。

《大纲》中那些揭示出非物质的第一性承担者的论点在抽象理论上给这些思想提供了论证。在当前没有金外壳而存在的货币的价值尺度、价值实体的悖论的背后,隐藏着商品价值甚至在与它的使用价值的直接统一之外而客观存在这个更加不合理的问题。纯粹形成的价值在商品本身的层次上客观存在着。只有当这个问题解决的时候,那个在与金的使用价值的统一之外而形成的货币价值实质,才能被清楚地推导出来。

以上所说,对《大纲》包含着《资本论》所没有的研究现今货币的出发点的那个论断来说,也是正确的。自然,仅仅揭示出这些出发点并不能揭露20世纪下半叶货币制度上新的属性。但正如我们所指出的,那些出发点使我们有可能勾画出研究这一复杂对象的主要方向。它们有助于从劳动价值论的立场出发清楚地论证现今资本主义货币概念。

在《大纲》中只有很小一部分的文字阐述了这些问题。但是随着资本主义经济的发展,随着这一发展与19世纪经济的区别日益增大,这些片断的意义也日益重要。如果人们在20世纪下半叶研究马克思的手稿,那就应注意这些片断是按照历史主义原则提出的一个必要的方法论的要求。

(原载柏林《马克思恩格斯年鉴》1991年第13辑)

(马兵 译)

论《大纲》中的"资本和利润"*

〔日〕内田弘

一、资本和利润

马克思在《政治经济学批判大纲》中开始论述利润理论时就指出:"资本现在表现为生产和流通的统一……资本现在不仅实现为自行再生产,因而自行长久保存的价值,而且实现为设定①价值的价值。资本通过吸收活劳动时间,并且通过它本身所固有的流通运动……同设定新价值,生产价值的自身发生关系。"②

马克思用这段话概括了包括资本循环和资本周转的"资本一般"概念的实际内容。他指出,现在,资本不仅把生产领域而且还把流通领域,不仅把生产时间而且还把流通时间当成价值增殖的因素;资本在分成可变资本和不变资本之后,又分成流动资本和固定资本,同时把它们看成是价值增殖的不可缺少的形式。资本通过它流经的一切过程和时间,通过所采取的一切形式,通过价值增殖的领域,成为生产的东西。现在,资本一方面不断地改变着生产条件、商品和货币的形式,可变资本和不变资本的形式,流动资本和固定资本的形式等等,另一方面使生

---

* 本文选自《马列主义研究资料》1988年第4辑。本文作者是日本专修大学政治经济学系副教授。

① "设定"为黑格尔用语,有产生、形成、创造等含意。——译者注
② 《马克思恩格斯全集》第1版第46卷下册第263页。

产和流通这两个过程不断地循环和周转，不断地采取表现资本的内在本性的种种形式，不管怎么说，它们都把资本的价值增殖的冲动直接或间接地当作一个根据。马克思说："它［资本］① 作为根据，同以它为根据的剩余价值发生关系。资本的运动就在于，它在生产自身的同时，作为根据同以它为根据的自身发生关系，作为预先存在的价值同作为剩余价值的自身发生关系，或者说，同由它设定的剩余价值发生关系。"②

整个说来，资本作为资本是通过生产剩余价值得到证明的。资本对于资本所设定的剩余价值是根据，剩余价值的根据就在于资本。但是，由于资本是**通过剩余价值**得到证明的，因而反过来，资本就成了剩余价值这种根据的根据。所以马克思把资本和剩余价值之间的关系说成是"它［资本］作为［剩余价值的］根据，同以它为根据的［成为其自身的］剩余价值发生关系"。资本和剩余价值两者相互以对方为根据，并且彼此又充当对方的根据，处于相互规定的关系之中。不仅如此，剩余价值进一步转化为资本，作为由剩余价值变成的资本，再一次设定剩余价值，进入相互以对方为根据，相互又充当对方的根据这样一种关系之中。也就是说，资本自身一方面逐渐地转化为剩余价值，另一方面在内部继续把剩余价值作为根据，具有以剩余价值为根据的关系，进一步在外部成为由自身设定的剩余价值的根据，结成彼此相互充当对方的根据这种关系。资本一方面将自身外化，另一方面在证明自身，在吞下自身进行同化时，又重新进行外化活动。显然，资本这种成为前提的价值，实际上无非是作为由资本设定的剩余价值的结果所积累起来的东西，前提是结果的积累，结果又成为前提。根据黑格尔的因果论所进行的这种论证，不是只在资本的价值这个单一方面，通过资本循环这种周转理论

---

① 凡［］内的话均为本文作者所加。——译者注
② 《马克思恩格斯全集》第1版第46卷下册第263页。

进行的，恰恰相反，是在资本的价值和使用价值这两个方面，通过资本周转这种再生产理论进行的。资本并非一方面把由它亲自设定的剩余价值作为根据，另一方面通过剩余价值这种果实，证实自身是根据，是结果实的树。资本决非仅仅如此。资本进一步把它的成果同自身合为一体，成为内部以剩余价值为根据的追加资本，成为生产剩余价值的更大的源泉，并不断反复同一的增殖过程。马克思指出：".资本从作为能动的主体，作为过程的主体的自身出发……同作为自行增殖的价值的自身发生关系，也就是说，同由它设定并以它为根据的剩余价值发生关系；作为生产的源泉同作为产品的自身发生关系；作为进行生产的价值同作为已经生产出来的价值的自身发生关系。因此，资本计量新生产出来的价值，不再是用这一价值的实际尺度，即剩余劳动同必要劳动的比例，而是用作为这一价值的前提的它自身来计量了。具有一定价值的资本在一定时期内生产出一定的剩余价值。用预先存在的资本的价值来计量的剩余价值，即表现为自行增殖的价值的资本，就是利润。"①

在处于直接生产过程的产业资本进行增殖的最深处，可变资本是剩余价值的生产源泉，剩余价值是通过同可变资本之比表现出来的，与此相反，现在，在包含周转理论的这一层次上，资本的一切部分都被规定为剩余价值的源泉。不仅可变资本是生产的，而且流动资本也是生产的。不变资本作为吸取剩余价值的条件，流通过程作为实现剩余价值的过程，固定资本作为提高劳动生产率，提高相对的剩余价值率，加速流动资本的回流的条件，统统表现为生产的东西。资本将自身分化为多种东西，各个因素都同样程度地表现为生产的东西，都能带来利润。马克思说："既然资本表现为创造利润的东西，表现为不依赖于劳动的财富源泉，可以设想，资本的每一部分都会具有同样程度的生产性。如果说

---

① 《马克思恩格斯全集》第 1 版第 46 卷下册第 264 页。

剩余价值在利润形式上是用资本的总价值来计量的,那么剩余价值也就表现为是由资本的不同组成部分按同样的程度创造出来的。"①

现在,资本所采取的多种多样的形式都同等程度地被看作是产生利润的因素,资本由于穿上了这种外衣,都已达到了同一高度。马克思在《资本章》中一方面分析了转化理论,接着分析了剩余价值理论、循环积累理论、周转积累理论,把资本彻底地分化为多种多样的特殊形式,另一方面在这个范围内,无一例外地被当成价值增殖的要素,再一次返回到同一个东西之上。把自身返回到一个东西之上,把自身总括起来,把自身同自身的成果进行对比。通过彻底的特殊化,产生了一般性,特殊的东西通过这种一般性便总括为一个东西。也就是说,资本生成为个别性。在这之后,剩余价值才有可能作为利润为自己再下定义。而随心所欲地片面解释,既得不出剩余价值,也得不出利润。资本通过反复将自身分化和特殊化并发展到极点,把自身的一切要素明确看成是增殖资本价值的东西,只有这样才生成为同样程度的东西。把这样的生成作为标准,才能把资本的成果当成利润,并得出定义。因此,资本概念的自我展开、自我前进,就是后退,后退到《资本章》的开头的货币尚未将自身分化而具有的同等性上。② 现在,成了一个特定的总体,作为多种规定的统一返回到起点。因此,资本运动的轨道是;从 P⋯P′（始于生产和终于生产的生产资本循环）开始,再返回到 G⋯G′（始于货币和终于货币的资本循环）。然而,这种循环不是单纯的复归。一旦从循环理论转向周转理论,循环理论在主题上就把预先为一定的生产条件和使用价值的生产本身抽掉,明确指出资本设定其前提条件本身的过程,归

---

① 《马克思恩格斯全集》第 1 版第 46 卷下册第 280 页。
② 黑格尔说:"前进就是后退到根据,后退到原始的和真正的东西。被用作开端的东西就依靠这种根据,并且实际上将是由根据产生的。"

还所谓循环理论的欠债。由于还清了欠债，资本把生产和流通统一起来，均等地生成为生产的主体。资本抽掉了循环理论中的流通—生产—流通和周转理论中的生产—流通—生产，规定了既是生产手段和流通手段也是目的这样一种关系，并在这一层次上再一次开始描绘货币资本循环。一旦从循环理论转到周转理论，作为循环理论主体的、不过抽象地规定价值增殖的这种资本本性，就被掩盖在为生产而生产之中，在进行物质生产的这个新主题下，变得模糊不清，但是，一旦转入利润理论，便从生产资本循环和周转的内部显露出来，再一次回到表面上，而在内部却包含着周转，正在进行一场把价值增殖当作主题的运动。可见，《大纲》的体系是一环扣一环的连环扣式的形式，它从货币资本循环开始，向在深处包含着货币资本循环的生产资本循环或周转发展，再向在内部包含着生产资本周转的货币资本循环发展。

二、作为再生产基金的利润

资本从通过生产资本循环公式得到说明的周转运动，再一次返回到描绘货币资本循环的运动。一切资本要素都无区别地一概成为带来利润的生产要素，就是说，又返回到这里。资本一方面在变换形式，另一方面又同一地保持作为价值的自身，同时又在不断地扩大自己的量。因此，究竟怎样贯彻这种质的同一性和量的区别（增大）呢？要认清这一点，就必须有一个主体，由他担当起这种资本的循环运动。这个主体就是资本家。因为资本家也是人，所以也要吃喝才能生存下去。不过资本家不劳动，所以他的生活基金只好从资本所带来的收入（利润）中分出一部分。于是，利润便分成两部分，一部分是积累基金，一部分是资本家的生活基金。"资本同作为利润的自身发生关系时，也就同作为生产价值的源泉的自身发生关系，而利润率表示资本增殖自身价值的比例。但是，资本家并不单纯是资本。他要生活，并且因为他不是靠自己的劳动生活，所以他要靠利润，即靠他据为己有的他人劳动生活。资本就是这样表现为财富的源泉。"①

利润分裂成增大资本价值的源泉即积累基金和在人格上承担资本运动的资本家的生活基金。资本的收入分裂成资本的积累基金和资本家的收入即消费基金。一方面资本有着积累的冲动，要抑制消费支出，不得不把利润转化为积累基金即追加资本，同时另一方面，资本家必然要相应地夸耀他的消费方式。资本主义生产方式的承担者由于生活悲惨不会积极劳动。为了劝导人们支持和组织资本主义生产方式，相当重要的一件事就是显示资本家的消费生活的魅力。

资本家并非从获得利润的时候才开始消费。在成为资本的货币进行运动的时候，他就进行个人消费了。也就是说，他把将会得到的利润当作目的，把已经到手的一部分利润用于消费。"它［资本］可以消费这个收入的一部分……而并不失为资本。资本吃掉这个果实以后，可以重新结出果实。它可以代表享用的财富，而并不失为财富一般形式的代表，这是从前简单流通中的货币不可能做到的。"②

在《资本章》终了之处使自身陷入解体矛盾之中的货币，不可能同时采取"财富的一般形式"和"享乐财富"这两种形式。不过，有一点是清楚的，这就是，在周转理论中已经清楚地指出，资本自身不像在积累理论中那样只是抽象地作为价值存在，而是已经成为再生产使用价值的主体了，利润已比较具体地被分割为资本家的生活基金和积累基金了，已从这样两个方面说明了享乐财富（资本家的消费）和财富的一般形式（资本积累）。通过资本循环和周转理论来看，最初的资本同

---

① 《马克思恩格斯全集》第 1 版第 46 卷下册第 278 页。
② 《马克思恩格斯全集》第 1 版第 46 卷下册第 278 页。

积累起来的剩余价值相比，具有比例不断缩小的趋势，通过利润理论来看，即使这笔最初的基金是资本家本人通过劳动积累起来的，但是，由于资本家的生活基金不断从中分割出去，经过若干次周转，资本显然终于要由全部剩余利润即他人的剩余劳动组成。马克思在手稿中虽然没有像在《资本论》中那样为吃光喝尽理论下定义，但是，通过作为同周转理论直接联系在一起的再生产理论的利润理论，为《资本论》第1卷的简单再生产中的原始资本，为吃光喝尽理论打下了基础。这一点同《资本论》第2卷的扩大再生产理论通过循环理论和周转理论对原始资本或不断缩小理论的准备，是相适应的。

雇佣工人用工资购买生活资料，通过消费生活资料，再生产出劳动能力，然后再由资本家雇用。与这种生活过程相适应的是，资本家把利润分成积累基金和生活基金，用以维持资本家自身的生活和资本本身的生活即积累。也就是说，工资和利润这种分配形式是一种生产形式，它再生产着雇佣工人和资本家的社会关系的基金，支撑着资本的再生产和积累。"可见，利润像工资一样，表现为分配的形式。但是，因为资本只有通过利润再转化为资本，再转化为追加资本，才能增长，所以利润也是资本的再生产的形式；这和下面这种情况完全一样：从资本的观点看来，工资是单纯的生产关系，而从工人的观点看来，却是分配关系。这里表明，分配关系本身是由生产关系产生的，并且是从另一个角度代表生产关系本身的。其次还表明，生产同消费的关系是由生产本身造成的。"①

资本所生出的利润一方面分割为资本家的生活基金，一方面又成为生产的源泉，转化为资本的再生产即积累基金。也就是说，利润这种资本所结出的果实又成为资本的根据和原因。较大规模的生产会带来更多

---

① 《马克思恩格斯全集》第1版第46卷下册第279页。

的利润。"如果说这样一来利润表现为资本的结果,那么另一方面它又表现为形成资本的前提。这样,循环运动又重新确立起来,在这一运动中结果表现为前提。"①

循环即再生产理论包含着黑格尔的因果论——原因消失在结果中,原因又在结果中生成,结果成为原因并在其中消失,结果又从中产生。就把利润作为再生产的源泉这种方法来说,马克思有效地阐述了包含这种因果论的循环理论即再生产理论。

三、利润率下降的趋势及其防止界限

马克思在确认资本复归为一物,具有同一概念之后,在进一步分析中指出,资本由于要提高劳动生产率,要生产相对剩余价值就要发展固定资本,结果造成了利润率不断下降的趋势。他指出:"剩余价值在利润的形式上,则是按在生产过程开始前就已存在的资本的总价值来计量的。因此,利润率取决于——假定剩余价值不变,剩余劳动同必要劳动的比例不变——与活劳动相交换的那部分资本同以原料和生产资料形式存在的那部分资本的比例。这样一来,与活劳动相交换的那部分越少,利润率就越低。"②

马克思一方面通过利润理论分析了相对剩余价值理论和固定资本发展理论中的资本价值增殖机制,另一方面通过迄今为止的政治经济学的历史说明,提出了利润率下降具有怎样的一种趋势。他说:"这[指利润率下降趋势]从每一方面来说都是现代政治经济学的最重要的规律,是理解最困难的关系的最本质的规律。从历史的观点来看,这是最重要

---

① 《马克思恩格斯全集》第 1 版第 46 卷下册第 280 页。
② 《马克思恩格斯全集》第 1 版第 46 卷下册第 265 页。

的规律。这一规律虽然十分简单,可是直到现在还没有人能理解,更没有被自觉地表述出来。"①

亚当·斯密是怎样说明利润率下降这一规律的呢?他是通过"资本相互间竞争"来说明这一规律的。然而,竞争只是执行和实现资本的内在规律,而不能发现这一规律。斯密在《国富论》体系的开头论述了分工,并把分工看成是增加国民财富即资本积累的真正原因。整个说来,一旦由资本积累引起财富增大,各资本就要围绕销路展开竞争,出售价格就要逐渐降低。也就是说,从分工提高了的劳动生产率中得到的部分成果又以降低价格的形式还给了社会。资本之间的竞争更加激烈,实际工资逐渐提高。也就是说,生产工人的结合劳动所带来的生产力的发展的部分成果,变成工人的高工资,由高工资所吸取。一旦雇佣工人的工资得到提高,便清除了重商主义的低工资理论。斯密看到,由于分工增加的财富,通过资本竞争,广泛地普及到社会各个阶层和雇佣工人;利润量虽然增加,但利润率却有可能逐渐下降;但是,雇佣工人只有努力劳动,才能在这个限度内改善生活。资本家的禁欲本能使剩余产品转化为资本,工人通过这笔基金得到较高的工资,实现他们的生产本能,从而增加了财富。尽管存在着利润率下降的趋势,资本家的积累仍在发挥作用,按农业、工业、国内商业这个自然顺序进行投资。由于马克思非常理解斯密的这种乐观主义,所以他在《大纲》中,从抓住一个资本的一般本性这种方法出发,指出,利润率下降趋势包藏在资本的最深处,竞争不过是这一规律的现实化。马克思批评说,亚当·斯密不是把这一规律当作原因,而是当作了结果。

李嘉图对斯密的这种下降理论作了如下批判。斯密虽然认为发展是按照资本积累——劳动需要量增大——工资提高——利润率下降这个顺

---

① 《马克思恩格斯全集》第1版第46卷下册第267页。

序进行的，但是又认为，劳动人口是按照需要增加的，利润率下降的原因只不过是一时的作用而已，它迟早要被消灭。或者说应当这样去看：由于资本积累所提高的只是工业的生产力，而生产雇佣工人的主要生活资料谷物的农业生产力是追赶不上工业生产力的。因此应当这样发展：资本积累——劳动需要量增大——谷物需要量增大——耕地有限——谷物价格提高——名义工资提高——地主的级差地租增加——利润率下降。也就是说，耕地产量递减规律引起级差地租的增加，这才是造成利润率下降的真正原因。斯密作为工场手工业时期的经济学家，企图通过劳动分工寻求提高生产力的原因，与此相反，产业革命时期的经济学家李嘉图，企图通过机器工业生产寻求提高生产力的原因。农业产量由于农业科学和有机化学的发展可以暂时防止递减。如果从国外自由输入便宜的谷物，就可以防止利润率下降趋势。"只有通过［用奢侈品］同别国人民的农产品交换才有可能做到这一点，那时，就好象农业本身的生产率提高了。因此，谷物的自由贸易对工业资本家来说具有重要意义。"①

可见，不管是斯密的竞争造成利润率下降的理论，还是李嘉图的级差地租造成利润率下降的理论，从马克思在《大纲》中的庞大的政治经济学批判体系来看，它们都没有达到认识资本的最深处。在这里必须清楚地认识到，利润率下降的趋势并非由竞争和级差地租引起的，而是存在于资本为了实现价值增殖的冲动所展开的提高劳动生产力的机制之中。要把握住这一点，就必须考察对相对剩余价值理论和资本周转理论到目前为止所作的分析。

首先，如我们在相对剩余价值理论中所看到的，马克思通过"生产

---

① 《马克思恩格斯全集》第1版第46卷下册第272页。

力的乘数理论"① 指出，尽管劳动生产力提高了，但是相对剩余价值的增长率却不得不逐渐递减。也就是说，一旦生产力发展到一个更高的水平，生产力得到进一步的提高，必要劳动因此就要减少，同样，由此而增加的剩余劳动也要减少。在生产力发展的这种资本的普遍趋势中，包含着一种自我矛盾，限制了把价值增殖作为主要动机的资本本身。"生产力的乘数"规律，也就是说劳动时间和同时并存的工作日（工人人数）之和即工作日整体，在一定期间内，尽管提高了劳动力，但会降低剩余劳动的增长率。它把活劳动（V+M）作为上限，对使剩余劳动的增加量和增长率接近零的资本来说，是一个至关重要的规律。那么这样一个规律是怎样同利润率下降的趋势结合在一起的呢？马克思在论述"生产力的乘数"规律所包含的剩余价值的生产困难后解释说，"这一切一旦不再完全从一般形式上［来表述］，那就属于利润学说了。"② 马克思还注意到，"这里要考察的东西有很大一部分前面已经讲过了。但是，提前讲过的东西应该放到这里来。"③ 在这里，"生产力的乘数"规律是否同利润率下降理论结合起来了呢？是结合起来了。马克思写道："资本作为资本［C］同直接劳动［V+M］相比在生产过程中所占的份额越是大，因而，相对剩余价值，资本创造价值的能力越是增长，利润率也就按相同的比例越是下降。"④

相对剩余价值是按照劳动生产力的提高程度而增长的。换句话说，会发生这样一种趋势——活劳动（V+M）同物化劳动［C］的比例将

---

① 关于"生产力的乘数"理论，请参看《马克思恩格斯全集》第1版第46卷上册第304—305页。——译者注
② 《马克思恩格斯全集》第1版第46卷上册第306页。
③ 《马克思恩格斯全集》第1版第46卷下册第265页。
④ 《马克思恩格斯全集》第1版第46卷下册第265页。

缩小，其公式是：

$$\frac{V+M}{C} \rightarrow 0 。$$

如果把这一公式同利润结合起来，就会得出如下公式：

$$p' = \frac{M}{C+V} < \frac{V+M}{C+V} < \frac{V+M}{C} \rightarrow 0 。$$

也就是说，如果资本由于劳动生产力的提高增加了相对剩余价值，相对剩余价值的增加量和增长率就不仅仅会逐渐接近零，而且利润率也会逐渐接近零。马克思通过周转理论的固定资本发展理论，更加详细地分析了物化劳动对活劳动的增大趋势 $\left(\frac{V+M}{C} \rightarrow 0\right)$。也就是说，不但劳动生产力中发挥主要作用的因素发生了变化，即活劳动（分工）被物化劳动（机器）代替了，而且，由于机器即固定的不变资本的生产率提高了，被加工的原材料即流动的不变资本也增加了，从而产品即流动的资本从工厂运往市场的速度也加快了，商品量也随之膨胀起来，这一情况是十分明显的。

马克思指出："**利润率取决于——假定剩余价值不变，剩余劳动同必要劳动的比例不变**〔也就是说，假定剩余价值率 $m' = \frac{M}{V}$〕——与活劳动相交换的那部分资本同以原料和生产资料〔即劳动资料〕形式存在的那部分资本的比例。"①

也就是说，如果我们以上述引文为根据，那么就可以使利润率变成：

$$p' = \frac{M}{C+V} = \frac{M}{V} \cdot \frac{1}{\frac{C}{V}+1} = m' \cdot \frac{1}{\frac{C}{V}+1}$$

---

① 参看《马克思恩格斯全集》第 1 版第 46 卷下册第 265 页。

资本的比例关系即资本有机构成 $\left(\dfrac{C}{V}\right)$ 越大，$\dfrac{1}{\dfrac{C}{V}+1}$ 就越小，但是即使这样，按照上述比例，生产力的提高（它是资本有机构成提高的原因）会提高相对剩余价值率（m'），而作为总体，利润率并非一定下降。不过，前面提到的那个公式——$p' = \dfrac{M}{C+V} < \dfrac{V+M}{C} \to 0$——是上限，具有使相对剩余价值率的提高和资本有机构成的提高相互抵消的作用，但是尽管可以使利润率得到一时的提高，不过就长期来看，利润率不能越过这个上限，也就是说，不能越过活劳动超过物化劳动的这种趋势，或者说，在趋势上，利润率不能不低于劳动生产率的提高和相对剩余价值的提高。

那么，资本对利润率下降这种趋势毫无感受吗？当然不会这样。马克思在这里指出了如下三个条件：

一，减少从利润中的扣除，如降低税收和减少地租等等；

二，建立一些有机构成低的部门；

三，垄断。①

从学说史方面来看，第一个条件既包括斯密的主张，也包括李嘉图的主张。斯密的主张是，要抑制非生产阶级（斯密认为非生产阶级是重商主义国家和与重商主义结合在一起的特权阶层）的消费基金，应当更多地雇用生产劳动。李嘉图的主张是，通过自由贸易从大陆输入价格便宜的谷物，减少地主阶级的级差地租，把更多的剩余产品用于产业资本的积累基金。

但是，斯密所主张的把商业利润转变为产业利润的时代和李嘉图所

---

① 参看《马克思恩格斯全集》第 1 版第 46 卷下册第 270 页。

看到的产业资本同地主阶级相对抗并进行争霸的时代已经一去不复返了。十分清楚,自1848年革命以来,资本家阶级首先是同工人阶级相对抗。那时是产业资本称霸体制的时代,产业资本在进行自由竞争,创造了钢铁工业——机器工业——棉纺工业这样一条龙的产业,创造了这样的再生产结构,由于向固定资本投资,提高了劳动生产力,生产了大量产品,增加了大量流动资本,产品销售已经冲出国内市场,把产品输往世界其他各个地区。于是危机具有世界市场危机这种形式。马克思时代的世界是所谓用英国武力"维持和平"的世界。马克思在《大纲》中抓住了资本的这种开化的和前进的本质。必须寻求一种方式,阻止对资本的普遍发展的限制,阻止利润率下降的趋势,但不是通过重商主义国家和地主阶级的非生产消费,而是通过资本的价值增殖的冲动所推动的生产力的发展。从而,第二个条件所表明的近代以前所创造的绝对剩余价值的方法和第三个条件——垄断,从《大纲》的角度来看,都被有意识地回避过去了,因为《大纲》已经抓住了多数资本在现实的运动中通过自由竞争所表明的资本的开化的一般性质。

那么,资本究竟是怎样抑制利润率下降趋势的呢?马克思在《大纲》中通过利润理论考察了到那时为止的剩余价值理论和周转理论,并根据这种考察,探索了阻止利润率下降趋势的条件。相对剩余价值的增大的原因在于劳动生产力的提高,结果,增大了资本的比例关系$\left(\frac{C}{V}\right)$。一旦通过周转理论进一步详细地分析了相对剩余价值的增大的原因,那么,劳动资料的机器化成为劳动力发展的决定性条件这一点就清楚了。劳动资料的机器化增大了体现资本价值的固定的不变资本的部分,还增大了由这种生产力规定的流动的不变资本的部分(原材料)。我们在剩余价值理论中所看到的资本比例$\left(\frac{C}{V}\right)$增大的趋势,就是这样通过周转理论进行分析的。劳动生产力发生作用的原因不像斯密时代那样在于分工（活劳动），自从李嘉图的产业革命时代以来，情况发生了本质的变化，现在的原因在于机器（物化劳动）。因此，同流动资本（工人的生活资料）相比，固定资本（机器）的比重增大了。然而，机器体制生产中的劳动生产力越发展，必要劳动就越转化为剩余劳动，流动资本（给养品）就转化为固定资本（机器），进而，已经处于流动资本（给养品）的生产中的劳动人口和生产资料就越过剩。于是，业已产生的过剩人口和过剩生产资料向固定资本（机器）的生产转化，进而形成了高劳动生产率的固定资本，产生了追加资本。

马克思根据他在《大纲》中对相对剩余价值理论和周转理论的考察，考察了资本家针对利润率下降趋势试图所采取的对策。当然，马克思考察的主要对象是固定资本。

固定资本（机器）主要有两种效果，其一在于耐久性，其二在于劳动效率。在同一时间内虽然生产了同一数量产品，但是耐久性却有可能不同；相反，耐久性尽管相同，但在同一时间内却生产了不同数量的产品。

马克思关于耐久性说："资本的趋势一方面是增加固定资本的总价值，另一方面则是降低固定资本的每一部分的价值。"[①]

追求发展劳动生产力，追求增大相对剩余价值的条件的结果，便产生了拼命向机器投资，增加固定资本总额这样一种趋势。但是，机器的耐久性越强，那么，通过活劳动向每个商品转移的固定资本的部分即"固定资本的每一部分的价值"就越少。不过，这是一个多数资本彼此展开竞争，力图将自己的产品的个别价值降到别的资本产品的社会价值以下，提高市场占领率的问题，而这个问题马克思在《大纲》中指出，

---

① 参看《马克思恩格斯全集》第 1 版第 46 卷下册第 287 页。

是属于隐藏在"资本一般"之后的"资本竞争"领域的问题。马克思说:"把降低价格当作争夺市场的条件,这属于竞争问题。因此,必须作另一种说明。"①马克思又说:"从竞争以及由竞争引申出来的缩减生产费用的规律来说明机器的采用是很容易的。这里必须用资本对活劳动的关系来说明机器,而不考虑其他的资本。"②

也就是说,马克思提出了这样一个问题:一个资本通过同活劳动的关系引进了固定资本,不但使剩余价值率,而且也使利润率都得到了提高,这一条件应怎样得到说明呢?关于这一问题,马克思考察了两次,一次是在第662—663页和第704—706页上,另一次是在第647页和第684—685页上。③在这里,我想只提一下要点。马克思预想了种种情况,探索了阻止利润率下降的方法,提出了一条积极的活路。也就是说,用过去可变资本的一半购买机器,用剩下的一半雇用工人,让这些工人生产同量剩余价值。也就是说,从前,为了生产480镑剩余价值,要用240镑工具费用,2400镑可变资本,雇用100名工人,并让他们每人每天劳动12小时,其中必要劳动10小时,剩余劳动2小时;现在,用可变资本的一半即1200镑购买新机器,由此去掉以前用在生产工具上的费用240镑,用剩下的一半即1200镑雇用50名工人,让他们每人每天提供4小时剩余劳动,总额同从前一样,生产480镑剩余价值。马克思通过这种计算,把剩余价值率从20%提高到40%,可是,所投下的资本总额由于工具的节约减少了,利润率从18%提高到20%。因此,采用机器只有在这种场合才有可能:"原先投在劳动上的那一资本的一

---

① 《马克思恩格斯全集》第1版第46卷下册第286—287页。
② 《马克思恩格斯全集》第1版第46卷下册第300页。
③ 《马克思恩格斯全集》第1版第46卷下册第299—301、346—349页和第282—283、324—326页。

部分，现在作为以不变价值形式加入生产过程的资本的组成部分而支出了，——生产力的这种增长，只有在下述情况下才能发生：剩余劳动时间总量不仅［在自己的绝对量上］保持不变，也就是说，同所使用的活劳动相比增加了，而且增加的比例大于机器价值对所解雇的工人的价值的比例。"①

不过，这条活路一下子就被打开了。生产至关重要的剩余价值的工人人数（同时进行的工作日）由具有更高劳动生产率的机器代替了，不过是逐渐完成的。用于机器的固定资本要求连续进行生产，消费更多的原料。因此，同活劳动（V＋M）相比，要求更快地增加物化劳动（C）。活劳动同过去劳动之比$\left(\dfrac{V+M}{C}\right)$变小了，利润率本身自上受到了限制。为了阻止利润率下降趋势，发明了机器，但是适得其反，机器却成了造成利润率下降的原因。节约了的可变资本变得便宜了。但是一旦制造了能够生产同样多的剩余价值的机器，并把它们安装在生产消费资料的部门里，利润率就会一下子提高上去，从而阻止利润率的下降趋势。这就是马克思关于阻止利润率下降趋势的看法。

（原载内田弘《〈政治经济学批判大纲〉研究》
东京新评论株式会社1982年版第5章）

（刘焱 摘译）

---

① 《马克思恩格斯全集》第1版第46卷下册第348页。

重新遭遇异化：马克思历史现象学的最后逻辑层面

——《1857—1858年经济学手稿》"资本章"的哲学研究*

张一兵

马克思在《1857—1858年经济学手稿》的《货币章》里，首先对交换价值与货币关系的颠倒和物化进行了历史与逻辑的分析，这也是他创立的历史现象学第一层面的剥离。在《资本章》中，马克思要进一步说明资本不是物，不是物的天然属性，而是一种社会关系，一种资本主义生产方式特定的历史关系。并且，马克思还要说明资本作为一种社会关系，究竟是一种在什么层面上起根本性作用的关系。最后，马克思还要说明这种关系是如何被表现出来的假象遮蔽起来的。他的历史现象学就是历史地剥去资本主义社会生活中一层层历史构成的现象和假象。而这个现象和假象正是以货币关系为起点与终点的流通领域的交换。马克思决心走出流通的现象域，找出更重要的本质。我们将看到，马克思在揭示资本关系的本质时，再一次科学地指认了资本主义经济运行中现实发生的异化现象。

一、从交换中生发出来的形式上的平等与自由

《1857—1858年经济学手稿》新的一章是从第二个笔记本开始的，它的标题是《作为资本的货币章》，而后面的手稿中都用了《资本章》

---

* 本文选自《马克思主义与现实》1999年第5期。

的标题。这显示,马克思接下去要解决的问题是从货币向资本的过渡。

在文本写作的始端,马克思还是从货币的讨论开始的。他指出,其实在货币的规定性上理解货币是十分困难的,在金钱的世界中无法理解金钱世界的本质。人们以为,货币就是经济生活中最重要的东西了。其实,这只是商品—市场经济的社会形态中的一种现象,甚至是社会生活本质在表现形式上的一种颠倒的现象。不过,这也是资本主义社会生活的一个重要的无法回避的特征。马克思在进入下一阶段的现象学分析之前,先讨论了与这一现象层面同构同体的资产阶级的平等与自由问题。这是很精彩的一段分析。

首先是平等的经济学发生。马克思说:"只要考察的是形式规定——而且这种形式规定是经济规定,是个人借以互相发生交往关系的规定,是他们的社会职能或彼此之间的社会关系的指示器——那么,在这些个人之间就绝对没有任何差别。每一个主体都是交换者,也就是说,每一个主体和另一个主体发生的社会关系就是后者和前者发生的社会关系。因此,作为交换的主体,他们的关系是平等的关系。"① 这是其一。其二是在交换中,"他们所交换的商品作为交换价值是等价物"。所以,平等首先现实地发生在交换过程中。马克思指出,在这种平等的交换中,形式上存在着三种要素:一是"关系的主体即交换者,他们处在同一规定之中";二是"他们交换的对象,交换价值,等价物,它们不仅相等,而且必须确实相等,还要被承认为相等";最后,是"交换行为本身即媒介作用,通过这种媒介作用,主体才表现为交换者,相等的人,而他们的客体则表现为等价物,相等的东西"。②

马克思说明了一个道理,即正是人们之间"在需要上和生产上的差

---

① 《马克思恩格斯全集》第 1 版第 46 卷上册第 192—193 页。
② 《马克思恩格斯全集》第 1 版第 46 卷上册第 193 页。

别，才会导致交换以及他们在交换中的社会平等"。① 如果两个人都需要空气，而空气也是富足的，这不会使他们发生社会接触；如果两个人的需要相同，又都将自己的劳动投入到同一对象中去，那么他们同样不会有任何社会关系。在现实生活中，人的需要都是不同的，这种需要在一定的历史发展中只会更加丰富，而在分工的条件下，生产是不同的。所以，在这种情况下"一个人的需要可以用另一个人的产品来满足"，反之一样。这样，人们之间就是相互补充，相互需要，并且通过交换实现这种相互的依存，"于是他们彼此不仅处在平等的关系中，而且也处在社会的关系中"。② 人与人的平等关系是在市场交换产生的特定社会关系的不断丰富中发展起来的。

其次是资产阶级自由的经济学发生。马克思进一步说，也由于个人之间、他们的商品之间的自然差别，使人与人通过交换结合在一起，"使他们作为交换者发生他们被假定为和被证明为平等的人的那种社会关系的动因，那么除了平等的规定以外，还要加上自由的规定"③。这也就是说，在交换过程中，"尽管个人 A 需要个人 B 的商品，但他并不是用暴力去占有这个商品，反过来也一样，相反地他们互相承认对方是所有者，是把自己的意志渗透到商品中去的人。因此，在这里第一次出现了人的法律因素以及其中包含的自由的因素。谁都不用暴力占有他人的财产。每个人都是自愿地出让财产"。这是自由的最重要的现实基础。"每个人为另一个人服务，目的是为自己服务；每一个人都把另一个人当作自己的手段互相利用。"④ 这是交换中手段与目的的辩证法。"从交

---

① 《马克思恩格斯全集》第 1 版第 46 卷上册第 194 页。
② 《马克思恩格斯全集》第 1 版第 46 卷上册第 195 页。
③ 《马克思恩格斯全集》第 1 版第 46 卷上册第 195 页。
④ 《马克思恩格斯全集》第 1 版第 46 卷上册第 195 页。

换行为本身出发，个人，每一个人，都自身反映为排他的并占支配地位的（具有决定作用的）交换主体。因而这就确立了个人的完全自由。""因此，如果说经济形式，交换，确立了主体之间的全面平等，那么内容，即促使人们去进行交换的个人材料和物质材料，则确立了自由。可见，平等和自由不仅在以交换价值为基础的交换中受到尊重，而且交换价值的交换是一切平等和自由的生产的、现实的基础"。马克思深刻地指出："作为纯粹观念，平等和自由仅仅是交换价值的交换的一种理想化的表现；作为在法律的、政治的、社会的关系上发展了的东西，平等和自由不过是另一次方的这种基础而已。"① 马克思这里的分析是非常重要的。

马克思说，货币制度正是这种"自由和平等制度的实现"。在货币的流通中，货币在谁的手中都是一样的。在货币上，"平等甚至在物质上也表现出来了"。在交换中，商品的自然差别消失了，货币拥有者的差别也消失了，一个用十元钱买东西的工人与一个用十元钱买东西的王子，"两者职能相同，地位平等……他们之间的一切差别都消失了"②。马克思这里的分析，实际上是前面我们看到的《伦敦笔记》时期《反思》手稿的展开。不过，马克思不久就要说明，这种平等和自由只是形式上的平等与自由。固然如此，相对于过去的专制社会，这在人与人的社会关系上，还是真实的历史进步。

一直到这里，马克思是从一般经济学家甚至是社会主义经济学关注的流通和交换过程入手，指认了在这一层面发生的表面关系，特别是在这种现象层面之上建立起来的虚假的资产阶级政法观念。马克思真正要论说的东西，并不是简单肯定或者否定这一现象，而是要深一步地观察

---

① 《马克思恩格斯全集》第1版第46卷上册第197页。
② 《马克思恩格斯全集》第1版第46卷上册第198—199页。

这个表象层面的背后。

马克思分析说：实际上"交换价值作为整个生产制度的客观基础这一前提，从一开始就已经包含着对个人的强制"。这是由于，个人的产品不是为个人的产品，只有在社会过程中它才成为这样的产品。这里面已经包含着对"个人的自然存在的完全否定，因而个人完全是由社会所决定的"。同时，在分工的条件下，个人在分工中所处的关系已经不是单纯交换者的关系。"交换价值这个前提决不是从个人的意志产生，也不是从个人的直接自然产生，它是一个历史的前提，它已经把个人当作是由社会决定的人了。""交换价值，或者更确切地说，货币制度，事实上是平等和自由的制度，而在这个制度更详尽的发展中对平等和自由起干扰作用的，是这个制度所固有的干扰，这正好是平等和自由的实现，这种平等和自由证明本身就是不平等和不自由。"[①] 这是隐匿在很深的经济关系中的历史辩证法。

二、流通背后究竟发生了什么？

马克思实际上想说明，在资本主义经济运作中，流通领域里起支配作用的交换关系的确是构成这种社会生活的主导性关系，资本主义社会生活和全部意识形态也正是建立在这一基本关系之上的。资产阶级的理论逻辑甚至过去一切反对资本主义社会的社会主义思想家的改革，实际上基本也都是在这一层面上展开的。但是，马克思认为人们能直接感性达及的整个流通与交换领域还只是这一社会经济生活的现象，并不是这个社会真正的本质关系。马克思分析道，"在资产阶级世界的表面上发生的这种运动中"，交换价值似乎在流通中以纯粹的形式进行，就像前

---

① 《马克思恩格斯全集》第 1 版第 46 卷上册第 200—201 页。

面我们所说的,一个购买面包的工人和一个购买面包的百万富翁,在这一行为中都只是单纯的买者,而面包零售商对他们来说只是卖者,"其他一切规定在这里都消失了"。这个"一切都消失"十分重要,它既是指人们感官止步的本质域界,也是资产阶级政治无意识的期望所在。在流通的过程中,或者按马克思所说,当"货币作为货币的简单规定"出现在交换中时,资本主义社会真实的社会关系本身是被遮蔽的。新的现象学批判的理论出发点就是要超出这种观察层面,即进入货币作为资本的理解层面。

马克思说:"货币作为资本,可以看作是货币的更高的实现;正如可以说猿发展为人一样。"① 进入这一层面,首先要厘定的问题是经济学范畴的历史性。我们要看到,根本不存在资产阶级经济学家充当自然(天然)人性与社会本性的所谓永恒不变的一般经济规定,任何范畴都是历史的。这里,显然马克思是用历史唯物主义的原则来突破经济学中的社会唯物主义。马克思分析道,比如在理论逻辑上,价值概念似乎先于资本;但另一方面,在现实中一般价值的存在又必须是以资本主义的生产方式为前提的。马克思说,"价值规定本身要以社会生产方式的一定的历史阶段为前提,而它本身就是和这种历史阶段一起产生的关系,从而是一种历史的关系。"② 这又有两层意思,一是说价值规定本身的各种因素是在过去历史的生产方式的一些阶段上形成和发展出来的,并表现为这些过程的结果。从价值到货币,再到资本,这有一个历史的发展过程。二是一旦后者产生出来,它却客观地成为"普照的光"这样主导性的东西。所以马克思专门界说道,他这里研究作为资本的货币,当然是在承认这种历史发生过程的前提下,抽象地焦点式地研究"已经

---

① 《马克思恩格斯全集》第 1 版第 46 卷上册第 204 页。
② 《马克思恩格斯全集》第 1 版第 46 卷上册第 205 页。

形成的、在自身基础上运动的资产阶级社会"。这是历史现象学的基本逻辑前提。

以马克思这里的看法，把资本关系的本质遮蔽起来的现象就是我们前面刚刚讨论过的流通领域的交换过程，即那个仍然属于现象界的金钱王国。马克思指出，资产阶级经济学家正通过"把资本真正归结为纯粹的交换，从而使资本作为［社会］力量消失"①。我们知道，在资产阶级经济学家眼里，交换过程中同时出现了三种主体和三种东西：地主拿出土地，资本家拿出资本，工人拿出劳动，在交换中三方都平等交换，然后公平地再拿回三种收入，即地租、利润和工资。在这里，人们只看到流通中交换过程的平等和自由，而不再追问这个流通背后还发生了什么。马克思揭露道："流通的直接存在是纯粹的假象。流通是在流通背后进行的一种过程的表面现象。"这是由于，在交换中出现的主体和对象都不是由流通过程产生的，"流通本身不包含自我更新的原理。流通的要素先于流通而存在，而不是由流通本身创造出来的。"② 在交换的背后，还有着一些人不愿意暴露的东西。

马克思承认，资本首先来自流通，即以货币作为自己的出发点的商业资本（流通资本），也是作为经济发展最早状态中资本的最初形式。进一步发展的资本形式是货币资本。

资本还是以一种物的形式出现的。马克思后来说，在这里"资本被理解为物，而没有被理解为关系"！③ "把表现在物中的一定的社会生产关系当作这些物本身的物质自然属性，这是我们在打开随便一本优秀的

---

① 《马克思恩格斯全集》第 1 版第 46 卷上册第 208 页。
② 《马克思恩格斯全集》第 1 版第 46 卷上册第 208 页。
③ 《马克思恩格斯全集》第 1 版第 46 卷上册第 212 页。

经济学指南时一眼就可以看到的一种颠倒"①。而在马克思的历史现象学科学视域中,资本不是物,而是一种特定历史条件下的社会关系,并且是始终不固定的一种动态关系。"资本显然是关系,而且只能是生产关系。"② 在资本主义经济运动中,资本即是货币,又是固定资产,还会是人,但这并不是表明资本是各种物,而是人、物、金都可以成为这种关系的物质承担体。

进一步说,马克思指认资本是一种关系,关注使资本成为资本的形式,也就是历史地分析资本与劳动的特殊对立和交换中,所实现的一种由表面平等公正的交换现象遮蔽起来的真实奴役关系。马克思说:"资本只有同非资本,同资本的否定相联系,才发生交换,或者说才存在于资本这种规定性上,它只有同资本的否定发生关系才是资本;实际的非资本就是劳动。"③ 在对资本的历史分析中,劳动出现了。以我之见,这个劳动正是马克思历史现象学的真正现实原点。从历史唯物主义的逻辑来看,这也是从生产的客体向度再一次回到劳动活动的主体向度。也是在这种深层奴役关系的现象学解蔽中,马克思初步实现了他经济学上最伟大的发现,即剩余价值产生的秘密。

三、从主体向度出发的批判逻辑:资本与劳动和物化劳动与活劳动

资本与劳动的交换已经是一种抽象了。在人们能看得见的经济运动中,是资本家与工人的交换,资本家拿出的是货币形态的工资,工人付

---

① 《马克思恩格斯全集》第1版第49卷第56页。
② 《马克思恩格斯全集》第1版第46卷上册第518页。
③ 《马克思恩格斯全集》第1版第46卷上册第231页。

出的是劳动"商品"。在这一交换过程的表面，双方自愿并且平等。可是，马克思发现，交换双方实际上的付出和在交换结束之后的所得实质上是很不一样的。

要真正理解马克思的这一深入的透视，在一般的社会认识论的基础上是不行的，甚至我认为，在广义的历史唯物主义的原则上也是不够的。所以，在进一步分析这一交换的本质之前，我们还需要看一下马克思对资本和劳动分别做出的一些十分特殊的界定。我还想指出，正是在这些新的界定中，马克思建构了他狭义历史唯物主义最重要的基础，特别是历史现象学的历史原点：现实的主体劳动。这是因为：

首先，我们都知道，在《关于费尔巴哈的提纲》中，实践是新世界观的基石；而在《德意志意识形态》中的广义历史唯物主义建构中，实践中的物质生产被定位为社会存在的基础。在一般哲学逻辑中，无论是实践还是生产，总是被定义为主体与客体在客观活动中的统一。从生产出发来定位社会财富进而确定社会的基础，这是资产阶级古典经济学（社会唯物主义）可以接受的观点。当马克思要从经济上批判资本主义生产方式时，这就出现了一个更关键的问题，即各种生产要素在生产过程中的地位问题。在资产阶级意识形态中，地主、资本家和工人并列地持有三种生产要素，即土地、资本和劳动。这三种要素是同样重要的。虽然古典经济学承认劳动价值论，承认资本是积累的劳动，可是这没有妨碍他们从生产过程出发，表面地同质化这三种根本不同的生产要素。马克思此时发现，从生产出发的客体向度，在具体批判资本主义经济关系的时候是存在问题的。他不得不重新更深入地探讨这个问题。

一般而论，在创造社会存在基础的一般物质生产中，并不是所有参与生产过程的要素都具有同等作用的。马克思界定道，在生产中，存在着劳动对象、劳动工具和劳动（不是劳动者）。第一，劳动对象"是作为原料，即无形式的物质，作为劳动的创造形式的、有目的的活动的单纯材料"。第二，劳动工具"即主体活动用来把某个对象作为自己的传导体置于自己和对象之间的那种物质手段"①。第三是人类主体在生产中针对对象通过工具发动和实现出来的劳动活动，或者说是"作为活动的劳动"。人的劳动在生产中并不创造物质本身，而是使自然物获得某种为我性（一定的社会历史需要）的社会存在形式，实际上，这也是"社会财富"的根本意义。如果承认这一点，也就是承认主体活动在物质生产创造社会历史存在中的根本性地位。我认为，这正是马克思狭义历史唯物主义的出发点。从哲学逻辑上看，马克思再一次从主体向度出发，这是他历史现象学的现实历史原点，需要专门说明一下的是，这个劳动活动不是《1844年经济学哲学手稿》中那个应该存在但没有存在的理想化的人的类本质，而是在现实所有社会的生产中客观存在的劳动活动。

其次，还要认真说明的方面，在一定的历史条件下，具体说，就是马克思这里研究的以交换为目的的资本主义生产中，劳动本身被分裂了，生产过程也一分为二。劳动除去上面我们讨论的一般生产中所具有创造物质形式（使用价值）的具体劳动，还同时形成交换中必然出现的价值的抽象劳动，这就是著名的劳动二重性理论。生产过程除去形成产品使用价值的实际物质构形过程以外，还同时存在一个创造价值的劳动社会结晶过程。在这里，马克思更关注的显然是生产过程后一个价值层面的社会规定方面。

其三，如果说在过去的社会形态中，劳动者与自己的劳动活动，劳动者与生产工具、劳动对象还是一个统一体，而马克思此时在资本主义经济过程中面对的劳动却是仅仅作为非资本的劳动，即与所有权相分离、只能依存于资本的劳动。马克思认为这劳动：（1）是同一切劳动

---

① 《马克思恩格斯全集》第1版第46卷上册第256页。

资料和劳动对象相分离的，同劳动的全部客观性相分离的劳动，是抽掉了劳动的真正现实性的这些要素而存在的活劳动；（2）是一种可能性上存在的非对象化的纯主体劳动活动，但它是真正创造价值的惟一活的泉眼；（3）是依存于社会交换的抽象劳动，离开这一进程的个人劳动即是无（饿死）。这种主体劳动即活劳动与物化劳动是根本不同的。马克思说，"物化劳动，即在空间上存在的劳动，也可以作为过去的劳动而同在时间上存在的劳动相对立。如果劳动必须作为在时间上存在的劳动，作为活劳动而存在，它就只能作为活的主体而存在，在这个主体上，劳动是作为能力，作为可能性而存在；从而它就只能作为工人而存在。因此，能够成为资本的对立面的惟一的使用价值，就是劳动（而且是创造价值的劳动，即生产劳动）。"① 这种劳动就是历史为资本生存而备下的！它的惟一存在形式就是被资本吸血！没有资本的剥削，劳动就无法生存。这是劳动主体不得不低三下四地自动屈从于资本主义经济统治的根本。

这样，我们再回到工人与资本家的"平等"交换。上面我们看到过，这一交换是简单交换，双方都得到一个等价物。工人得到货币，资本家获得商品（劳动），这个商品的价格似乎正好等于支付它的货币。工人在这个交换中也是以平等者的身份与资本家相对。以马克思后面的看法，"资本家和工人之间所进行的交换，完全符合交换规律，不仅符合，而且是交换的最高发展。"② 这是表面我们看到的东西。而如果我们从刚才确定的狭义历史唯物主义的尺度去观察，情况就会有很大的不同。马克思强调说："在资本与劳动的交换上面，第一步行为是交换，和普通的流通一模一样；第二步行为则是在性质上和交换根本不同的一

---

① 《马克思恩格斯全集》第 1 版第 46 卷上册第 228 页。
② 《马克思恩格斯全集》第 1 版第 46 卷下册第 186 页。

种过程。"因为,实际上在交换中工人并不是出卖劳动(这一点使马克思立刻超出了《资本与雇佣劳动》),"工人出卖的是对自己劳动的支配权,这种劳动是一定的劳动,一定的技能等等。"① 资本家付出的是一定数量的货币(实际上这还是物化劳动,即工人过去创造出来的劳动成果)。工人获得了维系自己生存的必要条件的一定数量的货币,而"资本换进的这种劳动是活劳动,是生产财富的一般力量,是增加财富的活动"②。现象学还原后的本质异质性在于,资本家换回的劳动支配权实际上是价值创造的源泉。因此,在这种表面看起来公平的交换中,资本家"无偿地得到了两种东西:第一,得到了增加他的资本价值的剩余劳动;第二,同时得到了活劳动的质,这种质使物化在资本的各个组成部分中的过去劳动得到保存,从而使原有的资本的价值得到保存"③。实际上,这就是马克思第二个伟大发现剩余价值理论的最初建构。这同时也是马克思历史现象学中最重要的深层批判。

马克思解决的问题是,在这一交换结束之后,真实的关系发生在生产过程中。表面的平等交换下掩盖着实质上不平等。"因为同活劳动能力相交换的那一部分资本,第一,本身是没有支付等价物而被占有的他人的劳动,第二,它必须由劳动能力附加一个剩余额来偿还,也就是说,这一部分资本实际上并没有交出去,而只是从一种形式变为另一种形式。可见,交换的关系完全不存在了,或者说,成了纯粹的假象。"其次,"所有权最初是以自己的劳动为基础的。现在所有权表现为占有他人劳动的权利,表现为劳动不能占有它自己的产品。"最后,"生产过程和价值增殖过程的结果,首先是资本和劳动的关系本身的,资本家

---

① 《马克思恩格斯全集》第 1 版第 46 卷上册第 240 页。
② 《马克思恩格斯全集》第 1 版第 46 卷上册第 266 页。
③ 《马克思恩格斯全集》第 1 版第 46 卷上册第 336 页。

和工人的关系本身的再生产和新生产。这种社会关系,生产关系,实际上是这个过程的比其物质结果更为重要的结果。"① 因为正是被资本家无偿占有的工人的剩余劳动创造了超出等价交换的一个余额,这就是剩余价值。这是马克思第一次提出了剩余价值问题。"剩余价值总是超过等价物的价值。等价物,按其规定来说,只是价值同它自身的等同。所以,剩余价值决不会从等价物中产生;因而也不是起源于流通;它必须从资本的生产过程本身中产生。"②

所以,资本与劳动在表面进行了交换,但交换的"这种形式是表面现象,而且是骗人的表面现象"③!因为,"它仅仅是建立在不通过交换却又在交换假象的掩盖下来占有他人劳动这一基础上的生产的表层而已"④。有意思的是,马克思在这里出人意料地将这种假象关系称之为异化,而且是劳动异化!"以交换价值为基础的生产,即在表面上进行着上述那种自由和平等的等价物交换的生产,从根本上说,是作为交换价值的物化劳动同作为使用价值的活劳动之间的交换;或者可以换一种说法,是劳动把劳动客观条件——因而也是把劳动本身所创造的客体性——看作是他人财产的关系:劳动的异化。"⑤

---

① 《马克思恩格斯全集》第 1 版第 46 卷上册第 455 页。
② 《马克思恩格斯全集》第 1 版第 46 卷上册第 286 页。
③ 《马克思恩格斯全集》第 1 版第 46 卷上册第 462 页。
④ 《马克思恩格斯全集》第 1 版第 46 卷上册第 513 页。
⑤ 《马克思恩格斯全集》第 1 版第 46 卷上册第 519 页。

四、异化：一个重新确定的客观颠倒关系

我们看到，马克思在经济学研究中再一次认真地提出了异化问题。这一次，异化成为马克思历史现象学科学批判中最核心的观点。当然，这里的异己性不是《1844年经济学哲学手稿》中那种人本主义价值悬设的"应该"，而是一种现实社会关系中发生的客观的自反性。

马克思后来对这种异化有过一个非常精辟的总结："资本家对工人的统治，就是物对人的统治，死劳动对活劳动的统治，产品对生产者的统治；因为变成统治工人的手段（但只是作为**资本**本身统治的手段）的商品，实际上只是生产过程的结果，是生产过程的产物。这是物质生产中，现实社会生活过程（因为它就是生产过程）中与意识形态领域内表现于宗教中的那种关系完全同样的关系，即把主体颠倒为客体以及反过来的情形。**从历史上看**，这种颠倒是靠牺牲多数来强制地创造财富本身，即创造无限的社会劳动生产力的必经之点，只有这种无限的社会劳动生产力才能构成自由人类社会的物质基础。这种对立的形式是必须经过的，正像人起初必须以宗教的形式把自己的精神力量作为一种独立的力量来与自己相对立完全一样。这是人本身的劳动的异化过程。工人在这里所以从一开始就站得比资本家高，是因为资本家的根就扎在这个异化过程中，并且他在这个过程中找到了自己的绝对满足，但是工人作为这个过程的牺牲品却从一开始就处于反抗的关系中，并且感到它是奴役过程。"① 这是一种完全的颠倒。

马克思说，"这种错乱和颠倒是真实的，而不单是想象的，不单是存在于工人和资本家的观念中的。但是很明显，这种颠倒的过程不过是

---

① 《马克思恩格斯全集》第1版第49卷第48—49页。

历史的必然性，不过是从一定的历史出发点或基础出发的生产力发展的必然性，但决不是生产的某种绝对必然性，倒是一种暂时的必然性，而这一过程的结果和目的（内在的）是扬弃这个基础本身以及过程的这种形式。"① "资产阶级经济学家受一定的社会历史发展阶段的观念的严重束缚，在他们看来，劳动的社会权力物化的必然性是跟这些权力同活劳动相异化的必然性分不开的。"② 而马克思则认为，"在资本对雇佣劳动的关系中，劳动即生产活动对它本身的条件和对它本身的产品的关系所表现出来的极端的异化形式，是一个必然的过渡点，因此，它已经自在地、但还只是以歪曲的头脚倒置的形式，包含着一切狭隘的生产前提的解体，而且它还创造和建立无条件的生产前提，从而为个人生产力的全面的、普遍的发展创造和建立充分的物质条件。"③

这里，我们想作一个简短的评述。马克思为什么在他的经济学视域中的历史现象学的最后重新提出异化问题？在前面的讨论中，我们都知道马克思在1845年的《德意志意识形态》时期，已经否定了人本主义哲学逻辑，同时也放弃了异化史观。那么在这里，究竟又发生了什么？

首先，纵观马克思1845年以后哲学发展的基本思路，我发现马克思的思想走了一个大大的螺旋式的道路：1845年的思想变革中，他否定人本主义的主体价值逻辑，其新起点是广义历史唯物主义中一般物质生产的客观向度，在批判资本主义现实的理论层面，他没有再从异化史观的主体尺度引出批判的张力，而选择了从生产分工导致的客观经济矛盾提出一种实证性的客观历史指认。这种状况一直持续到40年代末。在进入具体的经济学研究之后，特别是在《1857—1858年经济学手稿》

---

① 《马克思恩格斯全集》第1版第46卷下册第360—361页。
② 《马克思恩格斯全集》第1版第46卷下册第361页。
③ 《马克思恩格斯全集》第1版第46卷上册第520页。

的研究中,他开始意识到,从物质生产出发说明一般社会历史的基础是正确的,可是从生产出发来面对经过无数颠倒物化中介的复杂资本主义生产关系,却产生了经济学上无法超越的遮蔽性。仅仅在客体向度上批判资本主义,还不能真正解决社会关系在资本世界中的倒立显像。马克思不得不再从物质生产中的主体劳动活动出发,不得不再一次将他的历史现象批判基于科学的历史的主体向度。

其次,在马克思历史现象学的建构中,他在前期从交换价值到货币的现象学批判中已经先后使用了社会关系的物化和颠倒这样的理论指认,可是,在资本与劳动这种深层的本质关系上,物化与颠倒这样的规定性仍然不能准确地定位这种现实发生的社会关系的自反性。于是,科学的关系异化规定的出现是必然和正常的。可是在这里,马克思在经济学和历史现象学中再一次使用的科学异化规定与人本主义异化史观,特别是他此时使用的劳动异化规定与他在《1844年经济学哲学手稿》中使用的劳动异化逻辑是具有异质性的。这是两种截然不同的异化观:《1844年经济学哲学手稿》中的劳动异化是人本主义的价值悬设,那里构成的是理想本质与现实存在的矛盾,虚与实的矛盾。劳动的自我异化是一种逻辑反思,是在观念中设定的。而《1857—1858年经济学手稿》中的劳动异化从根本上是一种现实的历史反思。原来工人的活动的物化结果,现实地成为今天工人的统治者和剥削者。工人创造的"先有"成为"现有"的统治者。资本家是用我劳动创造的东西(物化为抽象的无名的东西)与我(工人,包括过去的劳动者的成果)交换,并且是进一步的不平等交换。这里,它不是某种逻辑的价值悬设出发点,不是逻辑方法的先验结构,而是社会现实的历史结果,是资本主义经济关系客观转换的必然形式;不是因为劳动异化造成罪恶,而是资本主义生产必然导致人对外化经济力量的依赖性,雇佣劳动必然创造一个由自己转化出来的统治力量——资本，这就是马克思这里描述的资本与劳动关系的现实异化。

  这种现实的劳动异化在历史辩证法的客体向度中首先是进步，同时又是生产进一步发展的障碍。人与人的客观关系上是不平等交换，是掠夺、片面性、客观颠倒，是不公正。它在主体向度上首先也是进步，相对于人身依附当然是解放，但它又是新的物役性，是主体性的沦丧，是社会关系的异己性和对抗性。马克思在这里也第一次意识到，异化的观念首先不是头脑中出现的，而是资本主义生产关系的现实异化的真实反映。而这一点是单纯的哲学所无法廓清的。黑格尔的异化观之所以深刻，也是由于他是从经济现实中看到了真实的劳动活动的客观颠倒。至此，马克思历史现象学的基本理论构架也就完整地得以建构起来。

马克思《大纲》中的异化概念*

〔英〕特雷尔·卡弗

一、导 言

1932 年以前，在马克思主义或有关马克思的研究中，"异化"（alienation）或"外化"（estrangement）并非一个特定概念，虽然卢卡奇在其《历史与阶级意识》中颇有争议地将"物化"（reification）作为一个重要范畴来使用，从而引发了后来的争论和解释。加约·彼得洛维奇（Gajo Petrovic）指出，物象化（Versachlichung）是一个同义词，大卫·利奥波德（David Leopold）进一步注意到讨论中表达同样观念的另一些术语，如离异或疏离（divorce or separation）、分离或断绝（division or rupture）。这样看来，"异化"一词通常指这样一组概念，它们表示外化或对象化（externalization or objectification），以及分离或丧失（separation or loss），特别是指某人丧失了之前对他必不可少的某物或财产。因此，据称物象化是这一术语的极端形式。尤其是在 20 世纪 50 年代晚期至 70 年代期间，这些不同术语之间的关系成为现代争论和辩论的主题，特别是表现在有关"黑格尔式的"马克思或"科学的"马克思的争论和辩论方面。麦克莱伦（Mclellan）曾对此给出了很有影响的评述：很明显，这一概念是《大纲》中的基本概念，马克思在《大纲》中突出强调的"不是对象化的状态而是异化、

---

* 本文选自《马克思主义与现实》2011 年第 1 期。

外化和取消的状态,(强调的)不是属于工人而是属于物化为资本的生产条件的巨大的对象化权力这一事实,这种对象化权力把社会劳动本身当作自身的一个要素而置于同自己相对立的地位"。①

在马克思使用这些术语的背后,其思想源自许多哲学家和哲学传统,但毫无疑问,特别是源自黑格尔及其批评者费尔巴哈。对黑格尔这样一个主张发展过程的唯心主义哲学家来说,这样的异化/外化和回复或"超越"的"运动"是必要的和无可抱憾的,通过这一运动,"矛盾"得以保存和维持,同时也得到转化和超越。对费尔巴哈这样一个黑格尔的"变革的"和"唯物主义的"批评家来说,黑格尔仅仅考察了人类本性借以被异化和外化为神或其他被设定的实体的属性这样一个过程,从而赋予令人极为遗憾的权力与统治以神秘的源泉和真实的社会结构。

众所周知,实际上也很容易从《资本论》第一卷关于《商品的拜物教》那一节中看出,马克思在他对商品生产社会的经济实践的猛烈抨击中利用了这些思想。在那里,他认为,在商品生产的社会中,人的力量和生产与物质世界的交换过程被转化为一个神秘的王国,在其中物与物的关系(即商品交换)逐渐控制了人的社会关系,从而产生了权力与财富的巨大不平等。他对不会发生这些转化过程的共产主义社会的简明而有力的描述清楚地表明,这样的统治结构将会消失,消失的原因不是因为对象化本身停止了,而是因为人的社会属性在实践中将不会被视为一般看来内在于像货币这样的物体和像市场这样的制度的权力。

---

① David McLellan, *The Thought of Karl Marx*, 2nd. edt., London: Macmillan, 1980, p. 120.

二、进行争论

如同马克思的许多其他著作一样，在有关异化的争论中，《大纲》被阐释和再阐释，这些争论在马克思的有生之年并未发生，而且与文本的论证和词汇几无关系。从19世纪40年代早期开始，马克思的思想连续而平稳地发展着，其理论表述和见解进一步精炼以达到确切，但在其思想和语汇中并没有发生在他本人看来重要的剧烈变化。这一（思想发展）过程的最终成果是1867年发表的《资本论》第一卷第一册（英文本以Capital, vol. 1 闻名）。至少这是马克思本人描述的过程。出于不同的原因，一些评论者试图将这一过程变得更剧烈些，以发现这一过程中"科学的"或意识形态的"断裂"或"突破"，以牺牲在编年史顺序上其他更早的著作和手稿为代价，提高某些著作和手稿的重要性，这样，人们——包括马克思在内——就不需要回看那些早期的著作。另有学者采取较为温和微妙的立场，但为了适应发生在马克思及其文本线索之外的关注和争议，而去寻觅一些微细之处。所以作为"新发现的"手稿，《大纲》被"挖掘"出来，以阐明马克思主义者（从恩格斯开始）归之于马克思的"历史理论"，寻找有关马克思对古典政治经济学家和其他次要一些的学者进行批判的信息，以及马克思有关资本主义社会阶级政治思想的更为显著的来源。对涉及马克思使用的、后来被认定为"异化"的有关术语的文本加以仔细考察，就是这样一个多少有些虚假的做法，因为很明显在这个文本中这种用语是没有任何问题的。它只是在1932年后才变得问题丛生，而且实际上一直到20世纪60年代的全球性争论发生之前，它并不那么著名。

人们不常注意到，在有关异化的最重要争论中，从两个方面，1932年变得突出起来，即它与在其中马克思的经典著作被特别界定为"科学"的正统马克思主义是一致的还是矛盾的。所谓的"早期"或"1844"或"巴黎"或"经济学哲学手稿"（《1844年经济学哲学手稿》）于1932年全文出版，在其中，异化的概念和词汇被广泛地使用。同样的文本，经西格弗里德·兰茨胡特（Siegfried Landshut）和J. P. 迈耶（J. P. Mayer）编辑后以一种更易理解的方式出现在于1932年莱比锡出版的《历史唯物主义：早期著作》一书中，标题为《政治经济学和哲学》。《德意志意识形态》（写于1845—1846年，但从未出版，特别是其中的《一、费尔巴哈》章）的第一个"完整"文本也于1932年出现在《马克思恩格斯全集》历史考证版这一学术版本中。马克思在《1844年经济学哲学手稿》（以下简称《手稿》）中对于异化一词的广泛使用，以及（仅一年以后）在摒弃了这一术语的《德意志意识形态》手稿中偶发的评论，在20世纪30年代的争论中都未引起多大关注。这处轻蔑的评论指的是一个与"哲学家"有关的问题："这种'异化'（用哲学家易懂的话来说）……"① 这一评论重复了《共产党宣言》中的态度，在那里马克思和恩格斯写道：

> 德国著作家……在法国的原著［社会主义和共产主义的文献］下面写上自己的哲学胡说。例如，他们在法国人对货币关系的批判下面写上"人的本质的外化"……法国的社会主义和共产主义的文献就这样被完全阉割了。②

很明显，马克思在其有生之年出版的权威著作中的极少几处有关"异化"的评论（而不是他对"异化"的使用）是否定性的。在《资本论》第一卷中，相关的词汇仅仅是在讨论过程中顺便提到而已。麦克

---

① 《马克思恩格斯全集》第1版第3卷第39页。
② 《马克思恩格斯文集》第2卷第58页。

莱伦认为这一词汇在"《资本论》中不断出现"①。其他人则宁愿将其中的一些用法视为仅仅是"出卖"(sale)的同义词。考林(Cowling)关于晚期马克思的术语用法的"合法"性,总的来说采取的就是这种立场。②但是,考虑到马克思的批判性品格,所谓"出卖"意义的理解是否就比理解为"异化"的"哲学味"或"黑格尔味"更少并不清楚,问题的关键不是想当然地凭想象对待描述性的或"客观的"甚至"科学的"术语,更不用说"合法的"术语了!③在《资本论》第一卷中,马克思本人表示同意通过引用黑格尔有关异化的段落来阐明某人出卖其劳动力这一观念;这也有效地表明早期在《手稿》中的讨论与"现实世界"的现象相关,虽然并未使用更精确地表达相关的"现实世界"(例如"经济学的")的语言。恩格斯从未以任何一种方式提出这个问题。所以,看到在20世纪对马克思思想的批判性接受(和重建)中这一概念所起的关键性作用,也许是很让人惊讶的。

起初这是积极的和富有想象力的,其中马尔库塞(Marcuse)、库诺(Cornu)和列斐伏尔(Lefebvre)撰写了主要的研究著作。反对这整个做法的消极的方面一开始表现为"沉默之墙",后来成为学术斗争的武器(即"不科学的",甚至更糟的说法"黑格尔式的",这是马克思主义正统的维护者所宁愿采用的)。但自从1947年《手稿》的更好的法文译本,以及科耶夫(Kojève)、伊波利特(Hyppolite)和卡尔威兹

---

① David McLellan, *The Thought of Karl Marx*, 2nd edt., London: Macmillan, 1980, p. 121.

② Mark Cowling, "Alienation in the Older Marx", *Contemporary Political Theory* (2006).

③ 考林没有解释,依据马克思的著作、职业、读者和语境等,"合法的"应是什么意思。

(Calvez)有关"异化"的富有影响力的著作和讲演出现后，就进入到对马克思哲学化或"黑格尔化"研究的阶段了，如布洛赫（Bloch）和弗洛姆（Fromm）的著作。从1959年马克思的《手稿》的最早的英文译本和其后60年代从这些"早期著作"的选编和翻译出现后，这些有关"人道主义的马克思"的争论在英语世界中随后展开。从60年代中期到70年代晚期，对此表现出极大兴趣的相关研究成果不断涌现，如梅扎洛斯（Mészáros）、沙赫特（Schacht）、曼德尔和诺瓦克（Mandel and Novack）、奥尔曼（Ollman）、甘布尔和沃尔顿（Gamble and Walton）、普拉门纳兹（Plamenatz）、埃克塞洛斯（Axelos）等，也包括阿维内里（Avineri）、马圭尔（Maguire）和麦克莱伦这三人在其著作中的重要讨论。

对这种趋势的公开的对抗性回应于1965在法语世界出现，标志是路易·阿尔都塞的《保卫马克思》的出版。在该书中，《德意志意识形态》，特别是其对于异化的放弃，在对马克思的思想发展的引人注目的阐述中被大量提及。阿尔都塞认为，马克思和恩格斯在这一著作中一般看来向"科学"和"唯物主义"的转变，与他们放弃其前期从事的"哲学"并因此放弃例如在上一年创作的《手稿》等以"异化"为特征的主要分析是分不开的。一般认为，阿尔都塞富有野心的计划最终归于失败，因为他不断承认无法清楚地认定"认识论的断裂"（epistemological break）。如果有这样的"断裂"，那么应该可以确证，在分界线的这边和那边，马克思的语汇和思想截然有别，但是阿尔都塞的论证并不让人信服。他的回应是将这样的"断裂"沿着马克思的生涯不断地往早期追溯，一直追溯到在马克思本人看来似乎也不再符合他自己的"科学的"和反"哲学的"的标准的（正如阿尔都塞所设想的）时间点。

三、科学、哲学、正统

实际上，有关异化的这些争论是由在某种程度上更大的争论所引起的，特别是有关"科学"和"哲学"的所谓区别，以及这种区别所可能意味的众多方面的争论。在其一生中，马克思总是敌视"纯粹的"哲学和"空洞的"哲学思考，特别是在进行理论活动有着明显的替代政治的倾向（尤其是在它替代了阶级斗争）时，更是如此。实际上，对于马克思早期参与的一些论战（首先是与德国有关社会主义和共产主义的一些著作家之间的论战）并没有什么价值这一点，是有不同意见的。"科学"是一个更为复杂的话题，对此，马克思似乎坚持这样一种标准的德国式理解，即对（某物）的"学术性研究"。而同时从19世纪50年代晚期以来，恩格斯对于一种更为英国化和经验的/经验主义含义的"科学"表示了相当的热情。这是有关"自然科学"特别是化学和物理学的，它以物质是运动的这样一种唯物主义为基础。对这种唯物主义，马克思几乎没有什么持久的兴趣，他在自己终生进行的政治经济学批判事业的主要部分也没有谈及这种唯物主义，仅有几处比较（和对照）。

正统马克思主义者跟随恩格斯及其据称是权威性的文献，如《反杜林论》（1878）、《社会主义从空想到科学的发展》（1880）和《路德维希·费尔巴哈和德国古典哲学的终结》（1886），而那些疏远恩格斯的著作及其对马克思的方法论注解的学者们，则返回到马克思本人的著作，正如他们实际上（也更为巧妙地）所论证的，在政治上他们的做法被视为针对正统派的"证据"。他们的确也是这么做的，但是有鉴于已广为人知的已发表的著作中的阅读材料得到正统派的迅速防卫，说恩格斯已经读过这些文献并已经予以正确的解释（何况恩格斯还以与马克思讨论问题和通信闻名),因此,马克思所写的任何以前未发表的文献必定是一个"发现"。然而,在恩格斯比马克思多活的12年间,恩格斯将其编辑的注意力转向后来成为《资本论》第二卷和第三卷的手稿,而没有关注马克思遗著中更早期的著作,例如1844—1846年的手稿材料,即《1844年经济学哲学手稿》和《德意志意识形态》。这两个标题均系编者所加,签署日期均晚于恩格斯对马克思的文献遗产进行简短编目并对这些材料稍做否定性评论的日期。唯一的例外是11条"关于费尔巴哈的提纲",该提纲由恩格斯编辑后于1884年出版。

当然,关于科学和唯物主义的重要性及对它们的正确理解,由马克思遗著中得出的任何"发现"都可能走向不同的方向,但有重大意义的是,正是修正主义者们冲在前面,在得到马克思的遗著时有动力去挖掘那些未出版的著作。至少,这种举动迫使正统派防守,不得不为马克思的文本进行辩解。这样看来,阿尔都塞是业已确立的阵线的标识,即认为科学的(在这个词的某种决定论的、"自然科学"的含义上)马克思才是重要的马克思(正如恩格斯一般看来所认为的)。既然修正主义者们在提出他们关于在恩格斯有生之年已经出版的马克思的著作的观点时,容易乱了阵脚,于是他们激动地在《手稿》中发现了一个符合自己兴趣的马克思,正因为马克思在那里的用词很明显是不正统的。然而,这种判定带来的问题是,正统派将马克思正式出版物中所用词汇认定为"科学的"和"唯物主义的"本身是不是正确的或者立得住脚的解释,既然马克思本人很少使用那些词汇,而且不管如何,在他使用时,这些词汇的意义也是非常有争议的。

所以,这个"早期"马克思与晚期马克思到底如何不同?一些"修正主义者"满足于将"早期马克思"不加考虑地归为"他们的",而简单地对"晚期马克思"放弃念想,将其在某种程度上归还给恩格斯。其他一些人则认真对待这一问题,并主张前后期的连续性。后一立场提出了两个问题：（1）那些对"早期马克思"的"哲学"品格和词汇抱有热情的人，感到他们自己无法在任何细节上面对《资本论》，这恰恰因为在他们看来，《资本论》是"经济学的"，而非"哲学的"。对他们来说，明确表达出来的问题可能是："马克思的异化理论是什么？"而作为背景和经常未表达出来的难题是："《资本论》中所说的与1844年的'早期'著作中所说的之间的异同是什么？"（2）如果《资本论》的内容在实质上不同于《手稿》的内容，那么这种词汇上的变化必定有某种意义，所以最初的、早期的词汇，就需要维护（也许作为某种"人的哲学"或"人性"的哲学或诸如此类的一些构想）。但是如果《资本论》的内容在实质上并无不同，那么为什么《资本论》的惯用语和词汇很明显更少一些"哲学味"？如果答案不是像许多人所认为的那样简单地从哲学向科学的"转变"，并且如果哲学（作为非科学）和科学（在某种"自然科学"的意义上）也许首先并不是最相关的解释性范畴，那么，哪种更微妙的、也许甚至关于哲学和科学的非二元对立的观点会帮助我们理解这种难解的文本纠结？

毕竟，马克思本人在《德意志意识形态》手稿中提出这些既关于哲学又关于科学的一般性问题，他随后对于两者之一（或两者）的评论被人们有意地收集起来，作为看来是由马克思发起的一场争论的证据，虽然他本人从未以正面解决这一问题的方式，通过将其评论定性为"非哲学的科学"（science-not-philosophy）或者"体现科学的哲学"（philosophy-in-corporating-science），来明确着手进行他的工作或他的主题。因此，在评价马克思关于事实上已演变为一场关于恩格斯（鉴于恩格斯在科学和哲学方面的确采取了立场——如果勉强称得上立场的话）的争论的问题的观点时，总是存在着忠实于马克思的评论的原初语境的解释学问题，这些评论，如它们会遭受的命运那样，（大约40多年来）一直被认为既是关于科学的评论，又是关于哲学的评论，而科学和哲学是在不断变化的，它们无论如何都会因政治背景和理论背景（德国、法国和英国等）的不同而不同。如果到马克思那里寻求"合适的"引文以达到在意识形态上加分的目的，那么，对于这些背景情况给予极少的注意（如果有的话）也许还说得过去。但是，相比之下，在学术性的重构和评价中，就没有任何理由像经常发生的那样忽略这些背景，并简单地将这些评论拼凑在一起。

四、不同的问题/不同的回答

将《大纲》中有关异化的讨论作为《手稿》和《资本论》第一卷的过渡点，这里提出如下问题：马克思讨论的内容是什么？为什么这似乎是一个适当的术语（既然他之前在1845—1846年和1848年已经放弃了）？如果有的话，是什么表示出他对其早期观点的背离？或对晚期观点的赞同？其著作中有任何迹象表明他先前对这一概念的含糊不清吗？在什么语境下，特别是马克思对有关（法文和英文的）政治经济学文献的知识的熟悉情况，能够解释这一过渡的性质？以及，有关马克思所面向的读者（无论是他自己、他的同事，还是更广泛的公众）的情况能否解释这些不同？在马克思的讨论中是否存在着任何洞见表明《大纲》具有独特之处，并对今天仍具有理论和/或政治意义？如果有，它们是什么？如果没有，我们应该向《大纲》提出的其他问题是什么，而且我们是否的确应当向它（在某种程度上）提出有关异化的问题？

在论证异化对《大纲》很重要时，麦克莱伦谈到马克思对这一术语的放弃问题："他［马克思］倾向于更少地使用这一术语，可能是因为这一术语所具有的独特的哲学内涵。"① 然而，麦克莱伦没有就此清楚地说明"哲学内涵"是基于何种原因才成为问题。在内容的论证上，麦克莱伦从《大纲》中引证了一些段落，这些引文的要点似乎表明马克思正采纳和维护着一组区别于单纯的对象化（例如简单地制造一个产品的劳动活动）的术语。这些其他术语及其另外的内涵，表明"异化、外化和取消"，意指由社会劳动创造的巨大权力"不是属于工人"而是"属于生产资料"。马克思在这里的论述是很有趣的，并没有很好地体现在麦克莱伦所给出的简短引文中。马克思的论证还表明他在"经济学"思考上的进步，这种思考超出和超越了他在《手稿》中的思考。

如麦克莱伦所做的，通过将许多段落放在一起，就可以看出在《大纲》中正着眼于将其有关"资产阶级经济"的观点概括为一个处于发展运动中的、可以说是进步的过程（虽然是按其自身的规律，但他认为这个过程最终是自我否定的）。"处于社会关系中的人本身"仅仅是看待"社会生产过程"的个人化方式，马克思认为，该过程是一个长期的创造"社会本身"的过程。个人虽然处于相互关系中，却是这一过程的主体，这一过程的所有"对象化"（由"活劳动"驱动）都是它的"要素"，而非别物（即被想象为处于这一过程之外的假定的"本性"或某些"条件"）。很清楚，这种理论化的关键点不是将资本理解为某种"异于"人的劳动的"实体"，而是作为"对象化的劳动"的名称，马克思视之为构成"劳动的客观条件"的东西（如机器设备、建筑物和运输体系等）。而且，对于"资产阶级生产方式"，马克思看到了"对象化劳动"同"活劳动"相比较持续的成比例的增长，以至于"使用较少的直接劳动就能创造较多的产品"，这暗示着不仅仅是归于资本

---

① David McLellan, *The Thought of Karl Marx*, 2nd edt., London: Macmillan, 1980, p. 120.

的（而不归于"活劳动"）的"社会财富"的积累，而且伴随着能生产更大量的"社会财富"的生产力的增长。这种"主体的、活的劳动"的"越来越庞大的躯体"——作为"对象化劳动"——被认定为对"活劳动"具有"越来越巨大的独立性"。作为结论，马克思写道："社会财富的越来越巨大的部分作为异己的和统治的权力同劳动相对立。"①

对马克思在《手稿》（1844）和《大纲》（1857—1858）中的思考进行彻底的比较，而且将这两者与《资本论》第一卷（1867）相比较，将是一个重大的任务，而且无疑需要很长的篇幅。在此尝试做的是进行一种非常有限的和仅仅是提示性的比较，并基于所选定的段落，得出极个别暂时性的结论。这些来自早期和晚期著作的段落，与上面讨论的来自《大纲》的段落，具备同样的基础。然而，《手稿》本身非常简明（而且某种程度上保存得不完善）；《大纲》手稿则非常冗长，而且在某种程度上是松散的；而《资本论》第一卷则既是冗长的又是系统组织起来的。不仅如此，就这三部文献的情况而言，其目标读者和文本状态也是稍有不同的。虽然都是个人笔记，但是《手稿》和《大纲》与作为目标读者的马克思本人的关系上存在着某种差别；到了写作《大纲》时，马克思已有一个出版政治经济学批判的计划，并经扩展和修正。而《手稿》与一些意欲出版的著作之间的关系则并不这么清晰，实际上马克思头脑中并无任何关于体裁和内容的打算。麦克莱伦正确地指出了《资本论》第一卷和这两部早期著作在论点和术语上的连续性，下面讨论的引文说明了这一点。

然而，《资本论》第一卷是这样一部著作，在其中，马克思将其理论阐述与对政治经济学家的引证材料紧密相连，对后者的观点的批判，以及马克思本人的著作对这些观点的解释和取代的正确方法，尽可能透

---

① 《马克思恩格斯全集》第 2 版第 31 卷第 243—244 页。

明地展现给读者。早期著作并未显示出如此详细和冗长的互动，也未显示出多少迹象表明马克思将其高度精致的逻辑结构纳入其精心组织的批判事业中。事实上，在马克思计划中的多卷本著作的开卷之作的结构从法文译本（1872—1875）到德文第二版（1872）经历了引人注目的变化，这两个版本都是在作者监督下进行的。针对上述情况，我得出的广泛结论是，马克思对政治经济学家的详尽批判和为了实际阐述而对当代和历史材料的详细利用，在后《大纲》时期才"起飞"。实际上，只要看一下19世纪60年代初以来有关马克思的传记材料（他的境况已稍微安定下来）和卷帙浩繁的手稿证据（其中多数现在已经出版），人们就会看到这一点。

也许准备出版其《政治经济学批判》（1859）（因此是为了"真正的读者"），是一个转折点，在该著作中，马克思进行了公开的努力，将历史和当代材料揉进其理论探讨中，而不是仅仅进行"抽象的"理论创作（包括对政治经济家进行详尽的批判），然后带领读者进入更为"经验的"阐述和引证中。他的最后计划确实包含着关于历史材料的"第四册"，这显然并未排除将他的批判的早一些章节中相关的这些材料包括进来。这表明——按照马克思在1873年为《资本论》第二版所写的《跋》中自己所阐发的区别——他自己的研究方法在某种程度上不同于其叙述方法，《政治经济学批判》基于的那些手稿材料中用的是后一种方法，他据此写出了一种不是在内容上而是在体裁和风格上与《大纲》和《手稿》存在着一些差别的文本。粗略地说来，服务于真正的读者而为正式出版写作，在某种意义上不同于在笔记中进行批判性的思考，在笔记中思想的流动是愉悦自己。

让我们回到《大纲》和马克思的主题——对象化劳动相对于活劳动的成比例的增长，以及伴随着生产力和财富的增长而发生的前者对后者的统治——我们有可能在《手稿》中发现许多相同的内容和词汇。

在那里，马克思的表达显示出了一种使用着反题和合题的方法的青年黑格尔派风格，几乎是连续不断的叙述，也使用着"现实化"的概念，即在一个概念内潜能的实现或完成，虽然是以否定的形式：

> 劳动的产品是固定在某个对象中的、物化的劳动，这就是劳动的对象化。劳动的现实化就是劳动的对象化。在国民经济学假定的状况中，劳动的这种现实化表现为工人的非现实化，对象化表现为对象的丧失和被对象奴役，占有表现为异化、外化。①

然而，青年黑格尔派的分析被经验的术语所取代，虽然还只是非常一般的，而没有涉及当代和历史材料的术语（例如马克思自出版其1859年的著作开始，就一直勤勉致力于他的批判中所表现的）：

> 劳动的现实化竟如此表现为非现实化，以致工人非现实化到饿死的地步。对象化竟如此表现为对象的丧失，以致工人被剥夺了最必要的对象——不仅是生活的必要对象，而且是劳动的必要对象。甚至连劳动本身也成为工人只有通过最大的努力和极不规则的中断才能加以占有的对象。对对象的占有竟如此表现为异化，以致工人生产的对象越多，他能够占有的对象就越少，而且越受自己的产品即资本的统治。②

有趣的是，在接下来的一个段落中，马克思又将这种讨论与日益强大的与工人相异化"物的世界"相联系，但是紧接着——又转为青年黑格尔派的术语，也许是潜在地针对那些可能会理解那种理论背景的读

---

① 《马克思恩格斯全集》第2版第3卷第268页。
② 《马克思恩格斯全集》第2版第3卷第268页。

者——他一般地顺便提到了费尔巴哈对宗教的著名分析："宗教方面的情况也是如此。人奉献给上帝的越多，他留给自身的就越少。"①

在《大纲》的有关段落中，思想反而转向经济学方面，即日益增长的劳动生产力和社会财富。这并不必然意味着马克思放弃了青年黑格尔派视角所独有的东西，更不意味着黑格尔式的思想和哲学与其研究方法不相关了，毋宁说看来更可能的是，到1857—1858年，他的读者的政治/理论背景已发生了重大变化。青年黑格尔派的论点不再新鲜，实际上形成这些论点的那种政治背景在1848年革命后已几乎不复存在了。然而，虽然马克思在《大纲》中间接提到的政治经济学中至关重要的主张在他的手稿中都存在，却没有关于该主题的详细引证和提出明显合乎逻辑的和系统的、能达到出版水平的用心尝试，而这正是《政治经济学批判》和《资本论》第一卷的突出特点。这不是对《大纲》进行批评；《大纲》中马克思随意的描绘有着特定的风格和魅力。我的观点是，正式出版的著作有着更为明显的结构，毫无疑问，会使批判性观点更为有力，从而给普通读者提供某种架构，来帮助他们理解那些连马克思本人都承认很"难"的论点。

麦克莱伦正确地指出了《手稿》中异化劳动部分与《资本论》第一卷中《商品的拜物教性质及其秘密》部分在总体上的连续性，那么，在《资本论》第一卷第七篇《资本的积累过程》的第二十三章（中文译本为第二十一章——译者注）《简单再生产》中发现与这两段的内容（这是麦克莱伦的评论的核心）极为相似并且更加详细的地方是可能的：

……工人……是财富的……源泉，但被剥夺了为自己实现这种财富的一

---

① 《马克思恩格斯全集》第2版第3卷第268页。

切手段。因为在他进入过程以前,他自己的劳动就同他相异化而为资本家所占有,并入资本中了,所以在过程中这种劳动不断对象化在为他人所有的产品中。因为生产过程同时就是资本家消费劳动力的过程,所以工人的产品不仅不断地转化为商品,而且也转化为资本,转化为吮吸创造价值的力的价值,转化为购买人身的生活资料,转化为使用生产者的生产资料。可见,工人本身不断地把客观财富当作资本,当作同他相异己的、统治他和剥削他的权力来生产……①

在《大纲》中,下一步的讨论就是指出日益增长的资本与日益增长的生产力一起携手并进,可以说,同"他"(工人——译者注)所生产的相比较,这种发展进一步统治和矮化了工人,而这种论证在《资本论》第一卷中则显得更为"技巧"一些:

但是我们已经知道,工人之变得便宜,从而剩余价值率的增加,是同劳动生产率的提高携手并进的,即使在实际工资提高的情况下也是如此。实际工资从来不会和劳动生产率按同一比例增加……②

于是,那种以生产资料的形式参与活劳动过程的过去劳动所取得的不断增长的重要性,就被归功于这种劳动的同工人本身相异化的形态,即它的资本的形态,虽然这种劳动是工人的过去的和无酬的劳动。③

可见,就论证而言,包括对政治经济学家的引证(在脚注中)和将"真实世界"融入生产过程的讨论中,在《资本论》第一卷中都要比在《大纲》中在理论上更为详尽。但两个文本之间,实质上并没有

---

① 《马克思恩格斯全集》第 2 版第 44 卷第 658—659 页。
② 《马克思恩格斯全集》第 2 版第 44 卷第 697—698 页。
③ 《马克思恩格斯全集》第 2 版第 44 卷第 702 页。

真正的重大差别,更不要说二者的矛盾、相背或相斥之处了。那么,我们如何理解从1845—1848年以来马克思对哲学和(也许是过分有影响的)哲学家的放弃?

根据马克思、恩格斯与社会主义和共产主义思潮之间论战的背景,在其中他们努力强调从现代工业社会中的无产阶级—资产阶级的分裂中产生的阶级政治的日益重要性(或者至少他们对此的"些微"期望),马克思和恩格斯显然想在自己的"观点"与其他人的观点之间划清界限,那些人与青年黑格尔派的思想有着共同渊源,并且(根据马克思和恩格斯的观点)他们对法国社会主义思想和当代的政治经济学这门"学科"也缺乏充分了解。在文体上,马克思和恩格斯倾向于极端的对比和讽刺,再加之他们作为新闻记者的身份(而不是哲学家,或未能如愿的哲学家),因此,他们在19世纪40年代毫不意外地明确表明了他们的观点。值得注意的是,在《德意志意识形态》手稿中,出现了对于经验研究和科学(与哲学相对)的最强烈呼吁,还是在这部手稿中,马克思和恩格斯实际从事的讨论首先是关于概念框架的讨论,虽然这一框架是根据他们所认为的可靠的历史概括来确定的,并且确实是一种关于历史首先究竟是什么的新的观念。考虑到对此缺少明显的引证和细节,《德意志意识形态》手稿中的有关段落今天在体裁上会被归入"历史哲学"(马克思主义者的评论一般将其修饰为"历史理论")。然而,一旦论战背景(至少是与那些今天已多半被忘记,或至少不那么广为人知的人的论战)的青年黑格尔派消失于1848年后的反责和密谋中,"讨论"哲学的需要不可避免地消失了。甚至从19世纪50年代末开始,日益倾心于自然科学的恩格斯,也视"形而上学"为其"对立面",而不是哲学本身。而且,正如广为人知的,马克思本人曾在显要场合尤其是在《资本论》第一卷第二版《跋》中承认他对黑格尔哲学的借鉴。这毫无疑问只是为了惹恼过分热心的经验主义者,而不是为了给读者有关其著作的决定性线索,这些线索是恩格斯和很久以后的"黑格尔化的"马克思主义者们——以他们极其不同的方式——在这些有意引起争议的评论中发现的。

对此,本文的观点是,异化术语的使用适合于马克思关于社会生产过程中劳动与资本、工人与资本家关系的全部论述,从19世纪40年代早期开始,它既在手稿又在正式出版的著作中得到阐发。虽然在相关论述的几次准确转向和措词中有一些差别,但这一概念在马克思的批判中仍处于中心位置(虽然不是综合的或概括的或"关键的")。真正来讲,这些文本中没有任何一篇要比其他文本中的任何一篇在很强烈的意义上"更哲学"或"更经济学"。相反,存在着微妙的调整以应对学术环境、读者、结构方面的变化,最特别的是适应马克思对政治经济学和历史及当代情况的相关材料的了解。这些因素,而不是任何重大的理论变化,足以解释这些文本即《手稿》、《大纲》与正式出版的"晚期"著作《政治经济学批判》、《资本论》第一卷在形式和内容上的变化。

麦克莱伦正确地认为"异化"始终是马克思批判计划中的普通术语和主题,虽然也许在主张特别在《大纲》中异化是中心时有些误导。在相比较而言的结构松散和无支撑性方面(这并不是说,马克思的讨论缺少结构,而是说它们没有很好地加以组织,从而没有像在后来的正式著作中那样非常重视引证和论据),《大纲》更像《手稿》而不是《资本论》第一卷。下面从《大纲》中摘录的段落可以作为例子。在这里,马克思重述了《手稿》的思想,而没有增加任何特别新的内容,除了为解释"商品流通"而使用更为精确的"经济学"术语("交换价值"、"使用价值")外:

  商品流通的条件是:商品作为交换价值来生产,即不是作为直接的使用价值,而是作为以交换价值为中介的使用价值来生产。通过转让和让渡〔剥夺和异化]并以它们为中介而实行占有,是基本的前提。在流通中即交换价值的实现过程中包含着:(1)我的产品只有对别人成为产品,才是产品;也就是说,只有成为被扬弃的个别,成为一般,才是产品;(2)我的产品只有转让,对别人成为产品,对我才是产品;(3)别人只有把他自己的产品转让,我的产品对他才是产品;由此得出(4)生产对于我不是表现为目的本身,而是表现为手段。①

另一方面,这种讨论使得《手稿》和《大纲》在某些方面很流行——马克思的分析似乎在自如地、快速地流动着,而不是在填充一个正式的结构和格式,通过逻辑和引证,从而迫使读者接受。简单说来,在手稿中,马克思的方式是随意可亲的,而在正式出版的著作中,其方式则是非常技术性的,包括实际上广泛而详细地引用政治经济学文献。但是,将这种风格、语气和叙述上的差别,与任何更为复杂和根本的东西(例如词汇和内容方面的真正的重大变化)相联系,从而特别用来支持哲学和科学间有倾向性的二元划分,则未免野心太大和没有必要。

罗斯多尔斯基(Rosdolsky)的著作对此观点予以支持。② 在对《大纲》和正式出版的《资本论》各卷关系的大部头研究著作中(仍是有关这一主题的唯一的最详尽的著作),他特别重视引用"黑格尔式的"段落,只是偶尔将其回溯到《手稿》,但并未对其他评论者在本章所考察的著作和争论中主要关注的异化术语进行任何特殊描绘或提出任何特殊问题。罗斯多尔斯基在说明《资本论》中异化术语的相对(当然不是完全)缺失时,引用马克思自己关于其研究方法(罗斯多尔斯基认

---

① 《马克思恩格斯全集》第2版第30卷第147页。
② Roman Rosdolsky, *The Making of Marx's "Capital"*, trans. Peter Burgess, London: Pluto, 1977[1968].

为它必定是"黑格尔式辩证法的")和叙述方法的区别,叙述方法中如此"唯心主义的"语言可能导致误读。重要的是,他把这种对黑格尔的思想和语言的借鉴认为是进入马克思的"科学工作间"的途径,而不是某种对"哲学"的逆转。罗斯多尔斯基的确认为罗莎·卢森堡(Rosa Luxemburg)等人在贬低这种阅读马克思正式出版的批判著作的方法时犯了严重的错误,而倒向了他认为是天真的经验主义者的、并因此是保守的、或用政治性的术语来说甚至更糟的(即斯大林主义的)理解和解释。这样,罗斯多尔斯基将这种倾向归于正统的、"科学的"马克思主义者,他们既拒绝黑格尔又拒绝"哲学",并在这一过程中严重违犯了马克思正式发表的理论。本文支持这种观点,并进一步将这种倾向归于评论马克思的"哲学的"、黑格尔化的学派,是他们制造了对马克思正式出版的著作的怀疑,并有效地转移了人们对这些著作的注意力。为了发现与马克思正式发表的文本之间的联系,罗斯多尔斯基仔细考察马克思的理论及其未出版的文本的研究品格的努力,是值得钦佩的。

五、《大纲》中的异化

与《手稿》相比,我们是否能从《大纲》中获得更多的关于异化的内容?毫无疑问,正如上述段落所表明的,因为马克思对这些术语的详细说明要更为复杂,与政治经济学理论、生产过程的历史和当代社会情况更相关。再看下面的段落,其中异化术语正被淹没于马克思对源自政治经济学的日益复杂的一些概念的兴趣和娴熟掌握之中,马克思通过这些概念来实现他对当代"资产阶级社会"的批判。

所有权还只是表现为通过劳动占有劳动产品,以及通过自己的劳动占有他人劳动的产品,只要自己劳动的产品被他人的劳动购买便是如此。对他人劳动的所有权是以自己劳动的等价物为中介而取得的。所有权的这种形式——正像自由和平等一样——就是建立在这种简单关系上的。在交换价值进一步的发展中,这种情况就会发生变化,并且最终表明,对自己劳动产品的私人所有权也就是劳动和所有权的分离;而这样一来,劳动＝创造他人的所有权,所有权将支配他人的劳动。①

最后,生产过程和价值增殖过程的结果,首先表现为资本和劳动的关系本身的,资本家和工人的关系本身的再生产和新生产。这种社会关系,生产关系,实际上是这个过程的比其物质结果更为重要的结果。这就是说,在这个过程中工人把他本身作为劳动能力生产出来,也生产出同他相对立的资本,同样另一方面,资本家把他本身作为资本生产出来,也生产出同他相对立的活劳动能力。每一方都由于再生产对方,再生产自己的否定而再生产自己本身。资本家生产的劳动是他人的劳动;劳动生产的产品是他人的产品。②

除了偶尔使用"alien"一词外,《大纲》中的一些论述实质上与《资本论》第一卷中的论述一样：

这样,由于资本同作为等价物的劳动能力相交换,资本就不付等价物而获得了劳动时间——因为这个时间超过了包含在劳动能力中的时间——;资本借助交换的形式,不经交换就占有了他人的劳动时间。……工人为了取得对象化在他身上的劳动时间的等价物,就要提供他的能够创造价值和增殖价值的活劳动时间。工人是把自己作为结果出卖的。作为原因,作为活动,工人被资本所吸收,并体现为资本。这样,交换转变成了自己的对立面,而私有制的规律——自由、平等、所有权——,转变成了工人没有所有权和把他

---

① 《马克思恩格斯全集》第2版第30卷第192页。
② 《马克思恩格斯全集》第2版第30卷第450—451页。

的劳动让渡出去,而工人对自己劳动的关系,转变成了对他人财产的关系,反过来也一样。①

有趣的是,在下面这段话中可以清楚地看出马克思在《资本论》第一卷有关协作的完整一章中采纳异化观念,并将其具体化为劳动者个体通过简单"协作"完成工作:

> 第一条(资产阶级所有权的规律——作者注)是劳动和所有权的同一性;第二条是劳动表现为被否定的所有权,或者说,所有权表现为对他人劳动的异己性的否定。实际上,在资本的生产过程中,正如在进一步考察这一过程时将更加清楚地表明的那样,劳动是一个总体,是各种劳动的结合体,其中的各个组成部分彼此毫不相干,所以,总劳动作为总体不是单个工人的事情,而且,即使说它是不同工人的共同的事情,也只是从这样的意义来说的:工人们是(被迫地——马丁·尼古拉斯注)被结合在一起的,而不是他们彼此(自愿地——马丁·尼古拉斯注)互相结合。这种劳动就其结合体来说,服务于他人的意志和他人的智力,并受这种意志和智力的支配——它的精神的统一处于自身之外;同样,这种劳动就其物质的统一来说,则从属于机器的,固定资本的物的统一。这种固定资本像一个有灵性的怪物把科学思想客体化了,它实际上是实行联合者,它决不是作为工具同单个工人发生关系,相反,工人却作为有灵性的单个点,作为活的孤立的附属品附属于它……因此,如果说工人把自己劳动的产品看作是他人的产品,那么他也把结合劳动看作是他人的劳动;正如他把自己的劳动看作虽然属于他自己,但对他来说却是异己的、被强制的生命活动……②

---

① 《马克思恩格斯全集》第 2 版第 31 卷第 69—70 页。
② 《马克思恩格斯全集》第 2 版第 30 卷第 463—464 页。

"有灵性的怪物",在《资本论》第一卷随后的《机器和大工业》这一章中作为"机械怪物"再次出现,而以异化术语表述的劳动力交换的简明概括则没有再出现。

但也许在某种意义上,我们从《大纲》中要比从《手稿》中更少地看到有关异化的内容。后者中有关"类存在物"的大量论述在《大纲》中消失了,可能是由于政治和理论的原因,也可能是由于其他这些更具体的领域与马克思的政治经济学批判的关系更为密切,从而占据了更优先的位置。例如,某种非常类似于《手稿》中"类存在物"部分的内容在《资本论》第一卷中关于劳动过程的讨论中浮现出来。但它更是这样的例证,(马克思)将这一内容加工成一种更为紧凑和清晰的正式结构和条理分明的逻辑论证。《手稿》之所以得到许多评论家的充分欣赏,恰恰是因为它遵循了作为评论者的哲学家们可以认可和赏识的特殊思路。从哲学方面来看,《资本论》第一卷中的简明讨论并没有表现出多大兴趣,因此,"哲学的"马克思不会在那里出现。《手稿》激励许多人更多地去阅读马克思,因为在他们看来,"哲学"与"经济学"相比是一个更容易的字眼,但也许相对来讲没有多少人去阅读《资本论》第一卷,这始终是一件令人惋惜的事情。无论人们是对异化(如在《手稿》中的)感兴趣,还是对剩余价值(如在《资本论》第一卷中的)感兴趣,《大纲》在这两方面都是一部有启发性的著作。的确,这两个概念是有联系的,正如麦克莱伦所清楚地指出的。那些在马克思那里仅仅想寻找有关异化的启发的人,应该提升他们的视野。

(原载〔意〕马塞罗·默斯托主编《卡尔·马克思的〈大纲〉》英国劳特利奇出版公司2008年版)

(孙寿涛 译 闫月梅 校)

存在马克思的危机理论吗？

——进一步理解马克思《政治经济学批判》手稿中的"危机"概念[*]

〔德〕米夏埃尔·亨利希

马克思在1848年的政治事件结束之后深信，革命是经济危机的结果。1850年，恩格斯和马克思在《新莱茵报》上写道："新的革命，只有在新的危机之后才可能发生。但它正如新的危机一样肯定会来临。"[①] 求证危机和革命之间存在密切的联系，这也许是马克思在流亡伦敦期间深入地恢复曾进行的经济学研究的一个重要原因。[②] 这些研究首先反映在24本摘录笔记即《伦敦笔记》中，并形成政治经济学批判的三大手稿：《1857—1858年手稿》、《1861—1863年手稿》和《1863—1865年手稿》。《1863—1865年手稿》现以原文首次发表在《马克思恩格斯全集》历史考证版第2部分第4卷第1和第2分册中。

《马克思恩格斯全集》历史考证版的上述卷次的编辑们仍把这些草稿称为《资本论》的三个"手稿"是不完全恰当的，因为这样会使人误认为，马克思在1857年就已计划写《资本论》这部著作了，这三个

---

[*] 本文选自《马克思恩格斯列宁斯大林研究》2000年第1辑。

[①] 《马克思恩格斯全集》第2版第10卷第596页。

[②] 弗·施拉德：《复辟和革命。从马克思1850—1858年的研究笔记看〈资本论〉的准备工作》，希尔德斯海姆（盖尔斯滕贝格）1980年版，第15页及以下几页。

手稿是对这部著作的不断完善。就算马克思在1857—1858年已计划写《关于资本》的书，但这是六册《政治经济学批判》的一个组成部分。打算写一部独立的著作《资本论》的念头则是马克思在写作《1861—1863年手稿》期间才产生的，① 并且《资本论》的结构也是从此才逐渐形成的。因此，就以上的三个手稿而言，应是先有《政治经济学批判的手稿》这个名称，后来对该手稿进行压缩整理后才有《资本论》这个名称。

在这三个手稿中都谈到了危机问题，但是没有关于危机理论的独立章节，一般只是在注释或插入部分论及。起初我们也不清楚，马克思是否打算或者在多大程度上打算按当时的叙述水平论述危机理论。我们经常看到这样一些说明：插入部分本来不应在这里叙述。伊藤诚早就指出，马克思手稿中的观点同一种危机理论之间存在内容上的差别，② 而且还经常强调，马克思对危机的论述是片断性的。然而，本文不仅要探讨马克思为在内容上确定危机过程的原因而作的各种尝试，而且首先要探讨他按当时的写作计划在论及危机时所具有的理论状态。只有考察了对危机过程的实际论证以及在论述这个过程时所具有的理论状态，才能概述危机的含义。在这里需要说明的是，危机的含义，在手稿中是有明显变化的。不仅对危机过程的实际论证有变化，而且其中论及危机的理论结构也有变化。大量在不同时间所作的内容上和结构上的挪动便是形成形形色色的、甚至自相矛盾的"马克思主义"危机理论的背景，而这些理论又在这些变化过程中各选一点，并称之为"正统的"马克思

---

① 《马克思恩格斯全集》第2版第30卷第636页。
② 伊藤诚：《价值和危机》，伦敦1980年版。

危机理论。①

《马克思恩格斯全集》历史考证版第 2 部分第 4 卷第 2 分册收入的《资本论》第 3 卷的原始手稿对我们下面要进行的研究具有决定性的意义：一方面，手稿中的危机理论观点极为先进，另一方面，可以读到这部未经恩格斯编辑的手稿，而恩格斯所作的绝不仅仅是形式上的编辑工作。叙述逻辑问题现在看来恰恰也是另一种样子。

一、1857—1858 年手稿

马克思在《1857—1858 年手稿》一开头，即《货币章》中，也就是在他论述简单流通中买卖分离的可能性时，就提出了"抽象的"危机概念："既然买和卖这两个流通的本质的要素彼此无关，在空间上和时间上相分离，它们也就没有必要合而为一。它们的彼此无关，可以导致一方对一方的固定化和彼此表面上的独立。但是，既然它们构成一个整体的两个本质的要素，就必然会出现这样的时刻，这时独立形态遭到暴力的破坏，内部的统一通过暴力的爆发在外部恢复起来。这样，在货币作为中介的规定中，在交换分成两种行为的分裂中，已经蕴藏着危机的萌芽。"②

这个抽象的危机概念，即同属一个整体但又彼此独立的要素（例如买和卖、生产和消费等等）的内部统一通过暴力得到的恢复，在马

---

① 本文不可能对各种不同的观点作详细分析。有关这些观点的分类见约·贝格尔：《马克思危机理论的基本思想》，见《选择的经济政策》，汉堡论据出版社 1979 年版第 35 卷《论据专集》；伊藤诚：《价值和危机》，伦敦 1980 年版，第 119 页及以下几页。

② 《马克思恩格斯全集》第 2 版第 30 卷第 149 页。

克思危机理论的阐述中是一致不变的。《1857—1858年手稿》① 以及后来的手稿②都阐述过这个概念。在各个手稿中发生变化的是导致危机的各个过程的内容上的规定以及危机对资产阶级经济学的运作方式的意义。

生产过剩的消费不足理论的论证

马克思在《1857—1858年手稿》中认为，危机主要是由商品生产过剩引起的。马克思以施托尔希、西斯蒙第和马尔萨斯视工人阶级有限的消费可能性为产生生产过剩趋势的根本原因为例，驳斥萨伊和李嘉图否定普遍生产过剩的可能性的主张。③ 马克思自己进行了一次论证资本的生产过剩趋势的初步尝试④，之后，继续认同马尔萨斯和西斯蒙第对生产过剩所作的消费不足理论的论证。马尔萨斯强调，利润存在的前提是除工人的需求之外还另有需求，马克思据此写道，资本主义生产驱使"生产超越它在对工人的关系上所应进行的生产的比例……如果'超过工人本身需求的需求'消失了和缩减了，那就会出现崩溃"⑤。马克思虽然认为单个资本之间也存在需求，但是他认为这种需求是次要的，因

---

① 《马克思恩格斯全集》第2版第30卷第438页。
② 《马克思恩格斯全集》第1版第26卷第2册第571—572、581页，第26卷第3册第575—576页。
③ 《马克思恩格斯全集》第2版第30卷第392—393、395页。
④ 《马克思恩格斯全集》第2版第30卷第396—398页。
⑤ 《马克思恩格斯全集》第2版第30卷第403页。

为当时在他看来,个人的消费是生产的最终界限。①

但是,不久之后②,马克思不同意蒲鲁东对生产过剩的论证。他说,蒲鲁东认为工人用自己的工资不能买回自己的产品,完全是对价值理论的彻底误解:"因此,价值规定同蒲鲁东先生关于工人不能买回自己的产品的发现毫不相干。这种发现的基础是,他(蒲鲁东)既丝毫不懂价值规定,也丝毫不懂价格规定。但是,即使撇开这一切不谈,蒲鲁东关于由此会导致生产过剩的这种抽象的结论,也是错误的。"③

对蒲鲁东的这一批判曾一度被理解为对生产过剩的消费不足理论的论证的原则批判,这种理解是不恰当的。马克思认为,蒲鲁东在"这种抽象"中所作的论证是错误的,因为人们从中可以得出这样的结论:这个论据换一种说法就可能是别的意思。

工人不能买回自己的产品——这在资本主义关系下是无论如何不可能发生的——这种论点还不足以用来论证生产过剩,因为不仅工人有需求,而且资本家也有需求。马克思隐约觉得,西斯蒙第的论据是,资本主义生产具有无界限发展的趋势,但工人阶级的消费可能性不断受到限制,因此资本家的需求应当填补一个越来越大的缺口,而这无论如何是不可能的。马克思在这里不同于蒲鲁东,并不是由于这个消费不足理论的观点本身,而是由于他结合这种观点动态考察资本主义生产方式,而蒲鲁东则仍然局限于静态考察剥削关系,并且基本断定生产过剩也与剥

---

① "这种需求作为有支付能力的、实现交换价值的需求,在生产者本身之间进行交换的时候,是足够的和充分的。一旦最终的产品在直接的和最终的消费上遇到界限,这种需求的不足就显露出来了。"(《马克思恩格斯全集》第 2 版第 30 卷第 404 页)

② 《马克思恩格斯全集》第 2 版第 30 卷第 408 页及以下几页。

③ 《马克思恩格斯全集》第 2 版第 30 卷第 419 页。

削有关。

在《1857—1858年手稿》中还具体暗示了危机产生的其他原因。比如有一处这样写道，普遍生产过剩并不是对消费来说过多，而是"对保持消费和价值增殖之间的正确比例来说过多"①，当然，这样的观点在《1857—1858年手稿》中没有进一步展开，主要论证了消费不足理论。

危机是最后的危机

对马克思危机概念的理解具有重要意义的不仅仅是对危机过程的实际论证，而且还有这个概念在叙述结构中的位置。马克思在1857年的《导言》中概述了他计划写的经济学著作的结构，并确定了最后一点："世界市场和危机"②。在《1857—1858年手稿》的正文的两个计划草稿中，危机也是放在最后与世界市场一起考察的，当然，在那里马克思更清楚地表述了危机的特点和意义。比如，他在第一个计划草稿中写道：危机"迫使采取新的历史形态"，③ 在第二个草稿中写道："危机。以交换价值为基础的生产方式和社会形式的解体。"④

危机在这里首先表现的还是消极的一面，它们具有一定的破坏性，资本主义生产方式因危机而解体。因此，也可以在阐明了资本主义生产方式的内部结构之后叙述危机。马克思的"崩溃理论"最早可能也是以这种对危机的纯粹消极的理解为依据的。当然，对危机的这种理解还

---

① 《马克思恩格斯全集》第2版第30卷第433页。
② 《马克思恩格斯全集》第2版第30卷第50页。
③ 《马克思恩格斯全集》第2版第30卷第181页。
④ 《马克思恩格斯全集》第2版第30卷第221页。

不是政治经济学批判的结果，而是在政治经济学批判之前的一种假设。马克思那段时间的书信表明，在他看来，危机和革命之间存在联系完全是不言而喻的。① 把危机理解为资本自我崩溃的趋势的体现，在手稿的最后部分虽然也有表述（马克思在那里论述利润率趋于下降的规律时写道："通过尖锐的矛盾、危机、痉挛，表现出社会的生产发展同它的现存的生产关系之间日益增长的不相适应。"）② 但是现在不能再将危机与资本主义生产方式的即将"解体"相提并论，危机看起来更像是一个长期持续的衰落过程的伴音。

资本一般和竞争

《1857—1858年手稿》中还提到，不应该把危机仅仅作为和世界市场相关的最后一点来论述，早就应当至少作为单个的方面来论述。比如，马克思早就说过："当然，这里的问题还不在于说明生产过剩的规定性，而只是分析最初包含在资本关系本身中的生产过剩的萌芽。"③ 稍后，他在谈到关于暴力恢复危机中的对立统一时说道："关于这一切实际发生时的运动，只有在考察了现实的资本即竞争等等之后，在考察了实际的现实条件之后，才能加以考察。它还不是属于这里考察的问题。"④

可见，生产过剩的"萌芽"应该在"这里"考察，相反，实际的

---

① 1857年爆发危机之后，马克思期待在短时间内出现革命进程，见《马克思恩格斯全集》第1版第29卷第218、531—532页。

② 《马克思恩格斯全集》第2版第31卷第149页。

③ 《马克思恩格斯全集》第2版第30卷第400页。

④ 《马克思恩格斯全集》第2版第30卷第438页。

运动则应在考察"现实的资本"时考察。这里所说的考察危机的不同阶段说明，在《1857—1858年手稿》的写作过程中才逐渐形成一个叙述方案，即区别"资本一般"和各个资本在"竞争"中的"实际运动"。在区别这二者的关系的同时，马克思追求的不只是将所要考察的材料进行表面的分类，而是试图据此基本认清资本主义生产方式的结构联系：市场过程本身以一定的规律为基础，因此可以不像资产阶级经济学通常所做的那样，从市场竞争出发来解释资本的规律，而是相反，用资本固有的规律来解释竞争中表现出来的现象。① 马克思试图考虑这一认识，因为他想在"资本一般"这一节中先叙述资本的固有规律，再叙述它们在实际运动中的实现即"竞争"。

但是，马克思在区别"资本一般"和"竞争"时采取了一种非常"特殊的"方式，结果造成了一系列困难。他把"作为资本的价值同单纯作为价值或货币的价值区别开来的那些规定的总和"② 理解为"资本一般"，这是那些"使价值一般变为资本"③ 的规定，因此也是任何单个资本的规定。当然，马克思并不想用"资本一般"来论述单个资本。马克思接着强调："但是我们研究的既不是资本的某一特殊形式，也不是与其他各单个资本相区别的某一单个资本。"④ 马克思这时一直把单个资本理解为具体的、在竞争中运动的资本，因此必须在叙述"资本一

---

① 关于竞争，说得很具体："从概念来说，竞争只不过是资本的内在本性，是作为许多资本彼此间的相互作用而表现出来并得到实现的资本的本质规定，不过是作为外在必然性表现出来的内在趋势。"(《马克思恩格斯全集》第2版第30卷第394页)
② 《马克思恩格斯全集》第2版第30卷第269页。
③ 《马克思恩格斯全集》第2版第31卷第54页。
④ 《马克思恩格斯全集》第2版第30卷第270页。

般"时抽象出来。由于这个单个资本应首先在概念上加以阐述,所以不能从一开始就作为前提。因此在《资本一般》篇中展开叙述时必须同时达到两个要求:(1)在内容上必须叙述竞争中表现出来的各种规定;(2)在叙述这个内容时,必须遵循一定的抽象层次,即单个资本(以及特殊的资本形式)的抽象。但是《1861—1863年手稿》表明,未能同时达到这两个要求。"资本一般"和"竞争"之间的区别首先是叙述的前提,并构成理论框架,在这个框架内应当规定考察危机的时间和方式。

二、1861—1863年手稿

对古典和谐论的批判

在1861—1863年手稿第Ⅷ笔记本中考察李嘉图的积累理论时加入了很长一段涉及危机理论的文字。之所以加入这段文字,可能是因为下面这个结论:积累总是以全面的生产过剩(按简单再生产的需要来衡量)为前提;生产过剩"形成在危机中显露出来的那些现象的内在基础"①。同《1857—1858年手稿》相比,马克思在这里更加详细地研究了古典和谐论,古典和谐论不否认危机的经验存在,但是它否定资本主义生产方式固有的危机趋势的存在,因为它声称普遍的生产过剩是不可能发生的。古典学派在这方面提出的论据是,需要是没有止境的,从而绝对不会出现生产过剩,全社会的生产者和消费者是一致的,因此所有生产出的东西都会被消费掉,首先,可以把买和卖简化为产品的交换(因为仅仅作为中介的货币是可以抽象掉的),但是绝不可能使所有产

---

① 《马克思恩格斯全集》第1版第26卷第2册第562页。

品同时过剩。马克思据此得出结论:"为了证明资本主义生产不可能导致普遍的危机,就否定资本主义生产的一切条件和它的社会形式的一切规定,否定它的一切原则和特殊差别,总之,否定资本主义生产本身……这就不仅是退回到资本主义生产以前,而且甚至退回到简单商品生产以前去了。"①

马克思认为,否认固有的危机趋势并不是对资本主义生产某个方面的另一种看法的简单表述,而是在设计科学的理论对象过程中产生根本分歧的结果。资产阶级经济学家之所以受到批判,正是由于他们抽掉了特殊的资本主义的形式规定并把资本主义生产归结为一般生产。

马克思首先指出,否认危机的原因在于搞"伪造"②的"辩护论"或李嘉图的无知,李嘉图虽不是辩护论者,但也不了解真正的危机③。当然,马克思稍后又写道:"李嘉图和其他人对生产过剩等提出的一切反对意见的基础是,他们把资产阶级生产或者看作不存在买和卖的区别而实行直接的物物交换的生产方式,或者看作社会的生产,在这种生产中,社会好像按照计划,根据为满足社会的各种需要所必需的程度和规模,来分配它的生产资料和生产力……这种虚构,一般说来,是由于不懂得资产阶级生产这一特殊形式而产生的,而所以不懂又是由于一种成见,认为资产阶级生产就是一般生产。"④

---

① 《马克思恩格斯全集》第1版第26卷第2册第571—572页。
② "在世界市场危机中,资产阶级生产的矛盾和对抗暴露得很明显。但是,辩护论者不去研究作为灾难爆发出来的对抗因素何在,却满足于否认灾难本身,他们不顾灾难有规律的周期性,顽固地坚持说,如果生产按照教科书上说的那样发展,事情就决不会达到危机的地步。所以,辩护论就在于伪造最简单的经济关系……"(《马克思恩格斯全集》第1版第26卷第2册第570—571页)
③ 《马克思恩格斯全集》第1版第26卷第2册第567页。
④ 《马克思恩格斯全集》第1版第26卷第2册第604页。

可见，这里的问题不在于"伪造"或无知，而是整体的"无能"，更确切地说，就是马克思在《资本论》第1卷第2版跋中所说的资产阶级经济科学的"界限"①。这里指的不是单个研究者的界限，而是单个的研究者在其中为自己的研究对象定义的理论领域的界限。在这里，所谓的"理论领域"是多数没有得到证明的，而且明显是就某个对象的结构和理解它的可能性作出的假定。因此单个的理论领域构成为整个科学"规定"对象的方式。② 古典政治经济学的理论领域的一个重要组成部分是"人神同形同性论"：商品所有者的规定被理解为一般人的规定，因此也就无需再进一步解释商品所有者的行为方式和唯理思考，而把它看作直接的"人的"行为方式。社会的形式规定因此成为自然的事情，而这个人神同形同性论却相反，它使形式一般的规定（例如生产必须满足需要）变成形式特殊的规定的基本内容：将资本主义生产理解为一般意义上的生产，即满足需要的生产。

危机的原因

马克思虽然很清楚，有人否认资本主义生产方式存在固有的危机趋势，是由于理论的对象设计得不当，但他仍然以积极解释这种危机趋势的存在为己任。这项工作首先是在继续发挥《1857—1858年手稿》中

---

① 《马克思恩格斯全集》第1版第23卷第16页。
② 我在另一篇文章中曾试图说明，马克思的"科学革命"正是要与古典政治经济学的这个理论领域实行决裂，但是他同时又在很多地方没有突破这个领域，这就是他的著作留下一些特殊问题的原因。（米·亨利希：《关于价值的科学。科学革命和古典传统之间的马克思政治经济学批判》，汉堡1991年版。）

的观点的过程中,并以消费不足理论的方式完成的。①

当然后来还有其他的观点。马克思据此分析说,李嘉图之后的经济学家虽然否认商品的生产过剩的可能性,但是承认资本的生产过剩。马克思的问题是,这两种情况的差别何在。马克思第一次尝试回答这个问题时没有取得理想的结果②,而在作第二次尝试时得出了一个重要结论:"因此,什么叫作资本的生产过剩呢?就是预定用来生产剩余价值的那些价值量的生产过剩(或者,从资本的物质内容方面来考察,就是预定用来进行再生产的那些商品的生产过剩),——因此,就是再生产的规模太大,这同直截了当说生产过剩是一个意思。更加明确地说,资本的生产过剩无非是,为了发财而生产的东西过多了,或者说,不是用作收入进行消费,而是用来获得盈利的……那部分产品太多了。"③

这里,没有把生产过剩归因于工人阶级的有限的消费可能性,而是归因于价值增殖的可能性。如果"为了发财"而生产太多的东西,那么这意味着,不是工人对消费品的需求太少,而是资本家对生产资料的需求太少。当然,这一思想没有得到进一步的发挥,之后又有几处明显属于消费不足理论的论证。④ 在第 XIV 笔记本中,马克思似乎又回到了原来的思路,在论及资本主义生产方式时他写道:"但是,资产阶级的生产,由于它本身的内在规律,一方面不得不这样发展生产力,就好像

---

① "生产过剩的起因恰好在于:人民群众所消费的东西,永远也不可能大于必要生活资料的平均数量,因此人民群众的消费不是随着劳动生产率的提高而相应地增长。"(《马克思恩格斯全集》第 1 版第 26 卷第 2 册第 535 页)
② 《马克思恩格斯全集》第 1 版第 26 卷第 2 册第 449—452 页。
③ 《马克思恩格斯全集》第 1 版第 26 卷第 2 册第 609 页。
④ 《马克思恩格斯全集》第 1 版第 26 卷第 2 册第 610 页和《马克思恩格斯全集》第 26 卷第 3 册第 54—55 页。

它不是在一个有限的社会基础上的生产，另一方面它又毕竟只能在这种局限性的范围内发展生产力，——这种情况是危机的最深刻、最隐秘的原因……"①

"有限的社会基础"在这里不可能仅仅是指工人阶级的有限的消费。也就是说，上面引用的这段话的意思是批判穆勒在（历史的）分配形式和（自然的）生产形式之间所作的区别，马克思同时解释："利润、分配形式，在这里同时又是生产形式、生产条件、生产过程的必要的构成要素。"② 因此很显然，形成"有限的社会基础"，是由于价值增殖的可能性构成生产的界限。

危机的可能性和现实性

在（从"资本一般"和"竞争"的对比中看到）范畴理论体系中，究竟应在何处论述危机理论，要回答这个问题，非常重要的是区别危机的"可能性"和"现实性"。马克思早在《1857—1858 年手稿》③ 和《政治经济学批判》④ 中就已经指出，在买和卖的分离中已经存在危机的"可能性"。简单的商品流通阶段产生的危机可能性在资本流通阶段继续存在。⑤ 马克思在《政治经济学批判》中根据货币作为支付手段的职能还看到了危机的第二种可能性⑥：支付环节的中断可能导致货币危

---

① 《马克思恩格斯全集》第 1 版第 26 卷第 3 册第 86 页。
② 《马克思恩格斯全集》第 1 版第 26 卷第 3 册第 86 页。
③ 《马克思恩格斯全集》第 2 版第 30 卷第 119 页。
④ 《马克思恩格斯全集》历史考证版第 2 部分第 2 卷第 165 页。
⑤ 《马克思恩格斯全集》第 1 版第 26 卷第 2 册第 579—580 页。
⑥ 《马克思恩格斯全集》历史考证版第 2 部分第 2 卷第 202、208 页。

机，这是一个在资本流通阶段同样可能重复出现的过程①。当然，正如马克思着重指出的那样，危机的可能性还不具有"现实性"："危机的一般的、抽象的可能性，无非就是危机的最抽象的形式，没有内容，没有危机的内容丰富的起因。卖和买可能彼此脱离。因此它们是潜在的危机。……但是，使危机的这种可能性变成危机，其原因并不包含在这个形式本身之中；这个形式本身所包含的只是：危机的形式已经存在。"②

马克思首先力图继续确定这种使危机的纯粹可能性变成现实的危机的内容，并作为计划规定："世界市场危机必须看作资产阶级经济一切矛盾的现实综合和强制平衡。因此，在这些危机中综合起来的各个因素，必然在资产阶级经济的每一个领域中出现并得到阐明。我们越是深入地研究这种经济，一方面，这个矛盾的越来越新的规定就必然被阐明，另一方面，这个矛盾的比较抽象的形式会再现并包含在它的比较具体的形式中这一点，也必然被说明。"③

因此，危机现在已不像《1857—1858年手稿》和《导言》的早期计划草稿所规定的那样，仅仅作为与世界市场有关的最后一点来考察，危机的各要素可以在"所有"叙述阶段展开。马克思在叙述资本的再生产过程的阶段所作的进一步展开的尝试表明，他并没有超越危机的纯粹可能性的规定④。马克思似乎也并不完全清楚，他应该如何理解一般危机和货币危机的关系。比如他解释说："如果说危机的发生是由于买和卖的彼此分离，那么，一旦货币执行支付手段的职能，危机就会发展

---

① 《马克思恩格斯全集》第1版第26卷第2册第581页
② 《马克思恩格斯全集》第1版第26卷第2册第581—582页，并参看第584—585页。
③ 《马克思恩格斯全集》第1版第26卷第2册第582页。
④ 《马克思恩格斯全集》第1版第26卷第2册第582—583页。

为货币危机,在这种情况下,只要出现了危机的第一种形式,危机的这第二种形式就自然而然地要出现。因此,在研究为什么危机的一般可能性会变为现实性时,在研究危机的条件时,过分注意从货币作为支付手段的发展中产生的危机的形式,是完全多余的。"①

货币危机,乃至整个货币关系在这里被归结为一种纯粹的偶发现象。但是这一点只有在下述情况下才是可信的:一旦货币执行支付手段的职能,买和卖的彼此分离不仅每次表现为货币危机,而且反之亦然,每一次货币危机都是以买和卖的分离为前提。马克思由于作了这个假定,所以他把作为支付手段的货币归结为作为流通手段的货币,这与他自己对货币的分析是矛盾的。当然马克思本人对此可能也不是十分有把握。他马上补充说:"既然货币作为支付手段的发展是同信用和信用过剩的发展联系在一起,那么当然应该说明这些现象的原因,但是这里还不是这样说明的地方。"②

危机理论的哪些要素应在哪个阶段叙述,这显然是马克思需要确定的基本问题。但是马克思坚持危机的可能性和现实性的对立,这个对立应是叙述的主要内容:"但是,现在的问题是要彻底考察潜在的危机的进一步发展(现实危机只能从资本主义生产的现实运动、竞争和信用中引出),要就危机来自作为资本的资本所特有的,而不是仅仅在资本作为商品和货币的存在中包含的资本的各种形式规定,来彻底考察潜在的危机的进一步发展。"③

在"资本一般"的叙述阶段应该只说明"危机的可能性",相反,危机的"现实性"则应该在叙述资本的现实运动以及"竞争和信用"

---

① 《马克思恩格斯全集》第 1 版第 26 卷第 2 册第 587—588 页。
② 《马克思恩格斯全集》第 1 版第 26 卷第 2 册第 588 页。
③ 《马克思恩格斯全集》第 1 版第 26 卷第 2 册第 585 页。

时加以考察。这样一来，关于危机的可能性向现实性过渡的困难的叙述被挪到了后面，但至今不知道究竟被挪到了什么地方。

危机是平衡运动

和《1857—1858年手稿》相比，人们在《1861—1863年手稿》中也发现，在阐明危机的意义时也有挪动的现象。危机原来一直被规定为独立要素的统一的暴力恢复，但是，这时似乎首先不再是预示资本主义生产方式解体的最终危机，而是这种生产方式的经常性陪伴。马克思这时强调的是生产过剩和危机的周期性。① 在比例失调危机的形式下他甚至将危机理解为资本所必需的平衡运动。他在分析李嘉图时写道："可是我们这里谈的，不是以生产的比例失调为基础的危机，就是说，不是以社会劳动在各生产领域之间的分配比例失调为基础的危机。这一点只有在谈到资本竞争的时候才能谈到。……可是，这种平衡本身已经包含着：它是以平衡的对立面为前提的，因此它本身可能包含危机，危机本身可能成为平衡的一种形式。但是，这种危机是李嘉图等人所承认的。"②

比例失调危机是不平衡现象。它们和古典和谐论的平衡思想并不矛盾，相反，它们的表现形式是不断重新建立平衡。这是今天仍很普遍的对危机的一种理解。但是在上面的引文中，马克思清楚地说明，他当时考察的不是这个有限的危机概念。当然，这个新的危机概念本文只是提一下而已，它既不同于毁灭性危机的概念，也不同于暂时失衡的纯粹平

---

① 《马克思恩格斯全集》第1版第26卷第2册第570和654页。
② 《马克思恩格斯全集》第1版第26卷第2册第595—596页。

衡运动的概念。①

三、1863—1865年手稿

结构计划的修改

马克思开始写作《1863—1865年手稿》时，已计划写一部独立的分为三册的著作《资本论》，该手稿可以看作是《资本论》的第一稿。②《政治经济学批判》序言中所说的六册计划已经不提了。马克思只谈到有"续篇"，但问题是应该收哪些内容。然而首先改变的是叙述的结构计划。马克思在写作《1857—1858年手稿》期间提出的并作为《1861—1863年手稿》的叙述基础的概念方案即"资本一般"，这时已不谈及了；1863年之后，无论在手稿的正文，还是在章节的标题中都没再出现这个概念。

在《1861—1863年手稿》中，马克思曾试图根据《资本一般》篇提出的双重要求安排叙述，但发现这是根本不可能的。如果抽掉许多资本的每一次运动，就无法叙述从"普遍性"向"现实的运动"的过渡所必需的各种形式规定。为了阐述平均利润率，马克思在叙述总资本的再生产和流通时不得不区分资本的"特殊"形式，并且，不得不在一般阶段就考察许多资本的竞争。在这两种情况下，他考察了单个资本同

---

① 参看《马克思恩格斯全集》第1版第26卷第2册第485—487页。针对李嘉图所承认的表现为各个生产阶段的不平衡的局部生产过剩，马克思坚持认为存在普遍生产过剩的可能性。但是这样的普遍生产过剩已不再是纯粹的不平衡。

② 该手稿包括《资本论》所有三册书的草稿，但是第一册保留下来的只是（除几页以外）后来没有付排的最后一篇《直接生产过程的结果》。

社会总资本的一定的关系,但没有研究"现实的运动"中表现出的"完成"的现象。

在《资本论》的草稿中,代替"资本一般"(与许多资本的关系除外)和"竞争"这个二分法的,是在三册书的不同叙述阶段反复考察单个资本和社会总资本的组成。马克思在第 1 册中首先把直接的生产过程描述为"单个资本的过程"①,然后在第 23 章转而考察——已经达到的抽象阶段——社会总资本。第 2 册考察循环和周转时研究了单个资本的运动②,并且在最后一篇考察了社会总资本的组成。第 3 册也是这样,先叙述作为个别资本的比率的利润,然后再叙述作为社会总资本的比率的平均利润率。但是正如经验表明的那样,"现实的运动"依然不同于马克思称之为"资本的一般特性"③ 或"资本主义生产的一般研究"④ 这种叙述,而且被多次排除在《资本论》三卷书的叙述范围之外。放弃"资本一般"的计划并不等于否定原来的认识;资本的固有规律只在现实的可以经验考察的运动中表现出来,因而不能从这个运动出发来解释这些规律。发生变化的只是将这一认识转换成了叙述的某种形式。⑤

由于在此之前的以"资本一般"和"竞争"的对比为基础的叙述方案没有实现,所以《1861—1863 年手稿》中确定的危机理论的结构

---

① 《马克思恩格斯全集》第 1 版第 24 卷第 551 页。
② 《马克思恩格斯全集》第 1 版第 24 卷第 391—392 页。
③ 《马克思恩格斯全集》历史考证版第 2 部分第 4 卷第 2 分册第 178 页。
④ 《马克思恩格斯全集》历史考证版第 2 部分第 4 卷第 2 分册第 215 页。
⑤ 此处只作简单叙述的有关《1857—1858 年手稿》中的结构计划和《资本论》中的新的叙述结构的变化的观点,我已作过详细的解释。(米·亨利希:《黑格尔:〈1857—1858 年手稿〉和〈资本论〉》,载于 1986 年 *PROKLA* 第 65 期,第 145—160 页。)

也成了一纸空文,该结构规定在"资本一般"中研究危机的"可能性",在"竞争"中研究危机的"现实性"。① 虽然马克思在《资本论》第 1 卷依然认为在买和卖的分离中存在"危机的可能性",但是他已不再按照二分法将危机的可能性与"现实性"相对照。因此就产生了这样的问题:究竟应该在哪个叙述阶段考察"危机"。此外,马克思在第 3 册的手稿中还曾作过一些说明,恩格斯在编辑《资本论》第 3 卷时虽然复述了部分说明,但改变了原义。

恩格斯编辑的《资本论》第 3 卷

100 年来,恩格斯编辑的《资本论》第 3 卷是读者阅读的基础,因而也就难免对马克思的原始手稿的编辑出版产生先入为主的影响,所以本文想谈谈这个版本存在的一些问题。作为编者,恩格斯在他写的第 3 卷序言中对自己的工作做了解释,他说,他把编辑工作"限制在最必要的范围内。凡是意义明白的地方,我总是尽可能保存初稿的性质。……在我所作的改动或增补已经超出单纯编辑的范围的地方,或在我必须利用马克思提供的实际材料,哪怕尽可能按照马克思的精神而自行得出结论的地方,我都用四角括号括起来,并附上我的姓名的缩写。"②

这段话表明,恩格斯把所有他作的文字修改("单纯的编辑"工作除外)都加了同样的标记。但是他也提到,他在第 5 篇不得不作了一系列位置挪动。关于第 7 篇他写道:"必须先把无限错综复杂的文句拆开,

---

① 但是这种区分不能作为"复制"马克思危机理论的方法论准则,就像巴德尔等人所作的尝试那样。(维·米·巴德尔等:《马克思著作中的危机和资本主义》,莱茵河畔法兰克福 1975 年版。)

② 《马克思恩格斯全集》第 1 版第 25 卷第 7 页。

才能付印。"① 从这些提示就可以推断出,有大量的文字修改没有标明记号。恩格斯在1889年7月4日写给丹尼尔逊的信中也曾提到这类修改。他写道:"但是,由于这最后一卷是一部如此出色而绝对不容置辩的学术著作,我认为我有责任在出版这一卷时,要使全部论据都十分清楚而明确。然而在手稿目前这样的情况下,要做到这一步并不是那么容易的,因为它只是初稿,是断断续续写的,而且还没有完成。"②

恩格斯不是要编辑马克思手稿的原文考证版,而是要"使全部论据都十分清楚而明确"。他首先考虑的不是出版体现马克思已有的认识水平并保留他的所有疏漏和矛盾的原文,更确切地说,恩格斯想出版一部可以让国际工人运动用作精神武器的完整的著作。根据当时的政治形势和恩格斯作为第二国际领导人的作用,制定这样的一个目标是完全可以理解的。当然,这就是说,读者看到的恩格斯版《资本论》是一个在某种程度上事先作过解释的研究版;在这个版本中,恩格斯修改了他认为原始手稿中模糊不清或自相矛盾的地方,使之符合"全部论据"。因此,我们应当这样认为,恩格斯版的基础是对这些论据作一定的解释,而这种解释(没有标明)也对具体的编辑决定产生了影响。③

只要将原始手稿和恩格斯版进行比较,就可以看到,恩格斯事实上在每一页几乎都作了文字改动,而且并非是恩格斯所说的那一类改动。

---

① 《马克思恩格斯全集》第1版第25卷第11页。
② 《马克思恩格斯全集》第1版第37卷第236页。
③ 但是,不管对《资本论》第3卷恩格斯版提出什么反对意见,我们都不应该忘记这项编辑工作的艰辛,马克思也很清楚这一点,他在1866年2月13日给恩格斯的信中写道:"手稿虽已完成,但它现在的篇幅十分庞大,除我以外,任何人甚至连你在内都不能编纂出版。"(《马克思恩格斯全集》第1版第31卷第181页)倘若恩格斯真的试图出版原文考证版,那么,他或许连一部手稿也出版不了。看看考茨基编辑的《剩余价值理论》就可知道,恩格斯的后继者更不可能有什么作为。

这些文字改动的形式和范围很广，有微不足道的修辞改动，有难以理解的语气强弱变化，甚至还有明显脱离原义的改动。①

大部分标题和副标题都是出自恩格斯而不是马克思之手。马克思手稿共分七章，几乎没有或很少分节，而恩格斯把这七章改为七篇，下面再分章和节并加了标题。这样的结构划分不仅增强了内容的连贯性，因为确定了每一章应收的内容，而且提高了内容的价值，因为将有些原本不属于正文的注释变成了一章。

比如，马克思手稿的第3章《利润率趋于下降的规律》（马克思在这一章极为详细地分析了危机理论）根本没有分节。而恩格斯把这一章相应地改成了篇，下面再分为三章，前两章（第13章《规律本身》和第14章《起反作用的各种原因》）是顺着马克思的论证路子编辑的，而且得到了充分的发挥。但是后来，恩格斯在马克思的这一章中加入了大量注释、增补和没有进一步阐明的论点，这些东西不太明确，究竟能否构成内容独立的一篇。在这里谈不上什么系统的论证。由于恩格斯将这个材料编为一章，加上了并非贴切的标题《规律的内部矛盾的展开》，并分了节，而且为增加原文的连贯性还删去了若干段落，所以从系统性方面看，原始手稿中的现有材料的价值得到了明显提高。事实上，这个由恩格斯编排的第15章后来经常被认为是以利润率趋于下降的规律为基础完成的"马克思危机理论"。

此外，恩格斯在马克思说明什么是什么不是他系统叙述的内容的注释中所作的改动，也是出于类似的考虑，旨在使文字臻于完善。比如，

---

① 详细情况见卡·福尔格拉夫和尤·容尼克尔：《马克思说的是自己的话吗？关于恩格斯编辑出版的〈资本论〉第3卷的基本手稿》，载《MEGA研究》（柏林）1994年第2辑，中译文见《马克思恩格斯列宁斯大林研究》1996年第1辑、1997年第1辑、1998年第2、3辑。

马克思就资本的游离和束缚、贬值和增殖问题说:"但资本主义生产的这些比较具体的形式,1) 只有在理解了资本的一般性质以后才能说明,2) 不在本书计划之内,而属于全书的一个可能的续篇的内容。"① 这段有关必须排除在叙述之外的内容的明确说明,由于恩格斯加了"全面的"一词而改变了原义:"但资本主义生产的这些比较具体的形式……才能得到全面的说明。"② 恩格斯在另一个重要的地方也作了类似的处理。他在马克思的"我们不打算分析信用制度和它为自己所创造的工具(信用货币等等)"③ 这句话中加了"详细"一词;"详细分析……"④。关于信用资本作为利润率下降的一个起反作用的原因,马克思这样写道:"不过关于这一点,我们不能进行更深入的研究"⑤。恩格斯在"不"字之前加了"暂时"一词。⑥

恩格斯在这方面所作的最大改动是在第 3 章的一个注。关于资本的生产过剩,马克思在这个注释中写道:"更详细的研究属于对资本的表面运动的考察的内容,在那里展开生息资本等等、信用等等。"⑦《马克思恩格斯全集》历史考证版该卷次的编者也同意这种说法,他们在注释中说,"资本的表面运动"不属于《资本论》研究的对象。⑧ 但恩格斯将马克思的这个提示改成了相反的意思:"以后还要详细地研究。"⑨ 事

---

① 《马克思恩格斯全集》历史考证版第 2 部分第 4 卷第 2 分册第 178 页。
② 《马克思恩格斯全集》第 1 版第 25 卷第 127 页。
③ 《马克思恩格斯全集》历史考证版第 2 部分第 4 卷第 2 分册第 469 页。
④ 《马克思恩格斯全集》第 1 版第 25 卷第 450 页。
⑤ 《马克思恩格斯全集》历史考证版第 2 部分第 4 卷第 2 分册第 309 页。
⑥ 《马克思恩格斯全集》第 1 版第 25 卷第 267 页。
⑦ 《马克思恩格斯全集》历史考证版第 2 部分第 4 卷第 2 分册第 325 页。
⑧ 《马克思恩格斯全集》历史考证版第 2 部分第 4 卷第 2 分册第 1255 页。
⑨ 《马克思恩格斯全集》第 1 版第 25 卷第 280 页。

实上后面还有关于积累过剩的内容,但是恩格斯在编辑时认为这些重要内容在此处不成系统,而没有奉献给读者。

插入这些文字的结果是,模糊了什么可以什么不可以在已达到的叙述阶段进行考察的严格的质的界限,并将之归结为单纯的量的问题:计划之外的全面的、详细的叙述和现存的不太全面的叙述形成了对照。因此,恩格斯可以把所有可能的、马克思提到的但在已达到的抽象阶段尚无法系统叙述的要点统统收入《资本论》,这样做对他本人来说似乎是不容置辩的完整。马克思的计划是"辩证地分别"叙述,概念和范畴都有各自的顺序,这对理解这些概念和范畴的含义具有十分重要的意义,但是,恩格斯追求的是编辑一部纯粹百科全书式的文集,所以他调整了原来的叙述顺序。①

第3册中的危机理论片段的理论状态

当然,恩格斯版中也有一段明确的、保留原样的文字。② 这段文字

---

① 从这里就可以看出,恩格斯版中存在一系列可疑的阐释,而且还增加了其他内容,例如《资本论》第3卷的增补中增加了有关"简单商品生产"的叙述。当然,我们不应该轻易断言这是恩格斯的误解:如果恩格斯和其他许多人"错误地解释"《资本论》,那么可以猜想,这些解释在马克思的著作中也许能找到一定的根据。不同的因素都可证明这种猜想:从第1卷和第3卷的出版之间相隔的近30年(单独出版第1卷是不得已而为之,马克思自己说他"隐瞒了"自己的方法,而且做得似乎天衣无缝,以致人们至今还在争论,是谁发现了这种方法)直至马克思的论据的自相矛盾。

② 恩格斯此处确实只对文稿作了修辞上的改动,而且不带有先前的局限性。但是,这段文字在马克思的手稿中不像在恩格斯版中那样自成一段,而是在括号中的,留作以后使用的思考。

对了解危机理论的状态具有极其重要的意义。第 7 篇第 1 部分（马克思自己加了标题《三位一体的公式》）写道："在描述生产关系的物化和生产关系对生产当事人的独立化时，我们没有谈到，这些联系由于世界市场，世界市场行情，市场价格的变动，信用的期限，工商业的周期，繁荣和危机的交替，会按怎样的方式对生产当事人表现为不可抗拒的、自发地统治着他们的自然规律，并且作为盲目的必然性对他们发生作用。我们没有谈到这些问题，是因为竞争的实际运动不在我们的研究计划之内，我们只需要把资本主义生产方式的内部组织，在它的可说是理想的平均形式中表现出来。"①

这段文字之所以具有特殊的意义，是因为它是在手稿的末尾，而且是马克思所作的某种程度的总结。此处意思也是明确的，而且与上面引用的提示相符：无论是工业周期还是信用周期，自然还有危机，只要它是周期的一个要素，就不可能在当前的叙述阶段来考察，首先应当考察周期运动的前提"资本主义生产的内部组织"。

现在的问题是，《1863—1865 年手稿》中的危机理论的段落具有什么意义？如果是周期理论的前期探讨，那么这些探讨就没有任何系统性意义。因此我们要研究《1863—1865 年手稿》是在何种意义上论述危机的。

在这个问题上特别重要的是第 3 册的手稿。第 2 册的手稿只有几个有关危机理论的重要段落。比如那里提到，固定资本的周转时间为周转

---

① 《马克思恩格斯全集》历史考证版第 2 部分第 4 卷第 2 分册第 852 页；《马克思恩格斯全集》第 1 版第 25 卷第 939 页。

的周期性提供了一个物质基础。① 恩格斯编辑出版的《资本论》第2卷②对这一想法作了更详细的阐述。③ 在另一处④,马克思认为,生产和消费的分离是危机的原因。⑤ 后来在第3册的手稿中⑥,这一思想得到了更明确的表述。⑦

对我们在这方面的考察最为重要的表述是《资本论》第3册第3章

---

① 《马克思恩格斯全集》历史考证版第2部分第4卷第1分册第271页。

② 恩格斯版没有使用《1863—1865年手稿》中为第2册准备的草稿,而是利用了后来撰写的七个手稿。

③ 《马克思恩格斯全集》第1版第24卷第206—207页。

④ 《马克思恩格斯全集》历史考证版第2部分第1卷第1分册第371页。

⑤ 但是,个人消费虽然是生产过程的必要和固有要素,但是消费和生产无论如何不是同一的,个人消费绝不是资本主义生产方式的决定性和规定性动机,后者只有在生产者和消费者是同一的场合才有可能,而资本主义生产方式的基础恰好就是,直接生产者、广大生产者群众和工人的消费和生产彼此之间不建立任何关系,更确切地说,正因为他们彼此毫无关系,资本主义生产方式才得以发展。另一方面,这些要素的相互异化和它们的内部联系或互属性在自身的暴力恢复即危机中发生作用。危机发生的原因在于,生产和消费彼此之间在某种程度上存在联系,生产量最终必须受消费量的调节,这也正是之所以危机发生的原因,因为在资本主义生产的基础上不直接存在这种相互调节。(《马克思恩格斯全集》历史考证版第2部分第4卷第1分册第371页)

⑥ 《马克思恩格斯全集》历史考证版第2部分第4卷第2分册第312—313页。

⑦ 《马克思恩格斯全集》历史考证版(第2部分第4卷第2分册第919页)认为,马克思写第2册手稿时,第3册的前三章已经写完。与此相反,把这两处作一番比较就可看出:第3册的第3章是在第2册手稿写完后才写的。(米·亨利希:《关于1863—1865年经济学手稿第2册和第3册前三章的写作顺序》,载1994年《马克思恩格斯研究论丛》新辑,第214—217页,中译文见《马克思恩格斯列宁斯大林研究》1998年第1辑。)

结尾部分的三段。① 关于第1段，马克思也许为了证明，利润率的下降有碍新的独立资本的形成，并且成为生产过剩、投机活动和危机的原因。接着他考察了资本主义生产和流通的矛盾关系，他首先提纲挈领地说，剩余价值的生产和积累"是资本主义生产的直接目的和决定性动机"②。直接生产过程中的剩余价值被资本家占为己有之后，它还必须得到实现；"直接剥削的条件和实现这种剥削的条件，不是一回事。二者不仅在时间和空间上是分开的，而且，在概念上也是分开的。前者只受社会生产力的限制，后者受不同生产部门的比例和社会消费力的限制。但是社会消费力既不是取决于绝对的生产力，也不是取决于绝对的消费力，而是取决于以对抗性的分配关系为基础的消费力；这种分配关系，使社会上大多数人的消费缩小到只能在相当狭小的界限以内变动的最低限度。这个消费力还受到追求积累的欲望的限制，受到扩大资本和扩大剩余价值生产规模的欲望的限制。……因此，市场必须不断扩大……但是生产力越发展，它就越和消费关系的狭隘基础发生冲突。"③

马克思在这里比在此前的手稿中更加明确地确定了资本主义生产方式固有的生产和消费的特殊矛盾：即剩余价值的剥削和实现之间的矛盾。马克思假定生产具有不断发展的趋势。虽然这里没有论证这一趋势，但是我们可以参看《资本论》第1卷中论述的有关不断提高的生产力基础上的相对剩余价值的生产（特殊的资本主义生产方式）④ 和积累之间的联系的论据。在遗失的第1册的手稿中也许就已经有这些论证。这种生产不断发展的趋势同受生产关系制约的有限的社会消费力形

---

① 恩格斯把危机理论的这三个重要段落编辑成第15章的前三节。
② 《马克思恩格斯全集》历史考证版第2部分第4卷第312页。
③ 《马克思恩格斯全集》历史考证版第2部分第4卷第2分册第312—313页。
④ 《马克思恩格斯全集》历史考证版第2部分第5卷第415页和503页。

成对照。但是，在这里，已不再按照纯粹的消费不足理论，把这种有限的消费力理解为工人阶级的有限的支付需求。《1861—1863年手稿》在一个地方暗示的内容，在这里表述得很明确：消费也受到"积累欲"的限制，而这种欲望追求的目标是价值增殖，不是工人的消费需求，而首先是资本家阶级的投资需求的规模决定着生产和消费的关系。① 当然，马克思没有进一步论证限制积累欲的理由。他只是提到要不断扩大市场，因此我们可以得出相反的结论：市场不扩大，就可限制积累欲。

上述这一段显然与周期理论的论证毫无关系②，它考察的不是周期运动，而是一个持续存在的基本矛盾，这个矛盾虽然不能说明发生持续危机的原因③，但是能够说明存在发生危机的持续危险的原因、相互有关的要素的不断分裂。就这点来说，社会化的资本主义形式不具备稳定性，而是孕育着危机。

在危机理论上具有重要意义的第二段是在手稿中的以后几页。马克思在这里考察了生产力发展的矛盾作用。他区分了生产力发展的直接作用和间接作用。直接作用就是使不变资本的各要素和生活资料贬值，从

---

① 可见，有人说有效需求没有按马克思自己的分析作为内在的问题出现，是不确切的。(安·沙伊克：《危机理论史导论》，载1978年 PROKLA 第30期，第24页。)

② 伊藤诚(《资本主义的理论基础。资本家经济的形式和内容》，伦敦1988年版)把这一段解释为商品生产过剩(不同于资本积累过剩)理论的论证。所说的剥削和实现之间的矛盾虽然可以表现为商品生产过剩，但马克思在这里似乎论述的恰恰是不限于周期整体的一个普遍的、以资本主义生产方式为特征的矛盾关系。

③ 在国家垄断资本主义的理论中，断定这样的持续危机是"资本主义的普遍危机"。(参看欧根·瓦尔加：《20世纪的资本主义》，柏林1962年版。)问题是：这样的构想是否会改变繁荣阶段到危机阶段的含义，是否会使马克思提出的危机得以"解决"，尽管是暴力的，但是这一矛盾的危机理论的重要组成部分归于失败。

而提高相对剩余价值和利润率。但是，要发展生产力就必须缩小可变资本同不变资本的比例，最终降低利润率。生产力发展的间接作用在于：用同样的资本额可以购买更多的使用价值，从而可以增加所使用的劳动量。因此，生产力的发展具有矛盾的作用（劳动人口的增加和减少的趋势、利润率的提高和下降的趋势）："这些不同的影响，时而在空间上并行地发生作用，时而在时间上相继地发生作用；各种互相对抗的要素之间的冲突周期性地在危机中表现出来。危机永远只是现有矛盾的暂时的暴力的解决，永远只是使已经破坏的平衡得到恢复的暴力爆发。总的说来，矛盾在于：资本主义生产方式本身包含着绝对发展生产力的趋势，而不管资本主义生产借以进行的社会关系如何，而另一方面，它力求保存现存资本现有的交换价值和最大限度地使其增殖，也就是使交换价值越来越迅速地增加。"①

生产力的发展一方面受着资本主义生产方式的制约，而另一方面它又不断地受到这个生产方式所设定的界限的影响，导致相互矛盾的结果，这些结果在危机中消失。但是这里不只是谈周期运动，而主要是谈资本主义特殊的动态的基本特点，即每一种"平衡状况"总是遭到资本特有的动态的破坏。在上面引证的段落中马克思虽然谈到"平衡"的恢复，但并不是指新古典主义意义上的平衡之路，因为新古典主义的平衡方案的特点是假定固有的稳定性：如果达到平衡了，而且不受"外界"的干扰，那么经济就会保持这种平衡。在通常情况下，为支持这种

---

① 《马克思恩格斯全集》历史考证版第 2 部分第 4 卷第 2 分册第 323 页。

假定，必须排除经济"外部"的很多东西，例如生产力的不稳定发展。①

但是，在试图概括和总结时，马克思只要在这个问题上首先强调生产者群众的贫困化，就总会流露出消费不足理论的倾向。② 马克思在《资本论》第3册手稿的后半部分以及在后来写的第2册手稿（恩格斯编辑《资本论》第2卷的基础）中，也是按消费不足理论进行论证的。③ 他在70年代末写成的第VIII稿（属于《资本论》第2卷）中才

---

① 至少这里已很清楚，不能把马克思的再生产模式理解为平衡增长的模式。这个模式（在流通过程的阶段!）只表明：再生产或积累，要求生产的各部门有一定的比例。可资本主义生产的总过程表明，不仅经常不遵守这种比例，而且这种比例根本是不确定的：在积累运动的过程中，这种比例还会反复重新规定，因此，给"平衡之路"下定义是根本不可能的。

② "资本主义生产的真正限制是资本自身，这就是说：资本及其自行增殖，表现为生产的起点和终点，表现为生产的动机和目的……以广大生产者群众的贫困化和被剥夺为基础的资本价值的保存和增殖，只能在一定的限制以内运动，这些限制不断与资本为它自身的目的而必须使用的生产方法相矛盾……"（《马克思恩格斯全集》历史考证版第2部分第4卷第2分册第324页,《马克思恩格斯全集》第1版第25卷第279页）

③ 《资本论》第3册第5篇这样写道："一切真正的危机的最根本的原因，总不外乎一方面群众的贫困，另一方面资本主义生产方式力图发展生产力，好像社会的绝对的消费能力是生产力发展的界限。"（《马克思恩格斯全集》历史考证版第2部分第4卷第2分册第540—541页，参看《马克思恩格斯全集》第1版第25卷第548页）在据恩格斯版的叙述写于1870年前后的《资本论》第2册第2手稿中这样写道，剩余价值的实现是"受大多数人总是处于贫困状态，而且必然总是处于贫困状态的那种社会的消费需求的限制。"（《马克思恩格斯全集》第1版第24卷第352页）

明确放弃消费不足理论的观点。①

在第 3 章中的另一段,即第 3 段②,马克思考察了他在《1861—1863 年手稿》中探讨过的资本的生产过剩,在这里他称之为"积累过剩"。按马克思的理解,绝对意义上的积累过剩不可能使追加资本增殖,甚至会使原始资本减少增殖。在他看来,早在出现利润率趋于下降的规律时就已存在积累过剩的可能性。紧接着他就探讨积累过剩的后果:现存资本的贬值和决定谁的资本贬值的日趋激烈的竞争。③ 但是同时,由于生产停滞,一部分就业者游离出来,从而增大了其余人的工资的压力。机器的日益使用提高了生产力并且使更多的劳动力游离出来。最终,不变资本要素的贬值促使提高利润率。马克思于是得出结论:"这样,周期将重新开始。"④

马克思在这里考察周期运动之所以引人注目,不仅是因为他自己多

---

① "认为危机是由于缺少有支付能力的消费或缺少有支付能力的消费者引起的,这纯粹是同义反复。资本主义制度是不了解进行支付的其他消费……但是,如果有人想使这个同义反复具有更深刻的论据的假象,说什么工人阶级从他们自己的产品中得到的那一部分太小了,只要他们从中得到较大的部分,即提高他们的工资,弊端就可以消除,那么,我们只须指出,危机每一次都恰好有这样一个时期作准备,在这个时期,工资会普遍提高,工人阶级实际上也会从供消费用的那部分年产品中得到较大的一份。按照这些具有健全而'简单'(1)的人类常识的骑士们的观点,这个时期反而把危机消除了。因此,看起来,资本主义生产包含着各种和善意或恶意无关的条件,这些条件只不过让工人阶级暂时享受一下相对的繁荣,而这种繁荣往往只是危机风暴的预兆。"(《马克思恩格斯全集》第 1 版第 24 卷第 456—457 页)

② 《马克思恩格斯全集》历史考证版第 2 部分第 4 卷第 2 分册第 324 及以下几页。

③ 《马克思恩格斯全集》历史考证版第 2 部分第 4 卷第 2 分册第 326 及以下几页。

④ 《马克思恩格斯全集》历史考证版第 2 部分第 4 卷第 2 分册第 329 页。

次谈到"周期",而且还因为他还列举了价格斗争、工资下降等等。下面的总结也是论述周期运动的:"资本的生产过剩,仅仅是指可以作为资本执行职能即可以用来按一定剥削程度剥削劳动的生产资料——劳动资料和生活资料——的生产过剩;而这个剥削程度下降到一定点以下,就会引起资本主义生产的停滞和混乱、危机、资本的破坏。"①

马克思在这里用剥削程度太低或下降来论证积累过剩的原因。但是,资本固有的(超周期的)趋向相对剩余价值的生产可导致剥削程度的提高。剥削程度下降只能是劳动力相对减少的结果或成功的工资斗争的结果。但二者都属于周期考察的现象。

马克思在这一段的开始所作的说明——对积累过剩的详细研究属于对"资本的表面运动"的考察范围②——表明,所有这些要素也不属于这个叙述阶段的考察范围。但是如上所述,这个说明被恩格斯颠倒了意思,因此,许多持"利润压榨"观点的作者都曾引用过的这个段落究竟编在哪里,就变得非常困难。

周期理论的一般危机概念

第3章的这三个在危机理论上很重要的段落中,既有对周期的前期考察,也有关于不限于周期运动的一般危机概念的观点。周期和与此相关的危机概念被明确排除在对"资本的一般性质"的叙述之外,其实,在这里论述这个一般危机概念,是可以理解的。显然,在这两种情况下涉及的都只是一种理论的片断。当然,只要没有确定危机理论和信用理论的联系,那么就不仅存在量的,而且也存在体系的不足。虽然第5章

---

① 《马克思恩格斯全集》历史考证版第2部分第4卷第2分册第330页。
② 《马克思恩格斯全集》历史考证版第2部分第4卷第2分册第325页。

也提到了关于危机和信用的关系,但是它们是一个未完成的研究过程的组成部分,并且只涉及周期中的运动①,没有明确说明一般危机概念本身。马克思早在《1857—1858年手稿》中就有过这方面的考虑,现在看来非常重要。那里有一处写道:"……在生产过剩的普遍危机中,矛盾并不是出现在各种生产资本之间,而是出现在产业资本和借贷资本之间,即出现在直接包含在生产过程中的资本和在生产过程以外(相对)独立地作为货币出现的资本之间。"②

《1857—1858年手稿》中单独考察的内容在这里已上升为理论。正如第3章中的上述关于危机理论的第一段所说的,既然生产和消费的分离的决定性要点,从消费方面来说,不是工人阶级的消费需求不足,而是资本家的投资需求不足,那么必须说明,是什么东西在限制这个投资需求,从而出现生息资本,出现"工业资本和借贷资本之间的矛盾"。往后也许应对《1857—1858年手稿》的一个早期计划草稿中所作的提示加以分析:"在货币市场上资本是以它的总体出现的;在这里它是决定价格、提供工作、调节生产的东西,一句话,生产的源泉。"③

马克思没有再吸收这些思想是否仅仅是因为他未能完成他计划的著作,我对此表示怀疑。我倒是认为,起作用的是贯穿《政治经济学批判》所有草案的某些矛盾。一方面,马克思与古典政治经济学相比,更强调货币的意义,通过对价值形式的分析阐述了"货币主义的"价值理论。这种理论完全不同于斯密和李嘉图的"前货币主义"观点,并且在考察简单流通的过程中坚持认为,物物交换和(货币中介)商品

---

① 米·亨利希:《〈资本论〉第3卷原始手稿中信用理论的体系意义》,载《马克思恩格斯列宁斯大林研究》1999年第1辑,第66—72页。
② 《马克思恩格斯全集》第2版第30卷第394页。
③ 《马克思恩格斯全集》第2版第30卷第234页。

交换之间存在根本差别。但是另一方面，在很多地方，例如在叙述积累理论或价值向生产价格转换时，货币形式似乎不再起主要作用。在这些地方马克思甚至又重新回到一切只以"实际的"量为中心的前货币主义价值理论。① 如果看到了这样的矛盾，就可以得出这样的结论：《资本论》无论从量的方面看，还是从质的方面看都是一部未完成的著作，因为它不仅是缺少这一章或那一章，更重要的是，以价值形式的分析为开始的货币主义价值理论在所有叙述阶段都没有继续叙述。

如果上述评价是恰当的，那么这不仅说明，马克思没有完成危机理论，而且说马克思完全可能以要求"可靠性"为名，正如他多次尝试的那样，使危机理论"更加完善"或"合理布局"，也是令人怀疑的。既然马克思的论证逻辑不清晰，那么，他也就不能清晰地继续叙述危机理论观点。必要时我们可以表述与马克思的重要论证相一致的危机概念，但是要讨论这些危机概念中哪一个是真正"可靠的"，这似乎是一种毫无希望的冒险。

只要考虑到以上保留意见，那么就可以在上面所说的第3章中的前两段找到特殊的危机概念，它既不同于崩溃理论的观点，也不同于认为危机是周期平衡运动的一个要素那样的理论。与崩溃理论的观点的区别是，这一段断定危机是——尽管是暴力的——矛盾的"解决"，因为危机的破坏的一面恰恰是资本主义发展的一个生产性要素。尽管原文中曾谈到"界限"，但是它提到的不是资本主义生产方式的绝对界限，达到

---

① 关于马克思价值理论的自相矛盾，见米·亨利希：《关于价值的科学》。

这个界限就可能发生灾难性的崩溃。① 确切地说，这个概念涉及发展形式本身；资本主义只能以有限的和矛盾的方式对待它所释放出的生产潜能。但是，我们不能将这个特殊的危机概念简单理解为解决矛盾——消除积累的不平衡和恢复平衡意义上的矛盾；这种有限的危机概念在《1861—1863 年手稿》中已经得到批判。②

马克思原稿中提到的危机概念——除崩溃危机和周期平衡之外——放弃了在占统治地位的经济学理论中显然是作为前提的平衡和不平衡的二分法。尤其是在第 3 章的上述三段的前两段可以看到对这种平衡思想的批判。这种批判不是简单指出从未存在平衡这一经验事实的批判，而是对平衡设想所作的一种理论批判。

由于认真考察了剥削和实现的矛盾关系以及资本主义生产力发展的矛盾作用，所以所有认为资本主义的发展动态是以平衡为中心的振荡运动的观点发生了彻底动摇。这样的平衡之路原来是这位从其对象中抽象出基本规定的理论家的想象。危机的结果也不能理解为平衡的恢复，而只能理解为事先无法规定的经济联系的新状况的建立。即使建立了新的状况，经济联系也是不稳定的：正是因为它为新的积累运动创造了总体条件，所以它就立即成为那些重新破坏这种联系的要素。

这种联系结构前景如何，在叙述"资本的一般特性"的阶段没有作详细规定，而是考察了制度的和历史特殊的因素。关于危机的类

---

① 尽管文稿中克服了崩溃理论，但是马克思在很长一段时间内仍在思考这个问题：他在给维拉·查苏利奇的复信初稿中谈到"资本主义生产在它最发达的欧美各国中所遭到的致命危机，而这种危机将随着资本主义的消灭、随着现代社会的回复到古代类型的最高形式，回复到集体生产和集体占有而结束"。（《马克思恩格斯全集》第 1 版第 19 卷第 439 页）

② 《马克思恩格斯全集》第 1 版第 26 卷第 2 册第 595—596 和 606 页。

型,在这个抽象阶段也没有作太多的论述,叙述较多的倒是"大小"危机之间的区别。① 小危机可能在积累、分配和调节的现有历史形式之内实现结构重组,而大危机则要求打破这些形式,形成新的积累和调节模式。

(原载德国《马克思恩格斯研究论丛》1995年新辑)

(夏静 译)

---

① 埃·阿尔特法特:《形式危机下的资本主义。对政治经济学及其批判的危机概念的思考》,见《马克思的现实化》,汉堡1983年版,第80—100页。

资本主义和危机

——马克思1857—1858年经济学研究中的周期性危机的历史和理论*

〔德〕米夏埃尔·克赖特克

一、危机理论的漫长历程

马克思在写作《资本论》的漫长历程中,收集并整理了大量关于危机史和经济发展趋势的统计资料和文献资料。作为同时代人,他仔细研究了19世纪发生的几次危机和危机周期的经过。马克思和恩格斯于1850年创办了杂志《新莱茵报。政治经济评论》,想在上面发表他们对近几年的政治事件的看法,也就是"详细地科学地研究作为整个政治运动的基础的经济关系"①。为此,他们写了《1848年至1850年的法兰西阶级斗争》,作为系列文章发表在新杂志的前6期上。几乎同时发表在该杂志上的3篇《政治经济评论》(分别论及1850年1—2月、1850年3—4月和1850年5—10月这三个时期),记述了主要资本主义国家的经济发展过程,这是一种新的著作形式的尝试:景气报告。②

在马克思和恩格斯那个时代,还没有人研究景气情况,更没有人撰写定期的景气报告。官方的统计也不多见,更谈不上国民经济的总体计

---

* 本文选自《马克思恩格斯列宁斯大林研究》2001年第2辑。
① 《马克思恩格斯全集》第2版第10卷第116页。
② 后来有少数马克思主义经济学家效仿他们。这里只列举罗·卢森堡、弗·施特恩堡和欧·瓦加三人,他们同样也写了《政治经济评论》。

算。有个别人进行过开拓性的研究。他们分别是：李嘉图的同时代人和批评者托马斯·图克，马克思详细研究了他的《价格史》，并多次加以称赞；银行家和经济学家詹姆斯·威尔逊1843年创办的杂志《经济学家》，是马克思的主要资料来源，他定期阅读，并从中收集资料。《经济学家》不仅定期发表价格表和股票交易所行情、国家财政水平概况、失业统计，作为编辑和主要撰稿人的威尔逊第一个计算出批发价指数，并编制了英国外贸决算。当然，有关危机的文献已经有了，其中有描述性的，也有理论性和论战性的，一般只是研究个别危机事件，特别是轰动性的通常称之为恐慌的金融危机。此外还有议会调查委员会的第一批报告，研究1847年危机过程中1844年银行法被废止的原因。

马克思1849年在伦敦重新开始他的经济学研究时，认真细致地研究了1847年以来出版的《经济学家》杂志和图克的著作，并做了摘录。19世纪50年代初，他还仔细研究了当时发表的关于1847年危机的文章（即安德森、阿什伯顿、金尼尔、莫里埃·伊文思、索利的论文）。[①] 1855年马克思写信给拉萨尔说，据他所知，目前还没有关于世界经济情况，主要是关于英国工业与其国外的原料来源地和销售市场之间关系的官方的和科学的"综合"资料。不过，他打算从自己的笔记本中——"我……利用各种来源收集了一切可能收集到的统计资料"——为拉萨尔搞个综合资料。对于他期待已久的下一次危机，他补充说："现在一定会很快涌现一大批关于这些问题的文章。在英国，危机的时期同时也是理论研究的时期。"[②]

19世纪初在英国，经济学家就已经认为，危机的特征发生了变化。

---

① 参看马克思的摘录笔记，见《马克思恩格斯全集》历史考证版第4部分第7、8、9卷。

② 《马克思恩格斯全集》第1版第28卷第621页。

18世纪的大多数危机还可以说是个别事件,是只涉及某些市场和商品的商业危机和货币危机。1789—1815年间的多次危机(货币和商业危机)显然和连续的战争有关。但是同1816—1817年和1818—1819年的危机相比,1815年左右的危机似乎有所不同:危机的可能性不仅定期重现,而且越来越普遍,危机可能一步步地波及所有的生产行业,甚至新兴的(纺织)工业,而且可能波及所有市场,也就是几个国家的国内市场和对外贸易。随着1825—1826年的危机的爆发,经济学家开始对本世纪初就已宣布的"萨伊法"发生了理论争议:一方是李嘉图和萨伊,另一方是西斯蒙第和马尔萨斯,双方围绕普遍生产过剩的可能性激烈辩论。① 和他们之前和之后的政治经济学方面的很多辩论一样,这次辩论没有结果就中断了,它不是完全围绕普遍危机或萧条的事实进行的,而是围绕对这种事实应如何解释进行的:应当从内因即资本主义经济制度的新特征来解释,还是从外因即或多或少具有偶然性的资本主义制度的外部情况来解释?至少,英国经济学家已承认1830年以后危机和萧条周期性重复出现这个事实。②

恩格斯在1845年根据亲身观察和可靠材料写成的著作《英国工人阶级状况》中就曾简要地提到"商业危机",他认为原因是"工业和竞争的性质"。③ 他描述了工业发展过程中"个别的小危机"是如何"汇

---

① 当然还有几个辩论者。但是列举的四位先生是决定辩论进程的代言人。亨·桑顿似乎是第一个认识到普遍危机的可能性的人,他在1802年发表的关于货币和信贷理论的著作中,就已认识到超越金融市场的单纯紊乱的普遍危机的可能性。

② 例如参看乔·朱·波·斯克罗普:《政治经济学原理》,纽约和伦敦1833年版,第36页;约·威德:《资产阶级和工人阶级的历史》,伦敦1835年版,第254页;奥弗斯顿勋爵:《阅读霍斯利·帕尔默的小册子时的思考》,伦敦1937年版,第31页。

③ 《马克思恩格斯全集》第1版第2卷第366页。

合起来，逐渐形成一连串的定期重演的危机"，并且简要地叙述了危机周期，"繁荣之后是危机，危机之后是繁荣，然后又是新的危机。英国工业所处的这个永久的循环"，尤其是"工业"周期的这个过程对工人阶级所造成的后果。① 他认为，危机周期的时间是5—6年②；"危机每重复一次，其猛烈性就加强一次"，恩格斯完全正确地预言了"不迟于1847年"的下一次危机比以前的危机"将更加猛烈，更加持久"。③ 同样，他还在1847年的《共产主义原理》中提到每五年到七年定期重复出现的严重商业危机："从本世纪初以来，工业经常在繁荣时期和危机时期之间波动"，几乎定期地每五年到七年就要发生一次大危机，每一次都"给工人带来极度的贫困，激起普遍的革命热情，给整个现存制度造成极大的危险"。恩格斯毫不犹豫地把这种现代商业危机视为由大工业和工业的自由竞争所引起的危机：它是工业生产过剩的危机。但是，大工业"只要还在现今的基础上进行经营，就只能通过每七年出现一次的普遍混乱来维持，每次混乱对全部文明都是一种威胁，它不但把无产阶级抛入贫困的深渊，而且也使许多资产者破产"，因此只有两种可能性：或者完全放弃大工业——这是"绝对不可能的"，或者建立一个让没有周期性危机的工业生产成为可能的"新的社会组织"。④ 马克思和恩格斯在几个月之后写的《共产党宣言》中从同样意义上论述了危机：商业危机"在周期性的重复中越来越危及整个资产阶级社会生存"。他们把危及社会生存的危机描述成一种"在过去一切时代看来都好像是荒唐现象的社会瘟疫，即生产过剩的瘟疫"。他们把危机本身解释为工业、

---

① 《马克思恩格斯全集》第1版第2卷第367—369页。
② 《马克思恩格斯全集》第1版第2卷第367—369页。
③ 《马克思恩格斯全集》第1版第2卷第372页。
④ 《马克思恩格斯选集》第2版第1卷第236、237页。

商业、生产力和财富"太多",它们的增长已经达到"资产阶级的关系"的极限。同时他们断言危机将不可避免地重复(周期循环)。资产阶级只有通过"消灭大量生产力",并通过"夺取新的市场,更加彻底地利用旧的市场",才能克服危机;但是资产阶级因此也每次准备了"更全面更猛烈的危机",同时减少了"防止危机的手段"。①

马克思和恩格斯在《新莱茵报。政治经济评论》(1850—1851)第2期、第4期和第5—6期合刊上发表的《时评》最先记述了英国、美国和欧洲大陆国家的最新经济发展经过,同时还回顾了1847—1849年危机和革命时期的事件。在英国,"1845年秋季按时爆发的商业危机"因政治事件已两次中断:1846年向自由贸易的过渡和大陆上的1848年二月和三月革命。这两次事件让英国工业较为轻松地渡过了危机年代。② 他们在1850年10月写的第三篇《时评》详细回顾了1837年以来的工业周期的历史,即"这种表面风波借以造成的实际基础"。马克思和恩格斯虽然没有"全面叙述1843—1845年时期的历史"③,但是他们在文章中极其详尽地概括了工业周期中的一次危机的经过,细致地区分了一次危机的征兆和原因,以及危机的各个不同因素,即投机过剩和股票危机、信贷危机和货币市场危机、商业危机本身和金融危机、对外贸易危机和黄金外流、普遍的商业危机和银行危机。过分投机造成的股票危机(主要是铁路股票)以及信贷过度膨胀(向投机公司提供资金)造成的信贷危机,在他们看来这只是危机的征兆,危机的真正原因是工业生产过剩以及与此相关的(对外)贸易的过分膨胀。④ 马克思和恩格

---

① 《马克思恩格斯全集》第2版第1卷第278页。
② 《马克思恩格斯全集》第2版第10卷第274页。
③ 《马克思恩格斯全集》第2版第10卷第575页。
④ 《马克思恩格斯全集》第2版第10卷第575页及以下几页。

斯已经清楚地认识到，这种危机还是英国工业资本主义的危及欧洲大陆的一种危机。危机和繁荣在英国开始："最初的过程总是发生在英国；英国是资产阶级世界的缔造者。"① 危及大陆的英国危机在那里引发了1848年革命。② 但是1849年的再度繁荣在结构上出现了变化：世界贸易和世界交通因新兴的美国工业的发展而获得了"新的发展方向"和新的中心。③ 大工业产品的世界市场开始发展起来，几个国家的工业在这个市场上相互竞争。

马克思在这段论述的最后重述了他在（同时发表的）《1848年至1850年的法兰西阶级斗争》中已经得出的结论："在这种普遍繁荣的情况下……也就谈不上什么真正的革命……新的革命，只有在新的危机之后才可能发生。但它正如新的危机一样肯定会来临。"④ 也就是说，评论以预言新的危机而结束：这次危机的影响将比以往任何一次都会严重得多，因为英国将同时爆发工业危机和农业危机的"双重危机"。德国是英国工业在大陆最重要的销售市场和英国最重要的棉麻供应地，因此德国受到英国危机的影响，比其他任何国家都更加强烈。⑤ 由于坚信"商业危机和革命同时爆发"⑥，马克思从1850年起预言下一次危机的爆发⑦，并且努力解释危机为何迟迟没有到来。

---

① 《马克思恩格斯全集》第2版第10卷第595页。
② 《马克思恩格斯全集》第2版第10卷第274、582—583页。
③ 《马克思恩格斯全集》第2版第10卷第276、589—590页。
④ 《马克思恩格斯全集》第2版第10卷第596页。
⑤ 《马克思恩格斯全集》第2版第10卷第357页。
⑥ 《马克思恩格斯全集》第2版第10卷第358页。
⑦ 三篇《时评》在开始时谨慎地、后来完全肯定地预言下一次危机将在1852年爆发。不过还带有保留："如果1848年开始的工业发展的新周期像1843—1847年的周期那样发展下去的话。"（参看《马克思恩格斯全集》第2版第10卷第587页）

根据目前常用的时间排序方法，19世纪发生的一连串商业危机和工业危机分别是：第一次是1825年，接着是1836年、1845—1847年、1857—1858年、1866年、1873年及以后几年、1882—1883年、1890—1893年。马克思亲身经历了1847年、1857年、1866年的危机和1873—1878年的危机时期，以及1882—1883年危机的初期。作为对经济理论感兴趣而且当时精通经济理论的观察家，马克思研究的第一个危机是1857—1858年危机，对这次危机，他做了最认真细致的研究。[①] 现代经济史家把这次危机看作是第一次现代危机，即第一次工业和世界市场危机。

马克思欣喜地看到了1857年秋从美国开始的世界经济危机的爆发。1857年10月20日他写信给恩格斯说："美国危机妙极了（我们在1850年11月的述评中就已经预言过它一定会在纽约爆发）。"[②] 1857年11月13日他又说："虽然我自己正遭到经济上的困难，但是从1849年以来，我还没有像在这次危机爆发时这样感到惬意。"[③] 他期待新的危机的爆发，在长时间停顿之后带来再一次的革命运动，这促使他竭尽全力"总结我的经济学研究"，"写完政治经济学原理"，他所期待的革命洪水现在来了，他只有很少的时间写理论著作。[④] 此外，他还收集关于"现在的危机"的材料，记笔记，他告诉恩格斯，"我备了三大本笔记簿——英国、德国、法国"。他在1857年12月18日写信给恩格斯说，关于美

---

① 迄今为止，几乎还没有人关注过马克思和恩格斯对资本主义的经济发展趋势和危机的经验研究。只有极少数的人例外，其中有古·迈耶尔于1932年写的论文《弗里德里希·恩格斯和1857年的大规模世界危机》。
② 《马克思恩格斯全集》第1版第29卷第189页。
③ 《马克思恩格斯全集》第1版第29卷第198页。
④ 《马克思恩格斯全集》第1版第29卷第219、226页。

国的材料，《论坛报》上都有。① 他还告诉斐迪南·拉萨尔："目前的商业危机促使我认真着手研究我的政治经济学原理，并且搞一些关于当前危机的东西。"② 计划中的"一些……东西"，马克思是指关于历史的小册子，即关于1857年危机的经过；在上面提到的他1857年12月18日写给恩格斯的信中，他建议和恩格斯于春天合写这本小册子，并且鉴于当时的革命事件，将小册子发表，以便"重新提醒德国公众"。③

事实上，除了一些关于经济学的零星文章之外，马克思在仅仅几个月之内（1857年7月—1858年5月），不仅写了著名的现在题为《政治经济学批判（1857—1858年手稿）》的手稿，还做了他的危机笔记，继续摘录经济学家托乌斯·图克的《价格史》，研究此间出版的增订版并做摘录④，给《纽约每日论坛报》写了一系列文章，其中大多数都是叙述和分析最新危机事件的。这些研究是马克思著作的重要阶段，使他更加清楚地了解一个危机理论所应当理解的内容或者可以期望的这样一个危机理论内容。

二、存在马克思的危机理论吗？

大家知道，对于是否存在马克思的危机理论或是否存在危机周期理论，是有争议的。初看起来是没有。但再仔细想想，在马克思的手稿中甚至可以找到几种危机理论的初步阐述。在世纪之交，在20和30年代

---

① 《马克思恩格斯全集》第1版第29卷第226页。
② 《马克思恩格斯全集》第1版第29卷第527页。
③ 《马克思恩格斯全集》第1版第29卷第226页。
④ 19世纪50年代的《曼彻斯特笔记》中有他认真细致研究截至1848年出版的托·图克《价格史》四卷本的痕迹。

以及70年代，围绕这个问题展开了激烈的争论。①但是今天基本达成共识的是，马克思对危机和工业周期的解释并不完整，必须根据现存不完整的文稿对其进行（重新）构建。而且人们也认为，必须看到马克思对危机这个主题的各种表述都有它完全不同的前后关系。不过从上下文来看，没有一处是在明确阐述危机理论：或是在批判古典经济学家的观点，或是不完全赞同他们的观点，并评论古典经济学家之间的某个分歧（例如1861—1863年手稿中有关"危机"的章节），或是叙述自己对某种趋势的正确解释的理解，这种趋势已为古典经济学家断定并通过不同的批判方式得到过解释（例如1863—1867年手稿中的《利润率趋向下降》的章节）。从这两处的上下文可以发现一些提示，使人们看到马克思考虑在何处并如何论述他认为属于危机理论的内容。我们还发现没有把握、不明确、不完整和中断了的表述，以及以"这不属于这里"的说法来划清理论界限的情况。而且总是要补充说，应当在另一处即正确的和系统论述的地方更加明确地进行理论规定。以下的观点适用于马克思经济理论的其他要素，也适用于马克思未完成或更确切地说没有完全写下来的危机理论：人们要进行长期而复杂的并且是系统的尝试，以便"通过批判"使一门科学即政治经济学（它们原本是用英文和法文写的

---

① 参看巴德尔：《马克思论危机和资本主义》，美因河畔法兰克福1975年版；米·克赖特克：《危机理论的危机》，载《论据》1977年第104期，第477—491页；贝肯巴赫和克赖特克：《关于对积累过剩理论的批判》，载 *PROKLA* 1978年第30期，第43—81页；马·伊图：《价值和危机》，伦敦1980年版。20世纪初以来，在马克思主义经济学家反复辩论之后，有一点是明确的，即在马克思的文稿中可以找到多处为解释资本主义周期性危机而做的初步阐述，有些是杂乱地并列在一起。参看属于30年代初辩论阶段的让·迪雷：《马克思主义和危机》，巴黎1933年版，第73、74页。

著作)"第一次达到能把它辩证地叙述出来的那种水平"①,也就是以适当方式把它的部分真理和半真理以及它体系上的错误、它的整个范畴体系加以辩证地叙述。按照马克思的要求还应当达到能够说明它还未能说明的东西。

1857年1月,当马克思在经过13年的深入研究之后开始写《政治经济学批判》时,他已经对现代周期性危机有了清晰的概念。他通过对1857—1858年危机事件的研究更明确地表述了这个概念,而且他对周期性危机的一般理论在体系中所处的位置、它的范围和内容都更为明确了。因此可以把这些研究看成是马克思通往危机理论道路上的各个阶段。这些研究同时还包括后来在60年代手稿中反复出现或做不同使用的材料。

马克思同时期写的手稿(《导言》、《巴师夏和凯里》、《政治经济学批判(1857—1858年手稿)》),最直接地反映了他对危机史的研究。马克思在他1857—1858年的结构计划中给予危机的理论论述以特殊的位置:他在1857年的导言中把危机作为计划中的著作的最后一点,即:"(5)世界市场和危机"②。在1857—1858年手稿所包含的以后的两个计划草稿中,也有类似的位置安排:危机应当和世界市场一起放在计划的六册书的最后。保存了全部著作的这种结构计划的各种文本③,都强调把危机和世界市场放在一起,或是把国际贸易和世界市场放在前面,但必须和危机联系起来。马克思在1857—1858年手稿中这样明确说明把危机放在最后论述的理论意义:世界市场构成"末篇",在末篇中不

---

① 《马克思恩格斯全集》第1版第29卷第264页。
② 《马克思恩格斯全集》第2版第30卷第50页。
③ 《马克思恩格斯全集》第1版第29卷第531页;第2版第30卷第181、221页。

仅是资本主义生产"被设定为总体",而且"一切矛盾都展开了"。因此,在这样的理论联系中,计划中的危机论述属于充分展开的资本主义生产方式及其固有的一切矛盾都在运行和发展的部分。他认为,危机在这样的理论论述中应起到确定的作用:危机"普遍指示"超越作为前提的、而在论述的最后又在理论上再现出来的资本主义生产方式的"整体",并"迫使采取新的历史形态"。① 或者,正如计划草稿的第二个方案所说的,对世界市场的叙述应当说明"资产阶级社会越出国家的界限",对危机的理论论述应当说明"以交换价值为基础的生产方式和社会形式的解体"。马克思以辩证概括的一句话结束了计划草稿:"个人劳动实际成为社会劳动以及相反的情况。"②

除了很多(主要是关于货币危机问题③)个别说明和(第一次叙述资本周转时的)一个非常超前的独创发现以外,如果能用罗斯多尔斯基的话来说,1857—1858年手稿中还有"插入的关于实现问题和危机问题的精彩说明"④。事实上,马克思在这里是第一次论述资本主义再生产的总过程,所以不得不提出一个"平衡"的理论概念,就像不得不提出"生产过剩"一样。资本的再生产和积累以生产出来的价值和剩

---

① 《马克思恩格斯全集》第2版第30卷第181页。
② 《马克思恩格斯全集》第2版第30卷第221页。
③ 马克思在那里也没有放过机会去说明危机史对阐述经济学理论的意义:作为"货币"的货币这个第三种理论规定在"危机的时候"实际地表现出来,这时具有直接金属形式的货币就是惟一的可普遍接受的等价物。"采取这第三种形式的货币……现在在国际交往中仍起着重要作用,这一点是经过1825、1839、1847、1857年的有规律地相继发生的货币危机以后,才变得十分清楚,并重新为经济学家们所承认。"
④ 罗·罗斯多尔斯基:《关于马克思〈资本论〉的形成史。1857—1858年〈资本论〉的原始稿》(两卷集),美因河畔法兰克福—维也纳1969年版,第22页。

余价值在流通中得到实现为前提。但是，资本在流通过程中遇到了界限，即社会对资本主义生产的商品的需要的界限，以及乍一看似乎由"外部"决定的支付能力的需求的界限：资本本身无限的价值增殖欲似乎受到双重限制，不仅受到使用价值的限制，也就是说受到对某个特定产品的需求数量的限制，而且还受到价值的限制，也就是说受到他人私人产品的数量、在交换中与之相应的他人的对象化私人劳动的数量的限制。但是再仔细一看，这些都是它本身的界限，因为在一个纯资本主义的经济中，所有的交换双方又都是资本家或雇佣工人，所有的交换客体都是资本主义生产的商品。所以说，马克思在这里第一次试图阐明，资本的本质规定即固有的矛盾在资本的再生产过程中如何表现为外部的界限、冲突和危机。于是他开始探讨普遍生产过剩的可能性或不可能性问题。他指责李嘉图及其学派（少于对李嘉图的批评者西斯蒙第的指责）"始终不了解现实的现代危机"①。根据马克思的观点，他们对现代危机的了解所缺乏的，正是对资本主义生产方式固有矛盾的恰当理解，例如对生产和价值增殖之间的全面矛盾的恰当理解，而马克思则试图在这里对这一点加以阐明。正如马克思所强调的，这里的问题只是在于说明包含在资本关系本身的内在矛盾中的"生产过剩的基础"，"生产过剩的萌芽"，"还不在于说明生产过剩的规定性"。② 尽管如此，这一节还是有几处提前把危机进一步规定为"普遍生产过剩"，例如，谈到了特定的、被与资本进行的特殊交换关系和剥削关系限制的雇佣工人的"消费能力"的作用，或者，也谈到了工业资本和借贷资本之间的"矛盾"

---

① 《马克思恩格斯全集》第 2 版第 30 卷第 391 页及以下几页。
② 《马克思恩格斯全集》第 2 版第 30 卷第 396、400 页。

所具有的意义①。马克思在这里针对"认为不可能有生产过剩的愚蠢看法"②,试图指出,生产过剩是可能的,并且在特定的资本主义生产方式固有的条件下也是必然的。马克思在手稿中从非常复杂的五个方面第一次提出了资本主义再生产的平衡概念,他在那里还第一次指出,概念上一定的、资本的各个矛盾因素在交换过程中是怎样必定表现为彼此独立的、在形式上彼此无关的经济量;它们的"内在统一性"或"内在必然性""在危机中通过暴力在外部"表现出来。③ 但是,外部运动和其中表现出来的内在统一性,两者都属于资本这个概念。因此,从资本这个概念出发,并通过这个概念,也可以阐明一个恰当的现代危机概念。马克思在此处暗示,这种内在统一性所表现出来的外部运动,也就是资本主义再生产过程中彼此对立的各因素的内在统一性一再以暴力发生作用的那种危机周期,只有在论述"现实的资本"即竞争(和信用)时才能加以考察,事实上他是在说,这些是需要说明的。④ 我们还可以把这个暗示理解为 1863—1867 年手稿里所写的对"资本和利润"或"总过程"叙述计划的另一种简要叙述。

　　无论如何,1857—1858 年手稿的正文和后来的表述是矛盾的,后来马克思的表述是,把暂不"属于这里考察"的东西搁置起来。⑤ 如果马克思在此处是有意识地这么说,那么所提到的这一段话就是在暗示,把现代危机作为现代资本主义的特征现象来对它进行理论论述,可能非

---

① 《马克思恩格斯全集》第 2 版第 30 卷第 393、404 页及以下几页。
② 《马克思恩格斯全集》第 2 版第 30 卷第 407 页。
③ 《马克思恩格斯全集》第 2 版第 30 卷第 437—438、441—442 页。
④ 《马克思恩格斯全集》第 2 版第 30 卷第 438 页。
⑤ 米·亨利希:《存在马克思的危机理论吗?》,载《马克思恩格斯列宁斯大林研究》2000 年第 1 辑,第 30—64 页。

常适合于在马克思所选择的抽象层次上论述纯粹资本主义经济的基本原理。而且不仅如此，正如叙述"竞争的基本规律"属于资本的计划一样，叙述"工业危机周期的基本规律"也属于资本的计划。当然，这不同于危机史，但是危机史是需要的，没有它就无法写出对危机的清晰认识。

马克思获得了远远超过他同时代人的重要发现，这个情况说明，他在写1857—1858年手稿时绝不可能转而认为，对工业危机周期的论述完全不在他计划的写作范围之内。1858年3月2日，他写信给恩格斯，请恩格斯告诉他"隔多少时间——例如在你们的工厂——更新一次机器设备？"因为"机器设备更新的平均时间，是说明大工业巩固以来工业发展所经过的多年周期的重要因素之一"。① 恩格斯在1858年3月4日的回信中告诉了他一些有关机器设备折旧的通常做法，和有关当时曼彻斯特棉纺织业的新投资和扩大投资的周期情况。② 马克思对恩格斯所做的解答非常感谢，并强调其理论意义：13年（或更短）的周期"就其必要性说来，与理论也相符，因为它为多少与大危机重现的周期相一致的工业再生产的周期规定了一个计量单位"。危机的过程"当然还是由绝然不同的另一些因素所决定的"。但是对他来说重要的是，"在大工业直接的物质先决条件中找到一个决定再生产周期的因素"。③ 这个说明在1857—1858年手稿的第Ⅶ笔记本中再次出现：通过固定资本和它的再生产找到了计量资本总周转的一个单位，而且这个单位同资本再生产过程发生的"不是外在的联系，而是必然的联系"。马克思接着说，"毫无疑问，自从固定资本大规模发展以来，工业所经历的大约为期10年的周期，是同这样规定的资本总再生产阶段联系在一起的"。他

---

① 《马克思恩格斯全集》第1版第29卷第280页。
② 《马克思恩格斯全集》第1版第29卷第281—283页。
③ 《马克思恩格斯全集》第1版第29卷第284页。

又补充说，我们将"还会发现这种规定的其他一些依据。但这是其中之一"。①

大家知道，《资本论》的写作依据的是修改过的计划。不错，马克思从未完全放弃过他 1858 年的六册计划，但是，当他完成《资本论》时，他却几乎没有实现这个计划。所以人们就可以按自己的主观意愿去看待根本就没有写的那册书，即《世界市场和危机》。适合于因计划改变而被作为单册放弃的《雇佣劳动》册或《土地所有制》册的部分内容的情况，也肯定适合于本册书的部分内容，那就是：一些内容是否应当收入《资本论》最后文本，这要看马克思是否把它看做是资本主义生产方式的基本原理和基础的组成部分而定。这种界限的划分不是与论述方式完全无关的：马克思是通过他不同的手稿来探索他在 1857—1858 年手稿中就已经称为辩证论述的"界限"的东西的。对于这些界限或者说"一般考察"的界限（与马克思反复谈到的"特殊考察"不同），"人们"，还有马克思，也不是一开始就认识清楚了。即便是像马克思这样一位理论家也不得不对如何协调那些理论上同属一个范畴的内容进行反复试验。②

---

① 《马克思恩格斯全集》第 2 版第 31 卷第 117 页。1863—1865 年手稿、70 年代中期和末期写的后来作为《资本论》第 3 卷出版的手稿，也吸收了这个思想，并展开了详尽的探讨。

② 哪些全部属于，哪些不属于《资本论》第 3 卷信用篇，即 1863—1867 年手稿第 5 篇，对这个问题的长期、甚至收效甚微的争论，精彩地再现了马克思的试验。资本主义生产方式这个概念需要信用概念。资本主义生产方式是一个信用经济。但是即使是"一般"信用概念，它也包含各种概念：信用的"基本形式"、"银行资本"概念以及特殊的货币市场和资本市场概念。只有在这个基础上，才可能有进一步的概念规定——这些规定也是一个较为适当的资本主义生产方式概念所不可缺少的——以及"信用货币"概念和基本形式上的"虚拟资本"的规定。

在计划著作的准备材料或该著作的最先出版的两部分（《政治经济学批判》1859年版和《资本论》第1卷1867年版）中，再次出现了危机理论的一些要素，而且是出现在体系中正确和必要的位置上，并不仅仅只是边注。① 准备材料（首先是1861—1863年手稿）还详细分析了我们从马克思那里认识的古典经济学家们就普遍过剩所展开的辩论。其中，马克思的阐述比1857—1858年手稿中的阐述更为详细，但是基本内容没有变化。马克思在1857—1858年手稿中也像1859年在《政治经济学批判》中一样，强调在"简单流通"的高度抽象层次上，在分析商品流通和货币流通本身时，就已经能看到危机的一般可能性，也就是看到由货币作为中介的商品流通，不可避免地分裂为分离的和表面上独立的两种行为，即买和卖。② 在1857—1859年手稿的绪论性章节《货币章》中，马克思明确地把"交换分成两种行为的分裂"称作"危机的萌芽，至少是危机的可能性"，而且把危机描述为"暴力的爆发"，表面上独立的、彼此无关的要素由此而恢复"内部的统一"。③《政治经济学批判》在分析货币作为支付手段的过程中，又出现了第二种可能性，同时也是一种特殊危机或周期性危机的一个特殊要素即货币危机形式上的可能性。④

马克思在1857—1859年期间曾反复加以区分的危机"可能性"和

---

① 在《资本论》第1卷的正文（马克思自己加工处理的各种文本）以及第2卷和第3卷的手稿中，也有这些边注。巴德尔的《马克思论危机和资本主义》（两卷集，美因河畔法兰克福1975年版）就是想把这些"边注"联系起来，并试图在第3卷手稿中断的地方（甚至没有危机章的轮廓）"概括"表述危机要素。
② 《马克思恩格斯全集》第2版30卷第148—149页，第31卷第490—491页。
③ 《马克思恩格斯全集》第2版第30卷第149页。
④ 《马克思恩格斯全集》第2版第31卷第536、540页及以下几页。

"现实性",在1861—1863年手稿中又被重新提起,并且得到纲领性的扩充。从方法论上来说,这些区别是与危机的"形式"和"内容"之间的进一步的区别相联系的。论述这些区别的文字是在该手稿的第VIII笔记本上,马克思在封面上加了标题《李嘉图的积累理论。对这个理论的批判。从资本的基本形式得出危机》①。在该笔记本中,有些问题并列在一起,有些是互相交错的,既有叙述也有对李嘉图关于资本积累的表述所作的批判,还有同经济学家们进行的辩论,这些经济学家在关于普遍过剩的辩论中,有些人忽视普遍过剩和危机现象,有些人则试图把反复出现的危机解释为偶然事件,或资本主义制度外部的干扰。最后是他本人对标题括号内限定的计划的理解。关于这个问题,马克思说得很清楚:"世界市场危机必须看做资产阶级经济一切矛盾的现实综合和强制平衡",这对考察是"重要的"。"因此,在这些危机中综合起来的各个因素,必然在资产阶级经济的每一个领域中出现并得到阐明。我们越是深入地研究这种经济,一方面,这个矛盾的越来越新的规定就必然被阐明,另一方面,这个矛盾的比较抽象的形式会再现并包含在它的比较具体的形式中这一点,也必然被说明。"②

事实上,这非常明确地表述了在危机理论研究方面修改了的计划。计划改变并没有取消原来计划的危机册,至少没有取消其理论部分。相反,它把对危机和危机周期规定的概念阐述纳入了"资本概念"(或资本主义生产方式)的叙述之中。属于现代危机的恰当概念的很多规定(马克思在1857—1858年手稿中已经知道,这些规定必然是多层次结构),可以一步步地从资本的简单规定和复杂规定之间的各种联系中得到阐述。完全有可能(或者也许不可能)的是,在叙述的最后还有专

---

① 《马克思恩格斯全集》第1版第26卷第2册第537页。
② 《马克思恩格斯全集》第1版第26卷第2册第582页。

门论述危机的一章,这一章将会论述资本主义生产相互矛盾的各个要素在危机中的"概括"和"平衡"的方式。① 根据叙述形式,从一个危机到另一个危机的资本主义经济的危机和周期性运动,只有到这时才"概括"资本主义生产方式的一切矛盾,而事实上这种概括才能指明超越资本主义生产方式。

马克思在该手稿中还明确说了应在什么地方对危机周期进行概括性叙述:"现实危机只能从资本主义的现实运动、竞争和信用中引出。"② "我们必须在叙述完成了的资本——资本和利润"时,才叙述现实危机。在此之前,在考察资本的简单流通、生产、循环和再生产过程时叙述的"危机的萌芽"和"危机的形式",只能是"不完全"的考察和叙述。但是,资本的"现实运动"并不是指资本主义在特定历史时刻的明显的、日常的或经验的现实,而是一个理论阶段,即"以发达的、从自己开始并以自己为前提的资本主义生产为基础的""总过程"的一个阶段。③ 而且,在后来的《资本论》第3卷的最后,在叙述完竞争、商业、信用和土地的所有制之后,才达到这个阶段,在现存的1863—1865年手稿中,此处是《阶级》。

---

① 这个推测有两个类似的依据,即《资本论》的信用和阶级论述。《资本论》中现代信用制度的叙述不只限于第3卷中所谓的信用篇,正如对资本主义中的阶级的论述也不限于第3卷最后的阶级章。马克思在第1卷第1篇已经开始阐述信用的规定;接着,尤其是在第2卷考察资本循环时,多次补充了具体规定,其中大部分只包含信用的"可能性"。很久以后——即在叙述"竞争的规律"之后,这并非偶然——才有"概括",但并不是仅仅对前面的论述进行概括。没有写完的阶级章也是如此。同样,1861—1863年制定的计划在完整的《资本论》中的实现情况,也是可想而知的。
② 《马克思恩格斯全集》第1版第26卷第2册第585页。
③ 《马克思恩格斯全集》第1版第26卷第2册第586页。

为了实现这个计划，需要细致地、自觉地按照方法论进行叙述，在每个分析层次上清楚地表明收入的是哪些"新的危机因素"，还有哪些"危机的新形式"收入进来以及"危机的内容的规定"如何扩展。① 马克思在这个手稿中还完全不清楚，现实危机的各个要素和在分析中可以加以区分的危机一般概念的形式规定和内容规定之间是如何联系的：例如，他认为，从历史上一切危机中了解到的货币危机的特殊要素，无法通过"简单流通"分析层次上可能出现的危机的第一个或第二个"形式规定"得到完全的理解；还必须补充进一步的规定，但是，这些规定只能通过分析现代信用制度才能获得。②

不过，还没有人对危机多种多样的形式规定和内容规定进行过总体概括和总体思考，无论是抽象的还是具体的：即使人们了解了所有这些规定，也还是必须研究"为什么危机的一般可能性会变为现实性"，也就是说，周期性重复的危机究竟在资本主义生产方式的整体运动中的何种条件下才出现。还需要从理论上论述的"危机的一般条件"，即现代资本主义中所有周期性世界市场危机共有的条件，是与"资本主义生产的一般条件"联系在一起的。③ 为了确定这些条件，又需清楚地了解危机史。如果在理论的指导下，已经知道或估计到危机中"出现"或"爆发"什么，这固然很有帮助，但是仍然必须了解危机是如何出现的。

因此，以上所述完全符合马克思的暂时构想，即在系统的地方和在

---

① 也就是说，我对1861—1863年手稿相应段落的看法显然不同于米·亨利希《存在马克思的危机理论吗?》(中译文见《马克思恩格斯列宁斯大林研究》2000年第1辑第30—64页)一文的观点。

② 《马克思恩格斯全集》第1版第26卷第2册第586、591、583页。

③ 《马克思恩格斯全集》第1版第26卷第2册第588页。

《资本论》的某个理论论述范围内论述危机一般和危机周期，而马克思在1863—1865年手稿即《资本论》手稿第三章中，偶尔也探讨了危机一般和危机周期。在《资本论》第三篇中，他力图解释"资本主义生产中利润率趋向下降的规律"①，该篇不包含危机理论，也不是对资本主义生产方式中危机的一般条件进行可能的整体考察的系统的地方。对"利润率趋向下降的规律"和可能存在的危机基本规律这两者的阐释和论述，可以而且必须完全独立地分别进行。但是，马克思在该篇中第一次对资本主义生产的总过程做了概括的论述，虽然很抽象，但是他还是对他在以前的分析层次上曾阐述过的资本主义生产方式的固有矛盾和规律性做了必要的和系统的回顾。所以说，马克思在整体考察的这第一个阶段探讨了危机，是符合逻辑的，是合理的。马克思为了搞清楚当时自己对危机的形式规定和内容规定的论述已经达到了何种程度，为了完成自己曾为该篇所定下的任务，他拟订了资本主义发展的逻辑终点这个理论概念，即"绝对生产过剩"或资本积累过剩的概念。② 但是不久他就认识到，"现实的资本过剩"和"绝对生产过剩"是两回事，也就是说，生产过剩是"相对的"，对它的"进一步研究"属于对"资本表面运动的考察"，即"进一步阐述生息资本等。信用等"的部分，所以，要真是这样的话，那就是在手稿下一篇（章）结束时才能论述生产过剩。③

---

① 《马克思恩格斯全集》历史考证版第2部分第4卷第2册第285页及以下几页。

② 《马克思恩格斯全集》历史考证版第2部分第4卷第2册第325页及以下几页。

③ 《马克思恩格斯全集》历史考证版第2部分第4卷第2册第329、325页。

三、马克思对危机史的研究

马克思1857—1858年（和后来）对危机史的研究，对他的《资本论》的传播，也就是对这样或那样形式的"马克思主义"有着重大影响。马克思不是"纯理论家"，而是一个很现代的社会科学家，他探索他所找到的历史材料和经验材料本身。对1847年的危机过程，马克思已进行过彻底的研究。迄今只发表了其中一部分的1849—1856年期间的摘录笔记（《伦敦笔记》）表明，他吸收了他同时代的危机文献。除了对图克著作所做的摘录外，他在摘录笔记中几乎不加评论，一般只是复述作者们论述的基本点。1851年初以前，他至少已经读过在此期间出版的关于1847年危机的大部分文献（安德森、阿什伯顿、莫里埃·伊文思、金尼尔、索利专门研究1847—1848年商业危机史的论文），以及一些研究范围更深广，甚至回顾了18世纪的论文，如毕希和图克的论文。货币理论和货币史在马克思的研究中占有重要地位。他阅读并摘录了所有同时代以及较早的政治经济学家的货币理论著作。研究所取得的最初成果是1851年的《金银条块。完成的货币体系》这一手稿，该手稿汇集了他从很多经济学家的货币理论著作或章节中做的摘录（以及从《经济学家》杂志做的摘录），而且也包含了对他自己的货币理论观点的最初表述。① 他主要研究的是货币和信用制度与危机过程之间的联系；1844年银行法的暂时废止，是英国1847—1848年危机史上的重大事件。当时有很多经济学家在危机前后都断言，商业危机首先是货币和信用流通的混乱所造成的，也就是说，它不仅表现为货币危机，而且原因也是货币危机。当时还流行一种观点，认为可以通过建立相应的货币

---

① 《马克思恩格斯全集》历史考证版第4部分第8卷第3—85页。

和信用制度而避免大的危机。从50年代初开始,马克思试图探究货币、信用和危机之间是如何联系的:1851年时,他已经得出结论说,发达的货币和信用制度虽然是现代危机的一个条件,但是危机过程之所以和货币制度相关,"那只是因为国家政权疯狂地干预调节货币流通的工作,从而更加加深了当前的危机,就像1847年的情况那样"①。但是研究并没有因此而结束。1857年时,马克思还处于一个研究过程之中,他不仅力图进一步明确周期性危机的原因,而且还力图理解它的表现形式和特殊要素,并解释这些表现形式即危机要素的"表面运动"。他在他的摘录和笔记(比如1851年写的短文《反思》以及尚未发表的他于1854年底和1856年底所做的题为《货币、信用和危机》的摘录)中,多次尝试从正面论述他所寻找和推测的联系,篇幅或长或短。② 后一个手稿经常以图克《价格史》的论述为依据,对1835年和1847年危机过程做了大量比较,而且第一次对英国(和其他国家)信用体系核心的各个银行机构对繁荣和危机过程所产生的影响进行了系统论述。

1857年8月危机爆发时,马克思对危机史的研究还没有结束,认识也不是很清楚。但是从他1857年在几个摘录笔记中所做的论述可以看出,他此时已经对后来所达到的认识——可以被看做是他1859年发表他多年经济学研究的第一个成果即《政治经济学批判》时所达到的认识水平——有了一个概念:现代货币和信用制度必然给危机性的干扰提供可能性,而且还不仅如此;每一次现代危机都不可避免地产生一个特殊要素即"货币危机",而这个要素可能会因危机的原因

---

① 《马克思恩格斯全集》第1版第27卷第193页。
② 手稿存放在荷兰阿姆斯特丹国际社会史研究所,《马克思恩格斯遗稿》,档案号为B(79)(B75)。该手稿将收录在《马克思恩格斯全集》历史考证版第4部分第13卷。

和过程不同而具有不同的特征；1825年以来的现代周期性危机则另有原因，即资本主义现代大工业结构中的生产过剩的趋势；危机将是越来越严重的生产过剩的危机，危机的中心是工业产品市场和工业原料市场；大工业越发达，新的工业生产方式越推广，危机周期的过程就越会经常出现。

50年代初以来，他预计新的危机将要到来。他和恩格斯一直在共同探寻即将来临的下一次危机的预兆。马克思和恩格斯之间以及他们与第三者的通信表明，他们二人早在50年代初就已预计"即将发生的危机"规模很大，并且坚信，下一次危机不仅将不可避免而且很快就会来临。① 然而，所期待的危机没有爆发，他们就寻找能够解释事件推迟发生的各种情况，也就是说，他们积极地研究英国和其他九个新兴工业国家的经济发展趋势。1857年11月危机终于爆发时，马克思在11月13日的信中，对恩格斯说："现在全部材料都摆在我们面前，我在《论坛报》的一篇重要文章中"证明，"在正常情况下，危机应该早两年出现"。他很满意地补充说，"现在危机延迟也会找到如此合理的解释，以致连黑格尔也会十分满意地在'有限利益的世界的经验方面的分歧'

---

① 《马克思恩格斯全集》第1版第28卷第33—34、49、72、113、137、146—147、201、211、223、302—303页，第29卷第41—42、72—73、75—76、79、81页；历史考证版第3部分第5卷第66—67、92—93页，第6卷第27、96、119、131页，第7卷第34—35页。他们的朋友威·沃尔弗被称为鲁普斯，看来他清楚地记录了他们二人对危机的预言（《马克思恩格斯全集》第1版第29卷第219页）。1857年12月17日，恩格斯欣喜地告诉马克思："现在鲁普斯虚心承认我们是对的。"（《马克思恩格斯全集》第1版第29卷第225页）

中重新获得'概念'"。① 这清楚地表明，马克思在不断寻找即将来临的新危机的预兆或事实上新危机暂时未到的原因，在这个过程中，他对工业资本主义中现代危机周期的一般过程有了一个"概念"。这也表现在他信中提到的那篇文章，即发表在1857年11月30日《论坛报》上题为《英国贸易的震荡》的那篇文章。② 他在文章中详细描述了危机爆发以来的几周和几个月中英国利率或贴现率波动的"现象"，并将把这些现象和伴随1847年危机出现的利率波动，同"现代贸易的各个周期性阶段所常有的现象"③ 进行了比较。他实际上得出结论说，"1855年10月就应该开始"的危机，可能是由于金融市场"一系列短暂的动荡而被推迟下去的"。但是他又补充说，正是因为推迟到现在，危机的爆发才"无论就症候的强度或就蔓延的范围而言，都要超过以往的任何一次危机"。④ 在上述这篇文章以及后来给《论坛报》写的文章中，他所使用的关于1847—1857年英国贴现率波动的统计资料都是出自他的摘录本和笔记本。

这些摘录笔记本中有从"各种来源"⑤ 收集的大量统计资料。50年

---

① 《马克思恩格斯全集》第1版第29卷第198页。尽管马克思在1855年1月所做的预言是过早了，但是他可能很满意，而且清楚地看到，他早就指出其征兆的商业和工业危机，现在终于变成了事实（《马克思恩格斯全集》第1版第10卷第637页及以下几页、第652页及以下几页。另参看第28卷第422页）。所以正像马克思1860年在《福格特先生》中所写的，他感到不无自豪的是，他在1850年所做的预测虽然推迟应验了，但是"已由1857年的商业大危机完全证实了"。(《马克思恩格斯全集》第1版第14卷第479页)

② 《马克思恩格斯全集》第1版第12卷第345—351页。

③ 《马克思恩格斯全集》第1版第12卷第346页。

④ 《马克思恩格斯全集》第1版第12卷第347页。

⑤ 《马克思恩格斯全集》第1版第28卷第621页。

代，马克思积极关注工业和农业统计的建立，兴奋地阅读了新任命的工厂视察员的首批报告，他们的职责是监督工厂区域内《工厂法》的执行情况，并编成了关于英国各个工业部门中的工资、劳动和生活条件的统计表（根据《工厂法》的不断修改的适用范围而编制的），作为最早的统计表，它们虽然是连续的，但也不完全。他摘引了英国议会委员会研究1847年货币和信用危机过程和原因的一些报告。① 马克思还从他经常阅读的各家英国报纸上收集资料。首先是《经济学家》；除了伦敦的几家日报（《每日新闻》、《晨星报》、《旗帜报》和《泰晤士报》）外，他还阅读恩格斯寄给他的曼彻斯特的几家报纸（《曼彻斯特每日观察家时报》和《曼彻斯特卫报》）。他的笔记本中有从以上所有报纸中做的摘录和粘贴的剪报。

此外还有1847年危机以来大量出版的关于危机史的零星研究和长期研究的论文。托马斯·图克的巨著《价格和流通状况的历史。1793—1856年》是马克思的主要资料来源，他50年代的摘录笔记表明，他经常把其他作者写的关于危机史的文章同图克的著作相比较，1857年，图克《价格史》（六卷集）最后两卷出版，这两卷论述的是1848—1856年这个时期。和以前几卷出版时一样，马克思迫不及待地拿到书就阅读，并做了摘录。同时，他又重新阅读他曾经研读过的图克《价格史》已经出版的各卷。②

---

① 《马克思恩格斯全集》第1版第29卷第342页。
② 1857年2月16日，马克思告诉恩格斯，图克《价格史》的最后两卷已出版。（《马克思恩格斯全集》第1版第29卷第101页）1858年3月5日，他写道："托马斯·图克老头死了，而英国的最后一个多少还有点出色的经济学家也随之一起消失了。"（《马克思恩格斯全集》第1版第29卷第286页）

从 1858 年和 1859 年开始，第一批关于危机过程的研究成果陆续发表。① 看来，马克思在 1858—1859 年间已经研读了这些书。他从关于 1847—1848 年危机史的研究论文中所做的早期摘录（其中最详细的摘录是摘自莫里埃·伊文思《商业危机史。1847—1848 年》②）表明，他对这一类论述没有发表评论，只是局限于摘录它们报道或提出的观点。在 1866 年和 70 年代初再次出现的危机之后，又有关于危机史的研究论著发表。通过马克思的摘录和他的藏书，我们知道他了解其中的哪些著作。马克思首先知道的是 1860 年出版的克莱芒·朱格拉尔的《法国商业危机》，今天这部著作被看做是现代危机和经济发展趋势研究的开端。③ 至于马克思是否并且是如何研究这一著作，必须进一步研究他于 60 年代完成的目前尚未发表的摘录笔记才能看出。马克思在《资本论》第 1 卷提到"麦·维尔特先生"（1858 年出版的《商业危机史》的作者）时所加的一段讽刺性的话中说他没有"费什么脑筋"的能力④，这说明他对他同时代的危机史的作者的评价不是很高，托马斯·图克仍然是个例外。

---

① 约·格·毕希：《对 1799 年商业大混乱的历史评价。附 1857 年危机的特殊说明》，1858 年版；莫里埃·伊文思：《商业危机史。1857—1858 年》，伦敦 1859 年版；莫尔：《关于银行调动。银行问题和危机》，斯图加特 1858 年版；麦·维尔特：《商业危机史》，美因河畔法兰克福 1858 年第 3 版。

② 《马克思恩格斯全集》历史考证版第 4 部分第 7 卷第 52—61 页。

③ 朱格拉尔详细研究了商业危机或更确切地说是局限于商业危机，而且他对危机的解释同当时的经济学家的主要观点如出一辙，都是将危机仅仅归因于信用的紧张，尽管如此，我们一般还是把他看做是 7—10 年工业短周期的"发现者"。他第一个着重指出，现代危机具有国际性或"世界市场"性。

④ 《马克思恩格斯全集》第 1 版第 23 卷第 94 页。

四、1857 年危机的特殊性

1857 年危机从很多方面来说都是现代资本主义史上值得关注的事件。它是第一次席卷了当时所有发达资本主义工业国家的普遍危机或世界市场危机,是自由贸易条件下发生的第一次(而且几乎是惟一的一次)大规模危机。因此,它向所有同时代的作者颇具说服力地证明,30—40 年代自由贸易的先驱们大肆宣扬的论断是错误的。他们说什么随着自由贸易的出现,危险的市场景气动荡和危机也将随之消失。① 1857 年危机是第一次世界(市场)危机,它之前的 19 世纪的危机主要是英国和美国的危机。而这次的危机不仅和先进的国际贸易联系有关,而且主要是和 1848 年以来大工业在欧洲大陆(首先是德国和法国)和美洲的扩大和发展有关。也就是说,它最突出的现象是,没有销售和销售不出去的工业产品的存货大规模增多,或更确切地说,当时的"世界"上没有销路的工业生产原料和半成品储存不断增多。这次危机是第一次席卷了所有工业国家的所有重要工业部门的工业危机。② 货币危机第一次几乎同时(即间隔只有几个星期)发生在几个"国际金融市场"(纽约、伦敦、汉堡、巴黎)。和以前的危机不同,1857 年危机中的货

---

① 米·冯·图甘-巴拉诺夫斯基:《关于英国商业危机史的理论和历史的研究》,耶拿 1901 年版,第 121 页及以下几页。

② 在此,我们不应该忘记,当时的"工业"世界只有少数几个国家(英国、美国、德国、法国和瑞士),只包括几个"工业部门":纺织工业、钢铁工业、机器制造和采煤,此外还有法国的奢侈品工业和美国的"工业化的"农产品(谷物、肉类、棉布)。所有这些工业都是以出口为目标,在资本主义工业的整个繁荣时期,供应国内市场的产品不占主要地位。

币危机过程的特点（黄金和现金几乎同时流向国外和国内）可以从它的国际性加以解释：① 英国不再是惟一的先锋和"资产阶级世界的缔造者"，虽然它仍然居于领先地位，但是它只是工商业国家之一。

马克思和恩格斯清楚地认识到1857年危机的特殊性，认识到它在资本主义发展中的特殊历史意义。他们的笔记、他们在1857—1858年间的通信以及马克思主要是在这段时间写的关于英国、法国和正在形成的世界市场上的其他国家的危机过程的大量文章都说明了这一点。把他们那几年写的关于危机史的文章同后来的论述更加仔细地比较一番，一定还会发现，他们对1857年危机过程的具体评价是多么正确。② 在这次危机爆发不久，马克思和恩格斯就写道，这次危机将远远超过"以前的任何一次危机"：它将更加严重，带来的损失也将更大（资本毁灭、破产、失业、工时缩短），波及的资本家和雇佣工人将比以往各次更多、困难更严重。它比以往各次危机都更加普遍，将席卷更多国家，更多商业和金融城市，更多工业地区和农业地区，更多生产部门和商业部门。由于1849年以来长期景气阶段中建立起来的铁路、电报和蒸汽船的交通联系，由于世界贸易的扩展和增强，由于欧洲和美洲不断前进的工业化，这次危机没有放过"文明世界"的任何一个地方。早在1857年12月初，恩格斯就已经发觉"生产过剩从来还没有"像这次危机中"这样普遍"③，它不仅十分明显地存在于大工业产品或原料方面，而且存

---

① 米·冯·图甘-巴拉诺夫斯基：《关于英国商业危机史的理论和历史的研究》，耶拿1901年版，第135页。

② 到目前为止，马克思给《纽约论坛报》写的这些文章还没有全部找到。《马克思恩格斯全集》德文版第12卷只选了一篇；后来又发现了几篇。除此之外，还有这个时期马克思写的很多文章，只是它们没有在《论坛报》上发表。

③ 《马克思恩格斯全集》第1版第29卷第221页。

在于"殖民地商品"和谷物方面,席卷了欧洲及其以外的很多国家的农业。① 它不再是英国危机对那些与英国有贸易往来的国家的影响,而是第一次世界市场危机;与其这样说,倒不如说,这次危机是一次"工业危机",也就是波及了所有工业部门的工厂主,而且不仅仅限于贸易或纯粹现金交易领域。相反,这次的主要现象是,所有部门的工业生产崩溃,"普遍"的明显的生产过剩。② 正是由于危机不可阻挡地蔓延(马克思和恩格斯预言过),他们从危机一开始就期待着一次长时间持续的危机阶段。但是他们很快就认识到(虽然是很勉强地),这次危机不会太长。在到那时为止最为广泛剧烈的世界市场危机之后,是一个迅速恢复期。早在1858年初,几个重要国家就已克服了货币市场危机,1858年期间,商业恢复正常,而工业的生产停顿和价格滑落仍在继续,1858年秋,棉花贸易和纺织业"大有好转"③,1859年已经再次转向繁荣。

同马克思和恩格斯关于1857—1858年危机的严重和剧烈、"普遍性和广泛性"④ 的看法一致的同时代评论家,有莫尔、谢夫莱、莫里埃·伊文思、维尔特、米夏利埃斯、赫茨、朱格拉尔、拉夫莱。他们都认为,这次危机是在史无前例的普遍景气阶段结束时,即商品和证券贸易持续繁荣、工业不断地迅速膨胀的阶段结束时出现的,它比以往的各次

---

① 《马克思恩格斯全集》第1版第12卷第344、347、369—370页,第29卷第209、221、224—225、227页。
② 《马克思恩格斯全集》第1版第12卷第350—351、362—363、369、375页。
③ 《马克思恩格斯全集》第1版第29卷第344页。
④ 《马克思恩格斯全集》第1版第29卷第236页。

危机都更严重，而且几乎蔓延到了整个世界。① 但是在一个重要问题上，马克思和恩格斯反对同时代的经济局势观察家和危机理论家的传统的经济思维，因为这次危机虽然表现为货币和信用危机，但是实质上是工业生产过剩的危机。它的表现形式，比如严重的商品过剩、贸易过剩、商业信贷（汇票信贷）的过度膨胀，可以解释一切，包括事件的过程，即从不知不觉加剧的证券和银行危机到普遍的货币危机、到几个大的世界贸易地（纽约、利物浦、伦敦、汉堡）严重的货币"恐慌"、然后到商业危机，最后是明显的工业危机（破产、工厂停产、缩短工时、工厂区的大量解雇、工业产品的价格滑落、工业生产停顿）。尽管马克思很快就判定货币市场的变动至少具有相对的独立性，但是货币危机只是危机过程的一个特殊的开始阶段而已。②

马克思自从1856年春天和秋天在局部（英国、法国和德国的）货

---

① 后来从长期经济发展的角度对19世纪第一次大规模的世界市场危机进行的研究，也得出了同样的结论：这是"历史上第一次真正的世界经济危机"，比以往各次危机都更加普遍、剧烈和广泛。（汉·罗森堡：《1857—1859年世界经济危机》，斯图加特1934年版，第7、8页；参看阿·施皮托夫：《危机种类》，见《社会学简明辞典》，耶拿1925年第4版第6卷，第8—91页；约·阿·熊彼特：《经济周期。从理论、历史和统计方面对资本主义过程的分析》，格丁根1961年版，第342、388页及以下几页）

② 看来，马克思通过对1857—1858年危机的研究，获得了货币理论方面的一个重要发现：1857年4月23日他写信给恩格斯说："货币本身在决定利率和金融市场方面所起的作用是很惊人的，是与政治经济学的所有规律完全矛盾的。"他必须再次"详细研究一下汇率与贵金属储备量之间的关系"。（《马克思恩格斯全集》第1版第29卷126页）1857—1858年手稿以及《政治经济学批判》（1859）中清楚地出现了"作为货币的货币"范畴。这个范畴是马克思货币理论的一个经常被忽视的重要分析范畴。

币市场危机中看到期待已久的商业和工业危机的直接征兆以来①就不断对这次危机的过程进行研究和评论。② 他和恩格斯几乎每天都交换有关危机过程的看法。1847—1848年危机过程中的事件进程给了马克思一个比较的标准:当时的普遍危机是"由伦敦金融市场的恐慌开始的",只是时间很短;几个月之后,"爆发了商业和工业危机,金融恐慌对这次危机来说,只是一种预兆和先声"。③ 这次情况也是如此:1857年8月,危机在美国发生。由于美国和欧洲的丰收,美国的主要出口商品谷物(为了谷物运输,美国的铁路网急速扩大)价格下跌,由银行信贷提供资金的美国"主要股票投机"(铁路股票)随之而崩溃:随着纽约交易所行情的下跌(下跌30%—50%)出现了货币恐慌。在10月中一系列(上百家)纽约银行破产和真正"挤兑"之后,美国大多数银行"暂时"停止兑付,以致从股票投机来说,全部的对外贸易以及随后的国内贸易开始崩溃,不久后越来越多的工厂开始关闭。④ 纽约金融市场危机很快蔓延到世界贸易的中心英国和作为国际贸易主要金融巨头的英国银行体系。起初是几家和美国贸易关系密切的大银行和贸易公司破产。几个星期之后,金融危机在英国蔓延开来,并导致贴现率急剧上升和金融恐慌。大西洋两岸和欧洲范围内的国际贸易崩溃,金融危机很快

---

① 《马克思恩格斯全集》第1版第12卷第59、64、70、80页及相应的以下几页。
② 马克思在1856年10月发表于《论坛报》上的《欧洲金融危机产生的原因》一文中这样写道:(参看《马克思恩格斯全集》第1版第12卷第69页)直到1857年春没有人发现所面临的任何危机征兆,所以说亨·迈·海德门(《19世纪商业危机》,伦敦1932年版,第71页)的论断是错误的。
③ 《马克思恩格斯研究论丛》柏林1991年新辑,第59页。
④ 《马克思恩格斯全集》第1版第29卷第199页,第12卷第345、361页及相应的以下几页。

蔓延到欧洲其他的金融和商业地区。马克思（在《论坛报》上的一篇社论文章中）强调说，尽管1844年英格兰银行法再次废止（1857年11月12日），但是也不能如此突出金融危机；"问题实质在于当前的工业崩溃"（1857年12月8日的信）。① 他每个星期都在危机笔记中记录危机的发展情况。② 马克思和恩格斯高兴地看到典型的危机表现，恩格斯在1857年12月7日给马克思的信中说："像汉堡现在这样普遍而典型的恐慌，还从来没有过。除了白银和黄金，一切都贬值，绝对地贬值。"③ 他们两人都把1857年危机当作重点研究对象："这种因扩大信贷和营业活动过度扩大而造成生产过剩的情形，在当前的危机中，可以仔细地加以研究。就实质而言，这并不是什么新东西，但是目前这一切在进展中所具有的极其明显的形式却是新的。"④ 12月初，马克思在1857年12月15日《论坛报》上发表的社论文章《英国的贸易危机》中断言，当时危机的表现已有所改变：如今"占第一位的是工业危机"，其次才是金融危机。⑤ 从马克思收集的材料（其中只有一部分已

---

① 《马克思恩格斯全集》第1版第29卷第217页，第12卷第344页。

② 参看克劳斯-迪特尔·布洛克和罗·黑克尔编：《卡尔·马克思〈1857年危机记录〉》，载《马克思恩格斯研究论丛》柏林1991年新辑，第89—102页。

③ 《马克思恩格斯全集》第1版第29卷第214页。马克思很重视货币危机，确切地说是"恐慌"这个要素，认为它是现代货币和信用体系的真实时刻：信用体系转化为"货币体系"，货币和商品的关系直接产生作用，危机周期中反复出现的这个要素，在马克思货币理论的阐述中具有重要地位。马克思在《论坛报》上（用恩格斯的话）把汉堡的货币危机描述为"这是过去见过的所有金融危机中最正规最典型的例子。除了白银和黄金，一切都贬值"。（《马克思恩格斯全集》第1版第12卷第373—374页）

④ 《马克思恩格斯全集》第1版第29卷第222页。

⑤ 《马克思恩格斯全集》第1版第12卷第362页。

经出版）中可以很容易地看到，这个特殊的危机过程短时间内在各个国家重复出现，顺序是交易所破产、金融危机、商业危机、工业危机。

  1857年底—1858年初，危机逐渐减弱。1858年1月6日恩格斯写信给马克思说，危机出现了"沉寂和新的转折"[①]，而马克思也认为发生了"危机的暂时沉寂"[②]。他们当时都不相信危机已终结。他们认为，金融市场的恢复是价格下跌时商业和工业交易缩减的结果，货币流通因剧烈的危机而缩减。恩格斯在1857年12月31日给马克思的信中写道，但是危机并没有过去，只不过因为"危机的第一阶段——金融危机及其直接后果——已经消逝"[③]。他预计会出现危机的第二个高潮，他在给马克思的信中强调了随时可能导致危机反复的工业萧条的要素。[④] 而且马克思在1857年12月—1858年3月写的系列文章中，描述了一系列欧洲国家的危机过程，当时危机（比如在斯堪的纳维亚）又起或尚处于高潮（比如在法国），而其他国家的危机"已经消退"[⑤]。1858年6月，他仍然认为英国出口的"表面"活跃，并不标志着危机的最终克服。英国对那些"至今尚未受到商业危机影响"的国家和地区的出口，以投机的方式（"为了试验"）突然增长。按照国际标准，英国的出口总的来说是在下降。[⑥]

  1857—1858年危机的过程给观察者最终留下了两个"谜"：一是法

---

① 《马克思恩格斯全集》第1版第29卷第242页。
② 《马克思恩格斯全集》第1版第29卷第246页。
③ 《马克思恩格斯全集》第1版第29卷第236页。
④ 《马克思恩格斯全集》第1版第29卷第241—242、243—244、254—255、257页。
⑤ 《马克思恩格斯全集》第1版第12卷第372、375、390和423页及相应的以下几页。
⑥ 《马克思恩格斯全集》第1版第12卷第531和532页。

国何以能相对地不受危机的侵扰，二是危机为何能如此迅速地被克服。恩格斯在1858年10月7日给马克思的信中很坦率地提出问题："但我还应当说，我一点也不明白，引起危机的大量过剩商品，是用什么办法吞掉的；在如此汹涌澎湃地涨潮之后，这样迅速地退潮，还从来没有过。"① 马克思竭力要揭穿谜底。对第一个问题，他于1857年12月通过一份详细的提纲给予了回答，这个提纲可以看做是计划中的危机册的结构草稿（见下面的论述）。对第二个问题，他是通过一系列研究英国对东亚的贸易发展的文章来回答的。马克思认为英国对印度和中国出口的繁荣，也就是由政治决定的世界贸易的结构改变，是英国危机迅速被克服的真正原因。② 然而，马克思恰恰是在这种"世界贸易好转的时刻"③，更清晰地看到了资本主义的终结。危机加速了"建立世界市场（至少是一个轮廓）和以这种市场为基础的生产"，甚至随着中国和日本的门户开放，这个过程看来"已完成了"。而且这是"资产阶级社会的真实任务"。④

仍然有几个技术方面的或更确切地说结构方面的特征，没有被那个时代的经济学家，包括马克思和恩格斯，当做是他们那个时代资本主义的主要历史特征。危机发生在国际金本位制的盛期；所以金银在国际间的流动起了重要作用，黄金流向国外可能在事实上影响了银行信贷的活

---

① 《马克思恩格斯全集》第1版第29卷第345页。
② 《马克思恩格斯全集》第1版第29卷第346页及以下几页。罗森堡在他的《1857—1859年世界经济危机》（斯图加特1934年版第147页及以下几页）中也有类似的看法：1859年时英国就已经能够补偿它在对美贸易中的亏损，它是通过把它的对外贸易迅速向东亚转移来实现的。但是，并没有重新出现繁荣。1858年恐慌年，英国棉花产品出口总额的45%是出口到印度和中国。
③ 《马克思恩格斯全集》第1版第29卷第347页。
④ 《马克思恩格斯全集》第1版第29卷第348页。

动余地。危机发生在（国际）信用流通的早期：占主要地位的仍然是商品投机和商业信用，尤其是汇兑信用或更确切地说以汇兑贴现率的方法进行的再筹资，因此还存在国际支付往来和资本往来中最重要利率的贴现率。货币危机在于，享有盛誉的公司的商业汇票都不再能贴现，即兑换成现金。因此银行出现挤兑现象，大量的私人客户试图提取所有存款，并把所有银行券换成金属，这是19世纪货币危机的一个典型现象。

五、马克思研究危机史的动机和结果

马克思在1857—1858年的"危机笔记"中收集的材料包括1857年8月世界经济危机爆发以来的最重要的事件。他收集的材料远远超出了他给恩格斯的信中所报告的内容；不仅仅局限于英国、法国和德国的危机，[①] 他也收集了关于美国危机、意大利和西班牙危机、北欧、印度、中国和埃及危机或更确切地说英国的东亚贸易的材料。

危机史的材料收集主要表现为三个笔记本：第一本笔记66页，马克思亲笔加了标题《1857年危机册》，包括以下几个专项材料，即危机期间的破产、英格兰银行的账户和利息变化、伦敦金融市场的情况。最后一项分别有以下几个方面的材料：英格兰银行账户的变化情况、金银条块市场的变动、外汇（汇率）、证券市场的变化情况，当然还有关于铁路股票变化的数据；同时还有债券市场（短期和长期借贷以及抵押贷款）和国家有价证券的波动。接着又是两个专项，分别是关于"产品市场"和所谓的"工业市场"上的销售和价格情况：马克思在这里编排了英国纺织业（具体到个别工业城市或工业地区）的各种原材料的

---

① "德国"是指汉堡、普鲁士和奥地利。

价格表，即原棉、丝、羊毛和亚麻（或不同质地的半成品，比如纱）的价格，此外还有金属（铁、铜、铅）和兽皮（或半成品的皮革）市场的情况，其中还有工业成品市场的情况。最后以"产品市场"为标题的项目中，还有一系列不同的产品和市场：谷物贸易以及种子和面粉价格的变化情况，土豆和燕麦的价格变化情况；黄油和面包的价格，殖民地产品咖啡、茶叶和糖的（对外）贸易的情况和价格变动。在该笔记本的最后几页，马克思汇总了关于曼彻斯特和英国其他工业地区的工厂中工人就业、缩短工时和失业情况，还包括统计材料。此外还有关于危机期间各个工业城市和部门的局部罢工的报道以及关于（官方宣布的）需要救济的贫民的一些材料。

马克思在第二个笔记本的扉页上写着《1857年。法国》，它也是分为几个专项，包括的材料分别是关于股票行情、法国（即巴黎）货币市场的情况，尤其是法兰西银行的状况、法国国家财政（税收和国债）情况、法国贸易。在这个标题下，马克思不是偶然地而是在清楚认识法国工业特殊性的情况下，汇总了零售商业、工业成品贸易和原材料贸易的情况、谷物、面粉和葡萄酒贸易的价格情况。此外还有一些关于政府措施的材料。① 该笔记本比另外两个笔记本都更加关注（波拿巴）国家的作用。该笔记本的中间部分是他收集的剪报，这些剪报用同样的调门指出了1857年危机值得关注的一个现象，即直到1858年初法国仍然有

---

① 主要是指为排除激烈的金融市场危机而采取的紧急措施（比如，1857年11月12日根据政府决定，取消英国银行法，以及设立汉堡信贷援助基金）。马克思在1857年12月8日给恩格斯的信中补充道："叫嚣反对'劳动权'的资本家们，现在到处请求政府给予'公家的帮助'……要牺牲公众的利益维持自己的'利润权'，这是很妙的。"（《马克思恩格斯全集》第1版第29卷第217页）

一大半没有受到危机的侵扰。接着是关于其他国家（法国工业和农业的两个重要市场，即意大利和西班牙）的情况以及欧洲大陆铁路和船舶运输的情况。

第三个笔记本也是马克思自己加了标题《商业危机册。1858年1月》，共62页，主要包括英国的情况，而且还是分成了各个细项：在《I. 金融市场》的标题下，马克思再次区分了英格兰银行、金银条块市场、外汇、债券市场和国家有价证券。在该笔记本中，他还区分了息金证券市场和股票市场的情况。此外还有一个专项，提供了大量关于英国各个商业和工业城市中的破产情况。紧接着是关于产品销售和价格情况的资料，分为三个专项：产品市场、工业市场和明辛街（指伦敦销售殖民地产品的地方市场）。

《产品市场》专项包括纺织（加工）业的原材料、原棉、羊毛和亚麻的价格和销售情况。此外还有关于金属、皮毛和皮革以及谷物贸易的资料。《工业市场》专项包括原棉和纱（主要是纺织工业的中心曼彻斯特）的价格和销售、钢铁贸易、木材贸易的资料，以及煤炭的情况。此外还有一些关于危机期间运费以及（主要是纺织工业和进口）工业成品的价格和销售的资料。标题为《明辛街》的项目中是最主要的殖民地产品的价格和销售情况，依次是咖啡、香料、可可、水果、大米、烟草和糖。在劳动市场专项中，马克思从不同的资料来源汇总了（涉及英国各个工业城市和地区的）关于1857年和1858年危机期间的就业情况、全时工、非全时工、缩短工时和失业情况的叙述。此外，该笔记本还有大量涉及欧洲以外国家（印度、中国、埃及、澳大利亚和巴西，或更确切地说英国的殖民地）进出口的情况，而且标题《杂项》下面还有各种殖民地产品的价格表。

马克思把他在这些笔记本中收集的材料（摘录、剪报和笔记）分项，有时还把它们加工成表格排列起来，这绝不是偶然，而明显是由他研究危机理论的兴趣决定的。有很多专项和一些表格，马克思只是编列了出来，但没有（再）填入内容，所以马克思为特殊专项而保留的很多页都是空白的。所以说，笔记本所反映出的预先计划的次序、材料的选择，和实际收集到的资料同样重要。从这个次序不难看出，马克思实际上已经意识到，他研究的是在主要工业国家表现为工业生产危机的第一次世界经济危机。所以，和50年代早期的危机文献以及同时代人对危机的论述相比，他把考察和资料收集的重点，从货币市场现象转移到商品市场，尤其是工业原材料和工业成品市场的现象上（尽管他也没有忽略货币市场），这是引人注目的。① 我认为，材料的划分也表明，马克思的头脑中大体上已经有了1861—1863年草拟的危机理论计划。②

如果我们读了马克思这段时间写的关于1857年危机、危机前史以及工业周期的过程的所有材料，以上论断就会更具说服力。要想全面准确地了解马克思1857—1858年研究危机理论和危机史所达到的水平，那么上述笔记只是我们必须考虑的材料中的一部分。我们还必须考虑到他和恩格斯以通信方式进行的讨论，恩格斯不仅经常给他寄去曼彻斯特的报纸（主要是《曼彻斯特卫报》），而且还向他连续报告曼彻斯特危

---

① 此外，这完全符合他多次提到的对托·图克《价格史》的批评倾向：可惜，图克在反对通货学派（当时货币数量论的变种）以及皮尔的1844年银行法的不倦斗争中，他的研究是很片面的，也就是说，"过多地探讨有关流通的无稽之谈"。（参看《马克思恩格斯全集》第1版第29卷第101、126页）

② 危机笔记计划收入《马克思恩格斯全集》历史考证版第4部分第14卷，该卷的准备工作由罗·黑克尔、米·亨利希和米·克赖特克参加的编辑小组承担。

机的细节、当地商界的舆论以及他本人对危机过程的观察和阐释。有几封马克思写给恩格斯的信也明确表明了他如何使用所收集到的材料的打算，以及他计划中的关于1857年危机的研究中经常思考的问题。

马克思甚至还在1857年12月25日的信①中告诉恩格斯，他为计划写的危机小册子，也就是为关于1857—1858年法国危机的那一章拟写了提纲。这个提纲向我们展示了马克思使用他尚未完成的材料集的情况并表明，他对危机的进程进行系统比较的方式，他希望从中得到有关政治事件进程的启发。法国何以能对普遍危机这种传染病进行了长达几个月的"某种抵抗"，马克思试图揭开这个难住了政治经济学家们的谜。因为当前"我们的主要任务是要弄清楚法国的情况"，他重新仔细阅读了"所有关于法国商业、工业和危机的摘录"，并取得了一些成果②：法国对外贸易没有长期贷款和大量商品积压这个特点，以及法国贸易差额的水平很容易解释为何"英国、北方各国和美国的危机""从没有直接引起'法国的危机'"。③ 一旦"荷兰、比利时、关税同盟、意大利（包括的里雅斯特）、黎凡特和俄国（敖德萨）的普遍危机达到相当尖锐的程度以后，法国才会爆发真正的危机"；这是因为法国同这些国家的贸易有相当大的逆差，这些出口市场的崩溃直接在法国引起"金融恐慌"。一旦"真正的危机在法国本国爆发"，那么"证券市场和这种市场的保障——国家"也都会"完蛋"，原因就是1852年以来在第二帝国的统治下法国金融市场的组织方式。④ 所以，马克思最后预计，危机

---

① 《马克思恩格斯全集》第1版第29卷第229页及以下几页。
② 《马克思恩格斯全集》第1版第29卷第229页。
③ 《马克思恩格斯全集》第1版第12卷第366页。
④ 《马克思恩格斯全集》第1版第12卷第231、232页。

一定会从法国的对外贸易开始,然后袭击国内的金融市场,引起普遍的银行和交易所破产,帝国所有新的金融机构倒闭。

最后,属于马克思在这段时间内经济学研究的,还有(没有保存下来的)一系列关于危机的报纸文章(主要是为《纽约每日论坛报》写的,而且大多数都发表在该报上)的准备材料或文字。① 事实上早在1856年10月,他就已发表了研究欧洲危机先声、笼罩欧洲的投机狂热以及随后的金融危机的文章。马克思提到,"大约发生在1847年秋而延续到1848年春的欧洲普遍商业危机",也是"由伦敦金融市场的恐慌开始的"。他注意到目前的金融危机和1847年金融危机之间的差别:现在,"蔓延之迅速立即表明它具有普遍性",而且已持续了几个星期。当时,只有少数人看出"普遍危机的先声",而现在,谁也不会怀疑这一点。② 他完全是从个人愿望出发,向他的美国读者预言,"他们面临的不仅是扩大了的1847年危机的再版,而且是扩大了的1848年革命的再版"。③ 1849年的重新繁荣,大工业的巨大增长,只不过有助于在1857年为欧洲"理想中的1848年的倾向"创造"物质条件"。④ 随后的一些文章(发表在1856年10月27日—11月1日的《论坛报》上)中有大量关于现代金融危机史的插入说明,以及同以往危机的比较,正

---

① 马克思这段时间为《论坛报》写的文章中,有几篇没有发表,比如关于第二帝国政府试图克服法国金融危机而采取的措施,马克思自己说这几篇文章是"多次推敲过的"。(《马克思恩格斯全集》第1版第29卷第298页)
② 《马克思恩格斯全集》第1版第12卷第59页。
③ 《马克思恩格斯全集》第1版第12卷第60页。
④ 《马克思恩格斯全集》第1版第12卷第61页。

如马克思所说,因为"这对研究欧洲所面临的危机的经济预兆是很重要的"。①

在危机爆发后,从1857年11月起在《论坛报》上发表的文章中,马克思着重指出,当前已席卷了英国工商业并可能蔓延到整个欧洲大陆的危机,具有世界性。②他叙述了英国贸易的震荡,并指出,尽管有自由贸易和"丰收",英国工业还是遭到了"前所未闻的崩溃"。③他多次强调:"目前这次震荡比以前任何时候都更加带有工业危机的性质,因此它震撼了国家繁荣的根基。"④他所预言的"工业危机"于1857年11—12月发生:伦敦金融市场虽然似乎平静下来,而英国商品市场,尤其是"成品市场",尽管价格一直下跌,其紧张程度依然在增加,英国纺织企业开始倒闭。⑤马克思在这些文章(1857年11月—1858年3月在《论坛报》上发表的8篇)中连续阐释危机事件(主要是英国和法国),他的阐释不同于当时流行的看法。那些"企图用投机来解释工商业之所以发生有规则的痉挛的"经济学家们,"就好像那个如今已经绝种了的把发寒热当做产生一切疾病的真正原因的自然哲学家学派一样"。⑥总之,他向同时代的"经济学专家们"进行挑战,公开抨击当时公认为是事实的经济危机的原因和经过。他坚决反对当时德语地区以麦克斯·维尔特为代表的流行说法,说什么危机主要是由"信贷的过度

---

① 《马克思恩格斯全集》第1版第12卷第69页。
② 《马克思恩格斯全集》第1版第12卷第343页。
③ 《马克思恩格斯全集》第1版第12卷第348页。
④ 《马克思恩格斯全集》第1版第12卷第351页。
⑤ 《马克思恩格斯全集》第1版第12卷第373页。
⑥ 《马克思恩格斯全集》第1版第12卷第362页。

紧张和过度投机"引起的。① 马克思则指出，投机"表现为直接预报崩溃即将来临的先兆"，它本身是在前几个经济发展阶段中产生的，不是危机的"终极原因和本质"。此外，他在这些文章中，连续对以往的危机，尤其是1835年和1847年的危机进行了比较。其中有关于危机的短暂历史的插入说明。1857年11月12日，在金融恐慌最剧烈的时候，英国银行法再次被取消，于是他写了研究1844年银行法的系列文章（仅在1857年11月和1858年10月，就有4篇以此为主题的文章）。通过这些文章以及他同时所写的研究法国金融危机的文章，马克思主要是想说明：对金融（市场）的操纵不可能遏制，更不可能防止现代危机，"政府在这种危机面前是无能为力的"。②

马克思在写于1858年9月、发表在10月4日《论坛报》上的一篇标题并不引人注目的文章《英国贸易和金融》中，从方法论上对过去10年他对危机理论和历史的研究进行了暂时的总结：和1847年危机过后一样，英国下院在1857年11月再次废止银行法之后，设立了一个委员会，目的是在1857—1858年危机期间考察危机事件的经过。③ 该委员会提出了马克思也曾思考过的问题："究竟什么是危机的真正原因呢？"④ 委员会在总结报告中对这个问题的回答，和当时经济学界的一贯说法一致，即认为是过度投机和滥用信贷。马克思没有狠狠批判可以

---

① 麦·维尔特：《商业危机史》，1858年第1版，第462页。
② 《马克思恩格斯全集》第1版第12卷第343页。这个一般原理必须限于：正如马克思以英国银行法的废止为例所说明的，国家措施或行动完全能够影响危机的进程，以及危机的周期。政府不可能做到的是：永远消灭危机。
③ 1866年危机期间，1844年的银行法第三次被废止。
④ 《马克思恩格斯全集》第1版第30卷第606页。

预想到的议会研究结果,而是更多地抨击研究时对问题的提法,这次研究也和以前的官方研究一样,抓住的只是危机的现象:这些研究的弊病在于,它们把"每一次新危机都解释成第一次在社会地平线上出现的孤立现象,因而说它仿佛是由只为一个时期即两次震荡之间的时期所特有的……那些事件、运动和因素造成的"。马克思接着说,如果自然科学家也采用"这种幼稚的方法",那么就不存在自然科学了。和自然科学家一样,经济危机的研究者也应当"弄清那些左右世界市场危机的规律"。要想做到这一点,"必须不仅说明危机的周期性质,而且也要说明这种周期性的准确日期。此外,决不能容许每一次新的贸易危机所固有的特点遮掩所有各次危机共有的特征"。① 马克思在1857—1858年期间所进行的正是这种双重研究。

显然,马克思后来几年继续研究危机及其规律性,进一步收集关于1857—1858年、1866年、1873年危机的材料,所以再次着手他过去所做的笔记。② 这些材料一部分用于《资本论》第1卷的手稿,一部分收入计划中的为《资本论》第3卷写的手稿即1863—1865年手稿,这就是大多数读者和评论者都认为,尤其是编辑者恩格斯也认为是材料收集还远远没有完成的那个地方,即第5篇论述生息资本、信用及其基本形式,也就是论述货币和资本市场的形式规定和可能有的规律的地方。

---

① 《马克思恩格斯全集》第1版第12卷第607页。

② 1857—1858年过后,他和恩格斯都没有更多地认识到危机和革命之间有直接联系,尽管如此,他还是饶有兴趣地预言下一次危机,但是在私下,比如,他在给他姨父莱·菲力浦斯的信中预言了1866年的危机。(参看《马克思恩格斯全集》第1版第30卷第665页,第31卷第438页)

《资本论》第1卷出版之后，马克思仍然没有完成危机理论；他对危机理论的研究一直延续到70年代初。对此只有一个简短的提示。1873年5月31日，他告诉恩格斯"一件我私下为此忙了很久的事"。他指的是，从现有的经验材料，也就是从那些关于工业周期过程中表现出来的价格、利息、工资等等的变动的统计表中，找出规则甚至规律。正如他本人所说的，"为了分析危机"，他多次想从周期中各个重要的经济规模的曲线中得出一些结论：他试图"计算出作为不规则曲线的升和降，并曾想用数学方式从中得出危机的主要规律"。他补充说，他的朋友，数学家赛米尔·穆尔认为，这个课题暂时"无法解决"。原因有二，一是这个课题非常复杂，也就是说涉及周期性运动的因素"很多"，二是还没有达到经验的经济周期研究的水平，也就是说，"大部分"因素还有待于发现。马克思同意他"暂时"的看法，但是马克思坚持认为，"如有足够的经过检验的材料，这是可能的"。① 这个有充分材料为依据的小插曲表明，马克思在70年代初对他早年收集的材料再次进行了研究。它还表明，即使在70年代，马克思也没有放弃他的抱负，那就是为现代资本主义的周期性危机的"规律性"，寻找一个合理的理论解释。它还表明，马克思认为，收集、分类并分析有关前10年周期性危机的统计材料，是获得危机理论表述的一个途径。但是，这段时间，马克思并没有放弃他的计划，即以类似于《资本论》第1卷的完善文本出版所有《资本论》的三卷。对于1873年的危机，他思考了很久。1873年9月，危机从（交易所）恐慌开始，延续了很多年，和1857年和1866年的危机完全不

---

① 《马克思恩格斯全集》第1版第33卷第87页。

同,这次危机逐渐进入"持续危机的时期"。马克思清楚地看到这次正在开始的严重危机,看到现代工业资本主义历史上第一次大萧条的开始;在这个阶段,资本主义的结构首先在美国发生急剧变革,这种变革"在英国需要整整数百年才能实现"。所以,正如马克思在1878年11月15日写给丹尼尔逊的信中所说的那样,现在,对这种漫长的危机时期的研究是"经济学研究者最感兴趣的对象"。① 在这种长期的持续危机(1878—1879年才导致英国工业危机,这次严重的、几乎持续五年之久的"危机,先是出现在美国、南美洲、德国和奥地利等地")没有"达到顶峰"之前,他"决不"会完成并出版《资本论》第2卷。持续危机的这些现象"是十分特殊的,在很多方面都和已往的现象不同"。必须仔细观察危机的"目前进程"及其在几个主要资本主义国家的进一步发展,直到"它们完全成熟,然后才能把它们'消费到生产上',也就是'理论上'"。② 1879年,马克思预计"总崩溃"即将来临,持续的危机将一直延续到90年代。他坚信(1879年4月10日给丹尼尔逊的信),危机"总会像以前的各次一样地过去,并且会出现一个具有繁荣等等各个不同阶段的新的'工业周期'。"但是严重的恐慌持续了如此长的时间,或是说他目睹了如此长时间的危机,他"仔细观察"这次危机,"对资本主义生产的研究者和职业理论家来说是极其重要的"。③ 在我看来,这就是对下述事实最好的解释,即马克思一直没有间断过写《资本论》第2卷和第3卷的手稿,

---

① 《马克思恩格斯全集》第1版第34卷第333—334页。
② 《马克思恩格斯全集》第1版第34卷第345页。
③ 《马克思恩格斯全集》第1版第34卷第346页。

而且没有写完。这个解释再次表明了危机对于制定完善的资本主义生产方式理论的意义。这个解释的基础是，马克思不是"马克思主义者"，而是一个很现代的从事经验和理论研究的社会科学家。

（原载德国《马克思恩格斯研究论丛》1998年新辑）
（夏静 译）

图书在版编目（CIP）数据

《1857—1858年经济学手稿》研究/黄晓武主编. —北京：中央编译出版社，2014.5
（马克思主义研究资料/杨金海主编；5）
ISBN 978-7-5117-2120-4

Ⅰ.①1… Ⅱ.①黄… Ⅲ.①马克思主义政治经济学-马克思著作研究 Ⅳ.①A811.66

中国版本图书馆CIP数据核字(2014)第065579号

《1857—1858年经济学手稿》研究

出 版 人：	刘明清
出版统筹：	薛晓源
责任编辑：	盛菊艳
责任印制：	刘　慧
装帧设计：	田晗工作室
排版制作：	北京宏章文化发展中心
出版发行：	中央编译出版社
地　　址：	北京西城区车公庄大街乙5号鸿儒大厦B座（100044）
电　　话：	(010)52612345（总编室）　　(010)52612335（编辑室）
	(010)52612316（发行部）　　(010)52612317（网络销售）
	(010)52612346（馆配部）　　(010)55626985（读者服务部）
传　　真：	(010)66515838
经　　销：	全国新华书店
印　　刷：	河北下花园光华印刷有限责任公司
开　　本：	787毫米×1092毫米　1/16
字　　数：	418千字
印　　张：	33.25
版　　次：	2014年5月第1版
印　　次：	2018年6月第2次印刷
定　　价：	99.00元
网　　址：	www.cctphome.com　　**邮　箱**：cctp@cctphome.com
新浪微博：	@中央编译出版社　　**微　信**：中央编译出版社（ID：cctphome）
淘宝店铺：	中央编译出版社直销店(http://shop108367160.taobao.com)　(010)52612349

本社常年法律顾问：北京市吴栾赵阎律师事务所律师　闫军　梁勤
凡有印装质量问题，本社负责调换。电话：(010)55626985